Metzler-Müller

Wie löse ich einen Privatrechtsfall?

Wie löse ich einen Privatrechtsfall?

Aufbauschemata – Mustergutachten – Klausurschwerpunkte

von

Professor Dr. iur. Karin **Metzler-Müller**
Verwaltungsfachhochschule Wiesbaden

Mitverfasser bis zur 4. Auflage
Professor Dr. iur. Harald **Dörrschmidt**

5., neu bearbeitete Auflage, 2008

RICHARD BOORBERG VERLAG
Stuttgart · München
Hannover · Berlin · Weimar · Dresden

Bibliografische Information Der Deutschen Bibliothek

Die Deutsche Bibliothek verzeichnet diese Publikation in der Deutschen Nationalbibliografie; detaillierte bibliografische Daten sind im Internet über **http://dnb.de** abrufbar.

5. Auflage, 2008
ISBN 978-3-415-04002-1
© Richard Boorberg Verlag GmbH & Co KG, 1995
www.boorberg.de

Satz: UMP Utesch Media Processing GmbH, Hamburg
Druck und Verarbeitung: Druckhaus „Thomas Müntzer" GmbH, Bad Langensalza
Papier: säurefrei, aus chlorfrei gebleichtem Zellstoff hergestellt; alterungsbeständig.

Vorwort zur 5. Auflage

Ziel dieses „Falllösungsbuches" ist es nach wie vor, den Studierenden die Technik der Fallbearbeitung zu vermitteln.

Hierfür habe ich 12 – zum Teil neue – Prüfungsarbeiten ausgewählt und das bewährte didaktische Konzept, das im nachfolgenden Vorwort zur 1. Auflage beschrieben ist, beibehalten. In der Neuauflage sind die Besonderheiten der elektronischen Willenserklärung, des Vertragsschlusses im Internet und bei Onlineauktionen sowie der Verjährung im Rahmen der jeweiligen Falllösungen ausführlich dargestellt.

Die materielle Stoffvermittlung erfolgt im Rahmen der „Vertiefungen". Durch Beispiele und zahlreiche Prüfungsschemata wird diese anwendungsbezogen und anschaulich dargestellt.

Das Literaturverzeichnis und die bei den einzelnen Rechtsgebieten angegebene „Literatur zur Vertiefung", im Rahmen derer auch Hinweise auf Zeitschriftenbeiträge erfolgen, sind auf dem neuesten Stand.

Für seine wertvollen Anregungen danke ich meinem Kollegen *Herrn Prof. Dr. Rainer Wörlen* von der Fachhochschule Schmalkalden.

Die zahlreichen positiven Rückmeldungen von Kolleginnen und Kollegen sowie Studierenden dokumentieren, wie wichtig eine gute Anleitung beim Aufbau und bei der Lösung von Übungs- und Prüfungsklausuren im Privatrecht ist.

Ich hoffe, dass dieses Falllösungsbuch – wie auch die Vorauflagen, die gemeinsam mit meinem Kollegen *Prof. Dr. Harald Dörrschmidt* publiziert worden sind – vielen Studierenden eine Hilfestellung sein wird, und freue mich über Anregungen aus dem Leserkreis, die ich gerne berücksichtige. Die Fehler, die jedem hin und wieder unterlaufen, können nur beseitigt werden, wenn sie mir mitgeteilt werden.

Meine Anschrift lautet:

Karin Metzler-Müller
Wemmstr. 44
63619 Bad Orb
karin.metzler-mueller@vfh-hessen.de

Bad Orb, im November 2007

Vorwort zur 1. Auflage

Der Einstieg in das Bürgerliche Recht und vor allem das Klausurenschreiben fällt den Studienanfängern nicht leicht. Die vorliegende Sammlung von Klausurfällen mit Lösungsgutachten soll Studierenden der Fachhochschulen für Verwaltung und Wirtschaft, Studierenden der Volks- und Betriebswirtschaftslehre sowie Jurastudenten in den Anfangssemestern die Möglichkeit geben, sich gezielt auf das Klausurenschreiben vorzubereiten und den Anforderungen gerecht zu werden, die bei Prüfungsarbeiten an den Fachhochschulen und bei Übungsarbeiten für Anfänger an den Universitäten an sie gestellt werden.

Die Falllösung wird mit einem **besonderen didaktischen Konzept** vermittelt:

Anhand eines ausführlichen „Prüfschemas" (= Gliederung) wird zunächst der Lösungsweg aufgezeigt. Anschließend wird in einem ausformulierten Gutachten die – vor allem für Anfänger schwierige – **Klausurtechnik** (Prüfung der Tatbestandsvoraussetzungen und Subsumtion) **optisch dargestellt.**

Alle ausgearbeiteten Fälle sind Prüfungsklausuren, die an der Verwaltungsfachhochschule in Wiesbaden geschrieben wurden. Mit dem vorliegenden Buch wollen die Verfasser aus der Erfahrung ihrer langjährigen Lehr- und Prüftätigkeit als Professoren eine Hilfestellung und Beispiele für die Lösung von Fällen aus dem Bürgerlichen Recht geben.

Über Hinweise und Anregungen aus dem Kreis der Leser würden wir uns freuen.

Bad Orb/Heidelberg, im September 1994   *Karin Metzler-Müller*
Harald Dörrschmidt

Inhaltsverzeichnis

Abkürzungsverzeichnis

a. A.	andere/r Ansicht
ABl.	Amtsblatt
Abs.	Absatz
AG	Aktiengesellschaft
AGB	Allgemeine Geschäftsbedingungen
AGBG	Gesetz zur Regelung des Rechts der Allgemeinen Geschäftsbedingungen
AGG	Allgemeines Gleichbehandlungsgesetz
AktG	Aktiengesetz
Alt.	Alternative
a. F.	alte Fassung
a. M.	andere/r Meinung
Anm.	Anmerkung
anschl.	anschließend
AT	Allgemeiner Teil
BAG	Bundesarbeitsgericht
BB	Betriebsberater (Zeitschrift)
BBankG	Bundesbankgesetz
BBesG	Bundesbesoldungsgesetz
BeamtVG	Gesetz über die Versorgung der Beamten und Richter in Bund und Ländern (Beamtenversorgungsgesetz)
BGB	Bürgerliches Gesetzbuch
BGBl.	Bundesgesetzblatt
BGH	Bundesgerichtshof
BGHZ	Entscheidungen des Bundesgerichtshofs in Zivilsachen
BR	Bürgerliches Recht
BT	Besonderer Teil oder Bundestag
c.i.c.	culpa in contrahendo
DB	Der Betrieb (Zeitschrift)
ders./dies.	derselbe/dieselben
DVP	Deutsche Verwaltungspraxis (Zeitschrift)
EG	Europäische Gemeinschaft Einführungsgesetz
EGBGB	Einführungsgesetz zum Bürgerlichen Gesetzbuch
EMRK	Europäische Menschenrechtskonvention
EU	Europäische Union

f./ff.	folgende (Seite)/folgende (Seiten)
FamRZ	Zeitschrift für das gesamte Familienrecht
Fußn.	Fußnote
ggf.	gegebenenfalls
GmbH	Gesellschaft mit beschränkter Haftung
HBG	Hessisches Beamtengesetz
HGB	Handelsgesetzbuch
HGO	Hessische Gemeindeordnung
hL	herrschende Lehre
h. M.	herrschende Meinung
Hrsg.	Herausgeber
HS	Halbsatz
i. d. R.	in der Regel
i. H. v.	in Höhe von
i. S. d./v.	im Sinne des/der/von
i. V. m.	in Verbindung mit
jur.	juristisch/e/r
JURA	Juristische Ausbildung (Zeitschrift)
JuS	Juristische Schulung (Zeitschrift)
JZ	Juristenzeitung (Zeitschrift)
lat.	lateinisch
m. w. N.	mit weiteren Nachweisen
MDR	Monatsschrift für Deutsches Recht (Zeitschrift)
n. F.	neue Fassung
NJW	Neue Juristische Wochenschrift (Zeitschrift)
NJW-RR	NJW-Rechtsprechungs-Report Zivilrecht (Zeitschrift)
Nr.	Nummer
o. Ä.	oder Ähnliche/s
ProdHaftG	Produkthaftungsgesetz
pVV	positive Vertragsverletzung
RGZ	Entscheidungen des Reichsgerichts in Zivilsachen
Rn.	Randnummer/n
Rspr.	Rechtsprechung
S.	Seite/Satz
s.	siehe
ScheckG	Scheckgesetz
SGB XII	Sozialgesetzbuch (SGB) Zwölftes Buch (XII) – Sozialhilfe
s. o.	siehe oben
sog.	so genannt/e/er
StGB	Strafgesetzbuch
StrEG	Strafverfolgungsentschädigungsgesetz

StVG	Straßenverkehrsgesetz
StVO	Straßenverkehrsordnung
u. a.	und andere; unter anderem
UrhG	Urheberrechtsgesetz
usw.	und so weiter
v. g.	vorgenannte/r/s
WE	Willenserklärung
WG	Wechselgesetz
z. B.	zum Beispiel
z. T.	zum Teil
Ziff.	Ziffer
zit.	zitiert
ZMR	Zeitschrift für Miet- und Raumrecht
ZPO	Zivilprozessordnung
ZRP	Zeitschrift für Rechtspolitik

Für Anfänger seien noch folgende „Zeichen" erklärt:

§	Paragraph
§§	Paragraphen
§ 433 I	§ 433 Absatz 1 (Absätze werden in römischen Ziffern zitiert)
§ 433 I 1	§ 433 Absatz 1 Satz 1 (einzelne Sätze eines Absatzes werden in arabischen Ziffern zitiert)
§ 929 S. 1	§ 929 Satz 1 (eine Vorschrift hat keine Absätze, sondern nur mehrere Sätze)
⎯⎯→	„will von" (bei der Prüfung „Wer will von wem was woraus?")*
(+)	Ergebnis der Prüfung ist positiv
(-)	Ergebnis der Prüfung ist negativ
? (im Prüfschema/ in der Lösungsskizze)	Die betreffende Voraussetzung ist fraglich, das Problem ist (ggf.) ausführlich zu erörtern.

---

* Siehe S. 24.

Literaturverzeichnis

Baur/Stürner	Sachenrecht, 18. Aufl. 2006
Bertermann	Klausuraufbauschemen – Schuldrecht 2002, 2002
Brehm	Allgemeiner Teil des BGB, 5. Aufl. 2002
Brox/Walker	Allgemeiner Teil des Bürgerlichen Gesetzbuchs, 31. Aufl. 2007 (zit.: AT)
dies.	Allgemeines Schuldrecht, 32. Aufl. 2007 (zit.: Schuldrecht AT)
dies.	Besonderes Schuldrecht, 32. Aufl. 2007 (zit.: Schuldrecht BT)
Brühl	Die juristische Fallbearbeitung in Klausur, Hausarbeit und Vortrag, 3. Aufl. 1992
Dauner-Lieb (Hrsg.)	Das neue Schuldrecht – Fälle und Lösungen, 2002 (zit.: Dauner-Lieb/Bearbeiter, Fälle)
Dauner-Lieb u. a. (Hrsg.)	Das neue Schuldrecht in der Praxis, 2002 (zit.: Dauner-Lieb u. a./Bearbeiter)
dies. (Hrsg.)	Schuldrecht, Anwaltkommentar, 2002 (zit.: AnwKom/Bearbeiter)
Deutsch/Ahrens	Deliktsrecht – Unerlaubte Handlungen, Schadensersatz und Schmerzensgeld, 4. Aufl. 2002
Diederichsen/Wagner	Die BGB-Klausur, 9. Aufl. 1998
Eckert	Schuldrecht Allgemeiner Teil, 4. Aufl. 2005
Emmerich	BGB-Schuldrecht, Besonderer Teil, 11. Aufl. 2006
Ernst/Zimmermann (Hrsg.)	Zivilrechtswissenschaft und Schuldrechtsrefom, 2001 (zit.: Bearbeiter in: Ernst/Zimmermann)
Fikentscher/Heinemann	Schuldrecht, 10. Aufl. 2006
Führich	Wirtschaftsprivatrecht, 8. Aufl. 2006
Grunewald	Bürgerliches Recht, 7. Aufl. 2006
Gursky	Schuldrecht Besonderer Teil, 5. Aufl. 2005
Hirsch	Allgemeines Schuldrecht, 5. Aufl. 2004 (zit.: Schuldrecht)
ders.	Der Allgemeine Teil des BGB, 5. Aufl. 2004 (zit.: AT)

Kaiser	Bürgerliches Recht, 11. Aufl. 2007
Kittner	Schuldrecht, 3. Aufl. 2003
Jauernig (Hrsg.)	Bürgerliches Gesetzbuch, Kommentar, 12. Aufl. 2007 (zit.: Jauernig/Bearbeiter)
Klunzinger	Einführung in das Bürgerliche Recht, 13. Aufl. 2007
ders.	Übungen im Privatrecht, 9. Aufl. 2006
Köhler	BGB, Allgemeiner Teil, 31. Aufl. 2007
Kötz/Wagner	Deliktsrecht, 10. Aufl. 2006
Larenz/Wolf	Allgemeiner Teil des deutschen Bürgerlichen Rechts, 9. Aufl. 2004
Lehmann	Bürgerlich-rechtliche Probleme der öffentlichen Verwaltung, 4. Aufl. 2005
Looschelders	Schuldrecht Allgemeiner Teil, 5. Aufl. 2007
Löwisch/Neumann	Allgemeiner Teil des BGB, 7. Aufl. 2004
Lorenz/Riehm	Lehrbuch zum neuen Schuldrecht, 2002
Luther (Hrsg.)	Die Schuldrechtsreform – Ein Leitfaden für die Praxis, 2001 (zit.: Luther/Bearbeiter)
Marx/Wenglorz	Schuldrechtsreform 2002, Das neue Vertragsrecht, 2001
Medicus	Allgemeiner Teil des BGB, 9. Aufl. 2006 (zit.: AT)
ders.	Bürgerliches Recht, 21. Aufl. 2007 (zit.: BR)
ders.	Schuldrecht I, Allgemeiner Teil, 17. Aufl. 2006 (zit.: Schuldrecht AT)
ders.	Schuldrecht II, Besonderer Teil, 14. Aufl. 2007 (zit.: Schuldrecht BT)
Möllers	Juristische Arbeitstechnik und wissenschaftliches Arbeiten, 3. Aufl. 2005
Müller	Sachenrecht, 4. Aufl. 1997
Münchener Kommentar	zum Bürgerlichen Gesetzbuch, Band 1, 1. Halbband: Einleitung und Allgemeiner Teil, §§ 1–240, ProstG., 5. Aufl. 2006; Band 2: Schuldrecht, Allgemeiner Teil, §§ 241–432, 5. Aufl. 2007 (zit.: Münchener Kommentar/Bearbeiter)
Musielak	Grundkurs BGB, 10. Aufl. 2007

Oetker/Maultzsch	Vertragliche Schuldverhältnisse, 3. Aufl. 2007
Olzen/Wank	Zivilrechtliche Klausurenlehre mit Fallrepetitorium, 5. Aufl. 2007
Palandt	Bürgerliches Gesetzbuch, Kommentar, 66. Aufl. 2007 (zit.: Palandt/Bearbeiter)
Reinicke/Tiedtke	Kaufrecht, 7. Aufl. 2004
Rüthers/Stadler	Allgemeiner Teil des BGB, 15. Aufl. 2007
Schellhammer	Schuldrecht nach Anspruchsgrundlagen, 6. Aufl. 2005
Schlechtriem/ Schmidt-Kessel	Schuldrecht Allgemeiner Teil, 6. Aufl. 2005
Schmidt-Räntsch	Das neue Schuldrecht – Anwendung und Auswirkungen in der Praxis, 2002
Schreiber	Sachenrecht, 4. Aufl. 2003
Schulze (Hrsg.)	Bürgerliches Gesetzbuch – Handkommentar, 5. Aufl. 2007 (zit.: Hk-BGB/Bearbeiter)
Schwab/Prütting	Sachenrecht, 32. Aufl. 2006
Soergel	Bürgerliches Gesetzbuch mit Einführungsgesetz und Nebengesetzen, 13. Aufl. 1999 ff. (zit.: Soergel/Bearbeiter)
Vieweg/Werner	Sachenrecht, 2. Aufl. 2005
Wenzel	Schuldrecht, Besonderer Teil I, (Vertragliche Schuldverhältnisse), 4. Aufl. 2006
Werner	Fälle mit Lösungen für Anfänger im Bürgerlichen Recht, 11. Aufl. 2004
Westermann, H.	Grundbegriffe des BGB, Eine Einführung anhand von Fällen, 16. Aufl. 2004 (zit.: Westermann, Einführung)
Westermann, H. P. (Hrsg.)	Das Schuldrecht 2002, 2002 (zit.: Westermann/Bearbeiter)
ders.	BGB – Schuldrecht, Allgemeiner Teil, 6. Aufl. 2007 (zit.: Schuldrecht)
ders.	BGB – Sachenrecht, 11. Aufl. 2005 (zit.: Sachenrecht)

Wörlen	Anleitung zur Lösung von Zivilrechtsfällen – Methodische Hinweise und 20 Musterklausuren, 8. Aufl. 2007 (zit.: Anleitung)
ders.	BGB AT, Einführung in das Recht und Allgemeiner Teil des BGB, 9. Aufl. 2006 (zit.: BGB AT)
ders.	Sachenrecht, 7. Aufl. 2007 (zit.: Sachenrecht)
ders.	Schuldrecht AT, 8. Aufl. 2006 (zit.: Schuldrecht AT)
ders.	Schuldrecht BT, 8. Aufl. 2006 (zit.: Schuldrecht BT)
ders./Metzler-Müller	Zivilrecht – 1000 Fragen und Antworten, Bürgerliches Recht, Handelsrecht, Arbeitsrecht, 6. Aufl. 2007 (zit.: Fragen)

Verzeichnis der Prüfschemata

Einleitung

Die Studierenden müssen während des Studiums und im Examen zahlreiche Klausuren aus verschiedenen Rechtsgebieten bearbeiten. In der Regel wird eine Falllösung im Gutachtenstil verlangt. Es geht dabei um die Aufgabe, einen Sachverhalt entsprechend der Fallfrage im Hinblick auf alle in Betracht kommenden Rechtsfragen zu begutachten. Das Erlernen der Gutachtentechnik ist nicht nur für das Studium von Bedeutung, sondern wird auch später in der Berufspraxis gebraucht. Schwierige Fälle müssen zunächst im Gutachtenstil gelöst werden, um zu einer folgerichtigen Entscheidung zu gelangen. Diese wird schließlich – ggf. als Urteil oder Bescheid – im Urteilsstil formuliert.

Nach einer „Allgemeinen Anleitung zur Lösung eines Zivilrechtsfalles" folgen – z. T. ergänzte – Prüfungsklausuren, die so ausgewählt wurden, dass sie die für die jeweiligen Rechtsgebiete typischen Fallgestaltungen wiedergeben. Sie beziehen sich auf den Allgemeinen Teil des BGB, das Schuldrecht (einschließlich Deliktsrecht) und die für die Falllösungen notwendigen Anspruchsgrundlagen des Sachenrechts (nur Recht der beweglichen Sachen). Für die Bezeichnung der Anspruchsteller und -gegner werden Abkürzungen verwendet (die ggf. auf einen bestehenden Vertrag hinweisen). So steht i. d. R. „K" für Käufer, „V" für Verkäufer, „M" für Mieter, „B" für Besteller, „U" für Unternehmer, „E" für Eigentümer, „N" für Nichtberechtigter usw. Die Studierenden sollten versuchen, jeden Fall selbst zu lösen. Das geschieht zunächst in einem „Prüfschema" (= Lösungsskizze), das dann die Grundlage des anschließenden juristischen Gutachtens darstellt. Genauso wird in diesem Buch verfahren:

Zunächst wird der Lösungsweg für die Fallfragen anhand eines Prüfschemas/einer Lösungsskizze aufgezeigt; dann folgen konkrete Formulierungsvorschläge für das juristische Gutachten. Aus didaktischen Gründen werden die *Anspruchsvoraussetzungen durch Kursivdruck hervorgehoben;* anschließend folgt im Normaldruck die Subsumtion. Die Ziffern im Gutachten entsprechen denen in der Lösungsskizze. Dies erfolgt aus methodischen Gründen und sollte von den Studierenden in ihren Prüfungsklausuren nicht übernommen werden. Der Lernerfolg ist umso größer, wenn die Studierenden nach ihrer eigenen Ausarbeitung die aufgezeigte Falllösung durcharbeiten. Jede zitierte Vorschrift sollte dabei aufmerksam gelesen werden.

Im Anschluss an einige Lösungsgutachten sind Themenschwerpunkte, die für die Lösung der einzelnen Fälle von besonderer Bedeutung sind, methodisch zur Vertiefung aufbereitet.

Häufig wiederholen sich in Klausurfällen Rechtsprobleme, wobei es aber nicht darauf ankommt, Klausuren nach „ähnlichen" Fällen, wie man sie im Studium gehört oder gelesen hat, zu lösen. Jeder Klausurfall kann anders gelagert sein, und deshalb müssen die Lösungsgutachten immer neu durchdacht werden, da bereits geringe Abwandlungen im Sachverhalt zu anderen Ergebnissen führen können.

Mit dieser Fallsammlung kann und soll nicht erst der Stoff vermittelt werden, der zur Falllösung präsent sein muss. Sie soll vielmehr den Studierenden eine Gelegenheit bieten, ihre Kenntnisse anzuwenden und zu überprüfen. Außerdem dient sie zur Wiederholung und Vertiefung des im Studium erlernten Wissens.

Im Übrigen wird das Durcharbeiten von Grundrissen oder Lehrbüchern zu den ersten beiden Büchern des BGB empfohlen.[1] Darüber hinaus kann ein Anleitungsbuch über den Aufbau eines zivilrechtlichen Gutachtens zur Vertiefung des hier Dargestellten herangezogen werden.[2]

---

1 Sehr zu empfehlen sind die Lehrbücher von WÖRLEN, BGB AT, Schuldrecht AT und BT sowie Sachenrecht (siehe Literaturverzeichnis): Der Stoff wird didaktisch optimal dargeboten, das Privatrecht auf verständliche Weise vermittelt.

2 Sehr lehrreich wiederum WÖRLEN (Anleitung zur Lösung von Zivilrechtsfällen); weitere Anleitungsbücher: BRÜHL (Jur. Fallbearbeitung), DIEDERICHSEN/WAGNER (Die BGB-Klausur), KLUNZINGER (Übungen im Privatrecht), MÖLLERS (Jur. Arbeitstechnik), OLZEN/WANK (Zivilrechtliche Klausurenlehre), WERNER (Fälle mit Lösungen).

1. Abschnitt

Allgemeine Anleitung zur Lösung eines Zivilrechtsfalles

I. Konzept erstellen[1]

1. Erfassen des Sachverhalts

Zunächst muss der in der Klausur mitgeteilte Sachverhalt richtig und vollständig **1** erfasst werden. Hierbei genügt nicht oberflächliches Lesen; vielmehr sollte der Text mehrmals gründlich durchgearbeitet werden. Der Gesetzestext muss zunächst noch nicht benutzt werden. Es ist auf Zahlenangaben, wie z. B. das Alter (Minderjährigkeit?) und Daten (Fristen?, Verjährung?), zu achten. Wichtiges im Sachverhalt kann durch Unterstreichen von Textteilen hervorgehoben werden, damit dies während der weiteren Bearbeitung der Klausur präsent ist.

Fallbearbeitungen scheitern manchmal daran, dass der Bearbeiter von einem ganz anderen Sachverhalt ausgeht oder aber wichtige Hinweise im Text außer Acht gelassen hat. Bei manchen Studierenden stellen sich beim ersten Lesen des Klausurtextes Erinnerungen an bekannte ähnliche Fälle ein. Dies verleitet dazu, die Besonderheiten der gestellten Aufgabe zu vernachlässigen und eine „Sachverhaltsquetsche" vorzunehmen.

Deshalb sollte der Sachverhalt immer so gelesen werden, als ob er „ganz neu" **2** wäre. Sofern in der Sachverhaltsschilderung sachliche Argumente oder Rechtsansichten vorhanden sind, müssen diese beachtet werden. Denn dadurch wird der Bearbeiter zu bestimmten Prüfungen veranlasst bzw. auf weniger bekannte Rechtsnormen hingewiesen; auf alle Fälle muss man sich mit diesen gutachtlich auseinander setzen. Entsprechend der allgemeinen Lebenserfahrung darf der Sachverhalt auch insoweit ergänzt werden, wie es dem **Regelfall** entspricht (falls jemand eine Bürgschaft übernommen hat, für die gem. § 766 S. 1 BGB Schriftform vorgeschrieben ist, und im Sachverhalt auf ein Schreiben Bezug genommen wird, darf unterstellt werden, dass dieses vom Aussteller – wie in § 126 I BGB gefordert – eigenhändig unterzeichnet ist).

Bei Anfängern kommt es auch vor, dass sie sich nicht für eine Lösung entscheiden können und deshalb Alternativlösungen aufzeigen. Davor ist zu warnen! Bei richtigem Erfassen des Sachverhalts ist nur **eine** Lösung möglich. Nur für den – sehr seltenen – Fall einer Sachverhaltslücke kann der Studierende ein „Hilfsgutachten" anfertigen.

---

1 Dieses darf nicht in die schriftliche Lösung (das Gutachten) übernommen werden.

2. Skizze anfertigen

3 Es empfiehlt sich, die Personenbeziehungen in einer Skizze darzustellen. Die Linie steht für einen „Vertrag"; die Angabe der entsprechenden Vorschrift zeigt den Sachverhalt „auf einen Blick", z. B.:

K ——————— V   Zwischen K und V wurde ein Kaufvertrag
§ 433 BGB[2]   geschlossen.

U ——————— B   Zwischen U und B besteht ein Werkvertrag.
§ 631

Vor allem die Beteiligung von mehr als zwei Personen kann hier optisch verdeutlicht werden, z. B.:

K ——————— V   Zwischen K und V ist ein Kaufvertrag zustande
·   § 433   gekommen, wobei K durch M vertreten wurde.
·
· § 164
·
·
M

Sofern es auf die Abfolge mehrerer Ereignisse ankommt, sollte man eine chronologisch geordnete Tabelle erstellen;[3] z. B.:

1.   Abgabe des Angebots durch V

2.   Zugang des Angebots bei K

3.   Widerruf des Angebots durch V

usw.

Durch eine solche Zeittafel kann auch die Prüfungsreihenfolge verdeutlicht werden.

3. Fallfrage feststellen

4 Die Fallfrage legt fest, welche der im Sachverhalt aufgeworfenen Fragen beantwortet werden sollen. Nur das muss geprüft werden! Deshalb ist es wichtig, der Fragestellung genügend Aufmerksamkeit zu schenken.

Bei den Fallfragen gibt es mehrere Möglichkeiten:

a) Abstrakte Fallfragen

Diese Fragen müssen erst noch konkretisiert werden, so z. B.: „Wie ist die Rechtslage?". Hier sind alle möglichen Ansprüche unter allen Beteiligten zu erörtern.

---

2 Sofern die zitierten Paragrafen nicht anders bezeichnet sind, handelt es sich um solche des BGB.
3 Auch diese soll nur die eigene Übersicht erleichtern; sie erscheint nicht in der abschließenden Darstellung (dem Gutachten).

Es ist hilfreich, wenn man sich – zunächst ganz „unjuristisch" – die Frage stellt, welches „natürliche Interesse" die Beteiligten haben. Worum streiten sie sich? Mit welchem Ziel? Geht es um Geld, um eine Sache, um Ersatz, Erfüllung o. Ä.? Wenn Sie beim Erfassen des Sachverhalts eine Skizze – wie eingangs erwähnt – angefertigt haben, wird das Auffinden der erörterungsbedürftigen Personenbeziehungen sehr erleichtert. Innerhalb der möglichen Rechtsbeziehungen kann dann nach dem Anspruchsziel gefragt werden.

Bei der Fallfrage „Welche Ansprüche hat K gegen V?" müssen alle in Betracht kommenden Ansprüche zwischen diesen Personen geprüft werden.[4]

Beispiel:

Hat K gegen V einen Anspruch aus Vertrag, auf Herausgabe einer Sache, aus Delikt . . . usw.? Kann V von K Kaufpreiszahlung, Schadensersatz . . . verlangen?

b) Konkrete Fallfragen

Z. B.: „Kann V von K Zahlung des Kaufpreises verlangen?"

Das zu Prüfende wird genau vorgegeben. Bei mehreren konkreten Fragen sollte die vorgegebene Reihenfolge eingehalten werden, da diese Fragen regelmäßig logisch aufeinander aufbauen. Im Gutachten kann man bei der Beantwortung von nachfolgenden Fragen zurückverweisen.

Tipp: Unter Berücksichtigung der Fallfrage den Sachverhalt noch einmal lesen! Dann werden die Probleme des Falles besser erkannt.

4. Anspruchsgrundlage suchen

Zunächst müssen der Anspruchsteller, der Anspruchsgegner sowie das Anspruchsbegehren ermittelt werden:

Wer	will von wem	was?
z. B.: V	will von K	Kaufpreiszahlung

Man kann die Fallfrage auch um ein „Warum" ergänzen und somit auf die mögliche Anspruchsgrundlage stoßen.

Wer	will von wem	was	warum?
z. B.: V	will von K	Kaufpreiszahlung	weil er glaubt, dass K aufgrund eines Kaufvertrages dazu verpflichtet ist.

---

4 In vielen Fällen ist dies nur eine rhetorische Frage, die in Bezug auf den vorhergehenden Klausurtext zu lesen ist, z. B.: „V verweist auf die Minderjährigkeit der K und verlangt die übereignete Ware zurück. Wie ist die Rechtslage?" Fehlt ein solcher Zusammenhang, ist anhand des unter 4. aufgezeigten Schemas die konkrete Fallfrage zu ermitteln.

Das Wichtigste ist das „Woraus", d. h. das Auffinden der Anspruchsgrundlage, der gesetzlichen Vorschrift, die die begehrte Rechtsfolge enthält. Die Anspruchsgrundlage bestimmt regelmäßig den Gang der weiteren Prüfung und entscheidet – fast wie der Ansatz bei einer mathematischen Aufgabe – weitgehend über Erfolg und Misserfolg der ganzen Arbeit.

In einer Zivilrechtsklausur wird in der Regel nach Ansprüchen gefragt.[5] Möglich ist aber auch eine Frage nach der Ausübung eines Gestaltungsrechts, z. B.: „Kann K den Vertrag anfechten?", oder „Kann der Personalchef P der Angestellten A fristlos kündigen?"

Bei der Prüfung eines Anspruchs ist nach folgendem Schema vorzugehen:

Wer z. B.: V	will von wem will von K	was Kaufpreiszahlung	warum[6]	woraus? § 433 II

Das „**will von**" wird im Folgenden als **Pfeil** „———→" dargestellt.

6   Ob Sie die bisher aufgezeigten Schritte zur Fallbearbeitung beherrschen, können Sie anhand der folgenden kleinen Übung testen. Zeigen Sie jeweils
den Anspruchsteller (**WER**),
den Anspruchsgegner (**von WEM**),
das Anspruchsziel (**WAS**) und
die Anspruchsgrundlage (**WORAUS**) auf!
Die Lösung zu dieser Übung finden Sie am Ende des Buches unter Rn. 555 ff.

1. Aufgabe:
Hat V gegen K einen Anspruch auf Kaufpreiszahlung in Höhe von 1 000,– €?

2. Aufgabe:
Hat V gegen K einen Anspruch auf Zahlung von 1 000,– €?

3. Aufgabe:
Welche Ansprüche hat K gegen V?

4. Aufgabe:
Welche Ansprüche hat M?

5. Aufgabe:
Im Sachverhalt kommen A, B und C vor. Die Fragestellung lautet: Wie ist die Rechtslage?

---

5 Legaldefinition s. § 194 I: „Das Recht, von einem anderen ein Tun oder Unterlassen zu verlangen."
6 Dieser Zwischenschritt des „Warum" wird bei den folgenden Falllösungen nicht eingeschoben, da er für die gutachtliche Prüfung nicht zwingend erforderlich ist. Vielmehr folgen die Gliederungen dem Schema **„Wer will von wem was woraus?"**

Tipp:
Bei mehr als einem Anspruchsteller und mehr als einem Anspruchsgegner sollte man wie folgt vorgehen:
• Der Sachverhalt ist in Zweipersonenverhältnisse aufzuspalten.
• Innerhalb jedes Zweipersonenverhältnisses ist das Anspruchsziel (oder sind die -ziele) des Anspruchstellers herauszuarbeiten.
• Zu jedem Anspruchsziel ist die passende Anspruchsgrundlage zu suchen.

5. Voraussetzungen der Anspruchsgrundlage aufzeigen und den Sachverhalt subsumieren

Zunächst müssen die einzelnen Tatbestandsvoraussetzungen aufgezeigt werden.[7] **7**
Dann folgt die Subsumtion:[8] Für jedes einzelne Tatbestandsmerkmal muss ein entsprechendes Element im Sachverhalt gesucht und beides muss auf Deckungsgleichheit hin untersucht werden. Die tatsächlichen Geschehensabläufe bzw. Mitteilungen des Sachverhalts werden also (schrittweise) den Tatbestandsvoraussetzungen der Anspruchsgrundlage unter- bzw. zugeordnet.[9] Die einzelnen Prüfpunkte sowie die Ergebnisse sollten stichwortartig niedergeschrieben werden; damit wird eine sichere Grundlage für die spätere „Reinschrift", das Gutachten, geschaffen. Das Ergebnis der Subsumtion kann durch ein Plus- oder Minuszeichen markiert werden. „Plus" bedeutet, die Voraussetzungen liegen vor; ein „Minus" besagt, dass diese Anspruchsvoraussetzung nicht gegeben ist. Im letztgenannten Fall muss die Prüfung abgebrochen und der Anspruch verneint werden.[10]

Beispiel:

V ———→ K Kaufpreiszahlung gem. § 433 II

Kaufvertrag

1. Angebot (+)
Äußerung des K gegenüber V, die Hose für 58 € kaufen zu wollen.

2. Annahme (+)
Entgegnung des V: „ja"

Ergebnis: V ———→ K Kaufpreiszahlung gem. § 433 II (+)

---

7 Z. B. § 812 I 1, 1. Alt.: (1) Der Anspruchsgegner muss etwas erlangt haben (2) durch Leistung des Anspruchstellers und (3) die Leistung muss ohne rechtlichen Grund erfolgt sein.
8 Subsumtio (lat.) = Unterordnung (hier: Unterordnung eines Sachverhalts unter einen Rechtssatz).
9 Beispiele für § 812 I 1, siehe Fall 1, Aufgabe 5 und Fall 9, Aufgabe 1.
10 Sofern sich bei den Falllösungen in dem Prüfschema/der Lösungsskizze ein Fragezeichen (?) befindet, bedeutet dies, dass die betreffende Voraussetzung fraglich und das Problem (ggf. ausführlich) zu erörtern ist.

6. Ergebnis überprüfen

8 Es muss gefragt werden, ob das gefundene Ergebnis eine gerechte Entscheidung ist. Sollte das Ergebnis dem eigenen Rechtsempfinden widersprechen, ist zu überlegen, ob vielleicht irgendetwas übersehen wurde.

Das Ergebnis des Konzepts stellt eine Lösungsskizze dar, die Grundlage für das ausformulierte juristische Gutachten ist.[11]

> **Merke:**
> Eine Anspruchsgrundlage besteht aus einem Tatbestand (= den Tatbestandsvoraussetzungen) und der Rechtsfolge.

9 Ihr bisher Erlerntes können Sie mit der **folgenden Übung zur Struktur einer Anspruchsgrundlage** vertiefen.

Lesen Sie die folgenden Vorschriften und strukturieren Sie diese nach Tatbestandsvoraussetzung(en) und Rechtsfolge. Die Lösung ist unter Rn. 560 abgedruckt.

1. § 433 I 1
Tatbestandsvoraussetzung:
Rechtsfolge:

2. § 823 I
Tatbestandsvoraussetzungen:
Rechtsfolge:

3. § 631 I
Tatbestandsvoraussetzung:
Rechtsfolge 1:
Rechtsfolge 2:

4. § 812 I 1, 1. Alt
Tatbestandsvoraussetzungen:
Rechtsfolge:

5. § 985
Tatbestandsvoraussetzungen:
Rechtsfolge:

> **Tipp zur Gesetzeslektüre:**
> In der Klausur muss der Sachverhalt unter das Gesetz subsumiert werden. Die genaue Lektüre des Gesetzestextes ist daher unerlässlich. Deshalb ist jeder Paragraf ganz zu lesen, auch bekannte Paragrafen. Zur Sicherheit sind die Paragrafen davor und danach zu „überfliegen". Findet man die Anspruchsgrundlage nicht auf Anhieb, hilft oft das Inhalts- oder Stichwortverzeichnis.

---

11 Bei den folgenden praktischen Fällen wird jedem Gutachten ein Prüfschema (= Lösungsskizze) vorangestellt.

II. Gutachten formulieren

Zunächst sollte man sich vergewissern, ob bei einer (Prüfungs-)Klausur gewisse **10** Formalien einzuhalten sind (z. B. einseitiges Beschreiben, Korrekturrand . . . usw.).

Der Leser soll eine verständliche, nachprüfbare, erschöpfende und überzeugende Antwort auf die Fallfrage erhalten. Dies gelingt am besten im Gutachtenstil[12], der wie folgt formuliert wird:

1. Aufstellen eines hypothetischen Ergebnisses

Die Arbeitshypothese ist im Konjunktiv aufzustellen. Denn im Gutachten ist erst **11** noch zu prüfen, ob tatsächlich auch ein Anspruch besteht. Hier hilft die herausgearbeitete Fragestellung.

Wer z. B.: V	will von wem ———→ K	was Kaufpreiszahlung	woraus? § 433 II

Damit ist der „Einstieg", das hypothetische Ergebnis, leicht formuliert:

„V **könnte** von K die Zahlung des Kaufpreises gem. § 433 II verlangen." Oder: „V **könnte** gegen K einen Anspruch auf Zahlung des Kaufpreises gem. § 433 II haben."

Die einschlägigen Rechtsvorschriften müssen mit Absatz, Satz, Ziffer bzw. Nummer, Buchstabe (evtl. auch Halbsatz oder Alternative) exakt angegeben werden.[13] Sofern sich die Anspruchsgrundlage aus mehreren Rechtsvorschriften ergibt, sind Paragraphenketten zu bilden. Die Norm, die die gesuchte Rechtsfolge enthält, steht an der Spitze.[14]

2. Voraussetzungen der Anspruchsgrundlage aufzeigen

Hier müssen die einzelnen Tatbestandsvoraussetzungen genannt, der Gesetzes- **12** text sollte aber nicht wortwörtlich abgeschrieben werden. Man kann Merkmal für Merkmal aufzeigen oder aber einzelne Voraussetzungen zusammenfassen.

Beispiel für den Kaufpreiszahlungsanspruch gem. § 433 II:

„Voraussetzung ist, dass zwischen K und V ein wirksamer Kaufvertrag geschlossen wurde."

---

12 Anders: gerichtliches Urteil, behördlicher Bescheid – hier wird die Entscheidung vorangestellt und anschließend begründet.
13 Z. B. § 433 I 1 (oder: § 433 Abs. 1 S. 1), § 812 I 1, 1. Alt (oder: § 812 Abs. 1 S. 1, 1. Alt.).
14 Z. B. Anspruchsgrundlage für den Anspruch des Käufers auf Rückzahlung des Kaufpreises bei mangelhafter Kaufsache (Rücktritt vom Kaufvertrag): §§ 346 I, 437 Nr. 2, 1. Alt., 434, 323 I; Beispiel hierfür in Fall 5, Aufgabe 1.

Beispiel für § 823 I:

„Dann muss S zunächst durch eine Handlung eines der in § 823 I genannten Rechtsgüter des B verletzt haben."

Durch die Formulierung „zunächst" wird angezeigt, dass noch weitere Tatbestandsmerkmale zu prüfen sind.

Oft ergibt sich auch die Notwendigkeit – vor allem wegen der Komplexität vieler Tatbestandsmerkmale –, das jeweilige Tatbestandsmerkmal, sofern es nicht ganz selbstverständlich ist, zur Verdeutlichung und zur Erleichterung der Zu- bzw. Unterordnungen inhaltlich darzustellen. Dies geschieht in der Regel durch eine Definition des Tatbestandsmerkmals oder durch sog. Hilfsnormen.

Beispiel Kaufvertrag (für den Kaufpreiszahlungsanspruch gem. § 433 II oder den Übereignungsanspruch nach § 433 I 1):

„Ein wirksamer Kaufvertrag kommt durch übereinstimmende Willenserklärungen zweier Parteien, Angebot und Annahme, zustande."[15]

Beispiel Eigentumsverletzung i. R. d. § 823 I:

„In Betracht kommt die Verletzung des Eigentums des B. Darunter ist jede Zerstörung oder Beschädigung einer Sache zu verstehen."

Durch diese Vorgehensweise hat man genau beschrieben, was man prüfen will.

3. Sachverhalt subsumieren

13 Der Sachverhalt ist unter jede Tatbestandsvoraussetzung (bzw. unter die zusammengefassten Tatbestandsvoraussetzungen) zu subsumieren. Es ist also – wie unter 1.5. angedeutet – zu prüfen, ob die aufgestellten Voraussetzungen vom Sachverhalt erfüllt werden. Hinweise auf Gerichtsentscheidungen, Literaturmeinungen und Zitate gehören nicht in eine Klausur.

Beispiele für die Subsumtion:

„Mit seiner Äußerung, er wolle den Pkw für 20 000 € an K verkaufen, hat V ein wirksames Angebot abgegeben. K hat das Angebot des V mit der Erklärung, es gehe in Ordnung, uneingeschränkt angenommen."

„Indem S den Pkw des B zu Schrott gefahren hat, hat er dessen Auto zerstört."

Wenn man den Satz mit „indem", „da", „dadurch", „dass", „weil" beginnt, verhindert man, dass man den Sachverhalt – den man als bekannt vorauszusetzen hat – wiederholt und ihn offenkundig nicht verarbeitet.

---

15 Wann ein Vertrag vorliegt, ergibt sich nicht aus § 433 I 1. Dies folgt vielmehr aus den Bestimmungen der §§ 145 ff. Diese Normen sind selbst keine Anspruchsgrundlagen, da sie keinen Anspruch gewähren, sondern nur den Vertragsschluss regeln. Man bezeichnet derartige Vorschriften, die man im Zusammenhang mit der Anspruchsgrundlage ergänzend heranziehen muss, als **Hilfsnormen**.

Behauptungen („davon kann ausgegangen werden", „die Voraussetzung ist laut Sachverhalt gegeben" usw.) stellen keine Begründung dar und dürfen nicht in einer Klausur vorkommen. Die Sätze sollten einfach und klar formuliert werden.[16]

4. Ergebnis (einschließlich Endergebnis) feststellen

Wenn alle Voraussetzungen geprüft sind, wird das Ergebnis festgestellt. **14**

Beispiel:

„Folglich ist ein Kaufvertrag zwischen K und V zustande gekommen."

Endergebnis:

„Danach hat V einen Anspruch gegen K auf Zahlung des Kaufpreises gem. § 433 II."

oder

„Somit hat S das Eigentum des B durch eine Handlung verletzt" und – falls auch die anderen Voraussetzungen des § 823 I erörtert wurden: „Folglich ist ein Anspruch des B gegen S auf Schadensersatz gem. § 823 I gegeben."

Als „Schlusssatz" kann man auch ganz einfach den „Einleitungssatz" wiederholen; nur statt des Konjunktivs **„könnte"** steht hier der Indikativ **„kann"**:

„V kann von K Kaufpreiszahlung gem. § 433 II verlangen."

> Um den Lesern eine Hilfestellung bei dem Erlernen der Gutachtentechnik zu geben, wurden in den ausformulierten Falllösungen die Tatbestandsvoraussetzungen einschließlich der Definitionen bzw. der Hilfsnormen optisch (durch ein anderes Druckbild) hervorgehoben.

Da in einem Gutachten immer Schlussfolgerungen gezogen werden, können die Worte „somit", „danach", „folglich", „deshalb", „also", „mithin" u. Ä. benutzt werden. Für die Niederschrift muss mindestens die Hälfte der Arbeitszeit zur Verfügung stehen.

Diese Arbeitsschritte können aus folgender Übersicht und der Zusammenfassung ersehen und für jede Klausur als „Schablone" benutzt werden. Am Ende befindet sich eine Auflistung der – nach ihrem Entstehungsgrund – verschiedenen Ansprüche.[17]

---

16 Fehlerfreie Rechtschreibung und Interpunktion sind leider nicht immer vorzufinden!
17 Die Einteilung (Rn. 17) ist weder vollständig noch ausschließlich. In den meisten Fällen ist sie aber praktisch gut brauchbar.

III. Prüfung der einzelnen Anspruchsgrundlage

15

Fragestellung = gesuchte Rechtsfolge
Voraussetzungen (z. B. Voraussetzung 1, 2, 3)[18]
Voraussetzung 1 (Definition – falls erforderlich) Subsumtion des Sachverhalts Ergebnis
Voraussetzung 2 (Definition – falls erforderlich) Subsumtion des Sachverhalts Ergebnis
Voraussetzung 3 (Definition – falls erforderlich) Subsumtion des Sachverhalts Ergebnis
Antwort auf die Fragestellung

Falls **eine** Voraussetzung **nicht** vorliegt (z. B. Voraussetzung 2), bleiben die einzelnen Arbeitsschritte die gleichen, d. h. es ist von der Fragestellung auszugehen und die erste Voraussetzung zu erörtern. Gleiches gilt für die zweite Voraussetzung, die dann aber nicht erfüllt ist. Die Prüfung muss hier abgebrochen und als Ergebnis festgestellt werden, dass diese Anspruchsgrundlage einen Anspruch nicht trägt. Wurde das Vorliegen einer Anspruchsgrundlage verneint, so bedeutet dies nicht, dass die Prüfung automatisch beendet ist. Es sind vielmehr **alle** vernünftigerweise in Betracht kommenden Anspruchsgrundlagen zu prüfen.

Das vorgenannte Verfahren eignet sich für die – meist in Klausuren vorkommenden – Aufgaben, für deren Lösung einzelne Ansprüche zu prüfen sind. Zielt die Fallfrage auf etwas anderes ab – z. B. „Kann K seine Willenserklärung anfechten?" oder „Was ist X zu raten?" bzw. „Hat K ein Minderungsrecht?"[19] – muss evtl. die Ausübung eines Gestaltungsrechts (z. B. Anfechtung gem. §§ 119 ff.) erörtert werden.

---

18 Eine Anspruchsgrundlage mit drei Tatbestandsvoraussetzungen ist z. B. § 812 I 1, 1. Alt. Beispiele hierzu befinden sich in Fall 1, Aufgabe 5 und Fall 9, Aufgabe 1 a).
19 Beispiel in Fall 5, Aufgabe 3: es ist das Minderungsrecht zu prüfen.

IV. Prüfungsreihenfolge für die Ansprüche

Die verschiedenen Ansprüche kann man nach ihrem Entstehungsgrund unter- **16**
scheiden und auf diese Weise eine allgemeine Regel entwickeln: Es gibt die
Gruppe der vertraglichen bzw. rechtsgeschäftlichen Ansprüche, die auf einem
Vertrag beruhen und meist Erfüllungsansprüche sind (z. B. Anspruch des Käufers
auf Lieferung der Ware/Übereignung der Kaufsache), die dinglichen Ansprüche,
die sich auf ein dingliches Recht gründen (z. B. der Herausgabeanspruch des Ei-
gentümers gem. § 985), die deliktischen Ansprüche, die aus einer unerlaubten
Handlung entstehen und die sonstigen ausgleichenden Ansprüche. Die Einhaltung der vorgenannten Reihenfolge entspricht dem Gesichtspunkt der Zweck-
mäßigkeit: Dadurch wird vermieden, dass Fragen aus dem Bereich einer An-
spruchsnorm zu Vorfragen für eine andere werden und die Fallprüfung somit
nicht mehr konsequent verläuft.[20] Die Ansprüche aus dem Vertrag sind – sofern
ein solcher vorliegt – immer vorrangig zu prüfen, denn der Vertrag kann auf alle
anderen Anspruchsgrundlagen Auswirkungen haben.

Man kann die Anspruchsgrundlagen in folgendes Schema (Rn. 17) einordnen,
das eine Art „Checkliste" darstellt.

---

20 Ausführlich hierzu MEDICUS, BR, Rn. 7 ff.

Jeder Anspruch sollte wie folgt durchgeprüft werden:

1. Anspruch entstanden?

17 Die Anspruchsgrundlage suchen + inhaltliche Bestimmung, was geschuldet ist

Ansprüche aus Rechtsgeschäft (vertragliche Ansprüche)	**1. Rechtsgeschäftliche/Vertragliche Ansprüche:** **a) Primärleistungspflichten** z. B. § 433 (Kauf), § 535 (Miete), § 611 (Dienst-/Arbeitsvertrag), § 631 (Werkvertrag) = Erfüllungsansprüche **b) Sekundärleistungspflichten** aa) Schadensersatz wegen Pflichtverletzung • § 280 I (Grundsatz) • §§ 280 I, 241 II (Verletzung nicht leistungsbezogener Nebenpflichten) bb) Schadensersatz statt der Leistung • §§ 280 I, III, 281 I 1 (Verzug) • §§ 280 I, III, 282, 241 II (Verletzung leistungsbezogener Nebenpflichten) • §§ 280 I, III, 283, 275 IV (Ausschluss der Leistungspflicht bei nachträglicher Unmöglichkeit) • §§ 311 a II, 275 IV (Ausschluss der Leistungspflicht bei anfänglicher Unmöglichkeit) cc) Schadensersatz als „Gewährleistung" § 437 Nr. 3, 1. Alt. (Kaufvertrag), § 536 a (Mietvertrag), § 634 Nr. 4, 1. Alt. (Werkvertrag) **c) Rückgabe** z. B. § 546 (Miete), § 604 (Leihe), § 667 (Auftrag), § 695 (Verwahrung), § 732 S. 2 (Gesellschaft) **d) Vertragsähnliche Beziehungen** z. B. §§ 677 ff. (G.o.A.), §§ 280 I, 311 II, 241 II (Schadensersatz wegen Pflichtverletzung **vor** Vertragsschluss)
Ansprüche aus Gesetz (gesetzliche Ansprüche)	**2. Dingliche Ansprüche** (Rechtsfolge meist: Herausgabe) z. B. § 985 (stellt auf Eigentum des Antragstellers ab) §§ 861 I, 1007 (stellen auf Besitz des Antragstellers ab)
	3. Deliktische Ansprüche (Rechtsfolge: Schadensersatz), §§ 823 ff.
	4. Bereicherungsrechtliche (ausgleichende) Ansprüche (Rechtsfolge: Herausgabe), §§ 812 ff.
	5. Sonstige Ansprüche z. B. aus Gefährdungshaftung (§ 7 StVG)

Kommen in einem Fall sowohl vertragliche als auch dingliche und/oder bereicherungsrechtliche Ansprüche in Betracht, dann sind **alle** zu prüfen, und zwar in der Reihenfolge des vorgenannten Schemas.[21] Es sind allerdings nur die **vernünftigerweise** in Betracht kommenden Anspruchsgrundlagen zu prüfen – und es ist nicht in jedem Fall zu erörtern, ob vertragliche, sachenrechtliche, deliktische oder bereicherungsrechtliche Ansprüche vorliegen. Wenn eine einzelne Prüfung bereits zur Bejahung des Anspruchs führt, müssen allerdings im Gutachten alle in Betracht kommenden rechtlichen Möglichkeiten geprüft werden – unabhängig vom Ergebnis.[22]

2. Rechtshindernde Einwendungen (bei Verträgen: Wirksamkeitshindernisse)

Es wird die Frage erörtert, ob der Anspruch auch wirksam entstanden ist.

18

Beispiele:

Ist die vorgeschriebene (bestimmte) Form des Vertrages eingehalten? – Sonst: § 125

§§ 104 ff. (Geschäftsunfähigkeit)[23]; §§ 116 ff. (Willensmängel);

§§ 134, 138 (Gesetzes- oder Sittenverstoß); § 142 I i. V. m. §§ 119, 120, 123 (Anfechtung)[24] = Nichtigkeitsgründe

3. Rechtsvernichtende Einwendungen

Ist der Anspruch untergegangen oder erloschen?

19

Beispiele:

§ 275 (Unmöglichkeit)[25]; § 362 (Erfüllung);

§§ 372 ff. (Hinterlegung); § 387 ff. (Aufrechnung)[26];

§ 397 (Erlass); §§ 346 ff. (Rücktritt)[27]; § 398 (Abtretung); § 313 (Störung der Geschäftsgrundlage)

---

21 Beispiel hierfür u. a. in Fall 9, Aufgabe 1 a (Rn. 420). Siehe hierzu auch Westermann, Schuldrecht, § 1.
22 Fehlt ein Rechtsgeschäft, kommen rechtsgeschäftliche Ansprüche nicht in Betracht (hier ist die Skizze sehr nützlich!). Wird nichts herausverlangt, dürfen auch keine Herausgabeansprüche geprüft werden. Ergibt der Sachverhalt keinen Schaden, so scheiden Schadensersatzansprüche aus . . . Man muss nur die Checkliste „Schritt für Schritt" durchgehen!
    Es ist wichtig, auch nach Bejahen eines Anspruchs andere Anspruchsgrundlagen mit demselben Ziel zu prüfen.
23 Beispiel hierfür in Fall 1, Aufgabe 3 (Rn. 32).
24 Dies ist umstritten. Die Anfechtung wird auch als rechtsvernichtende Einwendung angesehen, weil der Vertrag zunächst zustande kommt und erst später, aber eben mit rückwirkender Kraft, wieder entfällt. Beispiel in Fall 1, Aufgabe 4 (Rn. 33).
25 Beispiel: Fall 3, Aufgabe 1 (Rn. 134).
26 Beispiel: Fall 6, Aufgabe 5 (Rn. 316) und Fall 8, Aufgabe 3 b) (Rn. 383).
27 Beispiel: Fall 5, Aufgabe 1 (Rn. 236).

4. Rechtshemmende Einwendungen

20 Der Anspruch ist wirksam entstanden und auch nicht wieder untergegangen, aber nicht durchsetzbar, sofern der Schuldner sich auf sein Gegenrecht beruft.[28]

Beispiele:

Verjährung (§ 214) = rechtshindernde Einrede (der Schuldner ist berechtigt, die Erfüllung des Anspruchs zu verweigern, obwohl dieser fortbesteht); Stundung; Einrede des nicht erfüllten Vertrages (§ 320); Zurückbehaltungsrecht (§§ 273, 1000).

5. Beendigungsgründe

21 **Beispiele:**

Rücktritt (§§ 346 ff.), Kündigungen (§§ 543, 620 II, 626).

V. Beispielsfall/Technik der Fallbearbeitung

22

Veit (V) hat sich entschlossen, wegen Platzmangels sein zehnbändiges Nachschlagewerk zu verkaufen. Zufällig trifft er seine Nachbarin Klara (K) und erzählt ihr von seiner Absicht. K bekundet ihr Interesse, die Bücher zu erwerben. V verlangt daraufhin 200 €. K ist einverstanden. Beide kommen überein, dass die Werke am nächsten Tag um 15.00 Uhr in der Wohnung des V gegen Zahlung des Kaufpreises übergeben werden sollen. Kann K die Bücher von V verlangen?

Prüfschema/Lösungsskizze

1. Fallfrage (hypothetisches Ergebnis)	K ——→ V Übereignung und Übergabe des Nachschlagewerks gem. § 433 I 1
2. Voraussetzung der Anspruchsgrundlage aufzeigen	*wirksamer Kaufvertrag zwischen K und V §§ 145 ff. – Angebot und (uneingeschränkte) Annahme*
3. Sachverhalt subsumieren	Erklärung des V, die Bücher für 200 € an K zu verkaufen = Angebot i. S. d. § 145 Einverständniserklärung der K = Annahme, § 147

---

28 Diese Einwendungen heißen im Privatrecht auch **Einreden**, weil sie vom Gericht nur berücksichtigt werden, wenn der Schuldner sie geltend macht („redet"), während die übrigen Einwendungen von Amts wegen zu berücksichtigen sind, da sie den Anspruch kraft Gesetzes nicht entstehen oder erlöschen lassen.

4. **Ergebnis feststellen**	Zwischen K und V ist ein wirksamer Kaufvertrag zustande gekommen. K kann von V Übereignung und Übergabe der Bücher gem. § 433 I 1 verlangen.

Ausarbeitung (Gutachten):

K könnte gegen V einen Anspruch auf Übereignung der Bücher gem. § 433 I 1 haben.

Voraussetzung hierfür ist, dass zwischen K und V ein wirksamer Kaufvertrag zustande gekommen ist. Dies ist der Fall, wenn zwei übereinstimmende Willenserklärungen, Angebot und Annahme, vorliegen. Erforderlich ist zunächst ein hinreichend bestimmtes Angebot. Die Erklärung des V, seine Bücher verkaufen zu wollen, ist noch zu unbestimmt, zumal der Preis nicht feststeht. Erst als er erklärt, die Lexika für 200 € verkaufen zu wollen, liegt ein Angebot vor. *Dieses Angebot muss K angenommen haben.* In dem sie sich mit dem Preis vorbehaltlos einverstanden erklärte, hat sie dies getan. Deshalb liegt ein wirksamer Kaufvertrag vor.

Also kann K von V Übereignung der Lexika gem. § 433 I 1 verlangen.

23

Variante 1 (= Beispiel für Wirksamkeitshindernis bei Verträgen): V ist geisteskrank.

Prüfung wie im Ausgangsfall; anschließend:
rechtshindernde Einwendung des § 105 I.

Ausarbeitung (Gutachten) Variante 1:

Zu berücksichtigen ist, dass V geisteskrank und somit gem. § 104 Nr. 2 geschäftsunfähig ist. Gem. § 105 I sind Willenserklärungen Geschäftsunfähiger nichtig mit der Folge, dass der ganze Vertrag nichtig ist.

Somit war das Angebot des V nicht wirksam, und es ist kein wirksamer Kaufvertrag zwischen K und V zustande gekommen.

K kann nicht von V Übereignung der Bücher gem. § 433 I 1 verlangen.

24

Variante 2 (= Beispiel für rechtsvernichtende Einwendung): Versehentlich hat eine „Entrümpelungsfirma" die Lexika bei V nach Abschluss des Kaufvertrages mitgenommen und zum Altpapier gegeben.

Prüfung wie im Ausgangsfall, anschließend:
rechtsvernichtende Einwendung gem. § 275 – Erlöschen der Leistungspflicht.

Ausarbeitung (Gutachten) Variante 2:

Wie im Ausgangsfall: „Deshalb liegt ein wirksamer Kaufvertrag vor. Also könnte K von V Übereignung und Übergabe der Lexika gem. § 433 I 1 verlangen."

35

Der Anspruch der K könnte aber gem. § 275 I ausgeschlossen sein. *Dazu muss dem V die Leistung unmöglich sein.* Dem V kamen die Lexika nach Vertragsschluss durch die Entrümpelungsfirma abhanden, und er kann sie deshalb nicht mehr an K übergeben. V wurde daher nach § 275 I von seiner Leistungspflicht frei.

Deshalb kann K von V nicht Übereignung und Übergabe der Lexika gem. § 433 I 1 verlangen.

25

> **Variante 3 (= Beispiel für rechtshemmende Einwendung):**
> K hat am nächsten Tag ihren Geldbeutel zu Hause vergessen. V will ihr die Bücher erst dann mitgeben, wenn sie das Geld dabei hat.

§ 320 I legt für gegenseitige Verträge (= z. B. Kaufvertrag) fest, dass in der Regel keine Partei vorleistungspflichtig ist, sondern die Leistungen Zug um Zug zu erbringen sind. Da K ihr Geld vergessen hat, kann V die Übereignung der Lexika so lange verweigern, wie K nicht ihrerseits zur Leistung in der Lage ist.

Ausarbeitung (Gutachten) Variante 3:

Wie im Ausgangsfall: „Deshalb liegt ein wirksamer Kaufvertrag vor. Also könnte K von V Übereignung der Lexika gem. § 433 I 1 verlangen."

Möglicherweise kann V die *Einrede des nichterfüllten Vertrages gem. § 320 I 1* erheben. *Voraussetzung ist, dass V aus einem gegenseitigen Vertrag verpflichtet ist.* Der Kaufvertrag ist ein gegenseitiger Vertrag i. S. d. §§ 320 ff. Die Pflichten zur Übereignung der Sache einerseits und zur Kaufpreiszahlung und Abnahme andererseits stehen im Gegenseitigkeitsverhältnis. Aufgrund der Vereinbarung zwischen K und V über die Leistungszeit ist auch die Kaufpreisforderung des V um 15.00 Uhr in der Wohnung fällig. V verhält sich selbst vertragstreu, und K hat nicht erfüllt. Damit kann V seine Leistung bis zur Bewirkung der Gegenleistung gem. § 320 I 1 verweigern und muss nur Zug um Zug leisten.

K kann somit von V Übereignung der Bücher gem. § 433 I 1 nur Zug um Zug gegen Zahlung des Kaufpreises verlangen.

26 # VI. Zusammenfassung:
Arbeitsschritte für die Lösung eines Falles

1. Konzept erstellen

a) Aufgabe/Fall mehrmals lesen

b) Skizze anfertigen – graphische Erfassung des Sachverhalts
(falls mehrere aufeinander folgende Handlungen: chronologisch geordnete Tabelle)

c) *Fallfrage feststellen*
Es gibt
- **abstrakte Fallfragen**, z. B.: „Welche Ansprüche hat V gegen K?" Diese müssen noch konkretisiert, ggf. in mehrere konkrete Einzelfragen aufgeschlüsselt werden (z. B. Anspruch des V gegen K auf Schadensersatz, auf Herausgabe der Sache . . .)
- **konkrete Fallfragen**, z. B.: „Kann V von K die Kaufpreiszahlung verlangen?"

d) *Die Anspruchsgrundlage suchen*

Wer z. B.: V	will von wem ⟶ K	was Kaufpreiszahlung	woraus? § 433 II

e) *Voraussetzungen der Anspruchsgrundlage aufzeigen*
Sachverhalt subsumieren

f) *Ergebnis überprüfen*

Merke: 27
Kurzfassung der Prüfungsreihenfolge eines Anspruchs

1. Anspruch entstanden?
falls (+): weiter bei 2.
falls (−): Anspruch (−)

2. Anspruch untergegangen?
falls (+): weiter bei 3.
falls (−): Anspruch (−)

3. Anspruch durchsetzbar?
falls (+): Anspruch (+)
falls (−): Anspruch (−)

2. Gutachten formulieren

a) *Aufstellen eines hypothetischen Ergebnisses (im Konjunktiv!)* 28
„V könnte gegen K einen Anspruch auf Zahlung des Kaufpreises in Höhe von 100 € gem. § 433 II BGB haben."

b) *Voraussetzungen der Anspruchsgrundlage aufzeigen, ggf. Tatbestandsmerkmal definieren*
„Dann muss zwischen K und V ein wirksamer Kaufvertrag zustande gekommen sein."
oder:
„Voraussetzung ist, dass zwischen K und V ein wirksamer Kaufvertrag über . . . geschlossen wurde."
„Dies ist der Fall, wenn zwei sich gegenseitig entsprechende Willenserklärungen, nämlich ein (Kaufvertrags-)Antrag und eine (Kaufvertrags-)Annahme vor-

liegen. Erforderlich ist demnach ein Antrag eines der Beteiligten auf Abschluss eines Kaufvertrages und die Annahme des Antrages durch . . ."

c) *Sachverhalt subsumieren*

„V hat dem K das . . . (z. B.: Bild) zum Preis von 100 € angeboten, und K hat erklärt, er nehme das Bild."

d) *Ergebnis (einschließlich Endergebnis) feststellen*

„Folglich ist ein Kaufvertrag zwischen K und V zustande gekommen. V hat einen Anspruch gegen K auf Kaufpreiszahlung gem. § 433 II BGB."

2. Abschnitt

Fälle und Lösungen

Fall 1: Der missglückte Notebook-Kauf

Schwerpunkte:
Angebot und Annahme – Elektronische Willenserklärung – Stellvertretung – Anscheins- und Duldungsvollmacht – Haftung des Vertreters ohne Vertretungsmacht – Offenkundigkeitsprinzip – Minderjährigenrecht – Anfechtung

Der 17-jährige kaufmännische Auszubildende Andreas (A) ärgert sich darüber, **29** dass ihm sein Chef, der Inhaber der Fa. Kuhlmann (K), kein leistungsfähiges Notebook zur Verfügung stellt. Als er auf dem PC der Firma surft, sieht er auf der Homepage des Großhändlers Vaupel (V) ein Notebook zum Preis von 700 € und bestellt dieses im Namen der Firma V, indem er es in den „Warenkorb" legt und auf den Button „Bestellung absenden" klickt. Am gleichen Tag erhält A die Bestätigungsmail von V.

Den Paketdienst, der das Notebook liefert, fängt A ab. Er unterzeichnet auch den Auslieferungsschein.

Nach Erhalt der Rechnung verweigert K die Bezahlung des Kaufpreises gegenüber V mit der Begründung, er habe von dem Kauf des Notebooks nichts gewusst. A sei erst seit zwei Wochen bei ihm beschäftigt und habe keine Einkäufe tätigen dürfen; bisher habe sich A auch daran gehalten.

Aufgabe 1: V möchte wissen, ob und von wem er 700 € verlangen kann.

1. Variante:

A befindet sich bereits im dritten Ausbildungsjahr. Er hatte schon wiederholt bei V Hard- und Software bestellt, die stets von K bezahlt worden waren, nachdem K jeweils den A wegen seines eigenmächtigen Vorgehens gerügt hatte. Jetzt aber wird die Sache dem K zu dumm, und er verweigert die Bezahlung mit der Begründung, er habe den A nicht mit dem Kauf beauftragt.

Aufgabe 2: Kann V die 700 € nunmehr von der Fa. K verlangen?
Ist auch ein Anspruch gegen A gegeben?

2. Variante

Der 17-jährige A geht in das Geschäft des V, um dort das Notebook zu kaufen. Er wird mit V einig und erklärt, ohne den Namen des K erwähnt zu haben: „Ich nehme das Notebook, bitte liefern Sie es in die Weberstraße 5."

Danach geht er.

Erst jetzt wird dem V klar, dass er überhaupt nicht weiß, wer A ist. Er packt das Notebook ein und fährt in die Weberstraße 5, wo K seine Firma unterhält. Dort ist auch A.

K verweigert die Annahme des Notebooks mit der Begründung, ihn gehe die Sache nichts an. A verweigert die Annahme ebenfalls und erklärt, er habe das Notebook nicht für sich, sondern für K kaufen wollen.

Aufgabe 3: Kann V unter den Voraussetzungen der Variante 2 die 700 € von der Fa. K oder von A verlangen?

K bezieht das Material für seine Firma beim Zulieferer V. Als V ihm schriftlich einen Posten Kopierpapier zu einem äußerst günstigen Preis anbietet, will K die Gelegenheit nutzen und 10 Kartons ordern. Er diktiert seiner Sekretärin eine entsprechende Bestellung. Die Sekretärin, die durch das Läuten des Telefons abgelenkt war, verschreibt sich und fügt statt der Zahl 10 die Zahl 100 in die Bestellung ein. K unterschreibt kurz vor Geschäftsschluss in Eile mehrere Schriftstücke, darunter auch diese Bestellung. Ihm entgeht dabei das Versehen der Sekretärin. V erhält die Bestellung des K und bestätigt sie. Erst jetzt stellt sich das Versehen heraus. K weigert sich schriftlich gegenüber V, die 100 irrtümlich bestellten Kartons Kopierpapier zu bezahlen und erklärt die Anfechtung des Vertrags. V besteht jedoch auf Erfüllung des Vertrags über 100 Kartons Kopierpapier.

Aufgabe 4: Kann V von K Bezahlung und Abnahme der 100 Kartons Kopierpapier verlangen?

Gehen Sie davon aus, dass V dem K bereits die 100 Kartons Kopierpapier geliefert und übereignet hat. Erst in seiner Werkstatt bemerkt K sein Versehen und ficht seine Willenserklärung („den Kaufvertrag") an.

Aufgabe 5: Kann V das Kopierpapier von K herausverlangen?

Fall 1: Prüfschema/Lösungsskizze

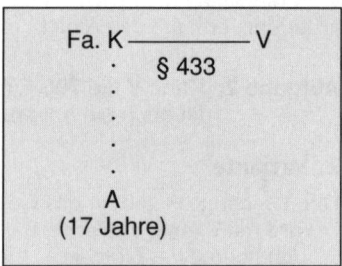

Aufgabe 1: 30

I. V ——→ Fa. K Kaufpreiszahlung in Höhe von 700 € gem. § 433 II

wirksamer Kaufvertrag

Angebot durch V (–)

Homepage/Internetofferte ist bloße invitatio ad offerendum.

Angebot durch Fa. K?

A als Vertreter der Fa. K – § 164 I 1

1. WE des A (§ 165) (+)

2. im Namen der Fa. K (+)

3. innerhalb der Vertretungsmacht, § 166 II 1 (–), § 177 I (–)

Duldungsvollmacht, Anscheinsvollmacht (–)

Ergebnis: V ——→ Fa. K Kaufpreiszahlung in Höhe von 700 € gem. § 433 II (–)

II. V ——→ A Kaufpreiszahlung gem. §§ 179 I i. V. m. 433 II

A ist Vertreter ohne Vertretungsmacht

aber: § 179 III 2

Ergebnis: V ——→ A Kaufpreiszahlung gem. §§ 179 I i. V. m. 433 II (–)

Aufgabe 2: 31

I. V ——→ Fa. K Kaufpreiszahlung in Höhe von 700 € gem. § 433 II

Kaufvertrag

1. Angebot durch A als Vertreter der Fa. K – s. o.

Vertretungsmacht (–),

aber: Duldungsvollmacht (+)

a) Vertretener weiß vom Auftreten des angeblichen Vertreters und duldet dies

b) Dritter (V) ist gutgläubig

Rechtsfolge: Vertretener muss sich den von ihm gesetzten Rechtsschein zurechnen lassen – §§ 164 ff. analog

2. Annahme durch V (+), folglich: Kaufvertrag (+)

Ergebnis: V ——→ Fa. K Kaufpreiszahlung in Höhe von 700 € gem. § 433 II (+)

II. V ——→ A Kaufpreiszahlung gem. §§ 179 I i. V. m. 433 II

A handelte mit Duldungsvollmacht, die der rechtsgeschäftlich erteilten Vollmacht gleichsteht.

Ergebnis: V ——→ A Kaufpreiszahlung gem. §§ 179 I i. V. m. 433 II (–)

32 Aufgabe 3:

I. V ⟶ Fa. K Kaufpreiszahlung gem. § 433 II

A ist **nicht** als Vertreter aufgetreten.

Ergebnis: V ⟶ Fa. K Kaufpreiszahlung gem. § 433 II (–)

II. V ⟶ A Kaufpreiszahlung gem. § 433 II

Kaufvertrag (–) oder (+)
Angebot durch A – § 164 II (+)
Annahme durch V (+)
aber: ist WE des A wirksam?
da A minderjährig ist: §§ 106 ff.

§ 107:	lediglich rechtlicher Vorteil (–)
	Einwilligung der Eltern (–)
§ 108 I:	Genehmigung der Eltern?

Ergebnis: V ⟶ A Kaufpreiszahlung gem. § 433 II (–) oder (+)

33 Aufgabe 4:

V ⟶ K Kaufpreiszahlung und Abnahme der 100 Kartons Kopierpapier gem. § 433 II

1. Kaufvertrag
   a) „Angebot" des V = invitatio ad offerendum
   b) Bestellung des K = Angebot
   c) Annahme durch V

Zwischenergebnis: Kaufvertrag (+)

2. Kaufvertrag durch Anfechtung nichtig?
   a) Anfechtungsgrund: Erklärungsirrtum, § 119 I, 2. Alt. (+)
      (eigene Erklärung des K, da von ihm unterschrieben)
   b) Anfechtungserklärung: § 143 I, II, 1. Alt. (+)
   c) Anfechtungsfrist, § 121 I 1 (+)
   d) Wirkung der Anfechtung: § 142 I

Ergebnis: V ⟶ K Kaufpreiszahlung und Abnahme der 100 Kartons
Kopierpapiers gem. § 433 II (–)

34 Aufgabe 5:

I. V ⟶ K Herausgabe der 100 Kartons Kopierpapier gem. § 985

1. Besitz des K (+)
2. Eigentum des V (–)
§ 929 S. 1 – Eigentum wirksam an K übertragen

Ergebnis: V ⟶ K Herausgabe der 100 Kartons Kopierpapier gem. § 985 (–)

II. V ⎯⎯⎯→ **K Herausgabe der 100 Kartons Kopierpapier gem. § 812 I 1,1. Alt.**[1]
1. K muss etwas erlangt haben (+)
   Besitz und Eigentum
2. durch die Leistung des V (+)
3. ohne rechtlichen Grund (+)
   Kaufvertrag ist gem. § 142 I von Anfang an nichtig.

Ergebnis: V ⎯⎯⎯→ K Herausgabe des Kopierpapiers gem. § 812 I 1, 1. Alt. (+)

Fall 1: Ausarbeitung (Gutachten)

Aufgabe 1:

I. V könnte gegen die Firma K (K) einen Anspruch auf Zahlung des Kaufpreises   35
in Höhe von 700 € gem. § 433 II haben.

Dann muss zwischen V und K ein Kaufvertrag zustande gekommen sein. Ein Vertrag kommt zustande durch zwei übereinstimmende Willenserklärungen, nämlich Angebot[2] *und Annahme. Das Vertragsangebot ist eine empfangsbedürftige Willenserklärung, durch die einem anderen ein Vertragsschluss so angetragen wird, dass das Zustandekommen des Vertrages nur noch von dessen Einverständnis abhängt. Es muss die wesentlichen Vertragsbestandteile bestimmt oder bestimmbar enthalten und den Schluss auf einen Rechtsbindungswillen zulassen.* Fraglich ist, ob die Homepage des V ein Angebot darstellt. Da es hier am Rechtsbindungswillen fehlt, handelt es sich lediglich um eine invitatio ad offerendum.[3]

Indem A das Notebook in den „Warenkorb" gelegt und auf den Button „Bestellung absenden" geklickt hat, hat er den für einen Vertragsschluss erforderlichen Antrag (Angebot) erklärt.[4] Fraglich ist, ob diese Willenserklärung unmittelbar für K wirkt. Dies ist der Fall, wenn *A für K als Vertreter gem. § 164 I 1 gehandelt hat.*

1. Voraussetzung hierfür ist, dass der Vertreter – hier A – selbst eine Willenser-   36
klärung

2. im Namen des Vertretenen abgibt. A ist allerdings nach § 2 minderjährig und gem. § 106 in der Geschäftsfähigkeit beschränkt. Willenserklärungen, die ein

---

1 Es kommt die 1. Alt. von Satz 1 in Betracht oder aber die 1. Alt. von Satz 2: Wegen der Rückwirkung der Anfechtung (§ 142 I) wird z. T. ein Bereicherungsanspruch nach Satz 1 angenommen. Da der Rechtsgrund für die Leistung tatsächlich bis zur Erklärung der Anfechtung bestanden hat, kann auch § 812 I 2, 1. Alt. als Anspruchsgrundlage genannt werden (vgl. PALANDT/THOMAS, § 812 Rn. 77).

2 Das Gesetz spricht von Antrag.

3 (Lat.) bedeutet wörtlich übersetzt: Einladung zur Abgabe eines Angebots. Im Unterschied zum Angebot ist die invitatio ad offerendum nicht verbindlich, sondern die unverbindliche Aufforderung an die andere Vertragspartei, selbst ein Angebot abzugeben.

4 Es handelt sich hierbei um eine sog. **elektronische Willenserklärung.** Wird im Internet eine Willenserklärung abgegeben (z. B. wie hier per E-Mail), geschieht das meist durch Mausklick oder Betätigen der „Return"-Taste. Dadurch wird die Willenserklärung als elektronisches Signal in Richtung Empfänger auf den Weg gebracht.
Bei Interesse: WÖRLEN, BGB AT, Rn. 195a mit weiteren Literaturhinweisen unter Rn. 195 b.

Minderjähriger für einen anderen abgibt, verpflichten ihn aber nicht selbst und sind deshalb für ihn sog. neutrale Geschäfte. Dementsprechend *schadet nach § 165 die beschränkte Geschäftsfähigkeit eines Vertreters der Wirksamkeit seiner Willenserklärung nicht.* Indem A bei V telefonisch ein Notebook zum Preis von 700 € im Namen von K bestellte, liegt eine Willenserklärung im Namen des Vertretenen (K) vor.

3. Damit das von A abgegebene Angebot unmittelbar für K wirkt, muss A innerhalb der ihm zustehenden Vertretungsmacht gehandelt haben. *Gem. § 167 I wird die durch Rechtsgeschäft erteilte Vertretungsmacht (Vollmacht, vgl. § 166 II 1) durch Erklärung gegenüber dem zu Bevollmächtigenden oder dem Dritten erteilt.* K hat den A weder ausdrücklich noch konkludent dazu ermächtigt, für die K Verträge abzuschließen, noch dies gegenüber dem V geäußert.

37 Der Antrag, den A erklärt hat, könnte aber nach den *Regeln der Duldungs- oder Anscheinsvollmacht für und gegen K wirken. Danach muss derjenige, der es duldet, dass jemand ohne Vollmacht für ihn handelt, das vollmachtlose Handeln gegen sich gelten lassen, wenn der Vertragspartner aus bestimmten Gründen von einer Vollmacht des Handelnden ausgehen durfte (Duldungsvollmacht). Dieselbe Rechtsfolge tritt ein, wenn der Vertretene das vollmachtlose Handeln eines anderen für sich zwar nicht bewusst duldet, dieses aber aus Fahrlässigkeit nicht kannte und bei Kenntnis hätte verhindern können (Anscheinsvollmacht).* Es ist nicht bekannt, dass K von der Bestellung durch A etwas wusste oder dass A schon früher ähnlich gehandelt hat. Da A erst seit zwei Wochen bei K beschäftigt ist, besteht auch kein Grund zu der Annahme, dass K ein vollmachtloses Handeln des A geduldet oder fahrlässig nicht gekannt hat.

Somit hängt die Wirksamkeit der von A abgegebenen Bestellung gegenüber K *nach § 177 I von deren Genehmigung ab.* Diese verweigert K.

Nach alledem ist zwischen V und K kein Kaufvertrag zustande gekommen. Ein Anspruch des V gegen K auf Kaufpreiszahlung gem. § 433 II ist nicht gegeben.

38 II. V könnte gegen A einen Anspruch auf Zahlung des Kaufpreises nach §§ 179 I, 433 II haben.

Wie bereits festgestellt, hat A als Vertreter der K mit V einen Kaufvertrag abschließen wollen, obwohl er keine Vollmacht hatte. Seine Vertretungsmacht kann er nicht nachweisen, und K hat die Genehmigung verweigert.[5]

39 *Nach § 179 III 2 haftet der Vertreter allerdings dann nicht, wenn er in der Geschäftsfähigkeit beschränkt war, es sei denn, die gesetzlichen Vertreter stimmen dem Rechtsgeschäft zu.* A ist als 17-Jähriger nach §§ 2, 106 beschränkt geschäftsfähig. Eine Zustimmung seiner gesetzlichen Vertreter (Eltern gem. §§ 1626, 1629) liegt nicht vor.

Folglich besteht kein Anspruch des V gegen A auf Kaufpreiszahlung.

---

5 Bereits Geprüftes muss nicht mehr im Gutachtenstil erörtert, sondern kann (im Urteilsstil) festgestellt werden.

Aufgabe 2:

I. V könnte gegen K einen Anspruch auf Zahlung des Kaufpreises gem. § 433 II   **40**
haben.

Wie bei Frage 1 bereits erörtert, wollte A als Vertreter der K – allerdings ohne entsprechende Vertretungsmacht – mit V einen Kaufvertrag über das Notebook zum Preis von 700 € abschließen.

1. In diesem Fall könnte das von A erklärte *Angebot nach den Regeln über die*   **41**
Duldungsvollmacht bewirken, dass – nach Annahme durch V – zwischen V und K ein Kaufvertrag zustande gekommen ist.

a) *Voraussetzung hierfür ist, dass der Vertretene den Rechtsschein der Vertretung zurechenbar gesetzt hat und der Vertragspartner (V) auf die Vertretungsmacht vertraute sowie*

b) *dabei gutgläubig war.* K hatte ein gleichartiges Verhalten des A geduldet. Er wusste davon und hätte es verhindern können – z. B. durch eine kurze Nachricht an V, dass A keine Vollmacht besitze, Bestellungen aufzugeben. Da alle früheren Lieferungen, die A für K bestellt hatte, bezahlt worden waren, durfte V auch darauf vertrauen, dass A Vollmacht von K hat.

Das von A erklärte Angebot wirkte also in entsprechender Anwendung von § 164 I 1 gegen K.

2. Dieses *Angebot* muss V *angenommen* haben. Eine ausdrückliche Erklärung wurde von V nicht abgegeben. Indem V die Ware lieferte, hat er schlüssig die Annahme des Angebots erklärt.

Somit ist zwischen V und K ein Kaufvertrag zustande gekommen, und V hat gegen K einen Kaufpreiszahlungsanspruch in Höhe von 700 € nach § 433 II.

II. V könnte von A die Zahlung des Kaufpreises nach §§ 179 I, 433 II verlangen.   **42**

Die Duldungsvollmacht steht der rechtsgeschäftlich erteilten Vollmacht gleich. Deshalb handelte A nicht als vollmachtloser Vertreter.

Ein Anspruch des V gegen A gem. §§ 179 I, 433 II scheidet folglich aus.

Aufgabe 3:

I. V könnte gegen K einen Anspruch auf Zahlung des Kaufpreises gem. § 433 II   **43**
haben.

Voraussetzung für das Zustandekommen eines Kaufvertrages zwischen V und K *ist, dass A als Vertreter i. S. d. §§ 164 ff. für K eine entsprechende Willenserklärung (Angebot)* abgegeben hat.

Dies ist fraglich. A hat nur ein Notebook ausgesucht und angegeben, wohin diese geschickt werden soll. Er hat nicht den Adressaten benannt, sondern nur den Lieferort. Aus diesen Umständen ist nicht zu entnehmen, dass A als Vertreter für K auftritt. Somit konnte V nicht davon ausgehen, dass er mit der von A vertretenen Fa. K einen Vertrag schließen soll.

Folglich ist kein Vertrag zwischen V und K zustande gekommen. K braucht den Kaufpreis nicht an V zu zahlen.

44 **II. V könnte von A die Kaufpreiszahlung gem. § 433 II verlangen.**

Voraussetzung hierfür sind Angebot und Annahme, d. h. zwei übereinstimmende Willenserklärungen.

45 A hat gegenüber V ein Angebot auf Abschluss eines Kaufvertrages erklärt. Dass er dabei nicht für sich, sondern für K handeln wollte, kann nach seiner Erklärung bei Anlieferung des Notebooks angenommen werden. *Gem. § 164 II kommt allerdings der Mangel des Willens, für sich handeln zu wollen, nicht in Betracht.* Folglich könnte der „Vertreter" A selbst Vertragspartner werden. Das von ihm gemachte Angebot hat V – durch Lieferung des Notebooks – auch angenommen (vgl. §§ 145, 151 S. 1). Fraglich ist, ob die von A abgegebene Willenserklärung wirksam war. Denn der 17-jährige A ist in seiner Geschäftsfähigkeit beschränkt. *Gem. § 107 bedarf er für das Kaufangebot, das keinen rechtlichen Vorteil mit sich bringt (sondern eine Verpflichtung zur Kaufpreiszahlung), der Einwilligung seiner gesetzlichen Vertreter.* Eine vorherige Zustimmung (§ 183 S. 1) liegt nicht vor.[6] *Nach § 108 I können diese den Vertrag noch genehmigen.*

Solange die gesetzlichen Vertreter des A keine nachträgliche Zustimmung erteilen, ist der Vertrag schwebend unwirksam, ein Kaufpreiszahlungsanspruch des V gegen A besteht (noch) nicht.

Aufgabe 4:

46 **V könnte gegenüber K einen Anspruch auf Bezahlung und Abnahme der 100 Kartons Kopierpapier gem. § 433 II haben.**

1. Dies setzt voraus, dass zwischen K und V ein wirksamer Kaufvertrag besteht. Ein Kaufvertrag kommt durch zwei übereinstimmende Willenserklärungen, Angebot und Annahme, zustande.

a) Ein Angebot könnte in dem Schreiben des V zu sehen sein, mit dem er K einen Posten Kopierpapier zu einem bestimmten Preis anbietet. Hier fehlt jedoch eine Bestimmung der Menge. Das Angebot ist damit nicht hinreichend konkretisiert, sodass K es lediglich durch ein „Ja" annehmen könnte. Es handelt sich hierbei um eine sog. „invitatio ad offerendum".

b) K unterschreibt die Bestellung und hat damit ein Angebot gegenüber V abgegeben.

c) V muss dieses Angebot angenommen haben. Indem V die Bestellung dem K gegenüber bestätigt, sind zwei übereinstimmende Willenserklärungen bezüglich des Kaufs von 100 Kartons Kopierpapier abgegeben worden.

V könnte somit die Bezahlung der 100 Kartons Kopierpapier von K verlangen.

47 *2. Die Willenserklärung des K könnte jedoch gem. § 142 I nichtig sein, wenn K diese wirksam angefochten hat.*

a) Zunächst ist ein Anfechtungsgrund erforderlich. In Betracht kommt ein Erklärungsirrtum gem. § 119 I, 2. Alt. Bei diesem Irrtum gibt der Erklärende eine an-

---

6 Für § 110 („Taschengeldparagraph") gibt es im Sachverhalt keine Anhaltspunkte.

dere Erklärung ab, als er wollte, weil er sich verspricht, verschreibt oder vergreift. Außerdem dürfte der Erklärende bei Kenntnis der Sachlage und Würdigung des Einzelfalls eine solche Erklärung nicht abgegeben haben. K wollte ein Kaufangebot für 10 Kartons Kopierpapier abgeben, hat objektiv jedoch eine Erklärung über den Kauf von 100 Kartons Kopierpapier abgegeben. Dieser Fehler beruhte auf einem Verschreiben seiner Sekretärin. Da K das Schreiben, ohne es noch einmal durchzulesen, in der Vorstellung eines bestimmten Inhalts unterschrieben hat und das Schreiben diesen Inhalt nicht aufwies, hat K eine Erklärung abgegeben, die er mit diesem Inhalt überhaupt nicht abgeben wollte. Also liegt ein Anfechtungsgrund gem. § 119 I, 2. Alt. vor.

b) *K muss gem. § 143 I und II gegenüber V die Anfechtung erklären.* Diese Voraussetzung hat K durch die schriftliche Anfechtungserklärung gegenüber V erfüllt.

c) *Die Anfechtung muss nach § 121 I 1 unverzüglich, d. h. ohne schuldhaftes Zögern, nach Kenntnis des Anfechtungsgrundes erklärt werden.* K hat die Anfechtung unmittelbar nach dem Erkennen des Versehens erklärt, sodass die Frist eingehalten worden ist.

d) Gem. § 142 I ist das angefochtene Rechtsgeschäft, d. h. die aufgrund des Irr- **48** tums abgegebene Willenserklärung des K, als von Anfang an nichtig anzusehen. Mit der wirksamen Anfechtung wird eine der für den Vertrag erforderlichen Willenserklärungen beseitigt, sodass der Kaufvertrag hinfällig ist.

Somit hat V gegenüber K keinen Anspruch auf Bezahlung und Abnahme der 100 Kartons Kopierpapier gem. § 433 II.

Aufgabe 5:

I. Ein Herausgabeanspruch des V gegen K hinsichtlich der 100 Kartons Kopier- **49**
papier könnte gem. § 985 in Betracht kommen.

1. Voraussetzung hierfür ist, dass K Besitzer des Kopierpapiers ist. Gemäß § 854 I ist Besitzer derjenige, der die tatsächliche Gewalt über eine Sache hat. Da sich 100 Kartons Kopierpapier in der Firma des K befinden, ist dieser Besitzer.

2. Weiterhin muss V Eigentümer des Kopierpapiers sein. V könnte das Eigentum jedoch durch eine wirksame Eigentumsübertragung an K *gemäß § 929 S. 1* verloren haben. *Voraussetzung hierfür sind Einigung und Übergabe. Eine Einigung setzt zwei übereinstimmende Willenserklärungen voraus.* V und K haben sich über den Eigentumsübergang geeinigt und die Ware wurde auch übergeben. Demnach ist K Eigentümer des Kopierpapiers geworden.[7]

---

7 Die Anfechtung bezog sich auf das Grundgeschäft. Siehe hierzu „Vertiefung Anfechtung" II. 4. Die Lösung dieses Falles erfordert die einwandfreie Beherrschung des **Abstraktionsprinzips** (= Grundsatz, dass Verpflichtungsgeschäft und Erfüllungsgeschäft in ihrem Bestand voneinander unabhängig sind). Der schuldrechtliche Kaufvertrag begründet lediglich die Pflicht des Verkäufers V zur Übergabe der verkauften Sache an den Käufer und zur Übertragung des Eigentums, lässt aber die dingliche Rechtslage (Eigentum) unberührt. Das Eigentum muss erst durch ein besonderes dingliches Rechtsgeschäft gem. § 929 S. 1 übertragen werden. Bei der Prüfung von § 985 kommt es auf das Verfügungsgeschäft (Eigentumserwerb an dem Kopierpapier) an; bei § 812 I 1, 1. Alt. ist hingegen das Verpflichtungsgeschäft (= Kaufvertrag) relevant.

Ein Herausgabeanspruch des V gegen K gem. § 985 ist nach alledem nicht gegeben.

50 II. V könnte von K die Herausgabe des Kopierpapiers gemäß § 812 I 1, 1. Alt. verlangen.

1. Voraussetzung hierfür ist zunächst, dass V etwas erlangt hat. „Etwas" ist jeder Vermögensvorteil. K hat Besitz und Eigentum an den 100 Kartons Kopierpapier erlangt.

2. Weiterhin muss dies durch die Leistung des V geschehen sein. Eine Leistung ist jede bewusste und zweckgerichtete Vermehrung fremden Vermögens. Indem V dem K das Eigentum an dem Kopierpapier übertragen hat, wollte er seine Verpflichtung aus dem Kaufvertrag erfüllen und hat folglich „geleistet".

3. Letztlich muss diese Leistung ohne rechtlichen Grund erfolgt sein. Der zwischen K und V geschlossene Kaufvertrag ist aufgrund der durch K erfolgten Anfechtung gem. § 142 I von Anfang an nichtig. Die Leistung der K ist also ohne rechtlichen Grund erfolgt.

Folglich hat V gegenüber K einen Herausgabeanspruch hinsichtlich der 100 Kartons Kopierpapier gemäß § 812 I 1, 1. Alt.

Exkurs: Vertragsschluss im Internet – Onlineaktionen

---

51 Der Vertragsschluss im Internet erfolgt nach den allgemeinen Regeln. Wenn Produkte im Netz präsentiert werden, handelt es sich um eine **invitatio ad offerendum**. Gibt der Kunde eine **Bestellung per „Mausklick"** ab, liegt hierin das **Angebot** i. S. d. § 145. Bei Verträgen im elektronischen Geschäftsverkehr ist auch § 312e zu beachten, der für Verträge zwischen einem Unternehmer und einem Kunden gilt. Ob der Kunde Verbraucher (§ 13) oder Unternehmer (§ 14) ist, ist gleichgültig. Nach § 312e I Nr. 3 hat der Unternehmer den Zugang der Bestellung unverzüglich zu bestätigen. Handelt es sich hierbei um eine automatische Auftragsbestätigung, so stellt diese die Annahme des Angebots dar. Häufig bestimmen allerdings Allgemeine Geschäftsbedingungen des Internet-Vertreibers, dass nicht die Auftragsbestätigung, sondern erst die E-Mail, mit welcher der Warenversand mitgeteilt wird, als Annahme anzusehen ist.

Ein Zugang dieser Willenserklärungen liegt gem. § 312e I 2 vor, wenn der Empfänger die Erklärung unter gewöhnlichen Umständen abrufen kann. Das ist der Fall, wenn die Erklärung auf dem vom Empfänger benutzten Server eingetroffen ist – nicht erst bei tatsächlichem Abruf der E-Mail. Allerdings ist auf die „normalen Geschäftszeiten" abzustellen. Wenn also die E-Mail zur Nachtzeit eintrifft, dann ist der Zugang am nächsten Morgen bzw. zur nächsten üblichen Geschäftszeit.

52 Bei **Onlineauktionen**, wie zum Beispiel bei **eBay,** werden regelmäßig **Kaufverträge** über Waren geschlossen. § 156, nach dem bei einer Versteigerung der Vertrag erst durch den Zuschlag zustande kommt, findet keine Anwendung.[8] Die

---

8 PALANDT/HEINRICHS, § 156 Rn. 3; BGH NJW 2005, 53.

Einrichtung bzw. Freischaltung einer Angebotsseite stellt bereits das Angebot i. S. d. § 145 dar. Es handelt sich um ein Angebot an eine nicht konkret bezeichnete Person.[9] Der Kaufvertrag kommt ohne Zuschlag durch das Höchstgebot des Bieters am Ende der Laufzeit zustande.[10]

Vertiefung: **Minderjährigenrecht**[11]

> Beschränkt geschäftsfähig ist der Minderjährige, der das 7. Lebensjahr, aber noch nicht das 18. Lebensjahr vollendet hat (§§ 2, 106).

I. Rechtsgeschäfte eines beschränkt Geschäftsfähigen

Für diese gilt Folgendes:

1. Rechtsgeschäfte, die der Minderjährige ohne Zustimmung tätigen kann   54

Gem. § 107 ist die von einem Minderjährigen abgegebene Willenserklärung wirksam, wenn sie für ihn lediglich **rechtlich** vorteilhaft ist. Bei dieser Beurteilung kommt es allein auf die unmittelbar ausgelöste rechtsgeschäftliche Folge an; eine wirtschaftliche Betrachtung darf nicht stattfinden.[12] Vorteilhafte Rechtsgeschäfte sind:

a) bei den **Verpflichtungsgeschäften** nur die Schenkung, denn durch diesen Vertrag wird dem Minderjährigen unentgeltlich eine Leistung versprochen. Die

---

9 Man spricht auch von einem Angebot **ad incertas personas** (lat.), wenn sich dieses nicht an eine bestimmte Person, sondern an die Allgemeinheit richtet. Anderes Beispiel: Warenautomaten.

10 Der Anbieter kann sein Angebot nicht mehr zurückziehen, wenn er den gebotenen Preis für zu niedrig hält. So hatte ein Verkäufer einen VW-Passat (Neuwagen) über eBay zu einem Startpreis von 10 DM ins Netz gestellt und keinen Mindestpreis angegeben. Er wollte 39 000 DM hierfür haben; das Höchstgebot lautete aber nur auf 26 350 DM. Er wurde verurteilt, dem Bieter den Wagen für 26 350 DM zu übereignen (BGH NJW 2002, 363).

11 Literatur zur Vertiefung: Brehm, § 9; Brox/Walker, AT, § 12; Grunewald, § 8; Hirsch, AT, Rn. 483 ff.; Kaiser, Rn. 78 ff.; Leenen, Die Heilung fehlender Zustimmung gem. § 110 BGB, FamRZ 2000, 863; Löwisch/Neumann, § 21; Medicus, AT, §§ 21 ff.; Musielak, Rn. 287 ff.; Paal/Leyendecker, Weiterführende Probleme aus dem Minderjährigenrecht, JuS 2006, 25; Petersen, Die Geschäftsfähigkeit, JURA 2003, 97; ders., Einseitige Rechtsgeschäfte, JURA 2005, 248; Preuß, Das für den Minderjährigen lediglich vorteilhafte Geschäft JuS 2006, 305; Schellhammer, Rn. 2306 ff.; Westermann, Einführung, Kapitel 3; Wörlen, BGB AT, Rn. 105 ff.; Wörlen/Metzler-Müller, Fragen 60–75.

12 Siehe dazu Klunzinger, § 11 II 2. So müssen auch die mittelbaren Rechtsnachteile, die sich evtl. auf Grund des rechtlich vorteilhaften Geschäfts ergeben (z. B. Vertragskosten, Steuerpflichten), außer Betracht bleiben; vgl. Palandt/Heinrichs, § 107 Rn. 3 m. w. N.

gegenseitig verpflichtenden Verträge (Kaufvertrag, Werkvertrag ... usw.) sind für den Minderjährigen nachteilig.

b) alle **Verfügungsgeschäfte**, aufgrund derer der Minderjährige Rechte, das Eigentum an Sachen, eine Hypothek o. Ä. erwirbt.

c) bei den **einseitigen Rechtsgeschäften** die Mahnung sowie die Kündigung eines unverzinslichen Darlehens.[13]

55 Zustimmungsfrei sind auch die **neutralen Geschäfte**, zumal sie nur für bzw. gegen einen Dritten wirken (z. B. die von einem beschränkt geschäftsfähigen Vertreter abgegebene Willenserklärung gem. § 165[14]). Gem. §§ 112,113 kann der Minderjährige für bestimmte gesetzlich festgelegte Bereiche mit Ermächtigung des gesetzlichen Vertreters volle Geschäftsfähigkeit (sog. Teilgeschäftsfähigkeit) erlangen.

2. Zustimmungsbedürftige Rechtsgeschäfte

56 Rechtsgeschäfte, die nicht nach den unter 1. aufgezeigten Grundsätzen zustimmungsfrei sind, sind erst dann wirksam, wenn der (vertretungsberechtigte) gesetzliche Vertreter seine Einwilligung (= vorherige Zustimmung, vgl. § 183 S. 1) erteilt hat. Fehlt diese, so sind gem. § 111 einseitige Rechtsgeschäfte unwirksam. Verträge können nach § 108 genehmigt werden; bis zur Erteilung bzw. Verweigerung der Genehmigung (= nachträgliche Zustimmung, vgl. § 184 I) ist der Vertrag schwebend unwirksam.[15]

Gem. § 110 ist ein vom Minderjährigen geschlossener Vertrag ohne Zustimmung wirksam, wenn der Minderjährige die vertragsmäßige Leistung mit Mitteln bewirkt hat, die ihm zu diesem Zweck oder zur freien Verfügung überlassen worden sind (sog. „Taschengeldparagraph").[16] Das „Bewirken" setzt voraus, dass der Minderjährige die gesamte Leistung mit den überlassenen Mitteln erbracht hat. In § 110 ist deshalb hinter dem Wort „bewirkt" sinngemäß ein „hat" zu ergänzen.

57 ## II. Sonstige Rechtshandlungen des beschränkt Geschäftsfähigen

Gem. § 828 III ist der Minderjährige für einen Schaden, den er einem anderen zufügt, nicht verantwortlich, wenn er bei der Begehung der schädigenden Handlung nicht die zur Erkenntnis der Verantwortlichkeit erforderliche Einsicht hat.[17]

---

13 Auslobung, Kündigung eines verzinslichen Darlehens, Anfechtung ... usw. sind rechtlich nachteilig.

14 Siehe hierzu Fall 1, Aufgabe 1 (Rn. 30).

15 Beispiel in Fall 1, Aufgabe 3 (Rn. 32).

16 Nach der herrschenden Lehre ist § 110 eine Form der konkludenten Einwilligung; s. hierzu Münchener Kommentar/SCHMITT, § 110, Rn. 4 m. w. N.; PALANDT/HEINRICHS, § 110 Rn. 1. Zur Gegenansicht (selbstständiger Anwendungsbereich des § 110) vgl. LEENEN, Heilung fehlender Zustimmung gemäß § 110 BGB, FamRZ 2000, 863.

17 Beispiel in Fall 10, Aufgabe 3 (Rn. 489).

Nach § 828 II 1 ist allerdings eine Haftung von Kindern zwischen sieben und zehn Jahren bei Unfällen im Straßen- und Bahnverkehr ausgeschlossen. Dies gilt nach Satz 2 nicht, wenn das Kind die Verletzung vorsätzlich herbeigeführt hat.

58

> **Prüfschema – Wirksamkeit der Willenserklärung eines beschränkt Geschäftsfähigen:**
>
> **Beispiel:**
>
> Kaufpreiszahlungsanspruch des Verkäufers V gegen 16-jährigen Käufer K gem. § 433 II; das Angebot zum Abschluss des Vertrages hat V gemacht. K hat die Annahme erklärt.
>
> Ist die Annahmeerklärung des K wirksam?
> 1. § 107 – lediglich rechtlicher Vorteil
> 2. § 107 – vorherige Zustimmung (Einwilligung) des gesetzlichen Vertreters
> 3. § 110 – Taschengeldparagraph
> 4. § 108 I – nachträgliche Zustimmung (Genehmigung) des gesetzlichen Vertreters.

Vertiefung: **Anfechtung**[18]

I. Allgemeines

II. Voraussetzungen der Anfechtung
1. Anfechtungsgrund
2. Anfechtungserklärung
3. Anfechtungsfrist
4. Wirkung und Rechtsfolgen der Anfechtung

> Die Anfechtung ist ein Gestaltungsrecht, das es einer Vertragspartei unter bestimmten Umständen ermöglicht, die Wirkung einer Willenserklärung rückwirkend für nichtig zu erklären (§ 142 I).

---

18 Literatur zur Vertiefung: BREHM, § 8; BROX, AT, §§ 18–20; COESTER/WALTJEN, Die Anfechtung von Willenserklärungen, JURA 2006, 348; HIRSCH, AT, Rn. 584 ff.; KERN, Ausgewählte Probleme der Anfechtung, JuS 1998, 41; KAISER, Rn. 110 ff.; KOCHER, Anfechtung bei falscher Kaufpreisauszeichnung im Internet, JA 2006, 223; KÖHLER, § 7; LARENZ/WOLF, § 36; MEDICUS, AT, §§ 47 ff.; LÖWISCH/NEUMANN, §§ 16 f.; PETERSEN, Der Irrtum im Bürgerlichen Recht, JURA 2006, 660; DERS., Täuschung und Drohung im Bürgerlichen Recht, JURA 2006, 904; SCHELLHAMMER, Rn. 2416 ff.; WESTERMANN, Einführung, Kapitel 6 I, II; WÖRLEN, BGB AT, Rn. 196 ff.; WÖRLEN/METZLER-MÜLLER, Fragen 116–135.

I. Allgemeines

59 Wenn dem Erklärenden bei seiner Willenserklärung ein Irrtum unterläuft, steht ihm nach §§ 119 ff. unter bestimmten Voraussetzungen ein Anfechtungsrecht zu. Damit erhält er die Möglichkeit, seine Willenserklärung rechtlich zu vernichten. Die Regelungen über den Inhalts- und Erklärungsirrtum (Fälle des unbewussten Abweichens von Wille und Erklärung) beruhen auf der Erwägung, dass der Erklärende nicht gegen seinen Willen an einer Erklärung festgehalten werden soll, die nicht seinem Geschäftswillen entspricht.

Zunächst ist allerdings Voraussetzung, dass eine Willenserklärung existiert und nicht nichtig ist – was nach den §§ 116–118 („Geheimer Vorbehalt", „Scheingeschäft", „Mangel der Ernstlichkeit") der Fall sein kann. Außerdem muss geprüft werden, ob der Erklärungsempfänger in seinem Vertrauen auf das Erklärte schutzwürdig ist, d. h., wie er die Willenserklärung aufgefasst hat bzw. bei Anwendung der ihm zumutbaren Sorgfalt auffassen musste. Dies ist ggf. durch Auslegung der Willenserklärung zu ermitteln (Merke: **Auslegung geht vor Anfechtung!**).

60 Die Anfechtung der Willenserklärung führt nach § 142 I zu deren Nichtigkeit. In dieser Vorschrift wird allerdings nicht die Willenserklärung, sondern ein „anfechtbares Rechtsgeschäft" genannt. Da ein Rechtsgeschäft aus mindestens einer Willenserklärung besteht (ein Vertrag aus zwei sich deckenden Willenserklärungen), wird also, wenn dieses angefochten wird, automatisch die dem Rechtsgeschäft zugrunde liegende Willenserklärung angefochten.

Wichtig:
Die Anfechtung darf erst geprüft werden, wenn feststeht, dass z. B. ein Vertrag zu Stande gekommen ist.[19] Dann kann erörtert werden, „... ob die Willenserklärung des K (sein Angebot oder seine Annahme) gem. § 142 I als von Anfang an nichtig anzusehen ist. Das ist der Fall, wenn der Erklärende seine Willenserklärung wirksam angefochten hat ..."

II. Voraussetzungen der Anfechtung

1. Anfechtungsgrund

Zunächst muss ein in den §§ 119 ff. genannter Anfechtungsgrund vorliegen.

a) Inhaltsirrtum

61 Ein solcher liegt nach § 119 I, 1. Alt. vor, wenn der Erklärende bei der Abgabe einer Willenserklärung über deren Inhalt im Irrtum war. Er erklärt zwar, was er erklären will, irrt aber über die rechtliche Bedeutung seiner Erklärung. Der Erklärende misst dieser einen anderen Sinn bei, als sie in Wirklichkeit hat.

---

19 Siehe hierzu auch das Prüfschema unter Rn. 17.

Beispiele:

Irrtum über den Vertragspartner (statt Malermeister Meier wird Malermeister Meyer telefonisch beauftragt); Irrtum über die Geschäftsart (der Erklärende will sich verbürgen, unterschreibt aber einen Schuldbeitritt); Irrtum über die Vertragsart (der Erklärende unterzeichnet einen Mietvertrag im Glauben, es handele sich um einen Leihvertrag), Irrtum über den Vertragsgegenstand (K bestellt 25 Gros (= 3 600) Rollen Toilettenpapier und meint, es handele sich um 25 große Rollen).

b) Erklärungsirrtum

Nach § 119 I, 2. Alt. liegt ein Irrtum in der Erklärungshandlung (= Erklärungsirrtum) vor, wenn der Erklärende bei der Abgabe der Willenserklärung „eine Erklärung dieses Inhalts überhaupt nicht abgeben wollte". Der Erklärende erklärt nicht das, was er erklären will, sondern verschreibt, vergreift oder verspricht sich. **62**

Beispiel:

V will dem K seinen Pkw für 9600 € verkaufen, schreibt aber 6900 €.

Tipp: Fälle des Erklärungsirrtums kann man aus der Vorsilbe „(v)er"- herleiten: **ver**schreiben, **ver**greifen, **ver**sprechen ...

Weitere Voraussetzungen der genannten Irrtümer ist nach § 119 I, dass die Erklärung bei Kenntnis der Sachlage und bei verständiger Würdigung des Falls nicht abgegeben worden wäre. Ein Irrtum, der sich nur auf nebensächliche Punkte erstreckt oder wirtschaftlich unbedeutend ist, ist deshalb nicht erheblich[20] (z. B. die Preisangabe von 1000,98 € statt 1000,99 €).

c) Motivirrtum

Ein Motivirrtum (Irrtum bei der Willensbildung, also im „Beweggrund") liegt vor, wenn der Erklärende irrtümlich von einem falschen Umstand ausgeht, der für den Geschäftswillen bedeutsam ist. Dieser Irrtum berechtigt **nicht** zur Anfechtung. **63**

Beispiele:

K kauft ein Service für die Hochzeit seines Freundes, die dann aber nicht stattfindet. Dachdeckermeister V verrechnet sich bei der Abgabe seines Angebots und teilt dem Auftraggeber nur das Ergebnis seiner Berechnung mit (sog. Kalkulationsirrtum).

Beim **Kalkulationsirrtum** irrt der Erklärende über den Umstand (Rechnungsfaktor), den er seiner Berechnung, z. B. des Preises, der Menge, zugrunde legt. Wenn die Kalkulation dem Vertragspartner nicht offen gelegt worden ist, handelt es sich um einen Motivirrtum. Gleiches gilt für den sog. offenen Kalkulationsirrtum, bei dem die fehlerhafte Kalkulation ausdrücklich zum Gegenstand der Vertragsverhandlungen gemacht worden ist.[21]

---

20 Vgl. PALANDT/HEINRICHS, § 119 Rn. 31 m. w. N.
21 So die hL und auch der BGH (139, 177). Das RG hat in diesen Fällen einen beachtlichen Inhaltsirrtum angenommen und ein Anfechtungsrecht bejaht (RGZ 64, 268; 162, 201). Ausführlich: BROX/WALKER, AT, § 18, Rn. 426 ff. sowie LARENZ/WOLF, § 36 Rn. 58 ff. m. w. N.

d) Eigenschaftsirrtum

64 Nach § 119 II berechtigt auch der „Irrtum über solche Eigenschaften der Person oder der Sache, die im Verkehr als wesentlich angesehen werden", zur Anfechtung. Dieser Eigenschaftsirrtum stellt einen Spezialfall des Motivirrtums dar.[22] Dem Erklärenden ist bei der Willensbildung ein Irrtum unterlaufen.

Eigenschaften einer Sache sind alle wertbildenden Faktoren. Keine Eigenschaft hingegen ist der Wert oder Preis des Gegenstands,[23] da der Preis kein wertbildender Faktor ist, sondern von den Gegebenheiten des Marktes abhängt.

Beispiele:

Lage, Grenze und Bebaubarkeit eines Grundstücks; Unfallfreiheit und Laufleistung eines Pkw; Echtheit eines Bildes oder von Schmuck (V verkauft dem K ein Armband zu einem Kaufpreis von 80 €, da er annimmt, das Schmuckstück sei nur vergoldet. Tatsächlich besteht das Armband aus reinem Gold und hat einen Wert von 600 €).

> **Wichtig:**
> Eine Anfechtung gem. § 119 II ist ausgeschlossen, wenn ein Sachmangel
> i. S. d. § 434 I vorliegt. Denn die kaufrechtlichen Gewährleistungsregeln
> (§§ 434 ff.) sind vorrangig.

65 Bei den **Eigenschaften einer Person** – wie u. a. Alter, Geschlecht, Konfession, politische Einstellung, Vorstrafen, berufliche Fähigkeiten, Kreditwürdigkeit – ist auf den konkret abgeschlossenen Vertrag abzustellen.

Beispiele:

Alter, Sachkunde, Zuverlässigkeit, Vertrauenswürdigkeit, Diskretion, Qualifikation bei einer Chefsekretärin;[24] Kreditwürdigkeit des Käufers beim Kauf auf Kredit; Parteizugehörigkeit eines Redakteurs für den politischen Teil einer Zeitung.

e) Falsche Übermittlung

66 Ein Irrtum bei der Willensäußerung liegt auch bei der unrichtigen Übermittlung des Willens vor (§ 120). In diesem Fall bedient sich der Erklärende zur Übermittlung seiner Willenserklärung einer Person oder Anstalt (z. B. Bote, Dolmetscher, Telekom, Post-AG, private Netzanbieter), die die „Willenserklärung ... unrichtig übermittelt".

Beispiel:

V schickt einen Boten zu K, um diesem zu übermitteln, dass er den Pkw für 9400 € verkaufen solle; der Bote überbringt dem K die Erklärung, V wolle den Wagen für 4900 € veräußern.

---

22 H. M.; Larenz/Wolf, § 36 Rn. 37.
23 BGHZ 16, 57.
24 Eine Schwangerschaft ist allerdings keine Eigenschaft einer Person, sondern ein vorübergehender, in der Regel neun Monate dauernder Zustand.

Die unrichtige Übermittlung wird nach § 120 wie ein Erklärungsirrtum behandelt, denn Wille und Erklärung weichen voneinander ab.

f) Arglistige Täuschung

Nach § 123 I, 1. Alt. kann eine Willenserklärung angefochten werden, wenn sie **67**
auf einer arglistigen Täuschung beruht. Dadurch soll die Freiheit der Willensentschließung geschützt werden.

Es muss eine **Täuschungshandlung** vorliegen, d. h. ein Tun oder Unterlassen[25],
wie z. B. das Vorspiegeln oder Unterdrücken von Tatsachen (ein Verkäufer verschweigt, dass es sich bei dem Pkw um einen Unfallwagen handelt). Die Täuschungshandlung muss bei dem Erklärenden einen **Irrtum** hervorrufen, diesen
bestärken oder ihn aufrechterhalten. Der Erklärende hat also eine falsche Vorstellung von der Realität (der Käufer meint, es handele sich um einen unfallfreien
Pkw) und gibt deshalb eine **Willenserklärung** ab (der Käufer nimmt das Verkaufsangebot hinsichtlich des Wagens für 15 000 € an). Die Täuschungshandlung
muss für die abgegebene Willenserklärung **ursächlich** gewesen sein, d. h. der Erklärende hätte die Willenserklärung ohne die Täuschung nicht bzw. nicht so abgegeben (der K hätte bei Kenntnis des Unfalls nicht den entsprechenden Kaufpreis bezahlt oder sogar von einem Vertragsschluss abgesehen).

Die Täuschung muss widerrechtlich sein.[26] Außerdem muss der Täuschende **arglistig** gehandelt haben. Es ist also Vorsatz erforderlich. Der Täuschende muss wissen und wollen, dass der andere durch die Täuschung zu einer Willenserklärung
bestimmt wird, die er ohne Täuschung möglicherweise nicht oder nicht so abgeben würde (V wusste von dem Unfall des Pkw und auch, dass K bei Kenntnis der
richtigen Umstände den Wagen nicht – bzw. nicht zu dem Preis – gekauft hätte).

Gem. § 123 II ist, wenn ein Dritter die Täuschung verübte, die Erklärung, die ei- **68**
nem anderen gegenüber abzugeben war (also eine empfangsbedürftige Willenserklärung), nur anfechtbar, wenn dieser die Täuschung kannte oder kennen
musste. Dritter i. S. dieser Vorschrift ist nur der am Geschäft Unbeteiligte, nicht
hingegen z. B. der Vertreter des Erklärungsgegners, da er auf dessen Seite steht
und maßgeblich am Zustandekommen des Vertrags mitgewirkt hat.[27] Der Begriff
des Dritten kann unter Anwendung des Rechtsgedankens des § 278 ausgelegt
werden.

g) Widerrechtliche Drohung

Voraussetzung dieses Anfechtungsgrundes ist, dass der Erklärende widerrecht- **69**
lich durch Drohung zur Abgabe der Willenserklärung bestimmt worden ist
(§ 123 I, 2. Alt.).

Bei diesem Tatbestand des § 123 I liegt kein Irrtum des Erklärenden vor. Die widerrechtliche Drohung berechtigt zur Anfechtung der Willenserklärung, weil die
Freiheit der Willensentschließung geschützt werden soll.

---

25 Dieses ist nur dann als Täuschung zu werten, wenn eine Rechtspflicht zum Handeln bestand.
26 Diese Voraussetzung ergibt sich – anders als bei der Drohung – nicht aus dem Gesetzeswortlaut.
    Der Gesetzgeber ging davon aus, dass eine arglistige Täuschung immer widerrechtlich sei.
27 Einzelfälle bei PALANDT/HEINRICHS, § 123 Rn. 12 ff.

Unter einer Drohung versteht man das Inaussichtstellen eines zukünftigen empfindlichen Übels, auf dessen Eintritt der Drohende Einfluss hat oder zu haben
vorgibt. Als Übel genügt jeder Nachteil.

Beispiele:

Drohung mit einer Strafanzeige, Drohung mit einer negativen Presseveröffentlichung.

Der Bedrohte muss Furcht vor diesem künftigen Übel haben und deshalb eine
Willenserklärung abgeben; die Drohung muss hierfür ursächlich sein (Kausalität): Ohne Drohung hätte der Erklärende die Willenserklärung nicht bzw. nicht
so abgegeben. Widerrechtlichkeit liegt vor, wenn das angewandte Mittel der
Drohung (z. B. Schläge) oder der erstrebte Erfolg/Zweck (z. B. Drogenkauf) ver-
werflich ist. Sie kann sich auch aus der Mittel-Zweck-Relation ergeben:

Beispiel:

Drohung mit einer Strafanzeige wegen tatsächlich begangener Unfallflucht, damit der
Betroffene den alten PC des Drohenden abkauft. Die Anzeige wegen Unfallflucht ist –
für sich betrachtet – rechtmäßig. Ebenso der Zweck, der Abschluss eines Kaufvertrags.
Durch die Kombination des Mittels mit dem Zweck wird der andere einem mittelbaren
Zwang (Angst vor einer Anzeige) ausgesetzt und zum Abschluss des Vertrags veran-
lasst, den er ansonsten nicht abgeschlossen hätte.

Der Drohende muss den Willen haben, den Willen des Bedrohten zu bestimmen
(Vorsatz ist also erforderlich).

Bei der Anfechtung wegen widerrechtlicher Drohung ist es gleichgültig, ob der
Erklärungsempfänger oder ein Dritter droht (anders bei der arglistigen Täuschung, vgl. § 123 II). Selbst bei Gutgläubigkeit des Erklärungsempfängers kann
die Willenserklärung angefochten werden.[28]

2. Anfechtungserklärung

70   Gem. § 143 I muss die Anfechtung ausdrücklich oder konkludent erklärt werden.
Dabei ist der Ausdruck „Anfechtung" nicht wichtig, sondern es genügt, wenn der
Erklärende zu erkennen gibt, dass er seine Erklärung wegen eines Anfechtungs-
grunds nicht gelten lassen will.

Die Anfechtungserklärung ist ein formfreies, empfangsbedürftiges Rechtsgeschäft (= Willenserklärung). Sie muss gegenüber dem Anfechtungsgegner erfolgen – bei einem Vertrag also gegenüber dem Vertragspartner (vgl. § 143 II). An-
fechtungsberechtigt ist, wer die Willenserklärung, die auf dem Willensmangel
beruht, abgegeben hat (im Fall des § 120 also der Geschäftsherr und nicht die
Übermittlungsperson bzw. -anstalt).

---

28 Dies folgt aus dem Umkehrschluss aus § 123 II.

3. Anfechtungsfrist

In den Fällen der §§ 119, 120 muss die Anfechtung unverzüglich (ohne schuld- **71**
haftes Zögern) erfolgen, nachdem der Anfechtungsberechtigte von dem Anfechtungsgrund Kenntnis erlangt hat (§ 121 I 1). Wenn seit der Abgabe der Willenserklärung zehn Jahre verstrichen sind, ist die Anfechtung ausgeschlossen
(§ 121 II).

In den Fällen des § 123 kann die Anfechtung binnen Jahresfrist erfolgen (§ 124 I);
auch hier gilt die Zehn-Jahresfrist (§ 124 III). Die Frist beginnt mit der Entdeckung
der Täuschung bzw. Beendigung der Zwangslage bei der Drohung.

4. Wirkung und Rechtsfolgen der Anfechtung

Nach § 142 I ist das Rechtsgeschäft als von Anfang an (ex tunc)[29] nichtig anzu- **72**
sehen. Es wird also so behandelt, als sei es überhaupt nicht vorgenommen worden.

Die Anfechtung führt nicht nur zur Nichtigkeit von einseitigen Rechtsgeschäften,
sondern auch zur Nichtigkeit von Verträgen. Denn angefochten wird die einzelne, mit einem Irrtum behaftete Willenserklärung. Der Anbieter kann also sein
Angebot, der Annehmende seine Annahmeerklärung anfechten. Wenn eine dieser beiden Willenserklärungen wirksam angefochten ist, fehlt eine der für den
Vertrag erforderlichen Willenserklärungen, sodass der Vertrag selbst hinfällig
ist.[30]

Gem. § 122 I hat der Anfechtende bei einer Anfechtung nach § 119 oder § 120 **73**
dem Vertragspartner Schadensersatz in Höhe des sog. negativen Interesses (sog.
Vertrauensschaden), begrenzt auf das positive Interesse (sog. Erfüllungsscha-
den[31]), zu leisten. Der Vertrauensschaden ist der Schaden, den der Geschädigte
dadurch erleidet, dass er auf die Gültigkeit des Rechtsgeschäfts (der Erklärung)
vertraut hat. Der Anfechtungsgegner muss also so gestellt werden, als hätte er
von dem Geschäft nie etwas gehört (meist: Ersatz der Porto-, Telefon-, Transportkosten). Der Schadensersatz ist nach § 122 II ausgeschlossen, wenn der Geschädigte den Grund der Nichtigkeit oder der Anfechtung kannte oder infolge von
Fahrlässigkeit nicht kannte.

Bei einer nach § 123 erfolgten Anfechtung kann der Anfechtungsgegner keinen
Schadensersatz verlangen; dies wäre auch unbillig, zumal dieser den Erklärenden getäuscht oder bedroht hat. Der Anfechtende hat vielmehr gegen den Täu-

---

29 Bei Arbeits- und Gesellschaftsverträgen wirkt die Anfechtung grundsätzlich nur für die Zukunft (ex
    nunc), denn die erbrachten Leistungen sollen Bestand haben und nicht über das Bereicherungs-
    recht abgewickelt werden; siehe hierzu: PALANDT/HEINRICHS, § 142 Rn. 2.

30 So BROX/WALKER, AT, § 18, Rn. 439; LARENZ/WOLF, § 20 II; a. A. LEENEN, Die Anfechtung von Verträ-
    gen, JURA 1991, 303: Für ihn ist der Vertrag Gegenstand der Anfechtung. Er ist anfechtbar, wenn
    eine der zum Vertragsschluss erforderlichen Willenserklärungen mit einem Willensmangel behaftet
    ist.

31 = der Schaden, der dem Schuldner infolge der Nichterfüllung entsteht. Der Geschädigte muss so
    gestellt werden, wie er stünde, wenn ordnungsgemäß erfüllt worden wäre (z. B. Ersatz des entgan-
    genen Gewinns). In der Regel ist der Erfüllungsschaden höher als der Vertrauensschaden.

schenden bzw. Drohenden einen Anspruch auf Schadensersatz aus §§ 280 I, 311 II, 241 II und Delikt (§§ 826 bzw. 823 II i. V. m. §§ 263, 240 StGB).

74 Wird ein Verpflichtungsgeschäft wirksam angefochten, sind die erbrachten Leistungen nach Bereicherungsrecht (gem. § 812 I 1, 1. Alt.[32]; a. A.: § 812 I 2, 1. Alt.[33]) zurückzugewähren.

Auch ein angefochtenes Verfügungsgeschäft ist von Anfang an nichtig. Das bedeutet z. B. bei einer Übereignung, dass der Erwerber von Anfang an Nichtberechtigter war. Hat er inzwischen weiterverfügt, so richtet sich die Wirksamkeit dieser Verfügung nach den Vorschriften über den gutgläubigen Erwerb (§§ 929, 932[34]).

Verpflichtungs- und Erfüllungsgeschäft sind voneinander losgelöst zu betrachten (Abstraktionsprinzip). Die Anfechtung des Verpflichtungsgeschäfts führt nicht automatisch zur Unwirksamkeit des Erfüllungsgeschäfts.[35] Die Anfechtbarkeit beider Geschäfte ist daher jeweils getrennt zu prüfen.

Nur die Anfechtung gem. § 123 erfasst in der Regel das Verpflichtungs- und das Erfüllungsgeschäft, da beide Geschäfte an demselben Willensmangel leiden.[36]

75

Prüfschema – Anfechtung einer Willenserklärung:

1. Anfechtbare Willenserklärung
2. Anfechtungsgrund
   a) Inhaltsirrtum, § 119 I, 1. Alt.
   b) Erklärungsirrtum, § 119 I, 2. Alt.
   c) Eigenschaftsirrtum, § 119 II
   d) falsche Übermittlung, § 120
   e) arglistige Täuschung, § 123 I, 1. Alt.
   f) widerrechtliche Drohung, § 123 I, 2. Alt.
3. Anfechtungserklärung, § 143
4. Anfechtungsfrist, §§ 121, 124

Wirkung der Anfechtung:
Willenserklärung ist von Anfang an nichtig, § 142 I

---

32 Wegen der Rückwirkung der Anfechtung (§ 142 I) wird z. T. ein Bereicherungsanspruch nach Satz 1 angenommen.
33 Da der Rechtsgrund für die Leistung tatsächlich bis zur Erklärung der Anfechtung bestanden hat, kann auch dieser Satz als Anspruchsgrundlage genannt werden (vgl. PALANDT/THOMAS, § 812, Rn. 77). Ausführlich unter Vertiefung: Ungerechtfertigte Bereicherung.
34 Siehe hierzu die Vertiefung „Gutgläubiger Eigentumserwerb vom Nichtberechtigten".
35 PALANDT/HEINRICHS, § 142 Rn. 2 sowie Überblick vor § 104 Rn. 23; BROX/WALKER, AT, § 18 Rn. 440.
36 BGHZ 58, 257, 258; BROX/WALKER, AT, § 18 Rn. 441.

Vertiefung: **Stellvertretung (§§ 164 ff.)**[37]

I. Zuverlässigkeit der Stellvertretung

II. Voraussetzungen der Stellvertretung

1. Eigene Willenserklärung des Vertreters
2. Abgabe der Willenserklärung im Namen des Vertretenen
3. Abgabe der Willenserklärung innerhalb der zustehenden Vertretungsmacht

III. Die Rechtsfolgen der wirksamen Vertretung

IV. Das Handeln des Vertreters ohne Vertretungsmacht

> Stellvertretung ist rechtsgeschäftliches Handeln für einen anderen mit der Folge, dass dieser aus dem Geschäft unmittelbar berechtigt oder verpflichtet wird.

76

Es handelt sich hierbei meist um ein Dreiecksverhältnis.

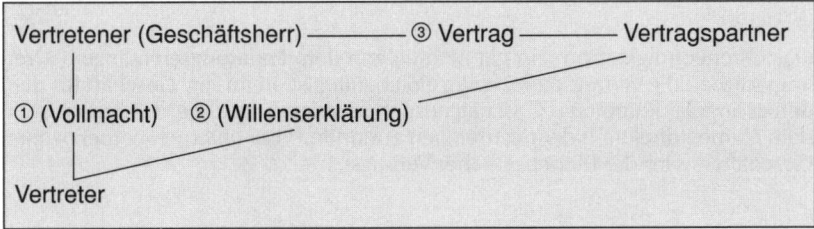

① = **Innenverhältnis** – der Vertreter darf für den Vertretenen handeln; Grundlage ist meist eine Vollmacht i. S. d. §§ 167 I, 166 II 1 – diese beruht oft auf einem Auftrag (§ 662).

② = **Außenverhältnis** – der Vertreter gibt eine Willenserklärung im Namen des Vertretenen gegenüber dem Vertragspartner ab.

③ = **Rechtsfolgen der wirksamen Vertretung** (z. B. Zustandekommen eines Vertrages).

I. Zulässigkeit der Stellvertretung

Die Stellvertretung ist bei allen Rechtsgeschäften zulässig, die nicht höchst- **77** persönlich vorzunehmen sind.[38]

---

37 Literatur zur Vertiefung BREHM, § 15; BROX/WALKER, AT, §§ 23–27; HIRSCH, AT, Rn. 849 ff.; KÖHLER, § 11; MEDICUS, AT, §§ 54–59; SCHELLHAMMER, Rn. 2157 ff.; WESTERMANN, Einführung, Kapitel 7; WÖRLEN, BGB AT, Rn. 301 ff.; WÖRLEN/METZLER-MÜLLER, Fragen 173–197.

38 Beispiele für höchstpersönlich vorzunehmende Rechtsgeschäfte: Eheschließung (§ 1310 BGB); Anfechtung der Vaterschaft (§§ 1600 ff.); Errichtung einer Verfügung von Todes wegen (§ 2064). In Falllösungen ist dies nur in Ausnahmefällen zu erörtern.

II. Voraussetzungen der Stellvertretung

1. Eigene Willenserklärung des Vertreters

78   Der Vertreter formuliert die Erklärung selbstständig und entscheidet über das „Ob" und „Wie" des Rechtsgeschäfts – im Gegensatz zum **Boten**, der nur eine fremde, vom Geschäftsherrn vorformulierte Willenserklärung übermittelt.[39] Die Regeln über die Willenserklärung und deren Wirksamkeit gelten auch hier; es genügt allerdings, dass der Vertreter beschränkt geschäftsfähig ist (§ 165 beinhaltet eine Sonderregelung[40]).

2. Abgabe der Willenserklärung im Namen des Vertretenen

79   Der Vertreter muss mit seiner Erklärung gegenüber dem Vertragspartner zum Ausdruck bringen, dass die Rechtsfolgen einen anderen (den Vertretenen) treffen sollen.[41] Es gilt das **Offenkundigkeitsprinzip:** Sofern der Wille, in fremdem Namen zu handeln, nicht erkennbar hervortritt, wird der Erklärende selbst verpflichtet (§ 164 II).[42]

Das Offenkundigkeitsprinzip gilt nicht, wenn dem Erklärungsempfänger (= Vertragspartner) die Vertragspartei völlig gleichgültig ist. Beim sog. **Geschäft für den, den es angeht**, kommt das Geschäft ausnahmsweise auch ohne Handeln in fremdem Namen direkt mit dem Vertretenen zustande.[43] Bei unternehmerbezogenen Geschäften wird der Betriebsinhaber Vertragspartei.

3. Abgabe der Willenserklärung innerhalb der zustehenden Vertretungsmacht

Die Vertretungsmacht kann beruhen auf:

a) *Rechtsgeschäft*

80   Die durch Rechtsgeschäft erteilte Vertretungsmacht (**Vollmacht**, vgl. § 166 II 1) wird durch einseitige, empfangsbedürftige Willenserklärung des Geschäftsherrn[44] gegenüber dem Vertreter (Innenvollmacht) oder gegenüber dem Vertragspartner (Außenvollmacht) erteilt (§ 167 I); eine Annahmeerklärung des Bevollmächtigten ist nicht erforderlich.[45] Die Vollmacht ist grundsätzlich formfrei (§ 167 II). Sie erlischt u. a. mit dem Grundgeschäft bzw. durch Widerruf (§ 168).

---

39 Ausführlich zur Abgrenzung: RÜTHERS/STADLER, § 30 Rn. 2 ff.
40 Beispiel in Fall 1, Aufgabe 1 (I).
41 Zum Handeln unter fremdem Namen siehe KÖHLER, § 11 Rn. 23; HIRSCH, AT, Rn. 1053 ff.
42 Siehe Fall 1, Aufgabe 3 (Rn. 32).
43 So bei Bargeschäften des täglichen Lebens, zumal dort in der Regel kein Interesse an der Person des Vertragspartners existiert.
44 Auch schlüssiges Handeln ist möglich.
45 Meist beruht die Vollmacht auf einem Auftrag i. S. d. § 662. Sie entsteht allerdings unabhängig von dessen Wirksamkeit.

b) Gesetz

Die gesetzliche Vertretungsmacht ist z. B. in den §§ 1626 I, 1629 (Eltern), **81**
§ 1793 I 1 (Vormund), §§ 1896, 1902 (Betreuer), §§ 1909, 1915, 1793 I 1 (Pfleger) geregelt.[46]

c) Rechtsschein

Die wichtigsten Fälle einer Rechtsscheinhaftung (bzw. -vollmacht) des Vertretenen sind:

§ 170 (Außenvollmacht), § 171 I (kundgemachte Innenvollmacht), § 172 I (Aus- **82**
händigung einer Vollmachtsurkunde), § 15 I, III HGB („negative" und „positive"
Publizität des Handelsregisters), § 56 HGB (Anscheinsvollmacht des Ladenangestellten). Im Falle des Erlöschens der Vollmacht ist zugunsten des Gutgläubigen
vom Fortbestand der Vollmacht auszugehen. Von Rechtsprechung und Lehre
wurden darüber hinaus die Duldungs- und Anscheinsvollmacht als Rechts-
scheinsvollmachten anerkannt. Deren Voraussetzungen sind:

aa) Es muss der **Rechtsschein** einer wirksamen Vollmacht bestehen.

bb) Diesen Rechtsschein muss der Vertretene **zurechenbar gesetzt** haben, indem er
- wusste, dass der „Vertreter" rechtsgeschäftlich für ihn tätig wird, dies aber
nicht verhindert hat (im Fall der **Duldungsvollmacht**[47]) bzw.
- die Möglichkeit der Kenntnisnahme vom Handeln des „Vertreters" hatte
und dies hätte verhindern können (im Fall der **Anscheinsvollmacht**).

cc) Der Vertragspartner muss darauf vertraut haben, dass der „Vertreter" Vollmacht hatte, d. h. **gutgläubig** gewesen sein (entsprechend § 173).

83

Merke:

Duldungsvollmacht: Der Vertretene kennt das Verhalten des für ihn Handelnden tatsächlich und duldet es.

Anscheinsvollmacht: Der Vertretene hätte das Verhalten seines angeblichen Vertreters bei pflichtgemäßer Sorgfalt erkennen und verhindern können. Durch eine gewisse Häufigkeit und Dauer des Auftretens des angeblichen Vertreters ist der Anschein entstanden, dass der Vertretene dieses Auftreten kennt und duldet.

---

46 Darüber hinaus gibt es auch noch eine organschaftliche Stellvertretung bei den juristischen Personen des Privatrechts (AG, GmbH, rechtsfähiger Verein) und des öffentlichen Rechts (Bund, Länder,
Gemeinden … usw.).
47 Beispiel in Fall 1, Aufgabe 2 (Rn. 31).

III. Die Rechtsfolgen der wirksamen Vertretung

84   Gem. § 164 I 1 wirkt die Willenserklärung unmittelbar für und gegen den Vertretenen, er kann z. B. die sich aus dem Vertrag ergebenden Ansprüche geltend machen und muss die Forderungen des Vertragspartners aus dem Vertrag erfüllen.[48] Bei Willensmängeln bzw. der Kenntnis/dem Kennenmüssen gewisser Umstände ist gem. § 166 I auf die Person des Vertreters abzustellen.[49]

85

> **Prüfschema – Stellvertretung gem. § 164 I:**
>
> **Beispiel:**
> Vertrag zwischen K und V, wobei S das Angebot als Stellvertreter des K abgibt.
>
> **Angebot** durch S als Vertreter des K?
> 1. Eigene Willenserklärung des S
> 2. Im Namen des Vertretenen K
> 3. Innerhalb der dem S zustehenden Vertretungsmacht
>   a) Vollmacht
>   b) Falls keine Vertretungsmacht: § 177 I (Genehmigung des Vertretenen)
>   c) Duldungs- oder Anscheinsvollmacht
>
> **Rechtsfolge:** Das durch S abgegebene Angebot wirkt unmittelbar für und gegen K.
>
> **Annahme** des Angebots durch V. Folglich ist ein Vertrag zwischen K und V zustande gekommen.

IV. Das Handeln des Vertreters ohne Vertretungsmacht

86   Wenn der Vertreter ohne Vertretungsmacht handelt oder seine Vollmacht überschreitet, so ist – sofern der Vertreter einen Vertrag abgeschlossen hat – das Geschäft gem. § 177 I schwebend unwirksam. Die Genehmigung durch den Vertretenen bewirkt, dass das Rechtsgeschäft rückwirkend wirksam wird (§ 184 I). Wird diese vom Geschäftsherrn verweigert, so ist der Vertrag endgültig unwirksam.

Der Vertragspartner kann den Vertreter gem. § 179 I in Anspruch nehmen.

---

48 Siehe hierzu Fall 1, Aufgabe 2 (Rn. 31).
49 So z. B. im Falle einer Anfechtung gem. §§ 119 ff. oder beim gutgläubigen Erwerb gem. §§ 929, 932. Zur Regelung des § 166 II siehe BREHM, Rn. 437 f.

Prüfschema – § 179 I (Haftung des Vertreters ohne Vertretungsmacht):

1. Vertragsschluss durch den Vertreter ohne Vertretungsmacht
2. Verweigerung der Genehmigung durch den Vertretenen
3. Keine Einschränkungen aus § 178 oder § 179 III[50]

Rechtsfolge: Der Geschäftspartner kann den Vertreter nach seiner Wahl auf Erfüllung oder Schadensersatz in Anspruch nehmen.

87

Falls der Vertragspartner **Erfüllung** wählt, wird der Vertreter nicht Vertragspartner, er erlangt aber die tatsächliche Stellung eines solchen.[51] Es entsteht ein gesetzliches Schuldverhältnis, dessen Inhalt durch den unwirksamen Vertrag bestimmt wird.[52] Der Vertreter hat dann Anspruch auf die Gegenleistung[53]; ihm stehen außerdem Gewährleistungsrechte bzw. die Rechte nach §§ 320 ff. zu.

Wenn der „andere Teil" (= Dritter, Geschäftsgegner) vom Vertreter **Schadensersatz wegen Nichterfüllung** verlangt, muss er so gestellt werden, als sei das Geschäft ordnungsgemäß erfüllt worden. § 179 I normiert eine **verschuldensunabhängige Garantiehaftung.** Der Anspruch geht auf Geldersatz.

88

Beispiel:

Sofern A in Fall 1 volljährig ist und das Notebook bei V – ohne entsprechende Vertretungsmacht der K – für 700 € kauft, haftet er dem V, sofern K den Vertrag nicht gem. § 177 I genehmigt, wahlweise auf Erfüllung oder Schadensersatz. Wenn V Erfüllung verlangt, besteht ein gesetzliches Schuldverhältnis zwischen V und A mit der Folge, dass A (der das Notebook erhält) dem V den Kaufpreis gem. § 179 I i. V. m. § 433 II zahlen muss.

Wählt V den Schadensersatzanspruch und hätte beim ordnungsgemäßen Verkauf des Notebooks einen Gewinn von 200 € gemacht, so muss A das positive Interesse des V ersetzen. D. h., A hat 200 € an V zu zahlen, ohne die Ware zu erhalten.

Sinnvoll ist die Wahl des Erfüllungsanspruchs, wenn es um einen Sachleistungsanspruch geht und der Vertreter in der Lage ist, die Leistung zu erbringen.

Der Anspruch des Dritten kann gem. § 179 II auf das negative Interesse, den sog. **Vertrauensschaden** begrenzt sein. Voraussetzung hierfür ist, dass der Vertreter den Mangel seiner Vertretungsmacht nicht gekannt hat.

89

---

50 Der beschränkt geschäftsfähige Vertreter haftet nur, wenn er mit Zustimmung seines gesetzlichen Vertreters gehandelt hat. Beispiel in Fall 1, Aufgabe 1 (Rn. 30).
51 Z. B. kann er Ansprüche und Gegenrechte geltend machen.
52 Vgl. Münchener Kommentar/Schramm, § 179 Rn. 28.
53 Rüthers/Stadler, § 32 Rn. 7, Medicus, AT, Rn. 986; str. Nach a. A. hat der Vertreter keinen eigenen Erfüllungsanspruch, sondern kann nur gegenüber dem gesetzlichen Erfüllungsanspruch des "anderen Teils" Leistungsverweigerungsrechte nach §§ 320 ff. geltend machen; so Palandt/Heinrichs, § 179 Rn. 5; BGH NJW 2001, 3184.

Beispiel:

Der (erst) 17-jährige K gibt dem A, der den K für volljährig hält, Vollmacht, ein Notebook für ihn bei V zu kaufen. Da die Eltern des Minderjährigen K den Vertrag nicht genehmigen, sondern auf die Nichtigkeit der Vollmacht (vgl. § 111 S. 1) hinweisen, verlangt V von A Ersatz seiner Telefonkosten in Höhe von 20 €, die er wegen des Vertrages aufwenden musste.

Wenn der Vertrauensschaden zu ersetzen ist, kann der Dritte verlangen, so gestellt zu werden, als habe er von dem Rechtsgeschäft nie etwas gehört. In der Regel handelt es sich hierbei um Aufwendungen (Telefon-, Transport- oder Fahrtkosten), die der Geschäftspartner im Vertrauen auf die Wirksamkeit des Vertrages gemacht hat. Im Beispielsfall sind die Telefonkosten in Höhe von 20 €, die V im Vertrauen auf die Wirksamkeit des Kaufvertrages aufgewendet hat, sein Vertrauensschaden. Diese Kosten dürfen nicht den Betrag des Interesses, das der V an der Wirksamkeit des Vertrags hat, übersteigen (§ 179 II, 2. HS). Die ist nicht der Fall, denn bei Vertragserfüllung hätte der V den Kaufpreis in Höhe von 700 € oder aber Schadensersatz wegen Nichterfüllung in Höhe von 200 € von A erhalten.

90 Sofern der Geschäftspartner den Mangel der Vertretungsmacht kannte oder fahrlässig nicht kannte, ist gem. § 179 III 1 die Haftung des Vertreters sowohl nach § 179 I als auch nach § 179 II ausgeschlossen. Denn in diesem Fall ist er nicht schutzwürdig; er konnte nicht von einem wirksamen Vertragsschluss ausgehen. Auch wenn der Vertreter beschränkt geschäftsfähig war und ohne die Zustimmung des gesetzlichen Vertreters gehandelt hat, kommt nach § 179 III 2 eine Haftung des Vertreters nicht in Betracht. Diese Vorschrift dient dem Schutz des minderjährigen Vertreters. Eine Haftung des Vertreters ohne Vertretungsmacht scheidet auch in dem Fall aus, dass der Geschäftspartner seine Vertragserklärung nach § 178 widerrufen und damit eine Genehmigung des Vertrages durch den Vertretenen verhindert hat.

91

> **Merke:**
> § 179 I schützt das Vertrauen des Vertragspartners in die Vertretungsmacht. Es wird damit eine Garantiehaftung begründet. Seine Schadensersatzpflicht kann der Vertreter reduzieren bzw. ihr ganz entgehen, wenn er nachweist, dass
> • er den Mangel der Vertretungsmacht nicht gekannt hat (§ 179 II),
> • der andere Teil den Mangel der Vertretungsmacht gekannt hat (§ 179 III 1),
> • er selbst in der Geschäftsfähigkeit beschränkt war, was in der Regel bei Minderjährigkeit der Fall ist (§ 179 III 2).

Fall 2: Die verspätet gelieferten Möbel

Schwerpunkte:
Aufnahme von Vertragsverhandlungen – Gefälligkeitsverhältnis – Pflichtverletzung des Schuldners durch Verzug – Verzögerungsschaden

K ist Eigentümer eines Hauses in Frankfurt. Im März beschloss er, ein möbliertes **92** Zimmer an einen Studenten zu vermieten.

Um die entsprechenden Möbel zu kaufen, wollte er morgens gleich zu Geschäftsbeginn ins 20 km entfernt liegende Möbelhaus M fahren. Seinem am Abend vorher zufällig vorbeikommenden Hausnachbarn N, der keinen Führerschein besaß, hatte er davon erzählt und ihm spontan versprochen, ihn mit seinem Wagen dorthin mitzunehmen. Denn N hatte die Absicht, eine Polstergarnitur aus dem Angebot zu erwerben. K vergaß dies allerdings, so dass N – nach einstündigem vergeblichem Warten – ein Taxi nehmen und hierfür 30 € bezahlen musste.

Im Möbelhaus angekommen, sah K auf die Möbel und nicht auf den Fußboden. Er rutschte auf einer am Boden liegenden Bananenschale aus und brach sich das rechte Wadenbein. K hatte Krankenhaus- und Arztkosten sowie einen Verdienstausfall in Höhe von 3000 €. Diese Kosten wollte er von dem Geschäftsinhaber M erstattet haben.

Aufgabe 1: Kann N von K die 30 € Fahrkosten verlangen?

Nach 6 Wochen war K wieder genesen und begab sich nunmehr ins Möbelhaus V. Dort kaufte er im Mai die für das Zimmer erforderliche Einrichtung für 4000 € und zahlte 1000 € an; die Lieferung sollte spätestens am 31. 7. erfolgen. Als die Möbel Mitte August immer noch nicht eingetroffen waren, setzte K dem V am 15. 8. eine Lieferfrist zum 30. 9. und erklärte gleichzeitig, dass er nach diesem Zeitpunkt von dem Vertrag zurücktreten würde.

Aufgabe 2: Hat K gegen M einen Schadensersatzanspruch?

Aufgabe 3: Falls V die Möbel am 30. 9. nicht liefert: Kann K danach (wegen Verzugs) vom Vertrag mit V zurücktreten und die Anzahlung zurückverlangen?

Fortsetzung des Sachverhalts:

K kaufte am 4. 10. Möbel gleichen Fabrikats im Einrichtungshaus H. K musste einen Mehrpreis von 300 € bezahlen. Als V am 7. 10. die Möbel liefern wollte, verweigerte K deren Annahme unter Hinweis auf sein Schreiben vom 15. 8. Er verlangt von V Zahlung der 300 € Mehrpreis. Außerdem soll V dem K den monatlichen Mietausfall (jeweils 400 €/Monat) erstatten, da K das Zimmer nicht wie beabsichtigt ab 1. 8. vermieten konnte, sondern erst ab 1. 11.

Aufgabe 4: Hat K gegen V einen Anspruch auf Zahlung des Mietausfalls sowie der 300 € Mehrkosten?

Aufgabe 5: Kann V von K Kaufpreiszahlung verlangen?

Fall 2: Prüfschema/Lösungsskizze

K ——————— M
§ 433?

---

93 Aufgabe 1:

I. N ⟶ K Erstattung der Fahrtkosten gem. §§ 280 I, 631 I

Schuldverhältnis: Werkvertrag?
hier: Gefälligkeit

Ergebnis: N ⟶ K Erstattung der Fahrtkosten gem. §§ 280 I, 631 I (–)

94 Aufgabe 2:

K ⟶ M Schadensersatz aus §§ 280 I, 311 II Nr. 2, 241 II
1. wirksames Schuldverhältnis, §§ 280 I 1, § 311 II Nr. 2 (+)
2. Pflichtverletzung, hier: Verletzung der Sorgfaltspflicht i. S. d. § 241 II (+)
3. Vertretenmüssen, § 280 I 2 i. V. m. § 276 (+)
4. Schaden beim Gläubiger als Folge der Pflichtverletzung, § 280 I 1 (+)

Ergebnis: K ⟶ M Schadensersatz aus §§ 280 I, 311 II Nr. 2, 241 II (+)
Umfang: §§ 249 ff.

95 Aufgabe 3:

K —— V § 433	31.7. fällig	1.8. bis 30.9. Verzug	Ablauf der angemesse-nen Frist zur Leistung	→ Schadensersatz statt der Leistung → Rücktritt

K ⟶ V Rückzahlung der 1 000 € gem. §§ 346 ff. i. V. m. § 323 I

1. Vertragliches oder gesetzliches Rücktrittsrecht; hier: § 323 I (+)
2. Erklärung des Rücktritts, § 349 (+)

3. Voraussetzungen des gesetzlichen Rücktrittsrecht nach § 323 I:
   a) Wirksamer gegenseitiger Vertrag (+)
      Kaufvertrag K – V
   b) Pflichtverletzung des Schuldners durch Verzögerung der Leistung (+)
      Leistung (Lieferung) war am 31.7. fällig
   c) Angemessene Fristsetzung zur Leistung (+)
   d) Erfolgloser Fristablauf (+)
   e) Kein Ausschluss gem. § 323 V oder VI (+)

Ergebnis: K ——→ V Rückzahlung der 1000 € gem. §§ 346 ff. i. V. m. § 323 I (+)

Aufgabe 4:   96

I. K ——→ V Ersatz des Verzögerungsschadens gem. §§ 280 I, II, 286

1. Schuldverhältnis (+)
2. Pflichtverletzung des Schuldners durch Verzögerung der Leistung
   § 286   a) Fälligkeit der Leistung – 31.07. (+)
                  b) Mahnung – entbehrlich nach § 286 II Nr. 1 (+)
                  c) Nichtleistung durch V (+)
3. Vertretenmüssen des Schuldners V, §§ 280 I 2 i. V. m. § 276 (+)
4. Schaden (+) = Mietverlust August und September

Ergebnis: K ——→ V Ersatz des Verzögerungsschadens gem. §§ 280 I, II, 286
          Umfang: §§ 249 ff.

II. K ——→ V Schadensersatz statt der Leistung gem. §§ 280 I, III, 281 I 1

1. Schuldverhältnis (+)
2. Fällige noch mögliche Leistung des Schuldners (+)
3. Pflichtverletzung des Schuldners durch Nichterbringung der fälligen
   Leistung (+)
4. Vertretenmüssen, § 280 I 2 i. V. m. § 276 (+)
5. Bestimmung einer angemessenen Frist zur Leistung (+)
6. Erfolgloser Fristablauf (+)
7. Schaden (+)

Ergebnis: K ——→ V Schadensersatz statt der Leistung gem. §§ 280 I, III,
          281 I 1 (+)
          Umfang: §§ 249 ff.

Aufgabe 5:   97

V ——→ K Kaufpreiszahlung und Abnahme der Möbel gem. § 433 II

Kaufvertrag Mai (+)

Sobald K statt der Leistung (= Lieferung) Schadensersatz verlangt, ist ein Anspruch aus § 433 I 1 ausgeschlossen (§ 281 IV); ebenfalls ist der Kaufpreiszahlungsanspruch des V erloschen.

Ergebnis: V ——→ K Kaufpreiszahlung und Abnahme der Möbel gem.
          § 433 II (–)

Fall 2: Ausarbeitung (Gutachten)

Aufgabe 1:

N könnte gegenüber K einen Anspruch auf Erstattung der Fahrkosten gem. §§ 280 I, 631 I haben.

98 *Voraussetzung hierfür ist, dass zwischen beiden ein Schuldverhältnis besteht. In Betracht kommt ein Werkvertrag i. S. d. § 631.* Da bei der Beförderung ein Erfolg, nämlich der Transport an einen bestimmten Ort (hier: Möbelgeschäft), geschuldet wird, könnte zwischen N und K ein Werkvertrag zustande gekommen sein. Problematisch ist allerdings, dass N und K keine Vergütung vereinbart haben. Gem. § 632 I gilt diese als stillschweigend vereinbart, „wenn die Herstellung des Werkes den Umständen nach nur gegen eine Vergütung zu erwarten ist". Somit ist die Entgeltlichkeit beim Werkvertrag zwar typisch, aber nicht zwingend.

99 *Fraglich ist allerdings, ob K und N überhaupt eine vertragliche Bindung wollten oder ob hier nur eine bloße Gefälligkeit vorliegt. Das hängt von einem entsprechenden Rechtsbindungswillen zwischen K und N ab. Will der Erklärende erkennbar keine Rechtsfolge herbeiführen, so liegt auch keine Willensklärung vor. Ob ein Rechtsbindungswille vorhanden ist, beurteilt sich danach, ob der Erklärungsempfänger unter den gegebenen Umständen nach Treu und Glauben mit Rücksicht auf die Verkehrssitte (§ 157) auf einen solchen Willen des Erklärenden schließen musste.*[1] Im vorliegenden Fall ist unter Würdigung der äußeren Umstände (zufälliges Treffen am Abend vorher, spontanes Angebot) und den Interessen des K, der ggf. die Abfahrtzeit ändern wollte, was ihm bei einer vertraglichen Bindung nicht ohne Weiteres möglich gewesen wäre, von einem fehlenden Rechtsbindungswillen auszugehen. Auch die vereinbarte Unentgeltlichkeit ist ein Indiz hierfür.

Da somit kein Schuldverhältnis zwischen K und N besteht, scheidet ein Anspruch auf Erstattung der Fahrkosten gem. §§ 280 I, 631 I aus.

Aufgabe 2:

100 **K könnte gegen M einen Anspruch auf Schadensersatz aus §§ 280 I, 311 II Nr. 2, 241 II haben.**

1. *Voraussetzung hierfür ist zunächst, dass zwischen K und M ein Schuldverhältnis i. S. d. § 311 II besteht. Das ist in der Regel der Fall, wenn sich ein Kunde zur Aufnahme von Vertragsverhandlungen in den Geschäftsbereich des künftigen Vertragspartners begibt (§ 311 II Nr. 2).* K ging mit Kaufabsicht in das Möbelhaus des M; folglich bestand zwischen beiden ein Schuldverhältnis.

---

1 Die Abgrenzung zwischen einem sog. **Gefälligkeitsvertrag** (dieser wird zwar gefälligkeitshalber abgeschlossen, ist aber voll bindend) und dem **Gefälligkeitsverhältnis** (= bloße Gefälligkeit) ist im Einzelfall problematisch. Der BGH hat zur Abgrenzung einige objektive Kriterien genannt: Art, Grund und Zweck der Gefälligkeit; (Un)Entgeltlichkeit; wirtschaftliche und rechtliche Bedeutung; Interessenlage der Beteiligten, Bedeutung der Gefälligkeit; Umstände, unter denen die Gefälligkeit erwiesen wird. Ausführlich hierzu: RÜTHERS/STADLER, § 17 Rn. 16.

2. *M muss eine Schutz- oder Sorgfaltspflicht i. S. d. § 241 II objektiv verletzt haben.* Danach bestehen Pflichten zur Rücksicht auf die Rechte, Rechtsgüter und Interessen des potenziellen Vertragspartners. Jeder, der Geschäftsräume eröffnet, muss folglich für die Verkehrssicherheit Sorge tragen. M musste auf einen ordnungsgemäßen Zustand des Fußbodens bei Geschäftsbeginn achten (sog. Verkehrssicherungspflicht). Durch die auf dem Boden liegende Bananenschale hat er seine Sorgfaltspflicht bezüglich der Bodenbeschaffenheit missachtet, und zwar durch Unterlassen.

3. *Weitere Voraussetzung für einen Anspruch wegen Verletzung vorvertraglicher Pflichten ist ein Vertretenmüssen des M gem. § 280 I 2 i. V. m. § 276 I 1.* Danach haftet der Schuldner für Vorsatz und Fahrlässigkeit, wenn – was der Fall ist – kein anderer Verschuldensmaßstab aus dem Inhalt des Schuldverhältnisses zu entnehmen ist. *Fahrlässig handelt nach § 276 II, wer die im Verkehr erforderliche Sorgfalt außer Acht lässt.* M hat zu Geschäftsbeginn nicht darauf geachtet, dass keine Obstreste auf dem Fußboden herumliegen und somit die im Verkehr erforderliche Sorgfalt außer Acht gelassen. Folglich handelte er fahrlässig i. S. v. § 276 II.

4. *Dem K muss als Folge der Pflichtverletzung ein Schaden entstanden sein.* Unter Schaden wird jede unfreiwillige Einbuße an Gütern verstanden. K hat sich das rechte Wadenbein gebrochen und Krankenhaus- und Arztkosten sowie einen Verdienstausfall erlitten. Es liegt also ein Vermögensschaden vor. Rechtsfolge des Anspruchs aus §§ 280 I, 311 II Nr. 2, 241 II ist die Verpflichtung des M zum Schadensersatz. Gem. § 249 I muss M den Zustand herstellen, der bestehen würde, wenn der zum Ersatz verpflichtende Umstand nicht eingetreten wäre. K kann die für die Wiederherstellung der Gesundheit erforderlichen Kosten (nach § 249 II 1) sowie den Verdienstausfall (gem. § 252) in Höhe von insgesamt 3000 € von M verlangen. Gem. § 253 II erstreckt sich der Umfang des Schadensersatzanspruchs im Fall der Verletzung des Körpers und der Gesundheit auch wegen des Nichtvermögensschadens auf eine „billige Entschädigung in Geld". K kann also wegen der erlittenen Schmerzen (= Nichtvermögensschaden) ein angemessenes Schmerzensgeld fordern.

Aufgabe 3:

K könnte vom Vertrag zurücktreten und von V die Anzahlung in Höhe von 1 000 € gem. §§ 346 ff. i. V. m. § 323 I zurückverlangen. 101

1. *Voraussetzung ist, dass K als Gläubiger ein vertragliches oder gesetzliches Rücktrittsrecht nach § 346 I, 1. HS hat.* Es kommt ein gesetzliches Rücktrittsrecht des K gem. § 323 I in Betracht.

2. *Nach § 349 muss K gegenüber V den Rücktritt erklärt haben (vgl. § 346 I, 2. HS).* Am 15. 8. hat K den Rücktritt für den Fall, dass die Möbel nicht bis 30. 9. geliefert worden sind, erklärt.

3. *Außerdem muss nach § 323 I*
a) *ein wirksamer gegenseitiger Vertrag zwischen den Parteien bestehen.* K und V haben durch zwei übereinstimmende Willenserklärungen einen Kaufvertrag i. S. d. § 433 geschlossen, bei dem es sich aufgrund der Leistung (Lieferung) und Gegenleistung (Kaufpreiszahlung) um einen gegenseitigen Vertrag handelt.

b) *Es muss eine Pflichtverletzung des V durch Verzögerung der Leistung vorliegen.* Indem V die Möbel nicht wie vereinbart am 31. 7. geliefert hat, hat er eine fällige Leistung nicht erbracht.

c) *Ferner ist eine angemessene Fristsetzung zur Leistung durch den Gläubiger Voraussetzung.* K hat dem V am 15. 8. eine Lieferfrist zum 30. 9. gesetzt. Eine Lieferfrist von weiteren sechs Wochen ist für Möbel angemessen, zumal es keine Sonderanfertigungen sind.

d) Indem V auch den weiteren Termin nicht eingehalten hat, ist die Frist am 30. 9. erfolglos abgelaufen.

e) Anhaltspunkte für einen *Ausschluss des Rücktrittsrechts nach § 323 V oder VI* liegen nicht vor.

K kann also vom Vertrag mit V wegen Verzugs gem. § 323 I zurücktreten.

Folglich ist der Anspruch des K auf Rückzahlung der 1000 € gem. §§ 346 ff. i. V. m. § 323 I gegeben. V hat dem Gläubiger K die bereits empfangene Leistung (Anzahlung) zurückzugewähren.

Aufgabe 4:

102 **I. K könnte gegen V einen Anspruch auf Ersatz des Verzögerungsschadens (Mietausfall) gem. §§ 280 I, II, 286 haben.**

1. *Voraussetzung hierfür ist, dass zwischen K und V ein Schuldverhältnis besteht.* Wie oben bereits erörtert, haben K und V im Mai einen Kaufvertrag i. S. v. § 433 geschlossen.

2. *V muss als Schuldner eine Pflichtverletzung durch Verzögerung der Leistung nach § 280 I, II begangen haben, also in Verzug geraten sein. Dafür ist nach § 286 I erforderlich, dass die Leistung fällig war, der Gläubiger (K) gemahnt hat – sofern die Mahnung nicht gem. § 286 II Nr. 1 entbehrlich war – und dass der Schuldner (V) nicht geleistet hat.* Die Lieferung war bereits am 31. 7. fällig. Mit diesem Termin ist eine Zeit nach dem Kalender bestimmt (§ 286 II Nr. 1); folglich bedurfte es keiner Mahnung nach § 286 I 1. V hat nach Ablauf des 31. 7. seine Verpflichtung gegenüber K noch nicht erfüllt.

3. *Er kommt nach § 280 I 2 nur dann nicht in Schuldnerverzug, wenn er die Pflichtverletzung durch Verzögerung der Leistung nicht zu vertreten hat.* V führt keine Tatsachen an, die sein Verschulden[2] ausschließen. Folglich befand sich V seit dem 1. 8. in Verzug.

4. *Dem K muss durch die Pflichtverletzung des V ein Schaden entstanden sein.* Hätte V pünktlich geliefert, hätte K seit 1. 8. Mieteinnahmen in Höhe von monatlich 400 € gehabt.

103 Somit muss der Schuldner V dem Gläubiger K den eingetretenen Verzögerungsschaden gem. §§ 280 I, II, 286 erstatten. K ist nach §§ 249 ff. von V so zu stellen, wie er bei rechtzeitiger Leistung stehen würde. Hierzu zählt nach § 252 auch der entgangene Gewinn. Verzug besteht allerdings nur, solange der Schuldner zur Leistung verpflichtet ist. K machte mit Schreiben vom 15. 8. von seinem Rück-

---

2 Indem V den Liefertermin am 31. 7. nicht einhält, hat er zumindest die im Verkehr erforderliche Sorgfalt außer Acht gelassen und somit fahrlässig i. S. d. § 276 II gehandelt.

trittsrecht nach § 323 Gebrauch. Nach Ablauf der angemessenen Frist zur Leistung (30. 9.) endete die Leistungspflicht des V und damit auch der Schuldnerverzug. Folglich erhält K als Verzögerungsschaden den Mietverlust für die Monate August und September, also 800 €.

II. K könnte von V die 300 € Mehrpreis und den Mietverlust für Oktober als **104**
Schadensersatz statt der Leistung gem. §§ 280 I, III, 281 I 1 verlangen.

1. Ein *Schuldverhältnis (§ 280 I 1)* in Form des Kaufvertrages liegt zwischen K und V vor (s. o.).
2. *Nach § 281 I 1 muss die Leistung des Schuldners fällig und noch möglich gewesen sein.* Die Lieferung der Möbel (Pflicht nach § 433 I 1) war am 31. 7. fällig und seitens V möglich.
3. Die *Pflichtverletzung des Schuldners V durch Nichterbringung der fälligen Leistung* ist ebenfalls gegeben (s. o.).
4. *Ferner muss V seine Pflichtverletzung i. S. d. § 280 I 2 i. V. m. § 276 zu vertreten haben.* Wie bereits erörtert, führt V keine Tatsachen an, die sein Verschulden ausschließen.
5. Durch den Termin 30. 9. hat V eine *angemessene Frist zur Leistung* gesetzt, die auch (6.) *erfolglos abgelaufen* ist.
7. *Aufgrund der genannten Pflichtverletzung muss dem K ein Schaden entstanden sein.* Hätte V bis 30. 9. geliefert, hätte K nicht die Möbel in einem anderen Geschäft zu einem Mehrpreis von 300 € kaufen müssen und keinen Mietverlust für Oktober erlitten. Somit ist ihm ein Schaden entstanden.

Folglich kann er nach Fristablauf Schadensersatz statt der Leistung verlangen. **105**
Nach § 249 I ist K so zu stellen, als sei die Leistung wie geschuldet erbracht worden. Der Schadensersatz statt der Leistung besteht in einer Geldzahlung, weil der Anspruch auf die Primärleistung mit Geltendmachung der Schadensersatzforderung untergeht (vgl. § 281 IV). Wenn V bis 30. 9. geliefert hätte, hätte K nicht den Mehrpreis in Höhe von 300 € bezahlen und den Mietverlust für Oktober hinnehmen müssen. Diesen Betrag in Höhe von insgesamt 700 € kann K von V gem. §§ 280 I, III, 281 I 1 i. V. m. §§ 249 I, 251 I, 252 verlangen.

Aufgabe 5:

V könnte von K Zahlung des Kaufpreises in Höhe von 4000 € gem. § 433 II ver- **106**
langen.

Voraussetzung hierfür ist, dass zwischen K und V ein Kaufvertrag zustande gekommen ist. Im Mai haben K und V einen Kaufvertrag i. S. d. § 433 geschlossen.

Aus § 281 IV folgt, dass der Anspruch auf die Leistung ausgeschlossen ist, sobald der Gläubiger statt der Leistung Schadensersatz verlangt hat.[3] Die „Leistung" i. S.

---

3 Es kommt allerdings nicht darauf an, ob der Gläubiger Schadensersatz erhält. Relevant ist nur die Geltendmachung dieses Anspruchs. Der Gesetzgeber wollte damit eine Parallele zum Rücktritt nach § 323 I ziehen: Da dieser ein Gestaltungsrecht ist, wird mit der Rücktrittserklärung nach §§ 346, 349 das Schuldverhältnis in ein Rückabwicklungsschuldverhältnis umgewandelt – wodurch der Anspruch auf die Leistung ausgeschlossen wird.

dieser Vorschrift ist der Anspruch des K gegen V auf Lieferung der Möbel aus § 433 I 1, nicht aber der Anspruch des V gegen K auf Kaufpreiszahlung gem. § 433 II. Es gilt der „Erst-Recht-Schluss"[4]: Wenn der Anspruch des Gläubigers K gegen den Schuldner V auf die bislang nicht erbrachte Leistung nach § 281 IV ausgeschlossen ist, so muss erst recht der Anspruch des vertragsbrüchigen Schuldners gegen den Gläubiger ausgeschlossen sein.

Somit ist auch der Erfüllungsanspruch des V aus dem Kaufvertrag entsprechend § 281 IV erloschen und ein Anspruch nach § 433 II gegen K nicht gegeben.

Vertiefung: **Leistungsstörungen**

107 In einem (vertraglichen oder gesetzlichen) Schuldverhältnis müssen die Leistungspflichten erfüllt und die Sorgfalts-, Treue-, Schutz- und sonstigen Pflichten beachtet werden. Ein Schuldverhältnis wird allerdings nicht immer ordnungsgemäß abgewickelt. Durch ein Verhalten des Schuldners oder des Gläubigers oder aber auch durch andere Umstände kann es ganz oder teilweise, endgültig oder vorübergehend vereitelt werden.

108 Diese Fälle von Störungen im Schuldverhältnis werden mit dem Begriff **„Leistungsstörung"** zusammengefasst. Es gibt verschiedene Erscheinungsformen:
1. Der Schuldner erbringt seine Leistung später als vereinbart (er ist in Verzug) oder die Erfüllung erfolgt später als vorgesehen, weil der Gläubiger mit der Annahme der Leistung in Verzug ist (= **Späterfüllung**).
2. Die Leistung bleibt endgültig aus, weil sie dem Schuldner unmöglich ist (= **Unmöglichkeit**).
3. Der Schuldner leistet, allerdings nicht ordnungsgemäß (= **Schlechtleistung**).
4. Eine Störung im Schuldverhältnis kann auch in der **Verletzung einer Neben(-Schutz)pflicht nach § 241 II** bestehen.

Bei der Falllösung geht es vor allem um die Frage, ob der Schuldner seine ursprünglich geschuldete Leistung (= Primärleistung) noch erbringen kann. Wenn dies nicht der Fall sein sollte, ist zu prüfen, ob an die Stelle dieser **Primärleistungspflicht** ggf. eine **Sekundärleistungspflicht** in Form eines **Schadensersatzanspruchs** des Gläubigers tritt. Bei allen Leistungsstörungen hat der Schuldner seine Leistung nicht oder nicht in der vertraglich vereinbarten Form erbracht und deshalb seine Pflicht zur ordnungsgemäßen Leistungserbringung verletzt. Man spricht deshalb von einer **Pflichtverletzung,** wenn der Schuldner die Leistung **zu spät, gar nicht oder aber schlecht** (ggf. unter Verletzung von Nebenpflichten) **erbringt**.

109 Durch das Schuldrechtsmodernisierungsgesetz wurden zum 1.1.2002 die verschiedenen Typen der Leistungsstörungen umfassend und meist in gemeinsamen Vorschriften geregelt, die in erster Linie nach Rechtsfolgen geordnet sind. Es gibt nunmehr

---

4 DAUNER-LIEB/DÖTSCH, Fälle, Fall 41.

- **allgemeine Vorschriften** zum
  Schadens- und Aufwendungsersatzanspruch (§§ 280, 284) und
  Rücktritt (§§ 323 ff., 346 ff.);
- **besondere Vorschriften**
  für die Unmöglichkeit (§§ 275, 326),
  für den Schuldnerverzug (§§ 286 ff.),
  für den Gläubigerverzug (§§ 293 ff.) sowie
  zur Störung der Geschäftsgrundlage (§ 313);
- **ergänzende Regelungen** zu den Mängelrechten
  im Kaufrecht (§§ 437 ff.),
  im Mietrecht (§§ 536 ff.) sowie
  im Werkvertragsrecht (§§ 633 ff.).

Im Folgenden werden – entgegen der Systematik des Gesetzes – nicht die verschiedenen Rechtsfolgen dargestellt, sondern die **Typen der Leistungsstörungen** aufgezeigt. Denn dies entspricht der Fragestellung bei der Bearbeitung von juristischen Fällen. Es wird hier zwar auch nach bestimmten Rechtsfolgen gefragt, aber deren Prüfung orientiert sich an einem vorgegebenen Lebenssachverhalt, wie z. B. einer verspäteten Leistung, einer Nichtleistung, einer Schlechtleistung oder einer Schutzpflichtverletzung.

1. Schuldnerverzug[5]

I. Anspruch auf Ersatz des Verzögerungsschadens gem. §§ 280 I, II, 286

II. Schadensersatz statt der Leistung gem. §§ 280 I, III, 281 I 1

III. Besondere Regelungen für gegenseitige Verträge
1. Allgemeines
2. Verschuldungsunabhängiges Rücktrittsrecht gem. § 323

> Unter Schuldnerverzug versteht man eine Nichterbringung der fälligen, noch möglichen Leistung. Der Schuldner leistet also nicht rechtzeitig, sondern später als vereinbart oder gesetzlich vorgeschrieben.

110

In den §§ 280 I, II, 286 (Verzögerungsschaden), § 288 (Verzugszins), §§ 280 I, III, 281 I (Schadensersatz statt der Leistung), § 323 (Rücktritt) und § 286 i. V. m. § 287 (Verantwortlichkeit während des Verzugs) findet man die Regelungen der Leistungsverzögerung. Anknüpfungspunkt hierfür ist nicht (mehr) der Verzug im technischen Sinne (vgl. § 286), sondern die Pflichtverletzung i. S. v. § 280 I.

---

5 Literatur zur Vertiefung: AnwKom/Dauner-Lieb, § 280 Rn. 46 ff.; Brox/Walker, Schuldrecht AT, § 23; Coester-Waltjen, Verzögerungsgefahr, Sachgefahr, Leistungsgefahr, JURA 2006, 829 ff.; Dauner-Lieb, Fälle 35–52; Dauner-Lieb u. a./Schulte-Nölke, § 4; Fikentscher/Heinemann, § 44; Grunewald, § 10; Hirsch, Schuldrecht AT, Rn. 382 ff.; Kaiser, Rn. 413 ff.; Lorenz/Riehm, 6. Kapitel, § 5; Looschelders, Rn. 577 ff.; Luther/Palm, D. III.; Medicus, Schuldrecht AT, § 34; Schellhammer, Rn. 1641 ff.; Schlechtriem/Schmidt-Kessel, Rn. 652 ff.; Westermann/Schultz, S. 28 ff.; Wörlen, Schuldrecht AT, Rn. 113 ff.; Wörlen/Metzler-Müller, Fragen 298–322.

111 Dem Gläubiger können wegen der Pflichtverletzung des Schuldners durch Verzögerung der Leistung folgende Ansprüche zustehen:

Schadensersatz wegen Verzögerung der Leistung gem. § 280

Schadensersatz **neben** der Leistung = Ersatz des Verzögerungsschadens §§ 280 I, II, 286	Schadensersatz **statt** der Leistung §§ 280 I, III, 281 I 1

oder:

Aufwendungsersatz gem. § 284

I. Anspruch auf Ersatz des Verzögerungsschadens gem. §§ 280 I, II, 286

Nach diesen Vorschriften muss der Schuldner dem Gläubiger den durch den Verzug entstandenen (Verspätungs-, Verzögerungs-)Schaden ersetzen. Neben diesem Schadensersatzanspruch bleibt der Anspruch auf Erfüllung bestehen.

112 Die **Voraussetzungen** des Verzugs sind in §§ 280, 286 geregelt. Danach kommt der Schuldner in Verzug, wenn

1. der Gläubiger einen Anspruch aus einem Schuldverhältnis hat (§ 280 I 1),
2. die Leistung fällig ist (§ 286 I 1),
3. der Gläubiger den Schuldner gemahnt hat – es sei denn, dass eine Mahnung nicht erforderlich war (§ 286 II),
4. der Schuldner noch nicht bzw. verspätet geleistet hat (§ 286 I 1) und
5. der Schuldner die Nichtleistung zu vertreten hat (§ 280 I 2).

zu 1.: § 280 I setzt grundsätzlich einen Erfüllungsanspruch aus einem vertraglichen oder gesetzlichen Schuldverhältnis voraus.[6]

zu 2.: Die Leistung ist dann fällig, wenn der Gläubiger sie verlangen kann und der Schuldner sie erbringen muss. Gem. § 271 I ist die Leistung sofort fällig, wenn von den Vertragsparteien nichts anderes vereinbart wird.[7]

113 zu 3.: Der Verzug tritt grundsätzlich nicht von selbst ein, sondern erst durch eine **Mahnung**. Mahnung ist die bestimmte Aufforderung des Gläubigers an den Schuldner, die geschuldete Leistung zu erbringen. Die Mahnung kann erst nach Eintritt der Fälligkeit erklärt werden. Der Mahnung stehen die Er-

---

6 In den Fallübungen kommen hier vor allem vertragliche Ansprüche in Betracht.
7 Siehe hierzu Fall 8, Aufgabe 3 b (Rn. 383).

hebung der Klage auf Leistung sowie die Zustellung eines Mahnbescheids gleich (§ 286 I 2). Gem. § 286 II kommt der Schuldner ohne Mahnung in Verzug,
– wenn der Leistungszeitpunkt nach dem Kalender bestimmt ist (Nr. 1)[8]; es ist nicht erforderlich, dass der Leistungstermin exakt benannt wird (z. B. „am 10. Juni"). Vielmehr genügt es, wenn bei Vertragsschluss kalendermäßig eindeutig bestimmbar ist, bis zu welchem Zeitpunkt die Leistung spätestens erbracht sein muss,[9]
– bei Anknüpfung an ein vorausgehendes „Ereignis" (Nr. 2),
– bei Erfüllungsverweigerung (Nr. 3) bzw.
– aufgrund besonderer Umstände (Nr. 4).

Bei Geldforderungen kommt der Schuldner gem. § 286 III **spätestens** in Verzug, wenn er nicht innerhalb von 30 Tagen nach Fälligkeit und Zugang einer Rechnung oder gleichwertiger Zahlungsaufstellung leistet.[10] Gegenüber einem Verbraucher (vgl. § 13) gilt dies nur, wenn er auf diese Rechtsfolge rechtzeitig vor Eintritt des Verzugs besonders hingewiesen worden ist.[11] Ist der Zeitpunkt des Zugangs der Rechnung oder Zahlungsaufstellung unsicher, kommt der Schuldner, der nicht Verbraucher ist, spätestens 30 Tage nach Fälligkeit und Empfang der Gegenleistung in Verzug. **114**

zu 4.: Der Schuldner muss die Leistung, zu der er verpflichtet ist und die auch möglich ist, nicht erbracht haben. Wenn die Leistung unmöglich, also nicht nachholbar ist, kommt kein Anspruch aus Verzug, sondern nach den Vorschriften über die Unmöglichkeit der Leistung[12] in Betracht.

zu 5.: Verzug tritt nur ein, wenn der Schuldner die Verzögerung der Leistung zu vertreten hat (§ 280 I 2). Zu vertreten hat der Schuldner gem. § 276 eigenes Verschulden und gem. § 278 das Verschulden seines Erfüllungsgehilfen. Geldschulden hat er stets zu vertreten. Der Schuldner ist beweispflichtig dafür, dass er den Verzug nicht zu vertreten hat.

Die Vorschrift des § 286 IV muss für den Verzögerungsschaden nicht erörtert werden. Sie hat Bedeutung für besondere Verzugsfolgen, wie zum Beispiel die in § 287 und § 288 normierten und ist auch für den Zeitpunkt des möglichen Entlastungsbeweises relevant; abzustellen ist nicht auf die Pflichtverletzung i. S. d. § 280 I 1 (Nichtleistung trotz Möglichkeit und Fälligkeit), sondern auf den Zeitpunkt, in dem alle objektiven Voraussetzungen des Verzugs vorliegen (also auch die Mahnung).[13] **115**

---

8 Siehe hierzu Fall 2, Aufgabe 3 (Rn. 95) und Fall 7, Aufgabe 1 b (Rn. 357).
9 Ausführlich hierzu: BROX/WALKER, Schuldrecht AT, § 23 Rn. 15.
10 Verzug kann also auch bei Geldforderungen durch eine Mahnung (oder in den Fällen des § 286 II) herbeigeführt werden.
11 Es handelt sich hier um keine Sonderregelung, sondern nur um eine Ergänzung des Mahnungssystems.
12 Siehe Fall 3, Aufgabe 1 (Rn. 134), sowie Vertiefung „Unmöglichkeit der Leistung", S. 91 ff.
13 PALANDT/HEINRICHS, § 286 Rn. 39; BROX/WALKER, Schuldrecht AT, § 23 Rn. 29.

116 Die **Rechtsfolgen** des Schuldnerverzugs regelt § 280 I 1. Zuzüglich zu dem weiter bestehen bleibenden Erfüllungsanspruch kann der Gläubiger vom Schuldner den ihm durch den Verzug entstandenen (Verzögerungs-)Schaden verlangen. Er ist vom Schuldner so zu stellen, wie er bei rechtzeitiger Leistung stehen würde. Zwischen Verzug und Schaden muss ein ursächlicher Zusammenhang bestehen. Für Inhalt und Umfang des Schadensersatzanspruchs gelten die §§ 249 ff. In Betracht kommen z. B. die Kosten der Rechtsverfolgung, entgangener Gewinn (§ 252) während des Verzugs, besondere Aufwendungen (Mietwagenkosten u. a.) und bei Geldschulden Verzugszinsen (§ 288 I 1).[14] Zur Zinshöhe muss der sich nach § 247 ändernde Basiszinssatz ermittelt werden, siehe www.basiszinssatz.de. Zinseszins wird nicht geschuldet (§ 289).

Außerdem hat der Schuldner nach § 287 während des Verzugs jede Fahrlässigkeit zu vertreten und haftet ggf. wegen der Leistung auch für Zufall.

117

Prüfschema – Ersatz des Verzögerungsschadens gem. §§ 280 I, II, 286:

1. Schuldverhältnis, § 280 I 1
2. Pflichtverletzung des Schuldners durch Verzögerung der Leistung, § 280 I 1, II
   § 286 a) Fälligkeit der Leistung (§ 271)
         b) Mahnung – evtl. entbehrlich nach § 286 II
         c) Nichtleistung des Schuldners
3. Vertretenmüssen des Schuldners (§ 280 I 2 i. V. m. §§ 276, 278)
4. Schaden beim Gläubiger, § 280 I 1

Rechtsfolge: Ersatz des Verzögerungsschadens (die Leistungsverpflichtung besteht weiter) = Schadensersatz **neben** der Leistung bei Geldschuld: Verzugszinsen nach § 288

II. Schadensersatz statt der Leistung gem. §§ 280 I, III, 281 I 1

118 Es gibt Fälle, in denen der Gläubiger kein Interesse mehr an einer verspäteten Leistung hat und deshalb Schadensersatz statt der Leistung vom Schuldner verlangt. Neben den bereits oben – beim Verzögerungsschaden – aufgezeigten Voraussetzungen des § 280 I (Vorliegen eines Schuldverhältnisses, fällige und noch mögliche Leistung des Schuldners, Pflichtverletzung des Schuldners durch Nichterbringung der fälligen Leistung und Vertretenmüssen) müssen noch die zusätzlichen Voraussetzungen der §§ 280 III, 281 I 1 gegeben sein:

Der Gläubiger muss dem Schuldner eine angemessene Frist zur Leistung oder Nacherfüllung gesetzt haben. Dadurch soll dem Schuldner eine letzte Gelegenheit gegeben werden, den Vertrag zu erfüllen. Die Frist muss so bemessen sein,

---

14 Diese Vorschrift stellt eine eigenständige Anspruchsgrundlage dar; siehe hierzu Fall 7, Aufgabe 1 b.

dass er die Leistung auch tatsächlich erbringen kann. Die Angemessenheit richtet sich nach den Umständen des Einzelfalls. Sofern der Gläubiger eine zu kurze Frist setzt, ist dies nicht ohne Rechtsfolge: es wird vielmehr eine angemessene Frist in Lauf gesetzt.[15] Eine Fristsetzung ist nach § 281 II u. a. entbehrlich, wenn der Schuldner die Leistung ernsthaft und endgültig verweigert. Ebenso gilt das für den Fall, dass Umstände vorliegen, die unter Abwägung der beiderseitigen Interessen eine sofortige Geltendmachung des Schadensersatzes statt der Leistung erforderlich machen – wie z. B. bei den „Just-in-time-Verträgen.[16]

Dieser Schadensersatzanspruch setzt keinen Verzug i. S. d. § 286 voraus. Da aber in der Fristsetzung zur Leistung gleichzeitig eine Mahnung zu sehen ist, liegt bei einem Anspruch auf Schadensersatz statt der Leistung faktisch immer auch Schuldnerverzug vor.

Nach § 281 IV geht der Anspruch auf Erfüllung erst mit dem Schadensersatzverlangen des Gläubigers unter.[17]

119 Wenn die Voraussetzungen für den Anspruch auf Schadensersatz statt der Leistung vorliegen, kann der Gläubiger stattdessen auch Ersatz seiner frustrierten Aufwendungen nach § 284 verlangen – wie z. B. Fahrt-, Telefon-, Portokosten.

120

Prüfschema – Schadensersatz statt der Leistung (bei Verzug) gem. §§ 280 I, III, 281 I 1:

1. Schuldverhältnis (§ 280 I 1)
2. Fällige noch mögliche Leistung des Schuldners (§ 281 I 1)
3. Pflichtverletzung des Schuldners durch Nichterbringung der fälligen Leistung (§ 280 I 1)
4. Vertretenmüssen (§ 280 I 2 i. V. m. § 276 oder § 278)
5. Leistungsaufforderung mit angemessener Fristsetzung nach § 281 I 1 (ggf. entbehrlich: § 281 II)
6. Erfolgloser Fristablauf (§ 281 I 1)
7. Schaden beim Gläubiger (§ 280 I 1)

Rechtsfolge: Schadensersatz statt der Leistung; Umfang: §§ 249 ff.
Alternativ: Aufwendungsersatz gem. § 284
Anspruch auf Leistung ist ausgeschlossen (§ 281 IV)
Rückforderung des bereits Geleisteten (§ 281 V i. V. m. §§ 346 ff.)

---

15 Palandt/Heinrichs, § 281 Rn. 10; Brox/Walker, Schuldrecht AT, § 23 Rn. 41.
16 Der eine Vertragspartner muss dem anderen zu einem bestimmten Zeitpunkt liefern, wenn dessen Produktion ordnungsgemäß betrieben werden soll; vgl. Palandt/Heinrichs, § 281 Rn. 15.
17 Siehe hierzu Fall 2, Aufgabe 4.

III. Besondere Regelungen für gegenseitige Verträge

1. Allgemeines

121 Bei gegenseitigen Verträgen ist es dem Gläubiger nicht zuzumuten, auf unbestimmte Zeit leistungsbereit zu sein und auf die Erfüllung des Vertrages durch den Schuldner zu warten. Wegen des engen Zusammenhangs von Leistung und Gegenleistung finden sich in den §§ 320 ff. (Gegenseitiger Vertrag) spezielle Regelungen.

2. Verschuldensunabhängiges Rücktrittsrecht gem. § 323

122 Nach § 323 I steht dem Gläubiger ein Rücktrittsrecht bei einem gegenseitigen Vertrag zu, wenn er dem Schuldner erfolglos eine angemessene Frist zur Leistung bestimmt hat. Das Vorliegen der Tatbestandsmerkmale des Verzugs (§ 286) ist keine Rücktrittsvoraussetzung; insbesondere ist kein Vertretenmüssen des Schuldners erforderlich. Der Gläubiger soll Rechtsklarheit bekommen können, wenn die Leistung ausbleibt und ihm – was in der Regel der Fall ist – die genauen Umstände für das Ausbleiben der Leistung beim Schuldner nicht bekannt sind. Der Schuldner wird dadurch auch nicht übermäßig belastet, zumal die Störung in seiner „Sphäre" liegt.

Voraussetzung des Gestaltungsrechts nach § 323 ist also nur, dass die Leistung fällig war und zum vertraglich vereinbarten Zeitpunkt nicht erbracht worden ist. Da die Aufforderung zur Leistung mit Fristsetzung gleichzeitig eine Mahnung darstellt, liegt faktisch auch immer Schuldnerverzug vor.

Die Fristsetzung ist nach § 323 II u. a. entbehrlich, wenn der Schuldner die Leistung ernsthaft und endgültig verweigert (Nr. 1),[18] bei einem Fixgeschäft (Nr. 2) oder wenn besondere Umstände vorliegen, die unter Abwägung der beiderseitigen Interessen den sofortigen Rücktritt rechtfertigen (Nr. 3).[19]

123 Nach § 325 sind bei einem gegenseitigen Vertrag **Rücktritt und Schadensersatz nebeneinander** möglich. Der Gläubiger kann also, wenn er vom Vertrag zurückgetreten ist, nicht nur die Ansprüche aus dem Rückabwicklungsschuldverhältnis, sondern zusätzlich auch noch Schadensersatzansprüche (wegen Nichterfüllung des Vertrags) geltend machen.[20]

Der **Rücktritt** muss vom Gläubiger nach §§ 346 I, 2. HS, 349 erklärt werden. Bei der Rücktrittserklärung handelt es sich um eine einseitige, empfangsbedürftige Willenserklärung, die dem Schuldner zugehen muss (vgl. § 130). Diese beendet das Vertragsverhältnis und wandelt es für die Zukunft in ein Rückgewährschuldverhältnis um: Die bereits empfangenen Leistungen sind zurückzugewähren und die gezogenen Nutzungen herauszugeben (§ 346 I, 2. HS). Die ursprünglichen

---

18 Entspricht der Entbehrlichkeit der Mahnung nach § 286 II Nr. 3.
19 Ähnlich § 286 II Nr. 4 für die Entbehrlichkeit der Mahnung.
20 So etwa die Mehrkosten aus einem Deckungsgeschäft oder wegen entgangenen Gewinns. Ersatz für die vergeblichen Aufwendungen kann er nach § 284 verlangen.

Vertragspflichten bestehen also in „umgekehrter Richtung" als gesetzliche Pflichten.

Beim **Schadensersatzanspruch** hingegen bleibt das Schuldverhältnis bestehen; an die Stelle der Primärleistungspflicht (z. B. Lieferung der Kaufsache nach § 433 I 1) tritt eine Sekundärleistungspflicht (z. B. Schadensersatz gem. §§ 280 I, 281 I 1).

Nach § 323 VI ist der Rücktritt u. a. ausgeschlossen, wenn der Gläubiger für den Umstand, der ihn zum Rücktritt berechtigen würde, allein verantwortlich ist.

Die (weiteren) **Rechtsfolgen des Rücktritts** sind in §§ 346 ff. geregelt. Statt der **124** Rückgewähr muss u. a. Wertersatz geleistet werden, wenn diese oder die Herausgabe nach der Natur des Erlangten ausgeschlossen ist bzw. der empfangene Gegenstand verbraucht wurde. Eine Pflicht zum Wertersatz besteht hingegen nicht unter den in § 346 III genannten Gründen (Gläubiger hat Verschlechterung oder Untergang des Gegenstands zu vertreten . . .). § 347 regelt die Haftung hinsichtlich Nutzungen und Verwendungen nach Rücktritt.

125

Prüfschema – Voraussetzungen für den Rückgewähranspruch bei Pflichtverletzung durch Verzögerung der Leistung im gegenseitigen Vertrag gem. §§ 346 ff. i. V. m. § 323 I:

1. Vertragliches oder gesetzliches Rückstrittsrecht
2. Erklärung des Rücktritts, § 349
3. Voraussetzungen des gesetzlichen Rücktrittsrechts nach § 323 I:
   a) wirksamer gegenseitiger Vertrag
   b) Pflichtverletzung des Schuldners durch Verzögerung der Leistung
   c) Angemessene Fristsetzung zur Leistung
   d) Erfolgloser Fristablauf
   e) Kein Ausschluss gem. § 323 V oder VI

Rechtsfolgen: Umwandlung des Vertragsverhältnisses in Rückabwicklungsschuldverhältnis (§ 346 I)
Wertersatz nach § 346 II, sofern nicht Pflicht nach § 346 III entfällt.
§ 347 (Nutzungen und Verwendungen nach Rücktritt)

Exkurs: Vertretenmüssen

Wegen Verletzung der ihm obliegenden Pflichten haftet der Schuldner in der Re- **126** gel nur, wenn er die Pflichtverletzung zu vertreten hat. Das Vertretenmüssen ist in den §§ 276-278 normiert.

I. Verschuldensprinzip

127 Gem. § 276 I 1 hat der Schuldner **Vorsatz** und **Fahrlässigkeit** zu vertreten. Unter Vorsatz versteht man das Wissen und Wollen der Tatbestandsverwirklichung im Bewusstsein der Rechtswidrigkeit. Das gilt sowohl für das Leistungsstörungsrecht wie auch für das Deliktsrecht. Es ist nicht erforderlich, dass der Erfolg gewünscht oder beabsichtigt war. In der Regel braucht sich der Vorsatz nur auf die Verletzung des Vertrags bzw. des geschützten Rechts oder Rechtsguts zu erstrecken, nicht auch auf den eingetretenen Schaden.[21] Fahrlässig handelt, wer die im Verkehr erforderliche Sorgfalt außer Acht lässt (§ 276 II enthält die Legaldefinition). Hierbei ist nicht auf die Person des Schuldners und das Maß der ihm zumutbaren Einsichts- und Handlungsfähigkeit abzustellen, sondern auf einen objektiven Sorgfaltsmaßstab. Die Fähigkeiten und Kenntnisse von Angehörigen aus der Berufs- und Altersgruppe des Schuldners sind hierfür relevant.

> **Merke:**
> § 276 II – die im Verkehr erforderliche Sorgfalt geht von einem objektiven Maßstab aus. Dieser bestimmt sich nach dem Urteil eines umsichtigen und besonnenen Angehörigen des jeweiligen Verkehrskreises.

II. Anderer Verschuldensmaßstab

128 Nach §§ 276 I 1 kann ein **anderer Verschuldensmaßstab** aus dem sonstigen Inhalt des Schuldverhältnisses zu entnehmen sein:

1. Die Parteien können durch eine **vertragliche Vereinbarung** eine strengere oder mildere Haftung vorsehen. Hierbei ist allerdings § 276 III zu beachten, wonach die Haftung wegen Vorsatzes dem Schuldner nicht im Voraus erlassen werden kann.
   Häufig wird die Haftung wird durch die Vertragsparteien auf **grobe Fahrlässigkeit** beschränkt. Diese ist im Gesetz nicht definiert. Sie liegt – in Anlehnung an die Legaldefinition in § 276 II – vor, wenn die im Verkehr erforderliche Sorgfalt in einem besonders schweren und ungewöhnlichen Maß außer Acht gelassen wird; also schon einfachste, ganz nahe liegende Überlegungen nicht angestellt werden und das nicht beachtet wird, was im gegebenen Fall jedem einleuchten müsste.[22] So zum Beispiel, wenn man mit seinem Pkw über eine bereits rote Ampel fährt und dadurch einen Unfall verursacht, oder Fahren unter erheblichem Alkoholgenuss.
2. Ein abweichender Haftungsmaßstab ergibt sich aus der **Übernahme einer Garantie**, wie z. B. in den §§ 442 I, 443, 444, 477. Diese Fälle betreffen vor allem Eigenschaftszusicherungen bei Kauf-, Miet- oder Werkverträgen. Der Schuldner haftet in diesen Fällen verschuldensunabhängig, wenn der Vertragsgegenstand nicht die zugesicherten Eigenschaften hat.

---

21 PALANDT/HEINRICHS, § 276 Rn. 10 m. w. N.
22 MÜNCHENER KOMMENTAR/GRUNDMANN, § 276 Rn. 94; PALANDT/HEINRICHS, § 277 Rn. 5 m. w. N. Beispiel in Fall 3, Aufgabe 2 (Rn. 135).

3. Eine Ausdehnung des Haftungsmaßstabs ist möglich bei **Übernahme eines Beschaffungsrisikos**. Dieses bezieht sich vor allem auf die Gattungsschuld, bei der der Schuldner regelmäßig die Beschaffung des versprochenen Leistungsgegenstandes verspricht.[23]
   Bei einer Geldschuld übernimmt der Schuldner (z. B. Käufer, Mieter) regelmäßig das Risiko, dass er zur Gegenleistung (Kaufpreiszahlung, Mietzahlung) fähig ist und die zur Erfüllung erforderlichen finanziellen Mittel beschaffen kann.
4. Eine **gesetzliche Haftungsverschärfung** ist in § 287 geregelt: Während des (Schuldner-)Verzugs hat der Schuldner nicht nur jede Fahrlässigkeit zu vertreten, sondern haftet wegen der Leistung auch für Zufall, es sei denn, dass der Schaden auch bei rechtzeitiger Leistung eingetreten wäre. Ist hingegen der Gläubiger in (Annahme-)Verzug, haftet der Schuldner nach § 300 I nur bei Vorsatz oder grober Fahrlässigkeit.
5. Eine **Haftungsbeschränkung auf grobe Fahrlässigkeit** sieht das Gesetz z. B. in den §§ 300 I, 521, 599, 680 vor.

III. Haftung für fremdes Verschulden

Wenn der Schuldner die Pflichtverletzung nicht selbst zu vertreten hat, haftet er **129** gem. § 278 für fremdes Verschulden: Er hat ein Verschulden seines gesetzlichen Vertreters und der Personen, deren er sich zur Erfüllung seiner Verbindlichkeit bedient (sog. Erfüllungsgehilfen) in gleichem Umfang zu vertreten wie eigenes Verschulden.

1. Zu den **gesetzlichen Vertretern** zählt jeder, der für einen anderen kraft Gesetzes handelt – wie z. B. der Inhaber der elterlichen Sorge, der Vormund, der Betreuer, der Pfleger, der Testamentsvollstrecker, der Treuhänder usw.[24]
2. **Erfüllungsgehilfe** ist, wer mit Willen des Schuldners bei der Erfüllung von dessen Verbindlichkeit tätig wird. Dabei spielt es keine Rolle, ob der Gehilfe selbstständig oder unselbstständig, sozial abhängig oder weisungsgebunden ist, ob zwischen ihm und dem Schuldner ein wirksames Vertragsverhältnis besteht oder nicht. Ein (selbständiger) Unternehmer kann zum Beispiel Erfüllungsgehilfe sein.
   Der Erfüllungsgehilfe muss die Pflichtverletzung **in Erfüllung der übertragenen Verbindlichkeit** begangen haben. Er darf also nicht nur bei Gelegenheit tätig geworden sein (z. B. Diebstahl einer Uhr des Käufers bei Anlieferung der Kaufsache[25]); das Fehlverhalten muss im inneren sachlichen Zusammenhang mit dessen Wirkungskreis gestanden haben.
   Außerdem muss der Erfüllungsgehilfe schuldhaft gehandelt haben. Entscheidend hierfür ist der für den Schuldner selbst geltende Verschuldensmaßstab.

---

23 BROX/WALKER, Schuldrecht AT, § 20 Rn. 51.
24 Ausführlich hierzu: PALANDT/HEINRICHS, § 278 Rn. 5 m. w. N.
25 Eine im Vordringen begriffene Meinung will hier den Schuldner auch für den Diebstahl durch seinen Gehilfen über § 278 einstehen lassen. Ausführlich hierzu WÖRLEN, Schuldrecht AT, Rn. 269 c ff. m. w. N.

Vertiefung: **Leistungsstörungen – 2. Gläubigerverzug**[26]

I. Voraussetzungen des Gläubigerverzugs

II. Rechtsfolgen des Gläubigerverzugs

> Unter Gläubigerverzug versteht man die Nichtannahme einer erfüllbaren (in der Regel fälligen) und tatsächlich angebotenen Leistung.

130 Während der Schuldnerverzug[27] auf einem Verhalten des Schuldners beruht, wird die Erfüllung des Vertrages beim Gläubigerverzug durch ein Verhalten des Gläubigers gestört. Häufig benötigt der Schuldner zur Erfüllung der Leistungsverpflichtung eine gewisse Mitwirkung des Gläubigers (z. B. die Abnahmeverpflichtung des Käufers gem. § 433 II). Verweigert der Gläubiger diese Mitwirkung, so kommt er unter den Voraussetzungen der §§ 293 ff. in Gläubigerverzug und hat entsprechende Rechtsnachteile.

I. Voraussetzungen des Gläubigerverzugs

131 Diese sind insbesondere in den §§ 293, 294, 297 geregelt:

1. Erfüllbarkeit des Leistungsanspruchs, § 293. Grundsätzlich ist der Schuldner sofort zur Leistung berechtigt. In der Regel ist der Anspruch dann auch fällig, d. h. der Gläubiger kann die Leistung verlangen (§ 271).
2. Gem. § 297 muss der Schuldner zur Leistung imstande sein.
3. Die Leistung muss dem Gläubiger so, wie sie zu bewirken ist, tatsächlich angeboten werden (§ 294). Dies muss zur rechten Zeit (§ 271), am rechten Ort (§ 269) und in der rechten Art und Weise (§§ 242, 243) erfolgen.[28]
4. Nichtannahme der Leistung: Der Gläubigerverzug tritt ein, wenn der Gläubiger die ihm ordnungsgemäß angebotene Leistung nicht annimmt.

Anders als beim Schuldnerverzug **ist beim Gläubigerverzug ein Verschulden des Gläubigers nicht erforderlich.**

---

26 Literatur zur Vertiefung: BROX/WALKER, Schuldrecht AT, § 26; FIKENTSCHER/HEINEMANN, § 45; HIRSCH, Schuldrecht, Rn. 352 ff.; KAISER, Rn. 405 ff.; GRUNEWALD, § 11; § 9; LOOSCHELDERS, Rn. 747 ff.; MEDICUS, Schuldrecht AT, § 36; SCHELLHAMMER, S. 73 ff.; SCHLECHTRIEM/SCHMIDT-KESSEL, Rn. 682 ff.; WÖRLEN, Schuldrecht AT, Rn. 157 ff.; WÖRLEN/METZLER-MÜLLER, Fragen 323–330.
27 Siehe Vertiefung „Schuldnerverzug" S. 66 ff.
28 Gem. § 296 bedarf es, wenn für die vom Gläubiger vorzunehmende Handlung eine Zeit nach dem Kalender bestimmt ist, des Angebots nur, wenn der Gläubiger die Handlung rechtzeitig vornimmt.

II. Rechtsfolgen des Gläubigerverzugs

1. Haftungserleichterung zugunsten des Schuldners: **132**
   Zwar bleibt der Schuldner auch während des Gläubigerverzugs zur Leistung
   verpflichtet; falls aber die Leistung während dieser Zeit unmöglich wird, haftet der Schuldner nicht mehr für jedes Verschulden (also auch für „einfache"
   Fahrlässigkeit, § 276), sondern nur noch für Vorsatz und grobe Fahrlässigkeit
   (§ 300 I).[29]
2. Übergang der Leistungsgefahr (Sachgefahr) bei Gattungsschulden gem.
   § 300 II:
   Grundsätzlich werden Gattungsschulden bei Eintritt des Gläubigerverzugs
   zur Stückschuld, wenn der Schuldner das seinerseits Erforderliche getan hat
   (§ 243 II). Nur wenn dies nicht geschehen ist (z. B. bei einer Bringschuld),
   geht die Leistungsgefahr beim Gläubigerverzug auf den Gläubiger über
   (§ 300 II). Es handelt sich also um einen weiteren Fall der Konkretisierung
   nach § 243 II.
3. Übergang der Gegenleistungsgefahr (Preisgefahr) bei gegenseitigen Verträgen:
   Bei gegenseitigen Verträgen hat der Annahmeverzug nach § 326 II zur Folge,
   dass die Preisgefahr, d. h. das Risiko, z. B. den Kaufpreis zahlen zu müssen,
   obwohl die Leistung nicht erbracht wurde, auf den Gläubiger übergeht. Der
   Gläubiger bleibt zur Gegenleistung verpflichtet, obwohl dem Schuldner die
   Leistung infolge leichter Fahrlässigkeit unmöglich wird (§ 300 II).[30]
4. Der Schuldner kann Ersatz von Mehraufwendungen gem. § 304 verlangen
   (z. B. Transportkosten, Kosten der Aufbewahrung).

---

29 Siehe hierzu Fall 3, Aufgabe 2.
30 Siehe hierzu Fall 3, Aufgabe 2.

Fall 3: Der zerstörte Beamer

Schwerpunkte:
Nichtleistung als Pflichtverletzung – Unmöglichkeit der Leistung –
Gläubigerverzug – Drittschadensliquidation

Die Stadt S beabsichtigt, einen Beamer zu kaufen. Der die Stadt S vertretende **133**
und ordnungsgemäß bevollmächtigte Diplom-Verwaltungswirt D lässt sich in
den Geschäftsräumen der V-GmbH verschiedene Vorführgeräte zeigen und erklären. Er entscheidet sich schließlich für das Gerät B 1000 und schließt über ein
solches Gerät, das die V-GmbH von der Herstellerfirma bezieht, mit der V-GmbH
einen Kaufvertrag u. a. des Inhalts, dass die V-GmbH das Gerät nach vorheriger
Ankündigung zur Stadtverwaltung bringen, dort aufstellen und dem D – falls gewünscht – weitere Informationen über die Bedienung geben soll.

Nach Lieferung des Beamers von der Herstellerfirma an die V-GmbH und telefonischer Vereinbarung mit D über Liefertag und Lieferzeit bringen der Fahrer und
ein technischer Angestellter der V-GmbH mit deren Lieferwagen den Beamer
ordnungsgemäß verpackt und verladen zur Stadtverwaltung der Stadt S. D wird
dort nicht angetroffen, und ein anderer Bediensteter der Stadt S ist nicht bereit,
das Gerät entgegenzunehmen.

Auf der Rückfahrt zur V-GmbH – der Fahrer der V-GmbH fährt etwas zu schnell
– stößt das Fahrzeug der V-GmbH mit einem ihm auf seiner Fahrbahn entgegen-
kommenden Pkw, dessen Fahrer stark angetrunken ist, zusammen, wobei der
Beamer zertrümmert wird.

Aufgabe 1: Kann die Stadt S von der V-GmbH die Lieferung eines
neuen Beamers verlangen?

Aufgabe 2: Hat die V-GmbH gegen die Stadt S einen Anspruch auf die
Bezahlung des vereinbarten Kaufpreises?

Fall 3: Prüfschema/Lösungsskizze

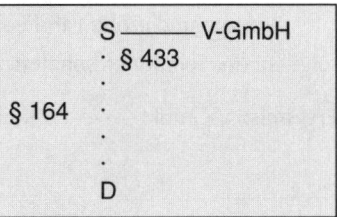

134 Aufgabe 1:

S ⎯⎯→ V-GmbH Lieferung eines neuen Gerätes gem. § 433 I 1

1. wirksamer Kaufvertrag (+)
   a) Angebot durch die S (+)
      D als Vertreter der S – § 164 I 1
      aa) WE des D (+)
      bb) im Namen der S (+)
      cc) innerhalb der Vertretungsmacht (§ 71 HGO) (+)
   b) Annahme durch die V-GmbH (+)

folglich: Anspruch der S gegen die V-GmbH gem. § 433 I 1 (+)

2. Anspruch ausgeschlossen gem. § 275?
   a) nachträgliche Unmöglichkeit der Leistung (= Lieferung) durch die
      V-GmbH (+)
   b) §§ 275 II 2, 276 I 1 Beschaffungsrisiko bei Gattungsschuld? (–), da Konkre-
      tisierung (§ 243 II)

Ergebnis: S ⎯⎯→ V-GmbH Lieferung eines neuen Gerätes gem. § 433 I 1 (–)

135 Aufgabe 2:

V-GmbH ⎯⎯→ S Kaufpreiszahlung gem. § 433 II

1. wirksamer Kaufvertrag (+) s. o.

folglich: Kaufpreiszahlungsanspruch ist zustande gekommen

2. Anspruch entfallen gem. (§ 275 IV i. V. m.) § 326 I 1, 1. HS?
   a) gegenseitiger Vertrag (+)
   b) Leistungspflicht des Schuldners ist nach § 275 I ausgeschlossen (+)

folglich: Kaufpreiszahlungsanspruch entfällt

3. Anspruch auf die Gegenleistung gem. § 326 II 1, 2. Alt.?
   a) Annahmeverzug des Gläubigers gem. §§ 293 ff. (+)
      aa) tatsächliches Angebot der geschuldeten Leistung (am rechten Ort, zur
          rechten Zeit und in der richtigen Art und Weise)
      bb) Nichtannahme der Leistung durch S
          somit: S befand sich im Gläubigerverzug
   b) Schuldner hat Unmöglichkeit nicht zu vertreten (+)
      §§ 276 I 1 i. V. m. § 300 I – beim Gläubigerverzug muss der Schuldner nur
      Vorsatz und grobe Fahrlässigkeit vertreten

folglich: der Schuldner behält den Anspruch auf die Gegenleistung

Ergebnis: V-GmbH ⎯⎯→ S Kaufpreiszahlung gem. § 433 II (+)

Fall 3: Ausarbeitung (Gutachten)

Aufgabe 1:

Die Stadt S könnte gegen die V-GmbH einen Anspruch auf Lieferung eines neuen Beamers gem. § 433 I 1 haben. 136

1. *Voraussetzung hierfür ist, dass zwischen S und der V-GmbH ein Kaufvertrag zustande gekommen ist. Ein Kaufvertrag setzt zwei übereinstimmende Willenserklärungen, Angebot und Annahme, voraus.*

a) Den für einen Vertragsschluss erforderlichen Antrag hat D erklärt. Diese Willenserklärung wirkt unmittelbar für S, wenn D *als Vertreter gem.* § 164 I 1 gehandelt hat.

aa)–cc) *Voraussetzungen hierfür sind, dass der Vertreter – hier D – selbst eine Willenserklärung im Namen des Vertretenen innerhalb der ihm zustehenden Vertretungsmacht abgibt.* D hat als ordnungsgemäß bevollmächtigter Vertreter der S (§ 71 HGO) in deren Namen ein Angebot an die V-GmbH gemacht, den Beamer B 1000 zu kaufen.

b) Die V-GmbH sagte die Lieferung des Beamers zu; folglich ist dieses Angebot von der V-GmbH angenommen worden. Ein wirksamer Kaufvertrag i. S. v. § 433 liegt vor. Die Stadt S hat somit gem. § 433 I 1 einen Anspruch auf die Lieferung des Gerätes.

2. Die Leistungspflicht der V-GmbH könnte allerdings *gem.* § 275 I *ausgeschlossen sein.* 137

a) *Dann muss die Lieferung (Übereignung und Übergabe) des Gerätes der V-GmbH unmöglich geworden* sein. Unmöglichkeit der Lieferung könnte dadurch eingetreten sein, dass der vom Fahrer der V-GmbH termingerecht zur Stadtverwaltung gebrachte Beamer auf der Rückfahrt zerstört wurde. Außerdem muss es sich bei dem Gerät um eine *Stückschuld* gehandelt *haben.*[1]

b) Von der V-GmbH wurde ein Gerät der Gattung B 1000 geschuldet, also ein 138 nach allgemeinen Merkmalen bestimmter Beamer. Somit lag zunächst eine Gattungsschuld i. S. d. § 243 I vor. *Gem.* § 243 II *wandelt sich aber eine zunächst bestehende Gattungsschuld in eine Stückschuld um, wenn der Schuldner das „seinerseits Erforderliche" getan hat.* Dann konkretisiert sich die Leistungspflicht der V-GmbH auf die Lieferung **dieses** Gerätes. Wann die Konkretisierung

---

1 Wenn es sich um eine Gattungsschuld i. S. v. § 243 I handeln würde, müsste die V-GmbH sich diese Sache wenn nötig beschaffen (sog. **Beschaffungsschuld**) – denn die Lieferung eines solchen Gerätes gleicher Art und Güte ist objektiv noch möglich (§ 275 I ist deshalb nicht einschlägig). Die V-GmbH kann ohne großen Aufwand ein neues Gerät beschaffen (vgl. § 275 II 1). Gem. § 275 II 2 ist außerdem zu berücksichtigen, ob der Schuldner das Leistungshindernis zu vertreten hat oder nicht. Der Schuldner hat nach § 276 I 1 Vorsatz und Fahrlässigkeit zu vertreten, „wenn eine strengere ... Haftung weder bestimmt noch aus dem sonstigen Inhalt des Schuldverhältnisses, insbesondere aus der Übernahme ... eines Beschaffungsrisikos zu entnehmen ist." Da die Gattungsschuld eine **Beschaffungsschuld** ist, ergibt sich eine strengere Haftung für die V GmbH – sie müsste das Leistungshindernis vertreten und liefern.

eintritt, richtet sich nach dem Inhalt des vereinbarten Schuldverhältnisses.[2] Die Stadt S und die V-GmbH hatten einen Vertrag dahingehend geschlossen, dass die V-GmbH das Gerät zur Stadtverwaltung bringen und dort aufstellen soll. Folglich liegt eine Bringschuld vor.

Mit der Anlieferung des Gerätes bei der Stadtverwaltung und vorheriger telefonischer Vereinbarung über Liefertag und Lieferzeit hat die V-GmbH das ihrerseits „Erforderliche" i. S. v. § 243 II getan. Somit hat sich die Gattungsschuld zur Stückschuld konkretisiert. § 276 I 1, wonach der Schuldner ein Beschaffungsrisiko bei einer Gattungsschuld hat und die V-GmbH das Leistungshindernis vertreten und ein anderen Beamer liefern müsste, greift daher nicht ein.

Da die Leistung durch die Zerstörung des Beamers unmöglich geworden ist, wurde die V-GmbH gem. § 275 I von ihrer Leistungspflicht frei. Der Anspruch der Stadt S auf Lieferung eines neuen Gerätes B 1000 gem. § 433 I 1 ist somit ausgeschlossen.

Aufgabe 2:

139 **Ein Anspruch der V-GmbH gegen die Stadt S auf Zahlung des Kaufpreises könnte sich aus § 433 II ergeben.**

1. Wie bereits bei Aufgabe 1 erörtert, liegt ein wirksamer Kaufvertrag vor. Deshalb besteht grundsätzlich ein Zahlungsanspruch der V-GmbH gegen die Stadt S nach § 433 II.

2. Dieser Anspruch (auf die Gegenleistung) könnte jedoch gem. (§ 275 IV i. V. m.) § 326 I 1, 1. HS entfallen sein.

140

> **Achtung – häufiger Klausurfehler:**
> Hier darf nicht das Erlöschen der Kaufpreiszahlungspflicht nach § 275 I geprüft werden! Denn bei der Pflicht zur Zahlung des Kaufpreises handelt es sich um die **Gegenleistungspflicht**; deren Erlöschen bestimmt sich nach **§ 326.**
> § 275 hingegen bezieht sich auf die unmöglich gewordene Leistung selbst (= Lieferung des Beamers).

a) *Voraussetzung ist zunächst ein gegenseitiger Vertrag,* der hier in Form des Kaufvertrages zwischen S und der V-GmbH vorliegt.

b) *Weiterhin muss die Leistungspflicht des Schuldners nach § 275 I ausgeschlossen sein,* was bereits oben (Aufgabe 1) bejaht wurde.
Folglich wäre der Anspruch der V-GmbH auf die Gegenleistung (= Kaufpreiszahlung nach § 433 II) gem. § 326 I 1, 1. HS entfallen.

141 3. *Etwas anderes könnte sich aus § 326 II 1, 2. Alt. ergeben. Danach behält der Schuldner den Anspruch auf die Gegenleistung, wenn der Umstand, aufgrund dessen die Leistungspflicht des Schuldners nach § 275 ausgeschlossen ist, vom*

---

2 Entscheidend ist, ob eine Bring-, Hol- oder Schickschuld vereinbart wurde. Ausführlich hierzu: Fikentscher/Heinemann, § 35; Wörlen, Schuldrecht AT, Rn. 227 ff.

Schuldner nicht zu vertreten ist und zu einer Zeit eintritt, zu welcher sich der Gläubiger im Annahmeverzug befindet.

a) *Gem. §§ 293 ff. könnte die Stadt S in Annahme- bzw. Gläubigerverzug geraten sein, wenn sie die tatsächlich angebotene Leistung nicht angenommen hat.* Die V-GmbH hat nach telefonischer Vereinbarung mit D über Liefertag und Lieferzeit das bestellte Gerät ordnungsgemäß verpackt und verladen bei der Stadtverwaltung der Stadt S angeboten. Damit erfolgte das Angebot der geschuldeten Leistung durch die Firma zur rechten Zeit, am rechten Ort und in der richtigen Art und Weise. D war zu dem vereinbarten Zeitpunkt nicht anwesend und ein anderer Bediensteter der Stadt nicht bereit, das Gerät entgegenzunehmen. Es kommt nicht darauf an, ob D anwesend war, solange eine empfangsberechtigte Person vorhanden war. Die Nichtannahme muss sich die Stadt S zurechnen lassen. Somit kam die Stadt S in Annahmeverzug.[3]

b) *Die V-GmbH als Schuldnerin darf die Unmöglichkeit nicht zu vertreten ha-* **142** *ben. Gem. § 300 I hat der Schuldner, wenn sich der Gläubiger in Annahmeverzug befindet* (was hier der Fall ist) *nur Vorsatz und grobe Fahrlässigkeit zu vertreten.* Fraglich ist, ob der Fahrer der V-GmbH auf der Rückfahrt zur V-GmbH den Unfall, der zur Zerstörung des Gerätes führte, vorsätzlich oder grob fahrlässig verursacht hat. *Gem. § 278 S. 1 müsste die V-GmbH das Verschulden ihres Fahrers in gleichem Umfang vertreten wie eigenes Verschulden.* Selbst wenn der Fahrer etwas zu schnell fuhr, liegt im Hinblick auf das Verhalten des Unfallgegners, der in stark angetrunkenem Zustand auf der falschen Straßenseite fuhr, eine Verletzung der Sorgfalt in einem besonders hohen Maß nicht vor, sodass der Fahrer der V-GmbH nur leicht fahrlässig gehandelt hat. Somit hat die V-GmbH die Unmöglichkeit der Leistung gem. § 300 I nicht zu vertreten.

Nach alledem liegen die Voraussetzungen des § 326 II 1, 2. Alt. vor, und die Stadt S muss die Gegenleistung (Kaufpreiszahlung nach § 433 II) an die V-GmbH erbringen, ohne dass diese einen neuen Beamer zu liefern hat.

Anmerkung: Das Ergebnis des Falles kann als „ungerecht" empfunden werden: **143** Die Stadt S erhält kein neues Gerät, muss aber den Kaufpreis zahlen, obwohl sie den Beamer nicht zerstört hat. „Schuld" hatte vielmehr der stark angetrunkene Fahrer des Pkw, der den Unfall verursacht hat.

Die V-GmbH, die noch Eigentümerin des Beamers war, hat dem Grund nach gegen den Pkw-Fahrer einen Schadensersatzanspruch gem. § 823 I wegen Eigentumsverletzung. Allerdings hat die V-GmbH keinen Schaden erlitten – sie erhält ja den Kaufpreis von der Stadt S (s. o. Aufgabe 2). Die Stadt S kann nicht gegen den Fahrer vorgehen, da ihr vor Übergabe des Gerätes nicht das für § 823 I erforderliche Eigentum zustand. Sie hat aber einen Schaden, da sie den Kaufpreis an die V-GmbH bezahlen muss. Die Skizze verdeutlicht dieses Problem:

---

3 **Merke:** Der **Annahmeverzug ist verschuldensunabhängig!**. Es ist also kein Verschulden der Stadt S zu prüfen, da es sich nicht um eine Pflicht-, sondern vielmehr um eine Obliegenheitsverletzung handelt. Der Grund, warum bei der Stadt S niemand zu erreichen war, ist nicht relevant. Denn ein Gläubiger gerät auch dann in Annahmeverzug, wenn er nachvollziehbare Gründe hat, aus denen er an der Annahme der Leistung verhindert ist.

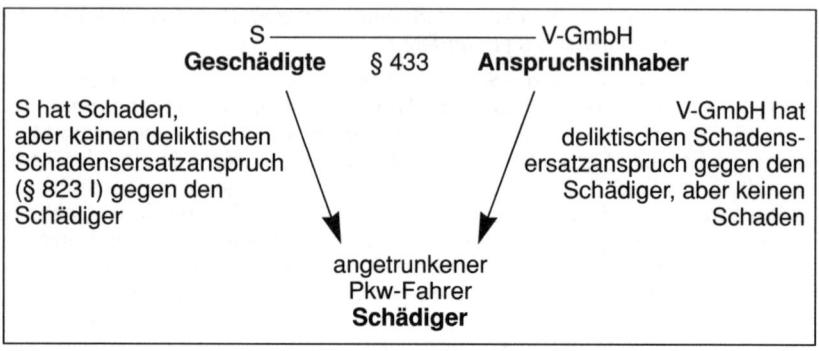

Rechtsprechung und Lehre haben für solche Fälle, in denen der Schaden anstelle beim Gläubiger aus der Sicht des Schädigers zufällig beim Dritten eintritt, den

144

> Grundsatz der Drittschadensliquidation

entwickelt: Der Schädiger soll nicht entlastet werden. Der Anspruchsinhaber kann deshalb den Schaden des Dritten (für diesen) liquidieren.[4]

145

> **Prüfschema – Voraussetzungen der Drittschadensliquidation:**
>
> 1. Anspruch gegen den Schädiger (aber kein Schaden)
> 2. Zufällige Schadensverlagerung
> 3. Geschädigter hat keinen Anspruch gegen den Schädiger
> 4. Interessenverknüpfung zwischen dem Anspruchsinhaber und dem Geschädigten
>
> **Rechtsfolge:** Abtretung des Anspruchs vom Anspruchsinhaber an den Geschädigten (§ 285)

Für **Fall 3** ergibt sich folgende Lösung:

1. Die V-GmbH hat gegen den Schädiger einen Anspruch aus § 823 I, aber keinen Schaden (sie erhält ja den Kaufpreis von S).

2. Der Schaden hat sich zufällig auf S verlagert.

3. S als Geschädigte hat keinen Anspruch gegen den angetrunkenen Pkw-Fahrer, da § 823 I mangels Eigentumsverletzung ausscheidet (das Gerät befand sich noch im Eigentum der V-GmbH, vgl. § 929 S. 1).

4. Zwischen S und der V-GmbH bestand aufgrund des Kaufvertrags eine Interessenverknüpfung.

---

4 Vgl. WÖRLEN, Schuldrecht BT, Rn. 463 ff.; BGH NJW 1998, 1864.

Rechtsfolge ist, dass die V-GmbH den Schaden der S bei dem angetrunkenen Pkw-Fahrer geltend machen kann und ihren Anspruch gegen den Schädiger analog § 285 I an die S abtreten muss.

In Fall 3 kann deshalb die V-GmbH den Schaden der Stadt S nach den Grundsätzen der Drittschadensliquidation im Rahmen ihres Anspruchs nach § 823 I liquidieren. Die Stadt S kann von der V-GmbH gem. § 285 Abtretung dieses Anspruchs verlangen.

Folglich kann die Stadt S gem. § 823 I i. V. m. den Grundsätzen der Drittschadensliquidation und § 285 I Schadensersatz für den zerstörten Beamer von der V-GmbH fordern.

146

> **Merke:**
> Hinsichtlich Anwendungsbereich und Funktionsweise ist zwischen Drittschadensliquidation und § 285 I zu differenzieren:
> Die Grundsätze der Drittschadensliquidation helfen der S, ihren Schaden zum Anspruch der V-GmbH zu ziehen. S selbst erlangt dadurch noch keinen Ersatzanspruch gegen den Pkw-Fahrer. Hierfür bedarf es noch des Anspruchs auf das Surrogat gem. § 285 I; dieser führt dazu, dass die V-GmbH ihren – um den Schaden der S ergänzten – Anspruch nach § 823 I an die S abtreten muss.
> Durch die Grundsätze der Drittschadensliquidation werden also Anspruch und Schaden in der Person der V-GmbH zusammengeführt. Aufgrund von § 285 I muss die V-GmbH den so entstandenen Verbund aus Anspruch und Schaden an S abtreten.

Vertiefung: Leistungsstörungen – 3. Unmöglichkeit der Leistung[5]

I. Allgemeines

II. Anfängliche objektive Unmöglichkeit der Leistung

III. Anfängliche subjektive Unmöglichkeit der Leistung

IV. Nachträgliche Unmöglichkeit der Leistung
1. Anfängliche objektive nicht zu vertretende Unmöglichkeit im einseitigen Schuldverhältnis
2. Nachträgliche objektive zu vertretende Unmöglichkeit im einseitigen Schuldverhältnis

---

5 Literatur zur Vertiefung: AnwKom/DAUNER-LIEB, § 280 Rn. 54 ff.; AXMANN/HAUFFE, S. 43 ff.; BROX/WALKER, Schuldrecht AT, § 22; DAUNER-LIEB/DÖTSCH, Fälle 1–34; DAUNER-LIEB u. a./DAUNER-LIEB, § 2 Rn. 58 ff.; FIKENTSCHER/HEINEMANN, § 43; GRUNEWALD, § 12; HIRSCH, Schuldrecht, Achtes Kapitel, D; KAISER, Rn. 392 ff.; LORENZ/RIEHM, Rn. 297 ff.; LOOSCHELDERS, Rn. 455 ff.; LUTHER/PALM, D. II.; Medicus, Schuldrecht AT, §§ 30, 40–42; SCHELLHAMMER, Rn. 1655 ff.; SCHLECHTRIEM/SCHMIDT-KESSEL, Rn. 473 ff.; WESTERMANN/SCHULTZ, S. 23 ff.; WÖRLEN, Schuldrecht AT, Rn. 168 ff.; WÖRLEN/METZLER-MÜLLER, Fragen 331–378.

> **Unmöglichkeit der Leistung liegt vor, wenn der Schuldner die geschuldete Leistung auf Dauer nicht erbringen kann.**

I. Allgemeines

147 Je nachdem, ob die Leistung schon vor oder erst nach Vertragsschluss unmöglich wird, unterscheidet man zwischen anfänglicher und nachträglicher Unmöglichkeit. Weiterhin kann danach differenziert werden, ob die geschuldete Leistung objektiv unmöglich ist (niemand ist in der Lage, die Leistung zu erbringen) oder ob nur der Schuldner nicht leisten kann, wohl aber ein Dritter (subjektive Unmöglichkeit oder Unvermögen).

In § 275 I wird kraft Gesetzes ein Befreiungsgrund von der primären Leistungspflicht anerkannt, wenn die Leistung „für den Schuldner" (subjektive Unmöglichkeit) oder „für jedermann" (objektive Unmöglichkeit) unmöglich ist. § 275 I ist daher auch dann anwendbar, wenn die geschuldete Sache einem Dritten gehört, der zu ihrer Veräußerung nicht bereit ist, oder wenn sie gestohlen und die Suche nach dem Dieb aussichtslos ist.

Es ist nicht (mehr) relevant, ob die Unmöglichkeit **vor** oder **nach** Vertragsschluss eingetreten ist.[6] Durch die Formulierung „soweit diese ... unmöglich ist" wird auch der Fall erfasst, dass nur ein Teil der Leistung unmöglich ist.

Die Rechte des Gläubigers bestimmen sich in diesen Fällen gem. § 275 IV nach den §§ 280, 283–285, 311 a und 326. Auf diese Weise wird klargestellt, dass der Wegfall der Primärleistungspflicht zum Entstehen von Sekundärleistungsansprüchen führen kann – vor allem zu Schadensersatzansprüchen.

148 Die Differenzierung zwischen anfänglicher und nachträglicher Unmöglichkeit ist für die Schadensersatzpflichten relevant: Der Schadensersatzanspruch infolge einer anfänglichen Unmöglichkeit ist in § 311 a II geregelt, während für die nachträgliche Unmöglichkeit die §§ 280, 283 gelten. Diese Unterscheidung ist sinnvoll, denn es kann bei der anfänglichen Unmöglichkeit sein, dass dem Schuldner das anfänglich bestehende Leistungshindernis unverschuldet unbekannt war.[7] Dies rechtfertigt es, vom ansonsten verschuldensfreien Haftungssys-

---

6 Dies ergibt sich aus der Gesetzesformulierung: „... unmöglich **ist**."
7 **Beachte:** Es handelt sich hierbei **nicht** um eine Pflichtverletzung i. S. d. § 280 I. Die unter diesen Paragrafen fallenden Pflichten können nur bei **(bestehenden)** Schuldverhältnissen verletzt werden.

tem für anfängliche Unmöglichkeit abzugehen. Die Ansprüche wegen nachträglicher Unmöglichkeit sind dagegen alle verschuldensabhängig geregelt.

II. Anfängliche objektive Unmöglichkeit der Leistung

Anfängliche objektive Unmöglichkeit der Leistung liegt vor, wenn die geschuldete Leistung bereits bei Vertragsschluss von niemandem erbracht werden kann.   **149**

Beispiel:

Verkäufer V verkauft seinen Pkw an Käufer K und weiß nicht, dass der Wagen kurz vorher bei einem Garagenbrand zerstört wurde.

Der Käufer (K) kann in diesem Fall gegen den Verkäufer (V) keinen Anspruch auf Eigentumsverschaffung und Übergabe aus § 433 I 1 geltend machen, da der Anspruch wegen der Zerstörung des Pkw gem. § 275 I von Anfang an ausgeschlossen ist.

In Betracht kommt aber ein Anspruch des K gegen V auf Schadensersatz aus   **150**
§ 275 IV i. V. m. § 311 a II. Abs. 1 der letztgenannten Vorschrift stellt klar, dass der Vertrag wirksam ist, auch wenn der Schuldner nach § 275 I–III nicht zu leisten braucht und das Leistungshindernis schon **bei** Vertragsschluss vorlag. Gem. § 311 a II[8] kann K als Gläubiger nach seiner Wahl Schadensersatz statt der Leistung **oder** Ersatz seiner Aufwendungen in dem in § 284 bestimmten Umfang verlangen. Der Schadensersatz ist auf das positive Interesse[9] gerichtet: Der Schuldner muss den Gläubiger so stellen, als ob ordnungsgemäß (also „positiv") erfüllt worden wäre. Dieser Anspruch folgt aus der Nichterfüllung des (nach § 311 a I wirksamen) Leistungsversprechens und nicht aus der Verletzung der – nach § 275 ausgeschlossenen – Leistungspflicht.

Der Schuldner haftet allerdings nicht, wenn er das Leistungshindernis bei Abschluss des Vertrages nicht kannte und seine Unkenntnis nicht zu vertreten hatte (§ 311 a II 2 – Exkulpationsmöglichkeit). Das Vertretenmüssen ergibt sich aus § 276; es wird nach dem Gesetzeswortlaut vermutet.

Der Schuldner hat vor Vertragsschluss eine Informationspflicht über seine Leis-   **151**
tungs**fähigkeit**. Wenn er diese verletzt, muss er nach § 311 a II 1 haften (Anknüpfungspunkt für eine Schadensersatzhaftung gem. §§ 280 ff. ist hingegen die Verletzung von im Hinblick auf den Leistungs**gegenstand** bestehenden Pflichten.)

---

8 Es handelt sich hierbei um eine eigene Anspruchsgrundlage und nicht etwa nur um einen Unterfall des allgemeinen Pflichtverletzungstatbestands des § 280. Hierzu: SCHMIDT/RÄNTSCH, Rn. 430; PALANDT/HEINRICHS, § 311 a Rn. 6.

9 Nach § 306 a. F. war ein Vertrag bei anfänglicher objektiver Unmöglichkeit nichtig. Der Schuldner hatte dem Gläubiger nur den Schaden zu ersetzen, den dieser erlitten hatte, weil der Vertrag nicht (= negativ) zustande gekommen ist (sog. **negatives Interesse**). Dazu zählten z. B. vergebliche Aufwendungen i. S. d. § 284.

III. Anfängliche subjektive Unmöglichkeit der Leistung

152 Anfängliche subjektive Unmöglichkeit liegt vor, wenn die versprochene Leistung von Anfang an für den Schuldner unmöglich ist, während eine andere Person sie erbringen könnte.

Beispiel:

V verkauft seinen Pkw an K und weiß nicht, dass dieser kurz vorher gestohlen wurde. V kann den Wagen nicht an den Käufer übergeben; der Dieb dagegen könnte es.

Auch in diesem Fall kann K gegen V keinen Anspruch auf Eigentumsverschaffung und Übergabe aus § 433 I 1 geltend machen, da der Anspruch wegen des Diebstahls des Pkw gem. § 275 I von Anfang an ausgeschlossen ist.

In Betracht kommt (ebenfalls) ein Anspruch des K gegen V auf Schadensersatz aus (§ 275 IV i. V. m.) § 311 a II – es sei denn, V kannte das Leistungshindernis nicht und hat seine Unkenntnis auch nicht zu vertreten (§ 311 a II 2).

V haftet also nur, wenn er sich nicht vor Vertragsschluss über die eigene Leistungsfähigkeit informiert hat.

153

> **Prüfschema – Schadensersatzanspruch bei anfänglicher Unmöglichkeit gem. § 311 a II:**
>
> 1. Wirksamer Vertrag (§ 311 a I)
> 2. Ausschluss der Primärleistungspflicht des Schuldners nach § 275 I–III (§ 311 a I)
> 3. Leistungshindernis bestand bei Vertragsschluss (§ 311 a I)
> 4. Schuldner kennt das Leistungshindernis oder hat seine diesbezügliche Unkenntnis zu vertreten (§§ 311 a II 2, 276)
> 5. Schaden beim Gläubiger (durch das Leistungshindernis)
>
> **Rechtsfolge:** Schadensersatz statt der Leistung (soweit die Primärleistungspflicht nach § 275 I ausgeschlossen ist) **oder** Ersatz der Aufwendungen des Gläubigers in dem in § 284 bestimmten Umfang
> es sei denn: Interessewegfall bei Teilunmöglichkeit (§ 311 a II 3 i. V. m. § 281 I 2)

IV. Nachträgliche Unmöglichkeit der Leistung

154 Wie unter I. bereits erläutert, wird auch die nachträgliche Unmöglichkeit in § 275 geregelt und ebenso in diesem Fall der Schuldner von seiner Primärleistungspflicht frei.

Die Rechte des Gläubigers bestimmen sich gem. § 275 IV nach den §§ 280, 283 bis 285 und 326.

Während Anknüpfungspunkt der soeben aufgezeigten Haftung bei anfänglicher Unmöglichkeit nach § 311 a II die Verletzung einer **vor** dem Vertragsschluss bestehenden Informationspflicht ist, liegt der Haftung bei der nachträglichen Unmöglichkeit nach §§ 280 ff. die Verletzung von Pflichten zugrunde, die bezüglich des Leistungsgegenstandes – der **bei** Vertragsschluss noch vorhanden war – bestehen.

1. Nachträgliche objektive nicht zu vertretende Unmöglichkeit im einseitigen Schuldverhältnis

Beispiel:

Großvater G vermacht seinem Enkel E ein wertvolles Gemälde (Wert: 10 000 €). Nach dem Tod des G – aber vor Erfüllung des Vermächtnisanspruchs durch den Alleinerben A – wird dieses durch einen Kabelbrand völlig zerstört.

Der Anspruch des E gem. § 2174 auf Leistung des vermachten Gegenstands ist **155** nach § 275 I ausgeschlossen (Befreiung kraft Gesetzes).

Für einen Schadensersatzanspruch des E gegenüber A „statt der Leistung" müssen nach § 275 IV die Voraussetzungen der §§ 280 I, III, 283 S. 1 gegeben sein.[10]

Anspruchsgrundlage ist zunächst § 280 – der Grundtatbestand aller Schadensersatzansprüche in der Systematik des neuen Rechts.[11] Aufbautechnisch ist von § 280 I auszugehen. Erst wenn die dort genannte „Pflichtverletzung" vorliegt, können die „zusätzlichen" Voraussetzungen der § 280 II, III geprüft werden.

Bei der nachträglichen **Unmöglichkeit** handelt es sich um einen **Unterfall der** **156** **Pflichtverletzung**. § 280 I regelt jegliche Art der Verletzung von Pflichten aus einem Schuldverhältnis (§ 241) – in erster Linie die Verletzung von Verhaltenspflichten (§ 241 II). Pflichtverletzung ist jedes objektiv nicht dem Schuldverhältnis entsprechende Verhalten des Schuldners, also auch jedes Zurückbleiben der erbrachten Leistung hinter dem geschuldeten Soll des Vertrags oder sonstigen Schuldverhältnisses.[12] Die Pflichtverletzung im Falle der Unmöglichkeit besteht darin, dass die geschuldete Leistung nicht erbracht wird.

Schadensersatz statt der **gesamten** Leistung (= großer Schadensersatz) kann der Gläubiger unter den Voraussetzungen der §§ 280 I, III i. V. m. § 283 S. 2 verlangen.

Im Beispielsfall hat A zwar eine Pflichtverletzung (durch Nichterbringung der geschuldeten Leistung = Übergabe des Bildes) begangen, doch fehlt es am „Vertretenmüssen". Ein Schadensersatzanspruch des E kommt also nicht in Betracht.

---

10 Beispiel für diesen Anspruch in Fall 8, Aufgabe 2b (Rn. 381).
11 § 280 I greift unmittelbar und allein ein, wenn es um die Haftung auf „einfachen Schadensersatz" wegen der Verletzung einer Pflicht aus dem Schuldverhältnis geht.
12 Brox/Walker, Schuldrecht AT, § 21 Rn. 2.

2. Nachträgliche objektive zu vertretende Unmöglichkeit im einseitigen Schuldverhältnis

Beispiel:

In obigem Fall ist der Alleinerbe A mit einer Zigarette ins Bett gegangen, eingeschlafen und hat dadurch den Wohnungsbrand verursacht.

157 Da A in der Abwandlung fahrlässig i. S. d. § 276 II handelte, die Pflichtverletzung also zu vertreten hat (§ 280 I 2) und dem E durch die Pflichtverletzung ein adäquat kausaler Schaden entstanden ist, liegen die Voraussetzungen des § 280 I vor. Diese Anspruchsgrundlage greift unmittelbar und allein nur ein, wenn es um die Haftung auf *„einfachen Schadensersatz"* wegen der Verletzung einer Pflicht aus dem Schuldverhältnis geht.[13] Im Beispielsfall geht es allerdings um einen Ersatzanspruch für die unmöglich gewordene Leistung, also um den Ersatz des Wertes, den das Bild (= die Leistung) hatte (10 000 €). Es handelt sich also begrifflich um einen *„Schadensersatz statt der Leistung"*[14], also den Ersatz der unmöglich gewordenen Leistung.[15] § 280 III verweist für diesen Fall auf die zusätzlichen Voraussetzungen der §§ 281–283. Angesichts des Verweises in § 275 IV kommt § 283 S. 1 in Betracht.

Danach kann – wenn der Schuldner nach § 275 I–III nicht zu leisten braucht – Schadensersatz statt der Leistung unter den Voraussetzungen des § 280 I verlangt werden. Diese Voraussetzungen liegen in dem Beispielsfall vor, weshalb E einen Schadensersatzanspruch statt der Leistung in Höhe von 10 000 € gegen A aus (§ 275 IV i. V. m.) §§ 280 I, III, 283 S. 1 hat.

158

> **Beachte für die Falllösung:**
>
> § 275 IV muss nicht in den Obersatz der Prüfung genommen werden, da er nur klarstellende Funktion hat.
> Für den Fallaufbau bei Anspruchszielen über den „einfachen Schadensersatz" hinaus werden nach §§ 280 II, III über Weiterverweisungen zusätzliche Anforderungen aufgestellt, wobei **§ 280 I alleinige Anspruchsgrundlage** bleibt (die aber durch die „zusätzlichen" **Voraussetzungen modifiziert wird**).
>
> **Tipp:** Neben § 280 I werden in den Obersatz die zusätzlichen Anforderungen über § 280 II, III mit aufgenommen. Auf diese Weise verdeutlicht man, wohin die Prüfung geht …[16]

---

13 Vgl. zum Begriff Wörlen, Schuldrecht AT, Rn. 234 a.

14 Siehe hierzu den Exkurs unter Rn. 161 ff.

15 Deshalb wird der Grundtatbestand des § 280 I in den Fällen des Schadensersatzes wegen einer unmöglich gewordenen Leistung nie vorliegen, da dann immer nur ein Schadensersatz „statt der Leistung" verlangt wird, der über § 280 III anhand gesonderter Vorschriften zu prüfen ist; hierzu Dauner-Lieb/Dötsch, Fälle, Fall 6 und die Übersicht auf S. 97.

16 Man könnte auch nur § 280 I in den Obersatz aufnehmen und dann innerhalb dieser Prüfung über § 280 II, III anhand der §§ 281 ff., 286 differenzieren. Die Prüfung kann hier leicht unübersichtlich werden.

159

Prüfschema – Schadensersatz statt der Leistung bei (nachträglicher) Unmöglichkeit gem. §§ 280 I, III i. V. m. § 283:

1. Wirksames Schuldverhältnis, § 280 I 1
2. Pflichtverletzung des Schuldners, § 280 I 1
   geschuldete Leistung wird nicht erbracht (nachträgliche Unmöglichkeit)
3. Leistungsbefreiung für den Gläubiger nach § 275 I-III
4. Vertretenmüssen, §§ 280 I 2, 276 ff.
5. Schaden beim Gläubiger

Rechtsfolge: Schadensersatz statt der Leistung (Erfüllungs-interessse = „positives Interesse")
Umfang: §§ 249 ff.

Klausurtipp:
Erst den Anspruch auf die geschuldete Leistung prüfen (Anspruchsgrund-lage z. B. § 433 I 1), danach die Voraussetzungen des § 275 I.

Zum besseren Verständnis der aufgezeigten Systematik dient folgende

**Übersicht
über die Arten der Unmöglichkeit**

160

Anfänglich		Nachträglich	
Objektiv = Subjektiv: gleichgestellt in § 275 I		**Objektiv = Subjektiv:** gleichgestellt in § 275 I	
Es gelten für den Anspruch auf die ...		**Es gelten für den Anspruch auf die ...**	
Leistung	*Gegenleistung*	*Leistung*	*Gegenleistung*
§ 275 § 311a II § 284 § 285	§ 326	§ 275 §§ 280 I, III, 283 S. 1 § 284 § 285	§ 326

Exkurs: Schadensersatz statt der Leistung

161 Im Rahmen der Schuldrechtsmodernisierung wurde der Begriff „Schadensersatz statt der Leistung" neu in das BGB eingeführt. Er steht im Zentrum des neuen Schuldrechts und kann nur verlangt werden, wenn neben den Voraussetzungen des § 280 I auch die Voraussetzungen eines von drei Paragrafen (vgl. § 280 III) gegeben sind. Deren Formulierung – vor allem aufgrund der Verweisungstechnik – bereitet Studierenden einige Schwierigkeiten. Die folgende Übersicht soll diese beseitigen.

Schadensersatz statt der Leistung bei

162

Verzug + Schlechterfüllung	Unmöglichkeit	Nebenpflicht-verletzung
§ 280 I, III i.V.m. § 281	§ 280 I, III i.V.m. § 283	§ 280 I, III i.V.m. § 282
Bessere/verständlichere Formulierung:		
„Besteht die Pflichtverletzung darin, dass der Schuldner die fällige Leistung nicht oder nicht wie geschuldet erbringt, kann der Gläubiger SE statt L[17] nur verlangen, wenn er dem Schuldner erfolglos **eine angemessene Frist zur Leistung oder Nacherfüllung** bestimmt hat."	„Besteht die Pflichtverletzung darin, dass dem Schuldner die Leistung **nach** Begründung des Schuldverhältnisses unmöglich geworden ist, kann der Gläubiger SE statt L verlangen, **ohne eine Frist setzen zu müssen**."	„Besteht die Pflichtverletzung nach § 280 I in einer Verletzung von Pflichten nach § 241 II, so kann der Gläubiger SE statt L nur verlangen, wenn ihm die Leistung durch den Schuldner **nicht mehr zuzumuten** ist."
Prüfschemata		
Voraussetzungen des § 280 I	*Voraussetzungen des § 280 I*	*Voraussetzungen des § 280 I*
1. Schuldverhältnis **2. Pflichtverletzung** **3. Vertretenmüssen** + *zusätzliche Voraussetzungen des § 281 I 1*	**1. Schuldverhältnis** **2. Pflichtverletzung** **3. Vertretenmüssen** + *zusätzliche Voraussetzungen des § 283*	**1. Schuldverhältnis** **2. Pflichtverletzung** **3. Vertretenmüssen** + *zusätzliche Voraussetzungen des § 282*
4. Fällige Leistung wurde nicht erbracht 5. Erfolgloser Ablauf einer angemessenen Frist zur Leistung (es sei denn: § 281 II, 281 III) 6. Schaden Schadensumfang: §§ 249 ff.	**4. Pflichtverletzung beruht auf § 275** (falls „großer SE": §§ 283 S. 2, 281 S. 2, 3) **5. Schaden** Schadensumfang: §§ 249 ff.	**4. Pflichtverletzung nach § 241 II 5. Leistung durch den S[18] ist dem G[19] nicht mehr zumutbar (Abmahnung!)[20] 6. Schaden** Schadensumfang: §§ 249 ff.

17 = Schadensersatz statt der Leistung.
Fußnoten 18–20 siehe Seite 99.

Da dieser Schadensersatz **an die Stelle** der primär geschuldeten Leistung tritt, **163** heißt er auch „Schadensersatz **statt** der Leistung". Der Leistungsanspruch wird in einen Schadensersatzanspruch umgewandelt; es findet Erfüllungsersatz in dem Umfang statt, in dem die Erfüllung ausgeblieben ist (Ersatz des Erfüllungs-interesses, positives Interesse). Der Gläubiger ist so zu stellen, als sei die Leistung wie geschuldet erbracht worden. Da die Naturalherstellung entweder unmöglich ist (so bei § 283 S. 1) oder der Anspruch auf die Primärleistung mit Erhebung der Schadensersatzforderung untergeht (vgl. § 281 IV), besteht der Schadensersatz statt der Leistung in einer Geldzahlung (§§ 249 I, 251 I).

Beachte:

Vorstehend abgedruckte Prüfschemata sollen dazu dienen, die Gesetzessystematik zu verdeutlichen. In den Falllösungen können bzw. sollten die Voraussetzungen mit gleichem Inhalt zusammengefasst werden![21]

V. Besondere Regelungen für gegenseitige Verträge

Die aufgezeigten allgemeinen Regelungen gelten grundsätzlich für **alle** Schuld-verhältnisse – es sei denn, diese werden durch besondere Vorschriften verdrängt.

Für **gegenseitige Verträge** gibt es **Sonderregelungen** für den Rücktritt in den **164** §§ 323 I, 324 (325) und 326 V sowie das Schicksal der Gegenleistung in § 326 I – IV.

1. Befreiung von der Gegenleistung bei Ausschluss der Leistungspflicht

Wenn der Schuldner aufgrund von § 275 I – III von seiner Leistungspflicht befreit ist, stellt sich die Frage, ob der Gläubiger seine Gegenleistung noch erbringen muss oder nicht. Dies ist in § 275 IV i. V. m. § 326 geregelt.

Beispiel:

V verkauft seinen Pkw dem K. Übergabe und Übereignung sollen eine Woche später stattfinden. Durch einen Garagenbrand wird der Pkw vor der Übergabe zerstört.

§ 326 I 1, 1. HS enthält den Grundsatz: Wenn der Schuldner nach § 275 I – III **165** nicht zu leisten braucht, entfällt der Anspruch auf die Gegenleistung – dies ist be-dingt durch die enge Verknüpfung von Leistung und Gegenleistung – (= Synal-lagma[22]). Bezieht sich das Leistungshindernis nur auf einen Teil der geschuldeten Leistung, so wird der Gläubiger „teilweise" von der Gegenleistung befreit

---

18 S = Schuldner.
19 G = Gläubiger.
20 Unzumutbarkeit setzt in der Regel voraus, dass der Schuldner **abgemahnt** worden ist; nur bei be-sonders schwerwiegenden Verstößen kann entsprechend dem Rechtsgedanken des § 281 II, 2. Alt. darauf verzichtet werden.
21 Beispiele in Fall 2, Aufgabe 4 (Rn. 96), Fall 4, Aufgabe 3 (Rn. 180) und Fall 8, Aufgabe 2 b) (Rn. 381).
22 Griechisch = „Übereinkunft", gegenseitige Abhängigkeit der Vertragsleistungen.

(§ 326 I 1, 2. HS). Die Berechnungsformel des § 441 III gilt entsprechend. Diese Vorschrift gilt **nur für** Fälle der **Unmöglichkeit** – was sich aus der Formulierung in § 326 I 2 „gilt nicht ... im Fall der nicht vertragsgemäßen Leistung" ergibt.

Im vorgenannten Beispielsfall ist der Anspruch des K auf Übergabe des Wagens und Verschaffung des Eigentums nach § 433 I 1 gem. § 275 I ausgeschlossen. Der Anspruch des V auf die Kaufpreiszahlung nach § 433 II (= Gegenleistung) ist nach (§ 275 IV i. V. m.[23]) § 326 I 1, 1. HS kraft Gesetzes entfallen.

In Betracht käme möglicherweise ein Anspruch auf Schadensersatz statt der Leistung gem. (§ 275 IV i. V. m.) §§ 280 I, III, 283 S. 1. Diese Vorschriften sind auf einseitige und gegenseitige Leistungspflichten anwendbar. Da ein Vertretenmüssen seitens V nicht gegeben ist, scheitert der Anspruch allerdings.

2. Anspruch auf die Gegenleistung bei Ausschluss der Leistungspflicht

a) Verantwortlichkeit des Schuldners

Beispiel:

V verkauft seinen Pkw dem K für 15 000 €. Übergabe und Übereignung sollen eine Woche später stattfinden. Durch einen Garagenbrand, den V fahrlässig durch Hantieren mit Benzin verursacht hat, wird der Pkw vor der Übergabe zerstört. K hätte den Wagen für 25 000 € weiterverkaufen können, obwohl dieser nur 20 000 € wert war.

166 Hinsichtlich des Übereignungsanspruchs und des Kaufpreiszahlungsanspruchs gilt das oben unter 1. Gesagte. § 326 I erfasst – aufgrund des Verweises auf § 275 (der vom Vertretenmüssen unabhängig ist) – auch die vom Schuldner zu vertretende Unmöglichkeit.[24]

Es kommt wegen der Unmöglichkeit ein Anspruch auf Schadensersatz statt der Leistung gem. (§ 275 IV i. V. m.) §§ 280 I, III, 283 S. 1 in Betracht.

167 Die Voraussetzungen des § 280 I liegen vor. Da die von K begehrten 10 000 € kein „einfacher" Schadensersatz, sondern ein solcher „statt der Leistung"[25] sind, müssen nach § 280 III die zusätzlichen Voraussetzungen der §§ 281–283 vorliegen. In den Fällen des § 275 ist nur auf § 283 S. 1 abzustellen (als lex specialis zu § 281 I 1). Dessen Voraussetzungen liegen vor, und K kann gem. §§ 280 I, III, 283 S. 1 die 10 000 € als Schadensersatz statt der Leistung verlangen.

---

23 Diese Vorschrift muss nicht mitzitiert werden.
24 Siehe hierzu Schapp, Empfiehlt sich die „Pflichtverletzung" als Generaltatbestand des Leistungsstörungsrechts?, JZ 2001, 583, 588.
25 Aus dem Gesetz ergibt sich nicht, was mit diesem Begriff genau gemeint ist. Bei wörtlicher Auslegung könnte man nur den bloßen Leistungswert („statt der Leistung") darunter fassen – also nur der Anspruch in Höhe des Differenzbetrags zwischen Kaufpreis und wahrem Wert (= 5 000 €). Der entgangene Gewinn in Höhe von 5 000 € würde sich als „einfacher Schadensersatz" aus § 280 I ergeben. Der Gesetzgeber wollte mit dem Begriff „Schadensersatz statt der Leistung" lediglich den – bisherigen – „Schadensersatz wegen Nichterfüllung" ersetzen.

b) Verantwortlichkeit des Gläubigers

Beispiel:

V verkauft seinen Pkw dem K. Übergabe und Übereignung sollen eine Woche später stattfinden. K zündet sich nach Abschluss des Kaufvertrags in der Garage des V eine Zigarette an – wegen dort gelagerten Benzins gibt es einen Garagenbrand. Der Pkw wird völlig zerstört.

Der Anspruch des K gegen V aus § 433 I 1 ist wegen nachträglicher, objektiver Unmöglichkeit gem. § 275 I ausgeschlossen. Der Anspruch des V gegen K auf Zahlung des Kaufpreises gem. § 433 II könnte gem. (§ 275 IV i. V. m.) § 326 I 1 aufgrund der Unmöglichkeit untergegangen sein.

Gem. § 326 II 1, 1. Alt. wäre der Anspruch des V nicht entfallen, wenn K als **168** Gläubiger für den Umstand, aufgrund dessen V als Schuldner gem. § 275 nicht zu leisten braucht, „allein oder weit überwiegend verantwortlich" war. Der Begriff „verantwortlich" wird nicht näher erläutert; er kann als „Vertretenmüssen" des Gläubigers verstanden werden.[26] Da §§ 276, 278 nur regeln, was der Schuldner zu vertreten hat, kann man diese Normen entsprechend auch für den Gläubiger heranziehen.[27]

K hat den Untergang der Pkw zu „verantworten", da er fahrlässig i. S. d. § 276 II handelte. V hat deshalb einen Anspruch auf Zahlung des Kaufpreises gem. § 433 II i. V. m. § 326 II 1, 1. Alt.

c) Annahmeverzug des Gläubigers

Beispiel:

V will den verkauften Pkw dem K vereinbarungsgemäß am Samstagnachmittag nach Hause liefern. K hat allerdings den Liefertermin vergessen und ist kurzfristig in die Berge gefahren. V fährt den Wagen wieder zurück, beachtet – leicht fahrlässig – entsprechende Hinweisschilder nicht und gerät auf eine Ölspur. Es ereignet sich ein Unfall, bei dem der Pkw einen Totalschaden erleidet.

Der Anspruch des V auf Zahlung des Kaufpreises gem. § 433 II ist grundsätzlich **169** nach (§ 275 IV i. V. m.) § 326 I 1 entfallen, da V nach § 275 I nicht mehr zu leisten braucht. Nach § 326 II 1, 2. Alt. behält der Schuldner allerdings den Anspruch auf die Gegenleistung (= § 433 II), wenn der Umstand, aufgrund dessen der Schuldner nach § 275 von der Leistung befreit ist, vom Schuldner nicht zu vertreten ist und zu einer Zeit eintritt, zu welcher sich der Gläubiger im Annahmeverzug befindet.[28]

Hier handelte V fahrlässig i. S. d. § 276 II, sodass er den Umstand zu vertreten hätte. Etwas anderes ergibt sich allerdings aus § 300 I: Danach hat der Schuldner während des Verzugs des Gläubigers nur Vorsatz und grobe Fahrlässigkeit zu vertreten. K befand sich in Annahmeverzug nach §§ 293 ff., sodass V den Umstand, aufgrund dessen er als Schuldner nicht zu leisten braucht (§ 275), nicht zu ver-

---

26 Vgl. BT-Drucksache 14/6040 S. 187 f., 189.
27 Brox/Walker, Schuldrecht AT, § 22 Rn. 38; Fikentscher/Heinemann, Rn. 451.
28 Beispiel hierfür auch in Fall 3, Aufgabe 2.

treten hat. Da dieser „Umstand" auch während des Gläubigerverzugs eingetreten ist, liegen die Voraussetzungen des § 326 II 1, 2. Alt. vor, und V behält den Anspruch auf die Gegenleistung. Er kann also von K Kaufpreiszahlung nach § 433 II verlangen.

3. Rücktritt

170 Der Gläubiger kann gem. § 326 V zurücktreten, wenn der Schuldner nach § 275 I–III nicht zu leisten braucht. § 323 findet entsprechende Anwendung mit der Maßgabe, dass die Fristsetzung entbehrlich ist. Da im Falle der Unmöglichkeit feststeht, dass eine Nacherfüllung keinen Erfolg haben kann, ist eine Fristsetzung überflüssig. Für die Rückabwicklung gelten die §§ 346 ff.

171

Merke:
Beim gegenseitigen Vertrag sind die Begriffe „**Leistung**" und „**Gegenleistung**" relevant, die von der „gestörten Leistung" aus zu bestimmen sind.

Beispiel:
Anspruch des Käufers auf Lieferung/Übereignung der Kaufsache gem. § 433 I 1. Gläubiger im Leistungsstörungsrecht ist der Gläubiger der „gestörten Leistung"; im vorgenannten Beispiel also der Käufer. Die Gegenleistung ist nicht „gestört" – im Beispiel: Kaufpreiszahlungsanspruch des Verkäufers (= Kaufpreiszahlungspflicht des Käufers) gem. § 433 II. Deren Schicksal ist in § 326 geregelt.

Der Grundsatz des § 326 I 1 enthält auch eine **Gefahrtragungsregel**. Ist der Schuldner von seiner Leistungspflicht nach § 275 befreit, erhält er auch keine Gegenleistung.

Kurz gesagt: ohne Leistung keine Gegenleistung.

Der Schuldner trägt folglich die Gegenleistungs(Preis)gefahr.

Wesentliche Ausnahmen von § 326 I 1 sind:
§ 326 II 1, 1. Alt. (Verantwortlichkeit des Gläubigers), § 326 II 1, 2. Alt. (Annahmeverzug), § 446 S. 1 (Übergabe der Kaufsache vor Übereignung), § 447 I (Versendungskauf), § 644 I (Abnahme des Werke), § 644 II (Versendung des Werkes), § 645 (Verantwortlichkeit des Werkbestellers).

VI. Besonderheiten beim Beschaffungsrisiko

Nach § 275 II 1 hat der Schuldner das Recht, die Leistung zu verweigern, soweit **172** sie einen Aufwand erfordert, der in einem groben Missverhältnis zum Leistungsinteresse des Gläubigers steht. Dadurch wird die sog. praktische oder faktische Unmöglichkeit erfasst, im Rahmen derer die Behebung des Leistungshindernisses zwar theoretisch möglich wäre, aber von keinem vernünftigen Gläubiger erwartet werden kann[29] (der geschuldete Gegenstand versinkt auf dem Meeresgrund). Besonders scharfe Maßstäbe sind allerdings gem. § 275 II 2 anzulegen, wenn der Schuldner nach dem Inhalt des Schuldverhältnisses eine **Beschaffungspflicht** übernommen hat. Danach ist auch zu berücksichtigen, ob der Schuldner das Leistungshindernis zu vertreten hat. Das Vertretenmüssen regelt § 276 I 1: Der Schuldner hat Vorsatz und Fahrlässigkeit zu vertreten, „wenn eine strengere … Haftung … weder bestimmt noch aus dem sonstigen Inhalt des Schuldverhältnisses, insbesondere aus der Übernahme eines Beschaffungsrisikos zu entnehmen ist." Da die **Gattungsschuld** eine **Beschaffungsschuld** ist, kommt hier eine Befreiung gem. § 275 II von vornherein nicht in Betracht, soweit es um die Überwindung typischer Beschaffungshindernisse geht.[30]

Beispiel:

K kauft im Sommer beim Bauern V zwei Zentner Kartoffeln „Dicke Berta" zum Einkellern. Die Lieferung soll im Herbst nach der Ernte erfolgen. Infolge eines Rohrbruchs steht der Kartoffelkeller des V tagelang unter Wasser – und die ganze Ernte ist „ungenießbar".

In diesem Fall muss V für das Beschaffungsrisiko gem. §§ 275 II 2, 276 I 1 einstehen. Das heißt, er muss sich auf dem Markt die „Dicke Berta" besorgen und dem K zum vereinbarten Kaufpreis liefern.

Etwas anderers gilt bei der sog. **Vorratsschuld:** **173**

Beispiel:

K will die Kartoffeln nur von einem bestimmten Acker des V haben. Denn V betreibt auf diesem Stück biologischen Landbau, auf den K besonderen Wert legt.

Wenn der gesamte Vorrat untergegangen ist, ist der Anspruch des K auf Leistung gem. § 275 I ausgeschlossen.

Die **Geldschuld** ist in den §§ 275, 276 nicht ausdrücklich geregelt. Dass der **174** Schuldner sich auf finanzielles Unvermögen nicht berufen kann, folgt aus allgemeinen Grundsätzen sowie der Existenz der Insolvenzordnung, die ansonsten überflüssig wäre.[31] Derjenige, der eine Leistung verspricht, übernimmt regelmäßig das Risiko dafür, dass er sich die zur Erfüllung erforderlichen finanziellen Mittel beschaffen kann.

---

29 Vgl. PALANDT/HEINRICHS, § 275 Rn. 22.
30 Ausführlich: DAUNER-LIEB u. a./DAUNER-LIEB, S. 103.
31 BGH NJW 1998, 1278.

Exkurs: Konkretisierung gem. § 243 II

175 *Gem. § 243 II wird eine Gattungsschuld zur Stückschuld, wenn der Schuldner das zur Leistung einer solchen Sache seinerseits Erforderliche getan hat. Dabei kommt es darauf an, ob es sich um eine **Hol-, Bring- oder Schickschuld** handelt.*

*Sofern **vertraglich nichts anderes vereinbart** wurde, ist gem. § 269 I der Leistungsort grundsätzlich beim Schuldner; es handelt sich also um eine **Holschuld**.*

*Bei der **Holschuld** hat der Schuldner das seinerseits Erforderliche getan, wenn er z. B. die verkaufte Sache aussondert, bereitstellt und dem Gläubiger anbietet bzw. ihn benachrichtigt, dass er die Sache abholen kann.*

*Falls vereinbart wurde, dass der Schuldner die Sache zum Gläubiger zu bringen hat **(Bringschuld)**, dann muss der Schuldner die Sache aussondern und dem Gläubiger an dessen Wohnort (bzw. Wohnung) tatsächlich anbieten, sofern nicht für die Annahme der Leistung durch den Gläubiger eine Zeit nach dem Kalender bestimmt war (vgl. § 296 S. 1).*

*Wenn sich der Schuldner verpflichtet hat, die Ware dem Gläubiger zuzusenden **(Schickschuld,** Versendungskauf, vgl. § 447), dann muss der Schuldner die verkaufte Sache aussondern und an den Gläubiger absenden, d. h. ordnungsgemäß verpackt z. B. zur Post oder einem Spediteur geben. Dann hat der Schuldner das seinerseits Erforderliche getan, und die Gattungsschuld wandelt sich in eine Stückschuld um.*

176 Bei Stückschulden haftet der Schuldner grundsätzlich nur bei Verschulden (Ausnahme: § 287 S. 2), wenn die Leistung unmöglich wird. In Rechtsprechung und Lehre wurde die Rechtsfigur vom Gefahrübergang entwickelt.[32] Mit der Konkretisierung geht die Gefahr des zufälligen Untergangs der Sache auf den Gläubiger über, d. h. der Gläubiger muss seine Gegenleistung erbringen, ohne die Leistung des Schuldners zu erhalten.

Der Schuldner wird gem. § 275 I von seiner (Primär-)Leistungspflicht frei, der Gläubiger braucht gem. § 326 I 1, 1. HS nicht die Gegenleistung zu erbringen, sofern nicht aufgrund einer Sondervorschrift die Gefahr auf ihn übergegangen ist (vgl. §§ 446, 447).

---

32 Ausführlich hierzu FIKENTSCHER/HEINEMANN, § 70.

Fall 4: Die kranken Rebstöcke

Schwerpunkte:
Mängel der Kaufsache – Verhältnis der Gewährleistungsvorschriften zur Anfechtung – Schadensersatz neben und Schadensersatz statt der Leistung (Mangelschaden, Mangelfolgeschaden) – Rücktrittsrecht des Käufers – Anspruchskonkurrenz

Die im Rheingau gelegene Stadt K unterhält ein Hofgut, zu dem auch ein Weinberg gehört. Der städtische Angestellte A wird beauftragt, beim Rebenzüchter V 100 Rebstöcke der Sorte Riesling zur Auffrischung des Weinbergs zu kaufen. Nachdem er die Pflanzen besichtigt hat, schließt A im Namen der K mit V das Geschäft ab. Allerdings war es der Aufmerksamkeit des V entgangen, dass die Pflanzen an einer Blattseuche erkrankt waren. Da sich die Krankheit noch in einem sehr frühen Stadium befand, war sie für A nicht erkennbar. Nach dem Anbau gehen sowohl die 100 neuen Rebstöcke, als auch – durch Ansteckung – nach und nach die bereits vorhandenen 200 Rebstöcke auf dem Weinberg ein. **177**

Da V trotz angemessener Fristsetzung seitens der Stadt K innerhalb der Frist keine neuen Weinstöcke geliefert hat, will K nicht mehr an dem Vertrag festhalten und verlangt nun von V den bereits gezahlten Kaufpreis in Höhe von 1 500 € zurück.

Aufgabe 1: Kann K von V Rückzahlung des Kaufpreises verlangen?

Aufgabe 2: Welche Ansprüche kann K gegenüber V wegen des Verlustes der 200 bereits vorhandenen Rebstöcke geltend machen?

A hatte – ebenfalls im Auftrag der Stadt K – beim Landmaschinenhändler L einen Traktor (preisreduziertes Ausstellungsstück von der Landmaschinenmesse) für die Arbeiten im Weinberg gekauft. Bereits am ersten Einsatztag „streikt" dieser aufgrund eines Getriebeschadens. Nach zwei erfolglosen Reparaturversuchen durch L lässt A den Traktor beim Landschmaschinenhändler H reparieren, der den Defekt behebt und K hierfür 200 € in Rechnung stellt.

Aufgabe 3: Kann K von L Erstattung der Reparaturkosten verlangen?

Drei Tage nach Lieferung der Rebstöcke hatte A im Auftrag der K auf dem Postweg zehn Säcke eines hochwertigen Spezialdüngers für die neuen Rebstöcke bei der Fachfirma F bestellt. Als sich einen Tag nach der Bestellung die ersten Krankheitssymptome an den Pflanzen zeigten, sandte A sofort ein Schreiben an die Firma F, in dem er erklärte, der Dünger werde nun nicht mehr benötigt.

Der Dünger wurde von der Firma F aber am Tag des Bestellungseingangs (also vor Eingang des Schreibens des A) bereits an die K ausgeliefert. K weigert sich mit Hinweis auf das Schreiben des A, den Dünger abzunehmen und zu bezahlen.

Aufgabe 4: Hat F gegen K Anspruch auf Zahlung des Kaufpreises für den Spezialdünger?

Fall 4: Prüfschema/Lösungsskizze

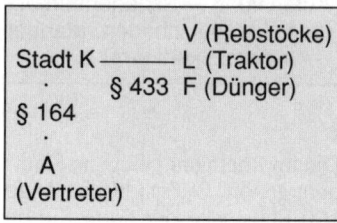

```
                          V (Rebstöcke)
            Stadt K ———— L (Traktor)
              ·        § 433  F (Dünger)
            § 164
              ·
              A
            (Vertreter)
```

178 Aufgabe 1:

I. K ⟶ V Rückzahlung des Kaufpreises gem. § 346 I i.V.m. §§ 437 Nr. 2, 1. Alt., 434 I 2 Nr. 1 und § 323 I
1. vertragliches oder gesetzliches Rücktrittsrecht; hier: § 437 Nr. 2, 1. Alt. (+)
2. wirksamer Kaufvertrag über eine Sache (+)
   § 164 I 1 a) eigene WE des A
             b) im Namen der K
             c) innerhalb der Vertretungsmacht, § 166 II 1
3. Lieferung einer mangelhaften Sache durch Verkäufer (= Pflichtverletzung) (+)
   Mangel i.S.d. §§ 434 I 2 Nr. 1 oder Nr. 2 bei Gefahrübergang, § 446
4. Angemessene Frist zur Nacherfüllung (§ 323 I) ist abgelaufen (+)
5. Erheblichkeit der Pflichtverletzung, § 323 V 2 (+)
6. Erklärung des Rücktritts gem. § 349 (+)

Ergebnis: K ⟶ V Rückzahlung des Kaufpreises gem. § 346 I i.V.m. §§ 437 Nr. 2, 1. Alt., 434 I 2 Nr. 1 und § 323 I (+)

II. K ⟶ V Herausgabe der 1 500 € gem. § 812 I 1, 1. Alt.
1. V muss etwas erlangt haben (+)
   Besitz und Eigentum am Geld
2. durch Leistung der K (+)
3. ohne Rechtsgrund?
   Kaufvertrag gem. § 142 I aufgrund Anfechtung nichtig?
   § 119 II Eigenschaftsirrtum (+), aber: kaufrechtliche Gewährleistungsvorschriften sind vorrangig

Ergebnis: K ⟶ V Rückzahlung des Kaufpreises gem. § 812 I 1, 1. Alt. (–)

179 Aufgabe 2:

I. K ⟶ V Schadensersatz (Verlust der 200 Rebstöcke) gem. § 437 Nr. 3, 1. Alt., § 280 I
1. KV (+)

2. Lieferung einer mangelhaften Sache durch Verkäufer (= Pflichtverletzung) (+)
3. Vertretenmüssen, §§ 280 I 2, 276 (+)
4. Schaden beim Gläubiger als Folge der Pflichtverletzung (+)
   Mangelfolgeschaden

Ergebnis: K ———→ V Schadensersatz (Verlust der 200 Rebstöcke) gem.
   §§ 437 Nr. 3, 1. Alt., 280 I (+)

Umfang des Schadensersatzanspruchs: §§ 249 ff., 251 I

II. K ———→ V Schadensersatz (Verlust der 200 Rebstöcke) gem. § 823 I
1. Tatbestandsmäßigkeit der Unterlassung des V (+)
   a) Verletzung eines der in § 823 I genannten Rechtsgüter; hier: Eigentum
   b) Ursächlichkeit der Unterlassung für die Rechtsgutverletzung
2. Rechtswidrigkeit (+)
3. Verschulden – Fahrlässigkeit, § 276 II (+)
4. Schaden (+)

Ergebnis: Anspruch K ———→ V Schadensersatz gem. § 823 I (+)

Umfang des Schadensersatzanspruchs: §§ 249 ff., 251 I

Aufgabe 3: 180

K ———→ L Schadensersatz statt der Leistung (Reparaturkosten) gem. §§ 437 Nr. 3, 1. Alt., 280 I, III, 281 I, 440
1. Wirksamer Kaufvertrag über eine Sache (+)
2. Pflichtverletzung des Käufers: Verstoß gegen § 433 I 2 (+)
   Sachmangel bei Gefahrübergang (§ 434)
3. Vertretenmüssen, §§ 280 I 2 i.V.m. § 276 (+)
4. Fristsetzung (§ 281 I) ist entbehrlich – § 440 S. 2 (+)
5. Schaden beim Käufer (+)

Ergebnis: K ———→ L Schadensersatz statt der Leistung (Reparaturkosten) gem.
   §§ 437 Nr. 3, 1. Alt., 280 I, III, 281 I, 440 (+)

Umfang des Schadensersatzanspruchs: §§ 249 ff., 251 I

Aufgabe 4: 181

F ———→ K Kaufpreiszahlung gem. § 433 II

KV – § 164
1. Angebot durch K (+)
   § 164 I 1 a) eigene WE des A
              b) im Namen der K
              c) innerhalb der Vertretungsmacht, § 166 II 1
   § 130 I 2
2. Annahme durch F (+)

§ 142 I? (–) unbeachtlicher Motivirrtum

Ergebnis: F ———→ K Kaufpreiszahlung gem. § 433 II (+)

Fall 4: Ausarbeitung (Gutachten)

Aufgabe 1:

182 **I. K könnte gegen V einen vertraglichen Anspruch auf Rückzahlung des Kaufpreises gem. § 346 I i.V.m. §§ 437 Nr. 2, 1. Alt., 434 I 2 Nr. 1 und § 323 I haben.**

1. *Voraussetzung ist zunächst, dass die Stadt K ein vertragliches oder gesetzliches Rücktrittsrecht hat.* Es kommt das gesetzliche Rücktrittsrecht aus § 437 Nr. 2, 1. Alt. in Betracht.

2. *Zwischen K und V muss ein gültiger Kaufvertrag i.S.d. § 433 bestehen. Ein Kaufvertrag kommt durch zwei übereinstimmende Willenserklärungen (Angebot und Annahme, §§ 145 ff.) zustande.* Die für die Einigung erforderlichen Willenserklärungen wurden hier nicht direkt zwischen K und V abgegeben, sondern zwischen A und V. Die Willenserklärung des A könnte gem. § 164 I 1 jedoch Wirkung für und gegen K entfalten, falls A Stellvertreter der Stadt K war.

a) *A muss eine eigene Willenserklärung abgegeben haben.* A besichtigt die Rebstöcke bei V, er hat einen Entscheidungsspielraum und schließt mit diesem das Geschäft ab. Also hat er eine eigene Willenserklärung (Angebot) abgegeben.

b) *Er muss sie im Namen der K abgegeben haben.* Indem A ausdrücklich im Namen der Stadt K handelte, war für V ersichtlich, dass K als Vertreter auftrat.

c) *Außerdem muss A innerhalb der ihm zustehenden Vertretungsmacht gehandelt haben. Dies richtet sich nach dem Inhalt der erteilten Vollmacht (§§ 167 I, 166 II 1).* K hat A damit beauftragt, 100 Rebstöcke zu kaufen. Indem A sich an diese Vorgaben hielt, hat er innerhalb seiner Vertretungsmacht gehandelt.

Somit sind die Voraussetzungen des § 164 I 1 erfüllt, so dass die Willenserklärung des A unmittelbar für und gegen K wirkt. V muss das Angebot angenommen haben. Indem er mit A „das Geschäft geschlossen hat", ist diese Voraussetzung gegeben. Es ist also ein wirksamer Kaufvertrag zwischen der Stadt K, vertreten durch A, und V zustande gekommen.

183 3. *Eine weitere Voraussetzung für das Rücktrittsrecht nach § 437 Nr. 2, 1. Alt. ist, dass die Sache mangelhaft war.* Bei den kranken Rebstöcken könnte es sich um einen Sachmangel i.S.v. § 434 handeln. *Nach § 434 I 1 liegt ein Sachmangel vor, wenn die Sache bei Gefahrübergang (§ 446) nicht die vereinbarte Beschaffenheit hat. Soweit – wie hier – die Beschaffenheit nicht vereinbart wurde, liegt ein Sachmangel vor, wenn sich die Sache nicht für die vertraglich vorausgesetzte Verwendung eignet (§ 434 I 2 Nr. 1).* Die Rebstöcke eignen sich aufgrund des bereits bei der Lieferung vorhandenen Blattseuchenbefalls nicht für den Weinanbau. Die Sache ist also bereits bei Übergabe mangelhaft gewesen.

Klausurtipp:
Oft ist es problematisch, ob eine ausdrückliche oder konkludente Beschaffenheitsvereinbarung (§ 434 I 1) vorliegt oder nicht. Es sollte immer das abgestufte System der Prüfung eines Sachmangels i. S. d. § 434 angewandt werden:

§ 434 I 1 ⟶ § 434 I 2 Nr. 1 ⟶ § 434 I 2 Nr. 2

Wenn – wie im vorliegenden Fall – keine Beschaffenheit vertraglich vereinbart wurde, muss man sich zwischen § 434 I 2 Nr. 1 (nach dem Vertrag vorausgesetzte Verwendung) und § 434 I 2 Nr. 2 (gewöhnliche Verwendung) „entscheiden". In den meisten Fällen liegt ein Sachmangel nach letztgenannter Variante vor.

4. *Außerdem muss K dem V gem. § 323 I eine angemessene Frist zur Nacherfüllung gesetzt haben.* K hat eine angemessene Frist gesetzt. *Die Frist muss erfolglos abgelaufen sein.* Indem V der Forderung der K zur Nacherfüllung nicht nachgekommen ist, ist diese Voraussetzung ebenfalls gegeben.[1]

5. *Voraussetzung für dieses Gestaltungsrecht ist außerdem, dass die Pflichtverletzung des V erheblich ist (§ 323 V 2).* Wenn „verseuchte" Rebstöcke geliefert werden ist die Erheblichkeit der Pflichtverletzung gegeben.

6. *K muss den Rücktritt gem. § 349 erklärt haben.* Durch die Äußerung der K gegenüber V, sie wolle den Kaufpreis zurück, hat K dem V den Rücktritt erklärt.

Somit hat K gegen V einen Anspruch auf Rückzahlung des Kaufpreises gem. § 346 I i.V.m. §§ 437 Nr. 2, 1. Alt., 434 I 2 Nr. 1 und § 323 I.

II. K könnte V Herausgabe der 1 500 € gem. § 812 I 1, 1. Alt. verlangen.

1. *Voraussetzung hierfür ist zunächst, dass V etwas erlangt hat. Unter „Etwas" ist jeder Vermögensvorteil zu verstehen.* V hat Besitz und Eigentum am Geld (Kaufpreis in Höhe von 1 500 €) erhalten.

2. *Dies muss durch die Leistung der Stadt K geschehen sein. Eine Leistung ist jede bewusste und zweckgerichtete Vermehrung fremden Vermögens.* Indem die Stadt K dem V das Eigentum an dem Geldbetrag übertragen hat, wollte sie ihre Verpflichtung aus dem Kaufvertrag erfüllen und hat folglich „geleistet".

3. *Schließlich muss diese Leistung ohne Rechtsgrund erfolgt sein.* Der zwischen **184** K und V geschlossene Kaufvertrag über 100 Rebstöcke könnte, wenn K diesen anficht, gem. § 142 I nichtig sein. Dann muss der Stadt K ein Anfechtungsgrund zustehen. In Betracht kommt ein *Eigenschaftsirrtum nach § 119 II.* Dem Erklärenden muss bei der Willensbildung ein Irrtum über verkehrswesentliche Eigenschaften, worunter alle wertbildenden Faktoren zu verstehen sind, unterlaufen sein. Die Blattseuche an Rebstöcken stellt einen solchen Irrtum dar. Fraglich ist allerdings, ob § 119 II überhaupt anwendbar ist. Die kaufrechtlichen Gewähr-

---

1 Es besteht kein Ausschluss gem. § 323 VI und kein Haftungsausschluss durch Vertrag oder Gesetz. Dies muss nicht zwingend erörtert werden (keine Anhaltspunkte im Sachverhalt).

leistungsvorschriften der §§ 434 ff. schließen bei Vorliegen eines Sachmangels eine Anfechtung des Käufers wegen Irrtums über Eigenschaften der Kaufsache aus. Denn dadurch würde die zweijährige Verjährungsfrist des § 438 I Nr. 3 unterlaufen. Andererseits könnte der Käufer auch anfechten, wenn sein Irrtum auf grober Fahrlässigkeit beruhen würde. Damit könnte er § 442 I 2 umgehen.[2]

Folglich steht der Stadt K der Anfechtungsgrund des § 119 II nicht zu. Weitere Anfechtungsgründe sind nicht ersichtlich. Der Kaufvertrag kann somit nicht angefochten werden. Die Zahlung erfolgte nach alledem mit Rechtsgrund.

K hat deshalb keinen Anspruch gegenüber V auf Herausgabe der 1 500 € gem. § 812 I 1, 1. Alt.

Aufgabe 2:

185

> **Klausurtipp:**
> Bei der Prüfung von vertraglichen Schadensersatzansprüchen aufgrund eines Sachmangels sollte zunächst darauf geachtet werden, welcher Schaden eingetreten ist. Denn danach richtet sich die Anspruchsgrundlage[3]. Wenn es – wie bei Aufgabe 2 – um den Ersatz eines Mangelfolgeschadens geht, so ist § 437 Nr. 3, 1. Alt. i. V. m. § 280 I relevant. Will der Gläubiger Schadensersatz statt der Leistung, so müssen die in § 280 III genannten zusätzlichen Voraussetzungen geprüft werden (siehe Aufgabe 3).

I. K könnte einen Schadensersatzanspruch gegen V wegen der 200 anderen (bereits vorhandenen) Rebstöcke gem. § 437 Nr. 3, 1. Alt., § 280 I geltend machen.

1. *Voraussetzung hierfür ist ein wirksamer Kaufvertrag.* Die Stadt K und V haben – wie in Aufgabe 1 geprüft – einen Kaufvertrag über 100 Rebstöcke der Sorte Riesling geschlossen.

2. *Weitere Voraussetzung ist, dass V eine mangelhafte Sache übergeben hat.* Wie oben bereits erläutert, liegt ein Sachmangel i.S.d. § 434 I 2 Nr. 1 bei Gefahrübergang vor. Damit hat V auch gegen seine Pflicht aus § 433 I 2 verstoßen und eine Pflichtverletzung i.S.d. § 280 I 1 begangen.

3. *Gem. § 280 I 2 i.V.m. § 276 muss V diese Pflichtverletzung zu vertreten haben. Nach § 276 I 1 hat der Schuldner (hier: V) Vorsatz und Fahrlässigkeit zu vertreten, sofern nicht ein anderer Haftungsmaßstab relevant ist. Fahrlässig handelt, wer die im Verkehr erforderliche Sorgfalt außer Acht lässt (vgl. § 276 II).* Indem V die Rebstöcke nicht sorgfältig genug vor der Übergabe untersucht hat, hat er fahrlässig gehandelt.[4]

---

2 Auch das Anfechtungsrecht des Verkäufers ist ausgeschlossen, denn dieser könnte sich sonst der Mängelhaftung entziehen. Siehe hierzu PALANDT/HEINRICHS, § 119 Rn. 28 m. w. N.

3 Siehe hierzu Vertiefung: Kaufrecht Rn. 277 ff.

4 Andere Argumentation: Ein Verschulden des Schuldners wird grundsätzlich vermutet, es sei denn, er trägt Tatsachen vor, die ihn entlasten. V führt keine Tatsache an, die sein Verschulden ausschließen.

4. *Durch die Pflichtverletzung muss der K ein Schaden[5] entstanden sein.* Die **186**
kranken Pflanzen haben die anderen 200 Rebstöcke der Stadt K angesteckt. K ist
somit ein Schaden entstanden.

Folglich kann K von V Schadensersatz für die 200 „eingegangenen" Rebstöcke
verlangen.

Der Umfang des zu ersetzenden Schadens ergibt sich aus §§ 249 ff. V hat also
den Zustand herzustellen, der bestehen würde, wenn der zum Ersatz verpflichtende Umstand nicht eingetreten wäre. V hätte K demnach die 200 vormals ge-
sunden Rebstöcke zu ersetzen. Da deren „Wiederherstellung" aber nicht möglich ist, muss V gem. § 251 I 1 den K in Geld (= Wert dieser Rebstöcke) entschädigen.

II. K könnte gegenüber V außerdem einen Schadensersatzanspruch gem. § 823 I geltend machen.[6]

1. *Voraussetzung hierfür ist zunächst, dass V durch eine Handlung oder pflicht-* **187**
widrige Unterlassung eines der in § 823 I genannten Rechtsgüter der K kausal
verletzt hat. K hat die Rebstöcke vor der Übergabe an den Käufer nicht sorgfältig
genug untersucht – was seine Pflicht gewesen wäre – und deshalb die Blattseuche nicht erkannt. Durch die Übertragung der Seuche von den erkrankten Pflanzen auf die bereits vorhandenen 200 Rebstöcke der K, die eingehen, hat V das
Eigentum der K ursächlich verletzt.

2. *Diese Unterlassung muss rechtswidrig sein.* Ein Rechtfertigungsgrund des V
liegt nicht vor. Folglich hat V rechtswidrig gehandelt.

3. *Ferner muss V schuldhaft gehandelt haben. Zu vertreten hat der Schuldner*
gem. § 823 I Vorsatz und Fahrlässigkeit. Fahrlässig handelt, wer die im Verkehr
erforderliche Sorgfalt außer Acht lässt (§ 276 II). Wie bereits unter I. erläutert, hat
V fahrlässig gehandelt.

4. *Erforderlich ist weiterhin ein – adäquat kausal durch die Rechtsgutsverlet-*
zung eingetretener – Schaden. Aufgrund der unterlassenen Untersuchung gingen
200 Rebstöcke ein. Die Rechtsgutverletzung des V war ursächlich für den Schaden der K.

Somit hat K dem V gem. § 823 I den entstandenen Schaden zu ersetzen.

Wegen des Schadensumfangs wird auf die Ausführungen unter I. verwiesen.

---

5 Hier: **Mangelfolgeschaden** (= **Schaden**, der infolge des Mangels der Kaufsache an **anderen Rechtsgüter des Käufers,** wie z. B. Körper, Gesundheit, entsteht). **Merke: Mangelfolgeschäden werden
nach § 280 I ersetzt!** Der Ersatz dieser Schäden rückt nicht an die Stelle einer mangelfreien Kaufsache, sondern stellt sich als Schadensersatz **neben** der Leistung dar.

6 Der Vertragspartner haftet bei Lieferung einer mangelhaften Sache nach den Gewährleistungsregeln.
Durch diese vertraglichen Ansprüche werden die deliktischen Ansprüche nach §§ 823 ff. nicht be-
rührt. Es besteht insofern eine echte **Anspruchskonkurrenz,** d.h. Ansprüche aus Vertrag und Delikt
können nebeneinander geltend gemacht werden.

Aufgabe 3:

K könnte gegen L einen Anspruch auf Schadensersatz statt der Leistung (Erstattung der Reparaturkosten für den Traktor) gem. § 437 Nr. 3, 1. Alt., §§ 280 I, 281 I, III, 440 haben.

188 *1. Voraussetzung hierfür ist, dass zwischen K und L ein gültiger Kaufvertrag i.S.d. § 433 besteht.* A hat – als Vertreter der Stadt K – bei L einen Traktor gekauft. Die für die Einigung erforderlichen Willenserklärungen wurden auch hier nicht direkt zwischen K und V abgegeben, sondern zwischen A und L. *Die Willenserklärung des A könnte gem. § 164 I 1 (Voraussetzungen siehe Aufgabe 1) für und gegen K wirken.* Indem A die landwirtschaftliche Maschine im Namen und mit entsprechender Vollmacht der Stadt K bei L kauft, liegen die Voraussetzungen des § 164 I 1 vor, sodass A wirksam als Vertreter der Stadt S gehandelt hat. Ein Kaufvertrag über den Traktor ist zwischen K, vertreten durch A, und L zustande gekommen.

189 *2. Eine weitere Voraussetzung ist, dass die Sache (hier: der Traktor) mangelhaft war.* Bei dem Getriebeschaden des Traktors könnte es sich um einen Sachmangel i.S.v. § 434 handeln. *Nach § 434 I 1 liegt ein Sachmangel vor, wenn die Sache bei Gefahrübergang nicht die vereinbarte Beschaffenheit hat. Soweit – wie hier – die Beschaffenheit nicht vereinbart wurde, liegt ein Sachmangel vor, wenn sich die Sache nicht für die vertraglich vorausgesetzte Verwendung eignet (§ 434 I 2 Nr. 1) oder wenn sie sich nicht für die gewöhnliche Verwendung eignet und nicht die Beschaffenheit aufweist, die der Käufer üblicherweise erwarten darf (§ 434 I 2 Nr. 2).* Da A und K über eine vertraglich vorausgesetzte Verwendung nicht gesprochen haben, kann nur ein Sachmangel i.S.v. § 434 I 2 Nr. 2 vorliegen. Indem bereits einen Tag nach Übergabe (= Gefahrübergang i. S. d. § 446) der Getriebeschaden auftritt, ist der Traktor für die gewöhnliche Verwendung nicht geeignet und weist nicht die Beschaffenheit auf, die K üblicherweise erwarten konnte. Folglich liegt ein Sachmangel gem. § 434 I 2 Nr. 2 vor.

3. Gem. § 280 I 2 i.V.m. § 276 muss L diese Pflichtverletzung zu vertreten haben. Nach § 276 I 1 hat der Schuldner (hier: L) Vorsatz und Fahrlässigkeit zu vertreten, sofern nicht ein anderer Haftungsmaßstab relevant ist. Fahrlässig handelt, wer die im Verkehr erforderliche Sorgfalt außer Acht lässt (vgl. § 276 II). Indem L als Landmaschinenhändler, also Fachmann, den Getriebeschaden nicht bemerkt hat, hat er fahrlässig gehandelt.[7]

190 *4. Voraussetzung für den Schadensersatzanspruch ist außerdem, dass die Stadt K dem L eine angemessene Frist zur Nacherfüllung bestimmt hat (§ 281 I). Nach § 440 bedarf es der Fristsetzung nicht, wenn die dem Käufer zustehende Art der Nacherfüllung fehlgeschlagen ist (Satz 1). Sie gilt nach dem erfolglosen zweiten Versuch als fehlgeschlagen, sofern sich – was hier nicht der Fall ist – aus der Art der Sache oder des Mangels oder den sonstigen Umständen etwas anderes ergibt (Satz 2).* Es kommt, da der Traktor ein preisreduziertes Ausstellungsstück ist, nur eine Nacherfüllung durch Beseitigung des Mangels in Betracht. Indem L zwei er-

---

7 Andere Argumentation: Ein Verschulden des Schuldners wird grundsätzlich vermutet, es sei denn, er trägt Tatsachen vor, die ihn entlasten. V führt keine Tatsache an, die sein Verschulden ausschließen.

folglose Reparaturversuche unternommen hat und das Getriebe weiterhin schadhaft ist, gilt die Nacherfüllung als fehlgeschlagen, sodass eine Fristsetzung entbehrlich ist.

5. *Durch die Pflichtverletzung muss der K ein Schaden[8] entstanden sein.* K hat **191** den Traktor beim Landmaschinenhändler H erfolgreich reparieren lassen und hierfür 200 € bezahlt, also eine finanzielle Vermögenseinbuße erlitten.

Folglich kann die Stadt K von L Schadensersatz statt der Leistung gem. § 437 Nr. 3, 1. Alt., §§ 280 I, III, 281 I, 440 verlangen – und zwar als Erfüllungsersatz in dem Umfang, in dem die Erfüllung ausgeblieben ist. K ist also gem. §§ 249 I, 251 I so zu stellen, als sei die Leistung wie geschuldet erbracht worden. Der Schadensersatz statt der Leistung besteht in einer Geldzahlung (in Höhe von 200 €), weil der Anspruch auf die Primärleistung mit Erhebung der Schadensersatzforderung untergeht (§ 281 IV).

Aufgabe 4:

F könnte einen Anspruch auf Zahlung des Kaufpreises von K gem. § 433 II haben.

Voraussetzung hierfür ist ein gültiger Kaufvertrag. Es müssen zwei übereinstimmende Willenserklärungen abgegeben worden sein.

Die Bestellung von zehn Säcken des hochwertigen Spezialdüngers für die neuen **192** Rebstöcke hat nicht K persönlich, sondern A abgegeben. *Die Willenserklärung des A könnte gem. § 164 I 1 (Voraussetzungen siehe 1. Aufgabe) für und gegen K wirken.* Indem A den Dünger im Namen der K bei der Fachfirma F (auftragsgemäß) bestellt, liegen die Voraussetzungen des § 164 I 1 vor. Durch das Schreiben des A, dass der Dünger nicht mehr benötigt wird, könnte die Willenserklärung wirksam widerrufen worden sein. *Gem. § 130 I 2 wird eine Willenserklärung nicht wirksam, wenn dem anderen (hier: der F) vorher oder gleichzeitig ein Widerruf zugeht.* Indem die Fa. F den Dünger bereits am Tag des Bestellungseingangs auslieferte (konkludente Annahme) und das Schreiben der K erst danach zuging, ist der Widerruf zu spät erfolgt.

Es ist ein Kaufvertrag zwischen K und F zustande gekommen. K ist also gem. § 433 II verpflichtet, F den vereinbarten Kaufpreis für den Dünger zu zahlen und diesen auch abzunehmen.

---

8 Hier: **Mangelschaden**, also der Schaden, der dem Käufer dadurch entsteht, dass die Kaufsache nicht mangelfrei ist, sondern einen Mangel aufweist.

Vertiefung: **Leistungsstörungen – 4. Schlechterfüllung**[9]

I. Allgemeines
1. Schuldverhältnis
2. Pflichtverletzung
3. Vertretenmüssen
4. Kausaler Schaden

II. Ersatz vergeblicher Aufwendungen (§ 284)

III. Rücktrittsrecht

I. Allgemeines

193 Vor der Schuldrechtsreform waren bestimmte Fälle der Leistungsstörungen nicht im Gesetz normiert. Das Rechtsinstitut der „positiven Vertragsverletzung (pVV)" – auch „positive Forderungsverletzung (pFV)" genannt – diente der Ausfüllung von Gesetzeslücken. Sie bestanden im Bereich der Gewährleistung, sofern das Gesetz – wie z. B. beim Auftrag oder Dienstvertrag – überhaupt keine Regelungen für die Schlechterfüllung enthielt bzw. wenn die bestehenden Regelungen nicht als ausreichend angesehen wurden (z. B. im Kaufrecht hinsichtlich der Mangelfolgeschäden). Außerdem waren sie relevant bei der Verletzung von leistungsbezogenen Nebenpflichten (z. B. Verpackungspflicht) oder nicht leistungsbezogenen Nebenpflichten (z. B. Sorgfalts-, Obhuts- Aufklärungspflichten).[10]

194 Die mit Hilfe der pVV gelösten Probleme sollen sich nunmehr „quasi von selbst lösen" – und zwar durch die Umstellung von einer Anknüpfung an konkrete Leistungsstörungen auf den **allgemeinen Tatbestand der Pflichtverletzung in der Zentralnorm des § 280 I**. Damit wurde ein einheitlicher Haftungstatbestand für alle Leistungsstörungen aus einem Schuldverhältnis normiert – unabhängig davon, ob es sich um die Verletzung von Haupt- oder Nebenleistungspflichten oder von nicht leistungsbezogenen Nebenpflichten handelt.

Der Schuldner hat im Falle einer Pflichtverletzung dem Gläubiger den hierdurch entstandenen Schaden zu ersetzen, es sei denn, er hat die Pflichtverletzung nicht zu vertreten.

---

9 Literatur zur Vertiefung: AnwKom/Dauner-Lieb, § 280 Rn. 4, 53 ff.; Brox/Walker, Schuldrecht AT, §§ 24 f.; Dauner-Lieb/Arnold, Fälle 98–101; Dauner-Lieb u. a./Dauner-Lieb, § 2 Rn. 31 ff.; Fikentscher/Heinemann, § 46; Kaiser, Rn. 464 ff.; Looschelders, Rn. 553 ff.; Lorenz, Grundwissen – Zivilrecht: Was ist eine Pflichtverletzung (§ 280 I BGB)?, JuS 2007, 213; Lorenz/Riehm, 6. Kapitel, §§ 2, 8; Luther/Palm, D. IV.; Marx/Wenglorz, S. 28 ff.; Schellhammer, Rn. 1669 ff.; Schlechtriem/Schmidt-Kessel, Rn. 558 ff.; Westermann/Schultz, S. 43 ff.; Wörlen, Schuldrecht AT, Rn. 198 ff. und 234 a ff.; Wörlen/Metzler-Müller, Fragen 379–388.
10 Medicus, BR, Rn. 206 ff.

Die Voraussetzungen dieses Schadensersatzanspruchs sind:

1. Schuldverhältnis

Im Zeitpunkt der Verletzungshandlung muss zwischen dem Anspruchsteller und dem Anspruchsgegner ein wirksames vertragliches[11] oder gesetzliches[12] Schuldverhältnis bestanden haben. **195**

Ausnahmsweise können auch andere Personen, die selbst nicht Vertragspartner sind, in den Schutzbereich des Vertrags einbezogen werden (z. B. Familienangehörige, Hausangestellte, Besuch u. Ä.).[13]

2. Pflichtverletzung

Der Anspruchsgegner (= Schuldner) muss durch eine Handlung oder eine pflicht- **196** widrige Unterlassung eine aus dem Schuldverhältnis resultierende Pflicht, die dem Anspruchsteller gegenüber bestand, verletzt haben.

Hauptbeispiele für Pflichtverletzungen sind:

a) Verletzung vertraglicher Nebenpflichten,[14]

wie z. B. Obhuts-, Sorgfalts-, Schutz- (Verkehrssicherungs-), Mitteilungs-, Aus- **197** kunfts-, Leistungstreue- oder Mitwirkungspflichten gegenüber dem Vertragspartner.

Nach § 241 II kann ein Schuldverhältnis nach seinem Inhalt jeden Teil zur Rücksicht auf die Rechte, Rechtsgüter und Interessen des anderen Teils verpflichten. Aus der Formulierung „kann" folgt, dass es sich hier um eine Ausnahmevorschrift handeln könnte, dass also in der Regel keine Schutzpflichten bestünden. Nach bisheriger Rechtsprechung wurden allerdings Schutzpflichten in fast allen Sonderverbindungen anerkannt; sie unterschieden sich nur bezüglich ihrer Intensität.[15] Da die Schuldrechtsreform hieran nichts änderte,[16] ist davon auszugehen, dass die Parteien eines Schuldverhältnisses auch weiterhin verpflichtet sind, sich so zu verhalten, dass die Rechtsgüter und Rechte des anderen Teils (sofern eine Partei eine durch das Schuldverhältnis bedingte Einwirkungsmöglichkeit auf diese erhält) nicht verletzt werden.[17]

---

11 Z. B. Kaufvertrag, Werkvertrag, Dienstvertrag, Maklervertrag.
12 Beispiel: Geschäftsführung ohne Auftrag. Da in den gesetzlichen Schuldverhältnissen der §§ 812 ff., 823 ff. und 987 ff. die Pflichten der Parteien abschließend geregelt sind, kommen hier keine Ansprüche gem. § 280 in Betracht. Siehe auch Palandt/Heinrichs, § 280 Rn. 9.
13 Beispiel: Der Vermieter verletzt seine Verkehrssicherungspflicht, indem er bei Glatteis nicht streut. Der Sohn des Mieters stürzt und bricht sich ein Bein. Vgl. Palandt/Heinrichs, § 328 Rn. 13.
14 Beispiele für nicht leistungsbezogene Nebenpflichtverletzungen sind zu finden in Fall 4, Aufgabe 2 (Rn. 179); Fall 7, Aufgabe 2 (Rn. 358); Fall 8; Aufgabe 2 a); Fall 10, Aufgabe 4 (Rn. 490). Siehe auch Palandt/Heinrichs, § 280 Rn. 25 ff. Ausführliche Darstellung der Neben(leistungs)pflichten bei Wörlen, Schuldrecht AT, Rn. 65 ff.
15 Krebs, Die große Schuldrechtsreform, DB 2000, Beilage 14, 1, 9.
16 Vgl. hierzu BT-Drucksache 14/6040, 283.
17 Beispiel: Der Wirt schüttet beim Servieren Rotwein auf den Anzug des Gastes.

b) Schlechterfüllung einer Hauptleistungspflicht

198 Dies betrifft u. a. Schuldverhältnisse, die keine Regelung über die Schlechtleistung enthalten[18] (sog. „Gewährleistungslücke"). Für Kauf-, Werk-, Miet- und Reiseverträge bestehen Sondervorschriften, die die Haftung für Mängel regeln. Sie gehen als besonderes Leistungsstörungsrecht in ihrem Anwendungsbereich dem § 280 I vor. Bei allen anderen Verträgen fehlen derartige Vorschriften.

3. Vertretenmüssen[19]

199 Der Anspruchsgegner (Schuldner) muss die Pflichtverletzung zu vertreten haben. Mit der Formulierung des § 280 I 2 wird eine Beweislastregel aufgestellt. Ein Vertretenmüssen des Schuldners wird durch die Pflichtverletzung indiziert, der Schuldner muss sich deshalb entlasten.[20]

Das Vertretenmüssen ist in den §§ 276 ff. geregelt. Grundsätzlich hat der Schuldner Vorsatz und Fahrlässigkeit zu vertreten. Eine Ausnahme von diesem Grundsatz ist denkbar, wenn ein anderer Verschuldensmaßstab eingreift, der sich nach § 276 I 1 aus dem sonstigen Inhalt des Schuldverhältnisses herleiten lässt. Möglich ist eine abweichende vertragliche Vereinbarung, die eine strengere oder mildere Haftung enthält.

200 Für das Verschulden seines Erfüllungsgehilfen[21] muss er nach § 278 S. 1 einstehen. Die Pflichtverletzung darf allerdings nicht nur „bei Gelegenheit" des Schuldverhältnisses geschehen sein, sondern muss in unmittelbarem inneren, sachlichen Zusammenhang mit den Aufgaben stehen, die ihm von seinem Geschäftsherrn als Schuldner im Hinblick auf die Erfüllung von Verbindlichkeiten aus dem konkreten Schuldverhältnis zugewiesen waren.[22] So die noch h. M.[23] Eine im Vordringen befindliche Auffassung will den Schuldner auch für (z. B.) einen Diebstahl durch den Gehilfen über § 278 haften lassen.[24]

4. Kausaler Schaden

201 Die schuldhafte Pflichtverletzung muss für den Schaden, der dem Vertragspartner entstanden ist, adäquat kausal sein. Nach der Adäquanztheorie ist nur die Pflichtverletzung für den eingetretenen Schaden kausal, die vom Standpunkt eines objektiven Beobachters generell geeignet ist, unter normalen Umständen den konkreten Schaden herbeizuführen.[25]

---

18 Z. B. §§ 611, 652, 662, 675, 677, 705.
19 Siehe hierzu auch: Exkurs „Vertretenmüssen", Rn. 126 ff.
20 Vgl. hierzu PALANDT/HEINRICHS, § 280 Rn. 40.
21 Beispiel: Der vom Wirt mit dem Servieren beauftragte Kellner schüttet das bestellte Glas Rotwein auf den Anzug des Gastes. Siehe hierzu auch Fall 8, Aufgabe 2 a); Fall 10, Aufgabe 4.
22 Beispiel: Der vom Malermeister mit dem Streichen der Zimmerdecken beauftragte Malergeselle stiehlt nach Abschluss der Malerarbeiten beim Verlassen des Arbeitsplatzes eine wertvolle Vase. – Für eine solche Pflichtverletzung des Erfüllungsgehilfen haftet der Schuldner (= Malermeister) gegenüber dem Auftraggeber (z. B. Hauseigentümer) nicht.
23 Vgl. PALANDT/HEINRICHS, § 278 Rn. 20; JAUERNIG/STADLER, § 278 Rn. 12.
24 Näheres bei WÖRLEN, Schuldrecht AT, Rn. 269 d.
25 Siehe hierzu auch die Vertiefung „Unerlaubte Handlungen" I. 4 (Rn. 458).

Die Rechtsfolgen des Schadensersatzanspruchs wegen Pflichtverletzung sind:

a) Ersatz des durch die Pflichtverletzung entstandenen Schadens gem. § 280 I

Schäden, die durch eine Schlechtleistung (Lieferung einer mangelhaften Sache) oder durch die Verletzung von leistungsbegleitenden Nebenpflichten gem. § 241 II an anderen (absoluten) Rechtsgütern des Gläubigers entstanden sind,[26] werden von § 280 I (i. V. m. §§ 249 ff.) erfasst. **202**

Beispiel für diesen „einfachen Schadensersatz": Der mit dem Streichen der Raufasertapeten beauftragte Malermeister hat den Teppichboden des Raumes nicht richtig abgedeckt und hinterlässt auf diesem Farbkleckse (Sorgfaltspflichtverletzung). Die Kosten für deren Beseitigung stellen den „einfachen Schadenersatz" dar. *Oder:* Ein geliefertes krankes Tier steckt andere Tiere des Käufers an. § 280 I erfasst auch diese Schäden, die an anderen Rechtsgütern des Käufers entstanden sind sowie die Kosten und Aufwendungen im Hinblick auf diese Rechtsgüter.

b) Schadensersatz statt der Leistung gem. §§ 280, 281

Der durch die Mangelhaftigkeit der Leistung entstandene Schaden (sog. **kleiner Schadensersatz**) ist in §§ 280 I, III, 281 I 1 geregelt, und zwar in der Formulierung: „… der Schuldner die … Leistung nicht … wie geschuldet erbringt". **203**

Beispiel:

Der Gläubiger behält die mangelhafte Sache und beansprucht den Wertunterschied zwischen mangelhafter und mangelfreier Sache.

Es ist auch ein **großer Schadensersatz** möglich, der sich unter den weiteren Voraussetzungen des § 281 I 3 (dazu gehört vor allem eine nicht unerhebliche Pflichtverletzung) ergibt.[27] **204**

Beispiel:

Rückgabe der mangelhaften Kaufsache, wenn der Mangel erheblich ist.

Voraussetzungen hierfür:
* § 280 I, III und
* § 281 a) erfolglose Nachfristsetzung bzw. Abmahnung, §§ 281 I 1, 281 III
        b) ggf. entbehrlich gem. § 281 II oder bei Kauf- und Werkvertrag, wenn die Voraussetzungen der §§ 440 bzw. 636 vorliegen
        c) zusätzlich: Erheblichkeit der Pflichtverletzung, § 281 I 3

Rechtsfolge ist Schadensersatz statt der Leistung bzw. statt der **ganzen** Leistung. Alternativ kann der Gläubiger Aufwendungsersatz gem. § 284 verlangen bzw. unter den weiteren Voraussetzungen von § 323 vom Vertrag zurücktreten.[28]

---

26 Das sind die „klassischen" Mangelfolgeschäden und Begleitschäden.
27 Ausführlicher unter „Vertiefung Kaufrecht", III. 4 (Rn. 282).
28 Zum Rücktritt siehe die Ausführungen im Rahmen der „Vertiefung Kaufrecht" III. 2. (Rn. 271 ff.) und Vertiefung Werkvertragsrecht III. 3 (Rn. 344 ff.).

c) Schadensersatz statt der Leistung gem. §§ 280 I, 282

205 Nebenpflichtverletzungen können auch eine solche Intensität erreichen, dass dem Vertragspartner das Festhalten am Vertrag – trotz im Übrigen mangelfreier Leistung – nicht mehr zugemutet werden kann. In diesem Fall kann er Schadensersatz statt der Leistung nach §§ 280 I, III, 282 verlangen. Mit diesem Schadensersatz kann – anstelle der Primärleistung – i. S. d. § 362 I erfüllt werden.

Voraussetzungen:
- § 280 I i. V. m. § 241 II und
- § 282

206

> **Prüfschema – Schadensersatz wegen Pflichtverletzung gem. § 280 I:**
>
> 1. Wirksames Schuldverhältnis, § 280 I 1
> 2. Objektive Pflichtverletzung durch den Schuldner (ggf. i. S. v. § 241 II)
> 3. Vertretenmüssen, §§ 280 I 2, 276 ff.
> 4. Schaden beim Gläubiger als Folge der Pflichtverletzung
>
> **Rechtsfolge**: Schadensersatz – Umfang: §§ 249 ff. (Schadensersatz **neben** der Leistung; ggf. Mangelfolgeschaden)

II. Ersatz vergeblicher Aufwendungen (§ 284)

207 Nach § 284 kann Aufwendungsersatz „anstelle" des Schadensersatzes statt der Leistung verlangt werden,[29] also grundsätzlich nur **alternativ** zum Schadensersatz gem. §§ 281–283. Ausnahmen betreffen die Fälle, in denen es sich nicht um Schadensersatz „statt der Leistung" i. S. d. genannten Vorschriften handelt: Wenn z. B ein Konzertabend ausfällt, weil in dem vermieteten Raum vor Veranstaltungsbeginn der Kronleuchter herabgefallen ist und den Flügel „getroffen" hat, kann der Veranstalter nach § 284 Aufwendungsersatz für die nutzlos gewordenen Werbemaßnahmen verlangen und gem. § 280 I einfachen Schadensersatz für den beschädigten Konzertflügel.

Auch der Aufwendungsersatzanspruch setzt grundsätzlich Vertretenmüssen (§ 276) voraus. Es müssen außerdem die „zusätzlichen Voraussetzungen" des § 280 III i. V. m. §§ 281–283 oder des § 311 a II erfüllt sein.[30]

---

29 Beispiel in Fall 12, Aufgabe 4 b) (Rn. 539).
30 BROX/WALKER, Schuldrecht AT, § 22 Rn. 74 f.; PALANDT/HEINRICHS, § 284 Rn. 4.

III. Rücktrittsrecht

Die Voraussetzungen und Rechtsfolgen des Rücktritts wurden einheitlich in den **208** §§ 323 und 346 ff. beim vertraglichen und gesetzlichen Rücktrittsrecht geregelt. Bei jeder Pflichtverletzung des Schuldners ist im gegenseitigen Vertrag der gesetzliche Rücktritt nach § 323 verschuldensunabhängig möglich.[31] Das Rücktrittsrecht besteht bei Unmöglichkeit nach §§ 326 V i. V. m. § 323, bei sonstigen Pflichtverletzungen nach § 323 (direkt).

Vertiefung: Schadensersatz wegen Pflichtverletzung vor/bei Vertragsschluss[32]

1. Wirksames (vorvertragliches) Schuldverhältnis
2. Objektive Pflichtverletzung durch den Schuldner
3. Vertretenmüssen
4. Kausaler Schaden

Im BGB fehlte bis 31.12.2001 eine Regelung für im vorvertraglichen Bereich **209** durch unrichtig abgegebene Erklärungen, Missachtung von Offenbarungspflichten u. Ä. entstandene Schäden an Rechtsgütern des (späteren) Vertragspartners. Aufgrund richterlicher Rechtsfortbildung war aus § 242 das auf dem römischen Recht fußende Rechtsinstitut der c. i. c (= culpa in contrahendo, Verschulden bei oder vor Vertragsschluss[33]) entwickelt worden.

Diese Haftung ist nunmehr kodifiziert: § 311 II bestimmt, dass ein Schuldverhält- **210** nis i. S. d. § 241 II auch durch die Aufnahme von Vertragsverhandlungen (bei welcher der eine Teil im Hinblick auf eine etwaige rechtsgeschäftliche Beziehung dem anderen Teil die Möglichkeit zur Einwirkung auf seine Rechte, Rechtsgüter und Interessen gewährt oder ihm diese anvertraut) oder andere geschäftliche Kontakte entsteht. Wegen der Pflichten, die sich aus diesem Schuldverhältnis der Vertragsanbahnung ergeben, verweist § 311 II auf die Generalklausel des § 241 II. Nach dieser Vorschrift kann ein Schuldverhältnis nach seinem Inhalt jeden Teil zur Rücksicht auf die Rechte, Rechtsgüter und Interessen des anderen Teils verpflichten. Das Gesetz gibt hier eine Art „Blankettermächtigung",[34] die unter Berücksichtigung der bisherigen Rechtsprechung ausgefüllt werden muss.

---

31 Beispiel hierzu in Fall 5, Aufgabe 1. Ausführlich hierzu: ANNUSS, Die Folgen des Rücktritts, JA 2006, 184 ff.
32 Literatur zur Vertiefung: BROX/WALKER, Schuldrecht AT, § 25 Rn. 11 ff.; DAUNER-LIEB, Fälle 102–112; DAUNER-LIEB u. a./DAUNER-LIEB, § 2 Rn. 30; FIKENTSCHER/HEINEMANN, § 19; GRUNEWALD, § 13, HIRSCH, Neuntes Kapitel A; HUBER/FAUST, 14. Kapitel F; KAISER, Rn. 452 ff.; LOOSCHELDERS, Rn. 181 ff.; LUTHER, D. V.; WESTERMANN/SCHULTZ, S. 45 ff.; SCHLECHTRIEM/SCHMIDT-KESSEL, Rn. 38 ff.; SCHELLHAMMER, Rn. 1690 ff.; WÖRLEN, Schuldrecht AT, Rn. 249 ff.
33 Lat. „culpa" = Schuld, „in contrahendo" = beim Verhandeln.
34 So DAUNER-LIEB, in: Ernst/Zimmermann (Hrsg.), S. 305, 316 f.

Die Voraussetzungen der Haftung sind:

1. Wirksames (vorvertragliches) Schuldverhältnis

a) Aufnahme von Vertragsverhandlungen

211 Gem. § 311 II Nr. 1 entsteht durch die Aufnahme von Vertragsverhandlungen ein Schuldverhältnis. Es endet, wenn es zur Beendigung der Verhandlungen kommt oder wenn der Vertrag, über den verhandelt worden ist, zustande kommt. Dieses Schuldverhältnis begründet – wie bisher auch – keine primären Leistungspflichten.[35] Welche Pflichten im Stadium der Vertragsaufnahme bestehen, lässt sich aus § 241 II – auf den § 311 II verweist – entnehmen. Danach kann ein Schuldverhältnis nach seinem Inhalt jeden Teil zur Rücksicht, Fürsorge und Loyalität gegenüber dem anderen Teil verpflichten. Wie weit diese Pflichten reichen, bestimmt sich nach den Umständen des Einzelfalls – es soll nach dem Willen des Gesetzgebers auf die Ergebnisse der bisherigen Rechtsprechung zurückgegriffen werden.[36] Man kann also davon ausgehen, dass die Pflicht besteht, Körper, Leben und Eigentum sowie andere Rechtsgüter des anderen Teils nicht zu verletzen.

b) Anbahnung eines Vertrags

212 In den Fällen des § 311 II Nr. 2 – Pflichtverletzung während der Anbahnung eines Vertrags – sind noch keine Vertragsverhandlungen aufgenommen worden. Diese Vorschrift stellt den Grundtatbestand des § 311 II dar (Nr. 1 und Nr. 3 ergänzen diesen als Spezialregeln). Mit dieser Alternative werden Situationen wie z. B. das Betreten von Geschäftslokalen[37] erfasst. Denn damit setzt sich der potenzielle Kunde der besonderen Einwirkungsmöglichkeit des Inhabers auf Körper und Gesundheit aus. Für diese Haftung ist es nicht rechtserheblich, ob ein Gespräch stattgefunden hat oder nicht.

Beispiel hierfür ist der klassische „Bananenschalenfall":[38] Jemand betritt ein Warenhaus, um etwas zu kaufen oder um sich über das Warenangebot zu informieren, rutscht bereits am Eingang auf einer Bananenschale aus und bricht sich ein Bein.

In § 311 II Nr. 2 geht es nur um eine mögliche künftige rechtsgeschäftliche Beziehung.[39] Auch in diesem Fall entstehen aufgrund von § 241 II die vorgenannten Nebenpflichten – da hier ebenfalls eine Einwirkung auf die Rechte, Rechtsgüter und Interessen des anderen Teils möglich ist. Unter den „Rechten und Rechtsgütern" sind die in § 823 I genannten absoluten Rechte (z. B. Körper, Gesundheit, Eigentum) zu verstehen, mit „Interessen" sind insbesondere die Vermögensinteressen des potenziellen Vertragspartners (z. B. Entscheidung, ob er den Vertrag abschließt oder nicht) gemeint.

---

35 Es entsteht ein vertragsähnliches Vertrauensverhältnis (BGH NJW 1981, 1035).
36 BT-Drucksache 14/6040, 163.
37 Palandt/Heinrichs, § 311 Rn. 23.
38 RGZ 95, 58. Ähnlich der „Salatblattfall" des BGH (BGHZ 66, 4) bzw. der „Linoleumrollenfall" des RG (RGZ 78, 289); siehe Beispiel in Fall 2, Aufgabe 1.
39 Wobei ein bloß „sozialer" Kontakt, wie z. B. das Betreten eines Warenhauses im Winter, um sich aufzuwärmen, nicht genügt.

Merke:
Für die Begründung eines (vorvertraglichen) Schuldverhältnisses ist es ohne Bedeutung, ob es letztlich zu einem Vertragsabschluss kommt. Es genügt vielmehr, dass z. b. eine Person ihr Geschäft für den allgemeinen Kundenverkehr öffnet, um potenziellen Kunden die Gelegenheit zur Kontaktaufnahme zum Zwecke des Vertragsschlusses zu geben.

c) Ähnliche geschäftliche Kontakte

§ 311 II Nr. 3 stellt eine „Auffangregelung"[40] im Rahmen der in § 311 II vorge- **213** nommen Definition vorvertraglicher Schuldverhältnisse dar. Zu den „ähnlichen geschäftlichen Kontakten" zählen solche, bei denen noch kein Vertrag angebahnt, ein solcher aber vorbereitet werden soll. Es muss sich um die an dem potenziellen Vertrag Beteiligten handeln. Nicht ohne weiteres werden Dritte erfasst, die in einem Näheverhältnis zu einer der Vertragsparteien stehen. Wenn sie in den Schutzbereich des Schuldverhältnisses mit einbezogen sind, werden sie hingegen geschützt.

d) Einbeziehung Dritter in den Schutzbereich

§ 311 III 1 bestimmt, dass ein Schuldverhältnis mit Pflichten nach § 241 II auch **214** zu Personen entstehen kann, die nicht selbst Vertragspartei werden sollen. Dem Wortlaut nach scheint diese Vorschrift nicht nur zu regeln, ob ein Dritter aus §§ 280 I, 311 II haftet, sondern auch, ob ein Dritter Ansprüche aus diesen Vorschriften haben kann.[41] Da § 311 III 1 allerdings keine Hinweise auf die Voraussetzungen für eine derartige Einbeziehung enthält, wird die Einbeziehung Dritter in den Schutzbereich des vorvertraglichen Schuldverhältnisses weiter an die Voraussetzungen des Vertrages mit Schutzwirkung zugunsten Dritter geknüpft.[42]

§ 311 III 2 erfasst die Fälle der sog. „Vertreter- oder Sachwalterhaftung", also die Fälle, in denen ein nicht direkt am Vertrag beteiligter Dritter besonderes Vertrauen (z. B. als Vertreter, Sachverständiger) in Anspruch nimmt. Es handelt sich um die Haftung von Sachverständigen oder anderen „Auskunftspersonen", die nicht selbst ein Eigeninteresse an einem Abschluss des Vertrags haben, dennoch aber durch ihre Äußerungen entscheidend zum Vertragsabschluss beitragen, weil sich ein (oder beide) Vertragspartner auf ihre Objektivität und Neutralität verlässt (z. B. Schätzung eines zum Verkauf stehenden Gebrauchtwagens durch einen Sachverständigen).[43]

---

40 CANARIS, Die Reform des Rechts der Leistungsstörungen, JZ 2001, 499.
41 Deshalb wurde vorgeschlagen, die Einbeziehung Dritter in den Schutzbereich des vorvertraglichen Schuldverhältnisses aus § 311 III 1 abzuleiten – siehe hierzu CANARIS, a. a. O. (Fußnote 40) sowie TEICHMANN, Strukturveränderungen im Recht der Leistungsstörungen nach dem Regierungsentwurf eines Schuldrechtsmodernisierungsgesetzes, BB 2001, 1485, 1492.
42 Beispiel: Die Mutter kauft in Begleitung ihres 17-jährigen Sohnes im Supermarkt des V ein. Der Sohn wird durch ein umstürzendes Regal verletzt. Er verlangt Schadensersatz. Der Sohn hat einen Anspruch gegen V aus dem Schuldverhältnis zwischen V und der Mutter (§§ 280 I, 311 II, 241 II). Siehe hierzu auch PALANDT/HEINRICHS, § 328 Rn. 13 ff.
43 Ausführlich zu § 311 III: BROX/WALKER, Schuldrecht AT, § 5 Rn. 9 ff.

2. Objektive Pflichtverletzung durch den Schuldner

215 Die Pflichten sind sehr allgemein in § 241 II normiert. Es kommen vor allem die Verletzung von Schutz- und Sorgfaltspflichten gegenüber einem Geschäftspartner sowie Offenbarungspflichten (Aufklärung, Mitteilung) bei bestimmten Geschäften in Betracht.

3. Vertretenmüssen

216 Der Schuldner muss die Pflichtverletzung zu vertreten haben (§ 280 I 2, § 276).[44] Für das Verschulden seines Erfüllungsgehilfen hat er nach § 278 S. 1 einzustehen.[45]

4. Kausaler Schaden

217 Die schuldhafte Pflichtverletzung muss für den Schaden, der dem potenziellen Vertragspartner entstanden ist, adäquat kausal sein. Nach der Adäquanztheorie ist nur die Pflichtverletzung für den eingetretenen Schaden kausal, die vom Standpunkt eines objektiven Beobachters generell geeignet ist, unter normalen Umständen den konkreten Schaden herbeizuführen.[46]

Die Schadensersatzpflicht folgt aus § 280 I. Für den Umfang des Schadensersatzes gelten die § 249 ff.[47]

218

> **Prüfschema – Schadensersatz wegen Pflichtverletzung <u>vor</u> Vertragsschluss gem. §§ 280 I, 311 II, 241 II:**
>
> 1. Wirksames (vorvertragliches) Schuldverhältnis – § 280 I i. V. m. § 311 II
>   a) Aufnahme von Vertragsverhandlungen (Nr. 1)
>   b) Anbahnung eines Vertrags (Nr. 2) oder
>   c) ähnliche geschäftliche Kontakte (Nr. 3)
> 2. Objektive Pflichtverletzung durch den Schuldner i. S. v. § 241 II
> 3. Vertretenmüssen, §§ 280 I 2, 276 ff.
> 4. Schaden beim Gläubiger als Folge der Pflichtverletzung
>
> **Rechtsfolge:** Schadensersatz – Umfang: §§ 249 ff.

Anmerkung:
219 Häufig sind konkurrierende Ansprüche aus Vertrag (z. B. § 280 I; §§ 280 I, II, 282, 241 II) und unerlaubter Handlung (§§ 823 ff.) zu prüfen. In der Praxis ist die Haftung aus Vertrag gegenüber der Haftung nach §§ 823 ff. für den Geschädigten günstiger, zumal bei vertraglichen Ansprüchen auch Vermögensschäden erstattet werden.[48]

---

44 Ausführlich hierzu: Exkurs „Vertretenmüssen", Rn. 126 ff.
45 Beispiele in Fall 4, Aufgabe 2; Fall 8, Aufgabe 2 a); Fall 10, Aufgabe 4.
46 Siehe hierzu auch die Vertiefung „Unerlaubte Handlungen" I. Rn. 457.
47 Siehe die Vertiefung „Art und Umfang des Schadensersatzes", Rn. 220 ff.
48 Außerdem vgl. auch §§ 278, 831; § 278 enthält keine Exkulpationsmöglichkeit. Siehe hierzu Vertiefung: Unerlaubte Handlungen IV 3 Rn. 470.

Vertiefung: **Art und Umfang des Schadensersatzes (§§ 249-255)**[49]

I. Art des Schadensersatzes

Die verschiedenen Anspruchsgrundlagen, die in den fünf Büchern des BGB zu finden sind, regeln, ob **Schadensersatz dem Grunde nach** zu leisten ist. Der Umfang des zu ersetzenden Schadens hingegen ist in den §§ 249 ff. normiert und wird für den Bereich der unerlaubten Handlungen durch §§ 842 ff. ergänzt. Die §§ 249 ff. gelten nicht nur für die im BGB geregelten Schadensersatzanspruchsgrundlagen, sondern auch außerhalb des BGB (z. B. § 7 StVG, § 1 ProdHaftG). **220**

Der Schaden, der ursächlich durch den haftungsbegründenden Tatbestand entstanden ist, muss ersetzt werden. Ausgangspunkt für die Schadensersatzermittlung ist die sog. **Differenzhypothese bzw. -methode**, d. h. es ist die Differenz zwischen der (Vermögens-)Lage des Geschädigten aufgrund des schädigenden Ereignisses und derjenigen (hypothetischen) ohne das schädigende Ereignis zu ermitteln. Wenn der Geschädigte im Rahmen eines gegenseitigen Vertrages seine Leistung bereits bewirkt hat, kann es für ihn von Interesse sein, nicht bloß eine Wertdifferenz zwischen Leistung und Gegenleistung zu verlangen (= Differenzmethode), sondern die eigene Leistung zu erbringen, um den Wert der Gegenleistung zu erhalten. So z. B. bei Tauschverträgen oder in Fällen beiderseits verschuldeter Unmöglichkeit. Die h. M erlaubt hier eine Schadensermittlung nach der sog. Surrogationstheorie[50].

> **Merke:** **221**
> § 249 I ist **keine Anspruchsgrundlage!** In dieser Vorschrift wird – als Rechtsfolge eines schon bestehenden Schadensersatzanspruchs (z. B. aus § 280 I oder § 823 I oder § 831 I) – lediglich der **Umfang des zu ersetzenden Schadens** geregelt.

1. Naturalrestitution

Ausgangspunkt für alle Schadensersatzverpflichtungen ist **§ 249 I – der Grundsatz der Naturalrestitution**: Der Schädiger muss den Zustand herstellen, der bestehen würde, wenn der zum Ersatz verpflichtende Umstand nicht eingetreten wäre. Eine Herstellung des früheren Zustandes ist allerdings nicht möglich – **222**

---

49 Literatur zur Vertiefung: BROX/WALKER, Schuldrecht AT, § 31; WÖRLEN, Schuldrecht AT, Rn. 253.
50 Siehe hierzu PALANDT/HEINRICHS, § 281 Rn. 18.

denn Geschehenes lässt sich nicht ungeschehen machen. Deshalb ist die Herstellung eines **wirtschaftlich gleichwertigen** Zustandes gemeint.

Beispiele:

Student M leiht sich den druckfrischen BGB-Text seiner Kommilitonin K aus und schüttet versehentlich eine Tasse Kaffee darüber. M schuldet K aus § 280 I sowie § 823 I (fahrlässige Eigentumsverletzung) einen neuen Gesetzestext.
Reparatur des beschädigten Pkw durch den Schädiger.
Widerruf der ehrverletzenden Äußerung.
Beschaffung eines gleichwertigen Ersatzfahrzeugs bei Beschädigung eines Pkw.
Student S hat seinem Kommilitonen K den „Wörlen" (Schuldrecht AT) zur Prüfungsvorbereitung bis 1.7. geliehen. K gibt das Buch nicht rechtzeitig zurück und S muss sich, da er selbst eine Prüfung im Juli hat, einen neuen „Wörlen" kaufen. Der Umfang des Schadens i. S. v. § 249 I entspricht dem Kaufpreis für das neue Buch.[51]

2. Geldersatz

223 Der Schaden kann auch durch Zahlung einer Geldsumme wieder gutgemacht werden. Der Geschädigte muss mit dem Betrag den Schaden in vollem Umfang ausgleichen können. In den §§ 249-251 wird diesbezüglich Näheres geregelt:

a) Verletzung einer Person oder Beschädigung einer Sache

224 Nach § 249 II 1 kann der Gläubiger bei Verletzung einer Person oder Beschädigung einer Sache (soweit deren Herstellung noch möglich ist[52]) den für die Naturalrestitution erforderlichen Geldbetrag fordern. Er muss also keine „Herstellungsexperimente" des Schädigers hinnehmen.

Beispiele:

(Siehe oben): K kann von M entweder einen neuen BGB-Text oder den zum Kauf eines neuen BGB-Textes erforderlichen Geldbetrag verlangen.
Der beschädigte Pkw wird in einer Kraftfahrzeugwerkstatt zur Reparatur gegeben und die entsprechenden Kosten vom Schädiger verlangt.
Heilbehandlungskosten des Arztes.

Der Geldbetrag kann bei der Sachbeschädigung vom Schuldner auch dann verlangt werden, wenn eine Reparatur nicht erfolgt (sog. fiktive Reparaturkosten auf der Grundlage eines Sachverständigengutachtens[53]). Nach § 249 II 2 wird in diesem Fall die Umsatzsteuer nur gezahlt, wenn sie auch tatsächlich angefallen ist.

b) Schadensersatz in Geld nach Fristsetzung

225 Nach § 250 kann der Gläubiger dem Schädiger zur Herstellung eine angemessene Frist mit der Erklärung bestimmen, dass er die Naturalherstellung nach Ablauf der Frist ablehne. Wenn die Frist fruchtlos abgelaufen ist, hat der Geschä-

---

51 Beachte: Wenn der Schaden in „Geld" besteht, liegt immer ein Fall des § 249 I vor.
52 = Ungeschriebenes Tatbestandsmerkmal im Umkehrschluss aus der Regelung des § 251 I 1; siehe auch PALANDT/HEINRICHS, § 249 Rn. 3.
53 So BGH NJW 2003, 2086 m. w. N.

digte nur noch einen Anspruch auf Geldersatz und nicht mehr auf Naturalrestitution.[54]

c) Unmöglichkeit der Naturalrestitution

Der Schuldner hat – **soweit Naturalherstellung nicht möglich** oder zur Entschädigung des Gläubigers nicht genügend ist – nach § 251 I 1 Geldersatz zu leisten. Diese Vorschrift erfasst den Anwendungsbereich des § 275, also anfängliche und nachträgliche (objektive und subjektive) Unmöglichkeit; dabei ist unerheblich, wer diese zu vertreten hat.

226

Beispiele:

Das Haustier, das der Verkäufer liefern sollte, ist vor Übergabe gestorben.
Der Pkw hat durch den vom Schädiger verursachten Unfall einen Totalschaden erlitten.

Durch die Formulierung „soweit" kann der Geschädigte teilweise Naturalrestitution und – soweit das nicht möglich ist – Geldersatz verlangen.

Beispiel:

Der Gläubiger kann die Reparaturkosten für den beschädigten Pkw sowie Geld für den unfallbedingten Minderwert verlangen.[55]

d) Unverhältnismäßigkeit der Herstellung

Wenn die Naturalherstellung nur mit **unverhältnismäßigen Aufwendungen** möglich ist, kann der Schuldner nach § 251 II Entschädigung in Geld leisten und muss nicht die theoretisch möglichen – aber wirtschaftlich sinnlosen – Reparaturkosten erstatten. Die Unverhältnismäßigkeit ergibt sich aus einem Vergleich zwischen den Herstellungskosten – ggf. nach Abzug „alt für neu" – und dem gem. § 251 geschuldeten Geldersatz. Für Kraftfahrzeugschäden hat die Rechtsprechung als Faustregel eine 30 %-Grenze herausgebildet.

227

Beispiel:

Die Reparaturkosten übersteigen den Wert des Pkw um 30 %. Der Schädiger muss hier nur den Wiederbeschaffungswert bezahlen.

§ 251 II 2 ist zu beachten: Tiere sind – als Lebewesen – hier nicht mit dem „reinen Sachwert" anzusetzen. Vielmehr sind die Aufwendungen für die Heilbehandlung eines verletzten Tieres nicht bereits dann unverhältnismäßig, wenn sie dessen Wert erheblich übersteigen.

---

54 § 250 spielt in der Praxis kaum eine Rolle; Geldersatz wird in der Regel auch dann einverständlich geleistet, wenn die Voraussetzungen der §§ 249 II, 250, 251 nicht erfüllt sind. Vgl. hierzu PALANDT/ HEINRICHS, § 250 Rn. 1

55 Darunter versteht man den Betrag, um den eine beschädigte und einwandfrei ausgebesserte Sache (z. B. Kraftfahrzeug) im Verkehr weniger wert ist als die gleiche unbeschädigte Sache. Nach der Rechtsprechung werden der Zeitwert des Unfallwagens und 10–20 % Händlerspanne zuerkannt, BGH NJW 1978, 1373.

e) Entgangener Gewinn

228 Gem. § 252 ist auch der **entgangene Gewinn** zu ersetzen, sofern dieser nach dem gewöhnlichen Lauf der Dinge mit einer gewissen Wahrscheinlichkeit erwartet werden konnte.

Beispiel:

Der Geschädigte führt den Nachweis, dass er aufgrund konkreter Vertragsabschlüsse einen Gewinn gemacht hätte. Oder: Verdienstausfall.

f) Immaterielle Schäden

229 Schadensersatz in Geld kann für **Nichtvermögensschäden** nur in den **im Gesetz bestimmen Fällen** verlangt werden (§ 253 I). Gesetzlich geregelte Fälle sind im BGB in § 651 f II (Entschädigung für nutzlos aufgewendete Urlaubszeit) und § 253 II (Schmerzensgeld). Außerhalb des BGB besteht ein Anspruch auf Geldersatz für ideelle Schäden u. a. nach § 97 II UrhG (Verletzung des geschützten Rechts am Werk der Urheber und Künstler), §§ 15 II 1, 21 II 3 AGG (Verstoß gegen das Benachteiligungsverbot), § 7 III StrEG (durch Strafverfolgungsmaßnahmen verursachter Vermögensschaden), Art. 5 V EMRK (durch rechtswidrige Inhaftierung erlittener immaterieller Schaden).[56]

230 Bei immateriellen Schäden ist wegen Verletzung des Körpers, der Gesundheit, der Freiheit oder der sexuellen Selbstbestimmung nach § 253 II eine billige Entschädigung in Geld zu leisten.

Beispiele:

Ehrverletzungen, körperliche Schmerzen, seelische Beeinträchtigungen.

Von einigen Autoren wird § 253 II als selbstständige Anspruchsgrundlage angesehen.[57] Richtiger dürfte allerdings sein, dass der Anspruch auf Schmerzensgeld stets das Eingreifen einer Norm voraussetzt, die den Schuldner zum Schadensersatz verpflichtet. **§ 253 II** ist deshalb **keine eigenständige Anspruchsgrundlage**, sondern erweitert den Umfang des Schadensersatzes, wenn die Voraussetzungen einer haftungsbegründenden Norm (z. B. § 280 I, § 823 I) erfüllt sind.[58]

Das folgt auch aus der Formulierung des § 253 II: „**Ist** wegen einer Verletzung des Körpers, der Gesundheit, der Freiheit oder der sexuellen Selbstbestimmung Schadensersatz zu leisten…" Denn hieraus kann man entnehmen, dass der Gesetzgeber eine andere Anspruchsgrundlage voraussetzt, aufgrund derer Schadensersatz zu leisten ist. Wenn eines der vorgenannten Rechtsgüter verletzt worden ist, ist im Rahmen des Schadensumfangs neben dem Vermögensschaden auch der immaterielle Schaden durch ein sog. Schmerzensgeld auszugleichen.

Ebenfalls dokumentiert die systematische Stellung des § 253 II innerhalb der **Rechtsfolgenregelungen der §§ 249 ff.**, dass es sich hierbei nicht um eine eigen-

---

56 Weitere Nachweise bei PALANDT/HEINRICHS, § 253 Rn. 2.
57 Vgl. u. a. PALANDT/HEINRICHS, § 253 Rn. 4.
58 So auch: HK-BGB/SCHULZE, § 253 Rn. 13; JAUERNIG/TEICHMANN, § 253 Rn. 4; WÖRLEN, Schuldrecht BT, Rn. 402.

ständige Anspruchsgrundlage handelt. Diese Vorschrift erweitert vielmehr den Umfang des Schadensersatzes, wenn eine Anspruchsgrundlage, deren Rechtsfolge auf „Schadensersatz" lautet, erfüllt ist.

Der Anspruch auf das sog. **Schmerzensgeld** besteht aufgrund dieser – seit **231** 1.8.2002 geltenden – Vorschrift nicht nur bei der verschuldensabhängigen deliktischen Haftung (§§ 823 ff.), sondern ist darüber hinaus bei einer vertraglichen Schadensersatzhaftung (z.B. gem. § 280 I) und bei der verschuldensunabhängigen Gefährdungshaftung (z.B. nach § 7 StVG) möglich.

Diese Erweiterung wirkt sich insbesondere bei der Einschaltung eines Gehilfen aus. Denn in solchen Fällen kann eine deliktische Haftung des Geschäftsherrn nach § 831 I daran scheitern, dass diesem der Exkulpationsbeweis (§ 831 I 2) gelingt. Im Rahmen der vertraglichen Haftung gibt es diese Möglichkeit nicht.[59] Der Schuldner muss immer für seinen „Erfüllungsgehilfen" nach § 278 einstehen und dann ggf. auch Schmerzensgeld zahlen.[60]

Es ist eine „billige Entschädigung in Geld" zu gewähren. Das Schmerzensgeld hat eine Ausgleichs- und Genugtuungsfunktion. Wird keine außergerichtliche Einigung über die Höhe des Schmerzensgeldes erzielt, bestimmt das Gericht gem. § 287 ZPO nach Ermessen je nach Art und Dauer der Verletzungen unter Berücksichtigung aller für die Höhe maßgeblichen Umstände. Als ungefähre, jedoch nicht verbindliche Richtschnur für die Schmerzensgeldhöhe werden Präzedenzfälle herangezogen (sog. „Schmerzensgeldtabellen"[61]).

Das allgemeine Persönlichkeitsrecht wird zwar nicht ausdrücklich in § 253 II ge- **232** nannt. Unter den von der Rechtsprechung entwickelten Voraussetzungen[62] kann auch in diesen Fällen eine Geldentschädigung gewährt werden.

II. Umfang des Schadensersatzes

Der Vermögensschaden wird berechnet, indem man die gegenwärtige Lage mit **233** der Lage, wie sie ohne das Schadensereignis bestehen würde, vergleicht. Er besteht in der Vermögenseinbuße und dem entgangenen Gewinn.[63]

Wenn der Geschädigte bei Eintritt oder Vergrößerung des Schadens mitgewirkt **234** hat, hängt es nach **§ 254** von den Umständen des Einzelfalles ab, ob ein Schadenseratzanspruch gemindert wird oder sogar ganz entfällt (sog. **Mitverschulden**). Es handelt sich bei dieser Vorschrift um eine Einwendung gegenüber einem Schadensersatzanspruch. § 254 stellt auf ein Verschulden des Geschädigten gegen sich selbst ab (Obliegenheitsverletzung).

---

59 Beispiel in Fall 10, Aufgabe 1 (Rn. 487).
60 Nach der bis zum 31.12.2001 geltenden Rechtslage (§ 847 a. F.) war Schmerzensgeld bei einer vertraglichen Haftung ausgeschlossen. Vorausgesetzt wurde eine deliktische Haftung nach §§ 823 ff.
61 Die gebräuchlichste Sammlung ist die ADAC-Schmerzensgeldtabelle von HACKS/RING/BÖHM (25. Aufl. 2007) bzw. SLIZYK, Beck'sche Schmerzensgeld-Tabelle 2006. Beispiel: Hals-Wirbel-Schleudertrauma nach Auffahrunfall (sog. HWS-Syndrom); im Jahr 2002 gewöhnlich ca. 1000 DM, inzwischen üblicherweise 600 € Schmerzensgeld.
62 BROX/WALKER, Schuldrecht BT, § 44 Rn. 15 ff. m. w. N.
63 Ausführlich hierzu: BROX/WALKER, Schuldrecht AT, § 31 Rn. 12 ff.

Beispiel:

Ein Fußgänger geht in schwarzer Kleidung bei Dunkelheit auf der rechten Straßenseite und benutzt nicht den auf der linken Seite befindlichen Fußgängerweg. Er wird von einem ohne Licht fahrenden Radfahrer erfasst und verletzt.

Bei Vorliegen der Voraussetzungen des § 254 hängt die Ersatzpflicht sowie deren Umfang von den Umständen, insbesondere davon ab, inwieweit der Schaden vorwiegend von dem einen oder dem anderen Teil verursacht worden ist. Abgestellt wird hierbei auf den Grad der beiderseitigen Verursachung sowie auf das Maß des beiderseitigen Verschuldens. Es kann deshalb zu einer Quotelung des Schadens kommen.

Beispiele:

Der Schädiger hat vorsätzlich, der Geschädigte nur leicht fahrlässig gehandelt – hier muss der Schädiger den vollen Schaden ersetzen.

Den Geschädigten trifft ein besonders schweres Verschulden, beim Schädiger liegt kein Verschulden, sondern nur eine Haftung aufgrund einer Betriebsgefahr vor; – hier entfällt der Schadensersatzanspruch ganz aufgrund des § 254.

Fall 5: Autokauf mit Hindernissen und Tücken beim „Kleingedruckten"

Schwerpunkte:
Rechtsfolgen bei Mängeln der Kaufsache – Verbrauchsgüterkauf –
Haftungsbeschränkungen durch Allgemeine Geschäftsbedingungen

K benötigt mehrere Kraftfahrzeuge.

Zunächst schließt er mit dem Privatier und Autosammler A einen Kaufvertrag **235**
über einen „brandneuen", „keinesfalls reparaturbedürftigen" Pkw zum Preis von
30 000 €. Doch seine Freude an dem Neuwagen währt nicht lange, denn der
Motor zeigt schon einige Tage nach dem Kauf verschiedene Auffälligkeiten, die
nicht nur im Innenraum des Fahrzeugs unerträgliche Geräusche erzeugen. Bei
der ersten Regenfahrt dringt an zwei undichten Stellen Wasser in den Innenraum
ein. Außerdem hat die Scheibenwischanlage diverse kleinere Defekte.

Nach einigen Tagen bringt K den Pkw zu A und verlangt die Beseitigung der
Mängel. Als er den Wagen anschließend bei A abholt, muss K feststellen, dass
nach wie vor die Mängel vorhanden sind. Auch nach dem zweiten Mangelbesei-
tigungsversuch stellt sich kein Reparaturerfolg ein. Als K das bei A moniert, erklärt dieser, damit müsse er sich wohl abfinden.

K erklärt daraufhin nach 22 Wochen den Rücktritt vom Vertrag. A weigert sich,
weil K zum einen nur ein Anspruch auf Nacherfüllung zustehe und zum anderen, weil der Nacherfüllungsanspruch bereits verjährt sei. A verweist insoweit
auf seine von K bei Vertragsschluss akzeptierten AGB, in denen u. a. folgende
Klauseln stehen:

„5. Bei Mangelhaftigkeit der Kaufsache steht dem Käufer nur ein Recht auf Nacherfüllung zu.

6. Die Mängelrechte des Käufers erlöschen mit Ablauf von zwei Monaten nach
Ablieferung."

Aufgabe 1: Kann K von A Rückzahlung des Kaufpreises – gegen Rückgabe
des Pkw – verlangen?

Gehen Sie davon aus, dass A ein Autohändler ist, der im Rahmen seiner – von K
akzeptierten – AGB den Rücktritt vom Vertrag ausgeschlossen hat.

Aufgabe 2: Kann K trotzdem gegenüber dem Unternehmer A dieses Gewährleistungsrecht geltend machen und Rückzahlung des Kaufpreises verlangen?

Beim Kfz-Vertragshändler B erwirbt K einen sog. Jahreswagen für 15 000 €. Hierbei handelt es sich um einen besonders günstigen Kauf, zumal der Pkw in den einschlägigen Gebrauchtwagenlisten mit einem Preis von 17 500 € steht.

Nach einigen Tagen stellt sich heraus, dass das Fahrzeug einen bis dahin unentdeckten erheblichen Defekt an der automatischen Klimaanlage hat. Die von K gesetzte Frist zur Nacherfüllung lässt B fruchtlos verstreichen.

Ein von K eingeholtes Sachverständigengutachten ergibt, dass der Wagen mit dem festgestellten Defekt an der Automatik nur noch einen Zeitwert von 12 500 € hat.

K, der lediglich eine Anzahlung in Höhe von 5000 € an B geleistet hat, erklärt, er möchte den Wagen behalten und den Kaufpreis entsprechend mindern.

Aufgabe 3: Hat K ein Minderungsrecht? Falls ja, wie viel muss er noch an B zahlen?

Es kann bei vorgenanntem Jahreswagen nicht geklärt werden, ob der Defekt an der Klimaanlage schon bei Übergabe des Fahrzeugs vorhanden war oder auf unsachgemäße Benutzung durch K zurückzuführen ist.

Aufgabe 4: Kann K auch in diesem Fall sein Minderungsrecht ausüben?

Beim Autohaus des V kauft K den Neuwagen „Minispritti", bei dem es sich nach Angaben des Herstellers – entsprechende Werbebroschüren liegen im Verkaufsraum des V aus – um ein „5-Liter-Auto" handeln sollte. Das von K gekaufte Modell hat – wie alle anderen Wagen dieser Serie – einen durchschnittlichen Benzinverbrauch von 6 Litern pro 100 km. Mit einer Nachrüstung des Motors könnte der Benzinverbrauch auf 5 Liter pro 100 km reduziert werden. Mit V hatte K nicht über diese Frage gesprochen. V bekundet, die Broschüre stamme nicht von ihm, und er habe sie auch nicht gelesen.

Aufgabe 5: Kann K von V Nachbesserung (Mangelbeseitigung) verlangen?

Fall 5: Prüfschema/Lösungsskizze

Aufgabe 1: 236

K ⟶ A Rückzahlung des Kaufpreises Zug um Zug gegen Rückgabe des Pkw gem. §§ 346 I, 437 Nr. 2, 1. Alt., 434 I 1, 323 I

1. vertragliches oder gesetzliches Rücktrittsrecht; hier: § 437 Nr. 2, 1. Alt. (+)
2. wirksamer Kaufvertrag über eine Sache (+)
3. Lieferung einer mangelhaften Sache durch Verkäufer (= Pflichtverletzung) (+) Mangel i. S. d. §§ 434 I 1 bei Gefahrübergang, § 446
4. Fristsetzung zur Nacherfüllung (§ 323 I) ist entbehrlich gem. § 440 (+)
5. Erheblichkeit der Pflichtverletzung (+)
6. kein Ausschluss des Rücktritts durch AGB (+)
   a) AGB i. S. d. § 305 I
   b) kein Ausschluss bzw. keine Einschränkung nach § 310
   c) AGB = Vertragsbestandteil gem. §§ 305 II, 305 a–c
   d) Wirksamkeit der AGB
      § 309 Nr. 8 b) bb) – Klausel ist unwirksam
   e) § 306 I – Vertrag bleibt wirksam
      § 306 II – gesetzliche Vorschriften treten anstelle der entfallenen Klausel
7. Erklärung des Rücktritts gem. § 349 (+)
8. Durchsetzbarkeit des Rücktritts (+)
   a) § 309 Nr. 8 b) ff) – Klausel ist unwirksam
   b) § 306 I, II: § 438 I Nr. 3 ist anwendbar

Ergebnis: K ⟶ A Rückzahlung des Kaufpreises Zug um Zug gegen Rückgabe des Pkw gem. §§ 346 I, 437 Nr. 2, 1. Alt., 434 I 1, 323 I (+)

Aufgabe 2: 237

K ⟶ A Rückzahlung des Kaufpreises Zug um Zug gegen Rückgabe des Pkw gem. §§ 346 I, 437 Nr. 2, 1. Alt., 434 I 1, 323 I

Voraussetzungen wie bei Aufgabe 1, Nr. 1–5

6. Verbrauchsgüterkauf i. S. d. § 474 (+)
   a) K = Verbraucher i. S. d. § 13
   b) B = Unternehmer i. S. d. § 14 I
   c) Kaufgegenstand = bewegliche Sache
   folglich: zwingende Geltung der gesetzlichen Gewährleistungsvorschriften (§ 475)
7. Rücktrittserklärung gem. § 349
8. Mindestverjährungsfrist von zwei Jahren (§ 475 II)

Ergebnis: Wie Aufgabe 1

238 Aufgabe 3:

```
┌─────────────────────────────────┐
│   K ─────────────────────── B   │
│            § 433                │
└─────────────────────────────────┘
```

K ──────→ B Minderung gem. §§ 437 Nr. 2, 2. Alt. i. V. m. 434 I 2 Nr. 2, 323, 441

1. wirksamer Kaufvertrag über eine Sache (+)
2. Lieferung einer mangelhaften Sache durch Verkäufer (= Pflichtverletzung) (+)
   a) Mangel i. S. d. § 434 I 2 Nr. 2
   b) bei Gefahrübergang, § 446 (+)
3. erfolglose Frist zur Nacherfüllung, § 323 I (+)
4. Erklärung der Minderung, § 441 (+)

Ergebnis: K ──────→ B Minderung gem. §§ 437 Nr. 2, 2. Alt. i. V. m. 434 I 2 Nr. 2, 323, 441 (+)
Berechnung der Minderung: § 441 III

239 Aufgabe 4:

K ──────→ B Minderung gem. §§ 437 Nr. 2, 2. Alt. i. V. m. 434 I 2 Nr. 2, 323, 441

Voraussetzungen wie bei Aufgabe 3, Nr. 1–2 a)

3. Vorliegen des Mangels bereits bei Gefahrübergang?
   Beweislastumkehr gem. § 476 (+)
   a) Verbrauchsgüterkauf i. S. d. § 474 I 1
   b) kein Ausschluss der Vermutung (§ 476, 2. HS)

Ergebnis: Wie bei Aufgabe 3

240 Aufgabe 5:

```
┌─────────────────────────────────┐
│   K ─────────────────────── V   │
│            § 433                │
└─────────────────────────────────┘
```

K ──────→ V Nachbesserungsanspruch gem. §§ 437 Nr. 1, 439, 434

1. Kaufvertrag E–T (+)
2. Sachmangel bei Gefahrübergang nach § 434 I 3 (+)
3. § 439: Wahlrecht des E – Nachbesserung
4. kein Haftungsausschluss
5. Verweigerungsrecht des V?
   § 439 III (–)
   §§ 275 II, III (–)

Ergebnis: K ──────→ V Nachbesserungsanspruch gem. §§ 437 Nr. 1, 439, 434 (+)

Fall 5: Ausarbeitung (Gutachten)

Aufgabe 1:

K könnte gegenüber A einen Anspruch auf Rückzahlung des Kaufpreises Zug um 241
Zug gegen Rückgabe des Pkw gem. §§ 346 I, 437 Nr. 2, 1. Alt., §§ 434 I 1, 323 I
haben.

1. Das Rücktrittsrecht des K könnte sich aus § 437 Nr. 2, 1. Alt., §§ 434, 323 I
ergeben.

2. Dann müssen K und A einen wirksamen Kaufvertrag i. S. d. § 433 geschlos-
sen haben. Durch zwei übereinstimmende Willenserklärungen der Vertragsparteien kam zwischen ihnen ein solcher Vertrag zustande.

3. Es muss ein Mangel gem. § 434 I 1 vorliegen. Das ist der Fall, wenn die Be-
schaffenheit der Kaufsache von der vertraglich vereinbarten Beschaffenheit ab-
weicht. K und A haben bei den Vertragsverhandlungen festgelegt, dass der Wagen „brandneu" und „keinesfalls reparaturbedürftig" sei. Da der Pkw gleichwohl
einige Mängel hat (unerträgliche Geräusche im Innenraum, undichte Stellen und
Defekte an der Scheibenwischanlage), weicht er von dieser Beschaffenheitsvereinbarung ab und ist folglich gem. § 434 I 1 mangelhaft. Der Mangel lag bereits
bei Übergabe des Fahrzeugs (= Gefahrübergang, vgl. § 446) vor.

4. Die nach § 437 Nr. 2, 1. Alt. i. V. m. § 323 I erforderliche Fristsetzung zur
Nacherfüllung könnte gem. § 440 entbehrlich sein. Danach bedarf es keiner
Fristsetzung, wenn die dem Käufer zustehende Art der Nacherfüllung fehlge-
schlagen ist – was nach § 440 S. 2 nach dem zweiten erfolglosen Versuch ange-
nommen wird („gilt"). Indem A zweimal vergeblich die Mängelbeseitigung ver-
suchte, ist diese Voraussetzung gegeben.

5. Voraussetzung für dieses Gestaltungsrecht ist außerdem, dass die Pflichtver-
letzung des A erheblich ist (§ 323 V 2). Wenn ein als „brandneu" verkauftes Auto
mehrere Defekte (siehe oben) hat, ist die Erheblichkeit der Pflichtverletzung gegeben.

Folglich könnte A ein Rücktrittsrecht aus § 437 Nr. 2, 1. Alt., §§ 323 I, 434 I 1 haben.

6. Dieses Gestaltungsrecht könnte allerdings durch eine vertragliche Verein- 242
barung ausgeschlossen sein.[1] In Betracht kommt ein Ausschluss aufgrund von
Ziffer 5 der von A verwendeten AGB. Dadurch steht dem K bei Mangelhaftigkeit
der Kaufsache nur ein Recht auf Nacherfüllung zu. K kann also nur dann vom
Vertrag zurücktreten, wenn diese Vertragsbedingung nichtig ist. Dies könnte aufgrund der Vorschriften der §§ 305–310 der Fall sein.

a) Zunächst muss es sich bei den Vertragsbedingungen um Allgemeine Ge-
schäftsbedingungen i. S. v. § 305 I handeln. Darunter fallen nur solche vorfor-

---

1 Für gesetzliche Ausschlussgründe gem. § 323 V oder VI gibt der Sachverhalt keine Anhaltspunkte.
  Diese brauchen deshalb nicht erörtert werden.

mulierten Vertragsbedingungen, die für eine Vielzahl von Verträgen vorgelegt werden und nicht das Ergebnis beiderseitiger Vertragsverhandlungen darstellen. Indem K die vorformulierten AGB mit der Klausel Ziffer 5 von A bei Vertragsschluss vorgelegt wurden, sind die Voraussetzungen von § 305 I erfüllt.

b) Die Anwendbarkeit der Verbraucherschutzvorschriften (§§ 305 ff.) darf nicht durch § 310 ausgeschlossen sein. Bei dem Kaufvertrag handelt es sich um einen schuldrechtlichen Vertrag, sodass er nicht unter den sachlichen Anwendungsbereich des § 310 IV fällt. K ist auch kein Kaufmann i. S. d. HGB – sondern „Verbraucher" (vgl. § 13 BGB)[2] und unterliegt damit auch nicht den Beschränkungen des § 310 I.

243 *c) Beachtlich sind die Vertragsbedingungen nur dann, wenn sie gem. §§ 305 II, 305 a-c durch Einbeziehung Bestandteil des Einzelvertrags zwischen A und K geworden sind.* Nach § 305 II Nr. 1 ist ein ausdrücklicher oder konkludenter Hinweis auf die AGB durch den Verwender erforderlich; der Vertragspartner muss die Möglichkeit erhalten, in zumutbarer Weise von deren Inhalt Kenntnis zu nehmen und mit ihrer Geltung einverstanden sein (§ 305 II Nr. 2). Indem K den vorformulierten Vertrag akzeptiert hat, sind die AGB des A Vertragsbestandteil geworden. Es liegt auch weder eine Überraschungsklausel gem. § 305 c vor noch steht eine Individualvereinbarung gem. § 305 b entgegen.

244 *d) Inwieweit die Klausel inhaltlich den gesetzlichen Anforderungen entspricht, ergibt sich aus den §§ 309, 308, 307.[3] Gem. § 309 Nr. 8 b) bb) ist in AGB eine Bestimmung unwirksam, die bei Verträgen über Lieferungen neu hergestellter Sachen die Ansprüche gegen den Verwender … auf ein Recht auf Nacherfüllung beschränkt, sofern dem anderen Vertragsteil nicht ausdrücklich das Recht vorbehalten wird, bei Fehlschlagen der Nacherfüllung zu mindern oder … vom Vertrag zurückzutreten.* A hat im vorliegenden Fall versäumt, dem K bei Fehlschlagen der Nacherfüllung die vorgenannten Möglichkeiten einzuräumen.

Folglich ist Ziff. 5 der AGB-Klausel des von K und A geschlossenen Vertrags unwirksam.

245 *e) Dies führt allerdings nicht zur Unwirksamkeit des ganzen Vertrags (vgl. § 139), sondern nach § 306 I zur Unwirksamkeit dieser Klausel. Gem. § 306 II richtet sich der Inhalt des Vertrags nach den gesetzlichen Vorschriften, also denen über das Rücktrittsrecht.*

Somit ist das Rücktrittsrecht des K nicht durch Ziff. 5 der AGB ausgeschlossen.

7. K muss den Rücktritt gem. § 349 erklärt haben. Eine solche Erklärung erfolgte nach 22 Wochen.

---

2 Bei einem Verbrauchervertrag – der hier nicht vorliegt – gilt außerdem § 310 III.

3 Gem. § 307 III ist allerdings die Inhaltskontrolle nur für solche Bestimmungen in AGB möglich, durch die von Rechtsvorschriften abweichende oder diese ergänzende Regelungen vereinbart werden. D. h., die §§ 307–309 sind nicht anwendbar, wenn lediglich der Gesetzestext – evtl. auch nur sinngemäß – wiederholt wird oder durch die AGB die jeweiligen vertraglichen Leistungen nur tatsächlich beschrieben werden. Da durch die Klausel Ziffer 5 die gesetzlichen Mängelrechte ausgeschlossen werden, indem dem Käufer lediglich ein Nacherfüllungsanspruch eingeräumt wird, ist die Inhaltskontrolle möglich.

8. Fraglich ist jedoch, ob dieses Gestaltungsrecht noch durchsetzbar ist. Die **246** Verjährungsnormen gelten nicht unmittelbar, da es sich bei dem Rücktritt nicht um einen Anspruch (vgl. § 194 I) handelt. Gem. §§ 438 IV 1, 218 I 1 ist der Rücktritt allerdings unwirksam, wenn der Anspruch auf Leistung oder auf Nacherfüllung verjährt ist und der Verkäufer sich hierauf beruft. *Gem. § 438 I Nr. 3 verjährt dieser Mängelanspruch in zwei Jahren ab der Übergabe der Sache.* Abweichend von der gesetzlichen Regelung wurde in Ziff. 6 der AGB vereinbart, dass eine zweimonatige Verjährungsfrist gelten soll – worauf A sich auch beruft.

Nach § 309 Nr. 8 b) ff) ist in Verträgen betreffend die Lieferung neu hergestellter Sachen eine Bestimmung in AGB unwirksam, die eine kürzere Verjährungsfrist als ein Jahr vorsieht. Somit ist auch die vorgenannte Klausel Ziff. 6 des A unwirksam und gem. § 306 I gegenstandslos und durch §§ 438 IV 1, 218 I 1 (§ 438 I Nr. 3) zu ersetzen (vgl. § 306 II).

Folglich hat K gegen A einen durchsetzbaren Anspruch auf Rückzahlung des Kaufpreises Zug um Zug (§ 348) gegen Rückgabe des Pkw[4] gem. §§ 346 I, 323 I, 437 Nr. 2, 1. Alt., 434 I 1.

Aufgabe 2:

Ein Anspruch des K gegenüber A auf Rückzahlung des Kaufpreises Zug um Zug gegen Rückgabe des Pkw könnte gem. § 346 I, 437 Nr. 2, 1. Alt., §§ 434 I 1, 323 I vorliegen.

Die Voraussetzungen des Rücktrittsrecht wurden bereits bei Aufgabe 1 (unter 1. bis 5.) erörtert.

6. Fraglich ist, ob das Rücktrittsrecht des K durch die AGB des A wirksam ausgeschlossen werden konnte.

Das ist nicht der Fall, wenn es sich bei dem Kaufvertrag um einen Verbrauchsgü- **247** *terkauf i. S. d. § 474 I 1 handelt. Es muss zwischen einem Verbraucher und einem Unternehmer ein Kaufvertrag über eine bewegliche Sache zustande gekommen sein.*

a) K muss Verbraucher sein. Verbraucher ist nach § 13 jede natürliche Person, die ein Rechtsgeschäft abschließt, das weder ihrer gewerblichen noch selbstständigen beruflichen Tätigkeit zugeordnet werden kann. K ist eine natürliche Person und hat den Wagen auch als Privatmann gekauft. Somit ist er Verbraucher.

b) A muss Unternehmer sein. Unternehmer ist nach § 14 I jede Person, die ein Rechtsgeschäft in Ausübung ihrer gewerblichen oder selbstständigen beruflichen Tätigkeit abschließt. A hat als Autohändler den Kaufvertrag mit K in Ausübung seiner gewerblichen Tätigkeit abgeschlossen; die Voraussetzungen des § 14 sind erfüllt.

---

4 Das Eigentum muss gem. § 929 zurückübertragen werden. Der Käufer kann vom Verkäufer verlangen, dass dieser die Sache bei ihm abholt, vgl. BGH NJW 1983, 1479, 1480; BGHZ 87, 104, 109; PALANDT/HEINRICHS, § 269 Rn. 16; AnwKom/HAGER, § 346 Rn. 24.

c) Schließlich hat V an K mit dem Pkw auch eine bewegliche Sache verkauft.

248 Folglich sind die §§ 475 ff. anwendbar. *Gem. § 475 I 1 kann sich der Unternehmer auf eine vor Mitteilung eines Mangels getroffene Vereinbarung nicht berufen, mit der zum Nachteil des Verbrauchers von den gesetzlichen Gewährleistungsvorschriften abgewichen wird.*[5] A konnte daher nicht wirksam durch seine AGBs vereinbaren, dass K auf sein Rücktrittsrecht verzichtet.

Somit ist der Gewährleistungsausschluss unwirksam.

7. Der Rücktritt wurde von K erklärt (siehe Aufgabe 1).

8. Gem. § 475 II darf bei neuen Sachen eine Verjährungsfrist von zwei Jahren nicht unterschritten werden.

K hat also auch in diesem Fall gegen A einen durchsetzbaren Anspruch auf Rückzahlung des Kaufpreises Zug um Zug (§ 348) gegen Rückgabe des Pkw gem. §§ 346 I, 437 Nr. 2, 1. Alt., 434 I 1, 323 I.

Aufgabe 3:

Ein Minderungsrecht des K könnte sich aus §§ 437 Nr. 2, 2. Alt. i. V. m. 434 I 2 Nr. 2, 323, 441 ergeben.

1. Voraussetzung hierfür ist, dass zwischen K und B ein wirksamer Kaufvertrag besteht. Dies ist der Fall, wenn zwei übereinstimmende Willenserklärungen, Angebot und Annahme, vorliegen. K und B haben einen Kaufvertrag über einen gebrauchten Pkw zum Preis von 15 000 € geschlossen.

249 *2. a) Des Weiteren muss der Wagen einen Mangel haben. Gem. § 434 I 1 liegt ein Sachmangel vor, wenn die Kaufsache nicht die vereinbarte Beschaffenheit aufweist. K und B haben keine bestimmte Beschaffenheit vereinbart, sodass § 434 I 1 nicht einschlägig ist. Die Kaufsache könnte nach § 434 I 2 Nr. 1 mangelhaft sein. Dann darf sie sich nicht für die nach dem Vertrag vorausgesetzte Verwendung eignen. K und B haben aber auch keine bestimmte Verwendung des Wagens vertraglich vorausgesetzt. Nach § 434 I 2 Nr. 2 ist die Sache mangelhaft, wenn sie sich nicht für die gewöhnliche Verwendung eignet und nicht die übliche Beschaffenheit aufweist, die der Käufer erwarten darf.* Die übliche Verwendung eines Autos besteht in seiner Benutzung als Transportmittel und wird durch eine defekte Klimaanlage beeinträchtigt. Folglich liegt ein Sachmangel nach § 434 I 2 Nr. 2 vor.

b) Dieser Mangel war bereits bei Übergabe des Pkw (Gefahrübergang i. S. d. § 446) vorhanden.

250 *3. Gem. § 437 Nr. 2, 2. Alt. müssen die Voraussetzungen eines Rücktrittsrechts erfüllt sein.*[6] *Diese ergeben sich wiederum aus § 323. K kann also erst mindern, wenn eine dem B gesetzte angemessene Nacherfüllungsfrist erfolglos abgelaufen*

---

5 Diese Vorschrift gilt nicht nur für Regelungen in Allgemeinen Geschäftsbedingungen des Verkäufers, sondern ebenso für individualvertragliche Vereinbarungen. Beim Verbrauchsgüterkauf gelten somit die gesetzlichen Gewährleistungsvorschriften zwingend (Ausnahme in § 475 III).

6 Dies ergibt sich aus dem Wortlaut der Vorschrift: „statt zurückzutreten …".

ist. Die von K dem B gesetzte Frist zur Nacherfüllung hat dieser ohne Kommentar verstreichen lassen.

4. K muss nach § 441 I 1 dieses einseitige Gestaltungsrecht ausüben. Gegenüber B hat K die Minderung erklärt.

Die Höhe des Minderungsanspruchs berechnet sich nach § 441 III. Danach ist **251** der Kaufpreis in dem Verhältnis herabzusetzen, in welchem zur Zeit des Verkaufs der Wert der Sache in mangelfreiem Zustand zu dem wirklichen Wert gestanden haben würde. Daraus ergibt sich folgende Berechnungsformel (X ist der gesuchte Minderungsbetrag):

$$X = \frac{(\text{Wert mit Mangel} \times \text{vereinbarter Kaufpreis})}{\text{Wert ohne Mangel}}$$

$$X = \frac{(12\,500\,\text{€} \times 15\,000\,\text{€})}{17\,500\,\text{€}} = 10\,714{,}29\,\text{€}$$

K hat folglich ein Minderungsrecht gem. §§ 437 Nr. 2, 2. Alt. i. V. m. 434 I 2 Nr. 2, 323, 441. Er muss an B den geminderten Kaufpreis in Höhe von 10 714,29 € abzüglich der bereits geleisteten 5 000 €, also 5 714,29 € zahlen.

Aufgabe 4:

K könnte ein Minderungsrecht gem. § 437 Nr. 2, 2. Alt. i. V. m. §§ 434 I 2 Nr. 2, 323, 441 zustehen.

Dessen Voraussetzungen wurden bereits bei Aufgabe 3 erörtert und bejaht.

3. Wenn der Jahreswagen bereits bei Gefahrübergang (= Übergabe, vgl. § 446) diesen Mangel hatte, wären die Voraussetzungen des § 434 I 2 Nr. 2 erfüllt. Andernfalls wäre der Pkw zum maßgeblichen Zeitpunkt mangelfrei gewesen mit der Folge, dass K keine Gewährleistungsrechte zuständen.

Grundsätzlich geht die fehlende Aufklärbarkeit dieser Voraussetzung zu Lasten des Beweispflichtigen – also des K.[7]

Etwas anderes könnte sich aus § 476 ergeben. Danach wird, wenn sich inner- **252** *halb von sechs Monaten seit Gefahrübergang ein Sachmangel zeigt, vermutet, dass die Sache bereits bei Gefahrübergang mangelhaft war (Beweislastumkehr).*

a) Voraussetzung hierfür ist, dass ein Verbrauchsgüterkauf nach § 474 I 1 vorliegt, also wenn ein Verbraucher eine bewegliche Sache von einem Unternehmer kauft.

Wie bereits bei Aufgabe 2 erörtert, ist K eine natürliche Person und somit Verbraucher i. S. d. § 13.

B hat als Kfz-Vertragshändler den Kaufvertrag mit K in Ausübung seiner gewerblichen Tätigkeit abgeschlossen; die Voraussetzungen des § 14 sind erfüllt.

---

7 Was sich aus dem Rechtsgedanken des § 363 ergibt. Siehe hierzu PALANDT/HEINRICHS, § 434 Rn. 59.

Schließlich hat V an K mit dem Pkw auch eine bewegliche Sache verkauft. Somit sind die §§ 475 ff. anwendbar, und es gilt die Beweislastumkehr des § 476 zugunsten des K.

253 *b) Die Vermutung könnte nach § 476, 2. HS ausgeschlossen sein. Das ist dann der Fall, wenn sie mit der Art des Mangels oder der Kaufsache unvereinbar ist.* Hierfür gibt es im Sachverhalt keine Anhaltspunkte. Es geht vielmehr um eine alltägliche Sachverhaltsunsicherheit, vor der der § 476 den Käufer schützen will. Zugunsten des K gilt folglich die Beweislastumkehr des § 476. Erbringt B keinen Gegenbeweis, wird vermutet, dass der von K gekaufte Wagen schon bei Gefahrübergang mangelhaft war.

Deshalb kann K auch in diesem Fall den Kaufpreis mindern.

Aufgabe 5:

K könnte gegenüber V einen Anspruch auf Nacherfüllung in Form der Nachbesserung gem. §§ 437 Nr. 1, 439, 434 haben.

1. Ein wirksamer Kaufvertrag ist zwischen den Vertragsparteien über den Neuwagen „Minispritti" zustande gekommen.

2. *Der Pkw muss mangelhaft i. S. d. § 434 sein.* K und V haben weder einen bestimmten Benzinverbrauch vertraglich vereinbart noch sich über einen besonderen Verwendungszweck verständigt, sodass ein Mangel nach § 434 I 1 und 2 Nr. 1 ausscheidet.

254 *In Betracht kommt ein Mangel gem. § 434 I 2 Nr. 2, wenn sich der Wagen für die gewöhnliche Verwendung nicht eignet oder nicht die übliche Beschaffenheit aufweist, also die „Qualität und Leistung"*[8] *nicht gewährleistet ist.* Der Verwendungszweck eines (Neu-)Wagens besteht in seiner Benutzung als Transportmittel, die durch einen höheren Benzinverbrauch nicht eingeschränkt ist. Außerdem stellt ein Benzinverbrauch von 5 Litern pro 100 km keine „übliche Beschaffenheit" eines Neufahrzeugs dar, die ein Käufer erwarten kann, zumal die meisten Neuwagen einen höheren Benzinverbrauch haben. Ein Mangel nach § 434 I 2 Nr. 2 liegt deshalb nicht vor. *Allerdings bestimmt § 434 I 3 in Ergänzung der „üblichen Beschaffenheit", dass auch öffentliche Äußerungen des Herstellers – insbesondere in der Werbung – zur Beschaffenheit nach § 434 I 2 Nr. 2 gehören. Gem. § 4 I 1 ProdHaftG*[9] *ist Hersteller derjenige, der das Endprodukt hergestellt hat.* Indem H den Wagen gefertigt hat, ist er Hersteller. In der Werbebroschüre hat er den niedrigen Benzinverbrauch angegeben, sodass K ein „5-Liter-Auto" erwarten konnte. Dem Mangel könnte allerdings die Unkenntnis des V entgegenstehen. *Nach 434 I 3, 2. HS gehören die genannten Eigenschaften nicht zur Beschaffenheit, wenn der Verkäufer die Äußerung nicht kannte und auch nicht kennen musste.* Das Nichtkennen des V könnte allerdings auf Fahrlässigkeit beruhen (vgl. die Definition in § 122 II). *Gem. § 276 II handelt fahrlässig, wer die im Ver-*

---

8 Diese Begriffe gibt Art. 2 II c) und d) der Verbrauchsgüterrichtlinie vor. Sie wurden mit dem Begriff „Beschaffenheit" zusammengefasst.

9 § 434 I 3 verweist auf diese Vorschrift.

kehr erforderliche Sorgfalt außer Acht lässt. Von einem sorgfältigen Autoverkäufer kann man erwarten, dass er sich über den Inhalt der Werbebroschüren informiert, zumal diese in seinem Geschäft ausliegen und die darin getätigten Aussagen den Kunden in seiner Kaufentscheidung beeinflussen. Außerdem profitiert ein Verkäufer von den entsprechenden Werbeaussagen des Herstellers. Indem V sich nicht über den Inhalt der Broschüre informierte, handelte er fahrlässig.

Ein Mangel liegt außerdem nicht vor, wenn die Werbung die Kaufentscheidung des K nicht beeinflusst hätte (§ 434 I 3 a. E.). Dem K kam es aber gerade auf einen niedrigen Benzinverbrauch an.

Somit liegt ein Sachmangel i. S. d. § 434 I 3 vor. Dieser war bereits bei Übergabe des Fahrzeugs (Gefahrübergang i. S. d. § 446) vorhanden.

3. Folglich hat K gem. § 439 ein Wahlrecht zwischen Beseitigung des Mangels (was er im vorliegenden Fall geltend macht) und Lieferung einer mangelfreien Sache.

4. *Die Haftung des V könnte gem. § 442 ausgeschlossen sein, wenn der Käufer bei Vertragsschluss den Mangel kannte.* Dem K fiel der höhere Benzinverbrauch erst **nach** Eigentumserwerb und Gebrauch des Wagens auf, sodass dieser Ausschlussgrund nicht in Betracht kommt.

5. V könnte die von K gewählte Art der Nacherfüllung (hier: Nachbesserung) **255** *gem. § 439 III 1 verweigern, wenn sie nur mit unverhältnismäßigen Kosten möglich ist – wobei die Bedeutung des Mangels und die Frage, ob auf die andere Art der Nacherfüllung (= Ersatzlieferung einer mangelfreien Sache) zurückgegriffen werden kann, zu berücksichtigen sind.* Da alle Exemplare des verkauften Modells den erhöhten Benzinverbrauch haben, kommt die Ersatzlieferung nicht in Betracht. Eine Nachrüstung des Motors ist außerdem nicht mit unverhältnismäßigen Kosten verbunden.

Nach alledem kann K von V Nacherfüllung in Form der Nachbesserung gem. §§ 437 Nr. 1, 439, 434 verlangen.

Vertiefung: **Kaufrecht**[10]

I. Allgemeines

256 Bei dem Kaufvertrag handelt es sich um einen gegenseitigen Vertrag, in dem sich der eine Vertragspartner (Käufer) zur Veräußerung einer Sache (§ 433 I 1) und der andere (Käufer) zur Zahlung einer Geldsumme (§ 433 II) verpflichtet. Es handelt sich um ein schuldrechtliches Verpflichtungsgeschäft. Die sachenrechtliche Zuordnung des Kaufgegenstandes wird hierdurch nicht verändert.[11]

---

10 Literatur zur Vertiefung: Brox/Walker, Schuldrecht BT, §§ 1–7; Dauner-Lieb/Kitz, Fälle 53–87; Dauner-Lieb u. a./Büdenbender, § 8; Fikentscher/Heinemann, §§ 68 ff.; Gursky, Erster Teil, Erster Abschnitt; Kaiser, Rn. 582 ff.; Köster, Konkurrenzprobleme im neuen Kaufmängelrecht, JURA 2005, 30 ff.; Lorenz/Riehm, 8. Kapitel, §§ 4, 5 und 8; Luther/Steimle, E.; Mankowski, Die Anspruchsgrundlage für den Ersatz von „Mangelfolgeschäden" (Integrationsschäden), JuS 2006, 481 ff.; Marx/Wenglorz, S. 38 ff.; Reinicke/Tiedtke, Rn. 295 ff.; Schellhammer, Die Haftung des Verkäufers für Sach- und Rechtsmängel – Neue Struktur und neuer Mangelbegriff, MDR 2002, 214 ff.; ders., Rn. 28 ff.; Schur, Schadensersatz wegen Verzögerung der Nacherfüllung und Schlechtleistung im Kaufrecht, JA 2006, 223 ff.; Sutschet, Probleme des kaufrechtlichen Gewährleistungsrechts, JA 2007, 161 ff.; Westermann/Buck, S. 105 ff.; Wörlen, Schuldrecht BT, Rn. 10 ff.; Zimmer/Eckold, Das neue Mängelgewährleistungsrecht beim Kauf, JURA 2002, 145 ff.

11 Das Eigentum an der Sache geht erst durch das Verfügungsgeschäft, d. h. durch die Übereignung i. S. d. §§ 929 ff., vom Verkäufer auf den Käufer über. Siehe hierzu Fall 12, Aufgabe 2 (Rn. 535).

Gem. § 433 I 2 gehört die Lieferung einer mangelfreien Sache durch den Ver- **257** käufer zum Inhalt des Erfüllungsanspruchs des Käufers und stellt somit eine Hauptpflicht des Verkäufers dar. Bei deren Verletzung kommt das allgemeine Leistungsstörungsrecht zur Anwendung[12], d. h. die Lieferung einer mangelhaften Sache ist eine Pflichtverletzung i. S. d. § 280 I.

Von den §§ 433 ff. werden **alle Kaufverträge, die ab dem 1. 1. 2002**[13] **geschlossen wurden**, erfasst. Sie gelten für bewegliche Sachen (Mobilien) und unbewegliche (Immobilien), für Spezies- und Gattungskaufverträge, für Kaufverträge über Rechte (§ 453) und sonstige Gegenstände (§ 453). Sie gelten auch unabhängig von der persönlichen Eigenschaft der Vertragspartner, wobei allerdings **Verbrauchsgüterkaufverträge**[14] den zusätzlichen Anforderungen der §§ 474 ff. unterliegen.

Für das wirksame Zustandekommen eines Kaufvertrags sind – wie bei jedem Vertrag – die §§ 104 ff.[15], 134, 138 sowie §§ 145 ff. zu beachten. Grundstückskaufverträge müssen außerdem gem. § 311 b I notariell beurkundet werden. Nach § 311 a I ist ein (Kauf-)Vertrag auch im Falle der anfänglich objektiv unmöglichen Leistung wirksam.

II. Der Begriff des „Mangels" im Kaufrecht

Das kaufvertragliche Gewährleistungsrecht gilt für Sach- und Rechtsmängel. Ge- **258** währleistungsgrund ist ein Verkäuferverstoß gegen die Pflicht aus § 433 I 2 (also eine Pflichtverletzung).

§ 434 („Sachmangel") regelt nicht, unter welchen Voraussetzungen eine Kaufsache einen Mangel aufweist[16], sondern vielmehr, wann diese mangelfrei ist. Wie sich aus der Formulierung des § 434 I 2 („soweit ... nicht", ... „sonst") ergibt, sind die genannten Tatbestände der Reihe nach zu prüfen.[17]

Es liegt **kein Sachmangel** nach § 434 I 1 vor, wenn die Sache bei Gefahrüber- **259** gang (§§ 446 f.) die – **vertraglich – vereinbarte Beschaffenheit** hat. Der Gesetzgeber hat sich hier ausdrücklich für den subjektiven Fehlerbegriff entschieden. Die – aus § 463 a. F. bekannte – „Zusicherung" ist nun in der Beschaffenheitsvereinbarung vorhanden, d. h. Abreden, die nach bisherigem Recht als Zusicherung einer Eigenschaft verstanden wurden, begründen nunmehr mindestens eine Beschaffenheitsvereinbarung i. S. v. § 434 I 1. Eine Zusicherung des Verkäufers ist auch relevant für den Maßstab des Vertretenmüssens nach § 276 und kann zu einer verschuldensunabhängigen Schadensersatzhaftung führen.

---

12 Die früher in den §§ 459 ff. vorhandenen Gewährleistungsrechte wurden mit Wirkung vom 1. 1. 2002 z. T. in das allgemeine Schuldrecht integriert.
13 Art. 229 § 5 S. 1 EGBGB. Vor diesem Termin wirksam zustande gekommene Kaufverträge richten sich ausschließlich nach den §§ 433 ff. a. F.
14 Näheres unter VIII.
15 Beispiel hierfür in Fall 1, Aufgabe 3.
16 Dies entspricht auch der Systematik der sog. Verbrauchsgüterkauf-Richtlinie (EU-Richtlinie 1999/44/EG vom 25. 5. 1999, ABl. EG 1999 Nr. L 171 S. 12 – abgedruckt auch in: NJW 1999, 2421).
17 Fikentscher, Rn. 844.

260 Wenn die Beschaffenheit nicht (vertraglich) ausdrücklich vereinbart ist, kommt es **subsidiär** auf die **vertraglich vorausgesetzte Verwendung** an (vgl. § 434 I 2 Nr. 1).[18] In letzter Linie werden die **gewöhnliche Verwendung der Sache bzw. die Beschaffenheit anderer Sachen der gleichen Art** (also „Konkurrenzprodukte"), die der Käufer nach der Art der Sache erwarten kann, als objektive Maßstäbe herangezogen (§ 434 I 2 Nr. 2).[19]

Klausurtipp:
§ 434 in folgender Reihenfolge prüfen:

§ 434 I 1 —> § 434 I 2 Nr. 1 —> § 434 I 2 Nr. 2

---

261 In § 434 I 3 wird der Stärkung des Verbraucherschutzes Rechnung getragen und die Relevanz öffentlicher Äußerungen des Verkäufers oder auch des Herstellers über bestimmte Eigenschaften der Sache – insbesondere der Werbung oder Kennzeichnung für die vertraglich vereinbarte Beschaffenheit – festgeschrieben. Da Werbeaussagen des Verkäufers meist schon als Beschaffenheitsvereinbarungen nach § 434 I 1 gelten, hat Satz 3 vor allem bei Äußerungen Dritter (z. B. dem Hersteller i. S. d. § 4 I und II ProdHaftG oder dessen Gehilfen) Bedeutung. Grund dieser Haftung ist die Tatsache, dass auch der Verkäufer von diesen Äußerungen Dritter profitiert. Der **Verkäufer** hat die Möglichkeit des **Entlastungsbeweises**. Er muss dann beweisen, dass er die Äußerung nicht kannte und auch nicht kennen musste oder die unzutreffende Äußerung für die Willensbildung des Käufers nicht maßgeblich sein konnte, etwa weil sie für die vom Käufer beabsichtigte Verwendung nicht relevant war (§ 434 I 3, 2. HS.).

Ein Sachmangel liegt nach § 434 auch vor, wenn

262
- eine vereinbarte **Montage** unsachgemäß durchgeführt wurde (z. B. mangelfreie Sache wird durch den Montagevorgang mangelhaft oder Montage selbst wird fehlerhaft durchgeführt – § 434 II 1). Hierunter fällt aber nur der Kauf einer Sache mit Montageverpflichtung (Bringschuld). Wenn die Montage allerdings den Schwerpunkt der vertraglich geschuldeten Leistung bildet, handelt es sich um Pflichtverletzungen aus einem Werkvertrag.[20]
- die **Montageanleitung mangelhaft** ist; es sei denn, die Sache ist fehlerfrei montiert worden (§ 434 II 2).[21]
- der Verkäufer eine andere Sache (also **falsch geliefert**, sog. „aliud") oder **zu wenig geliefert** hat (§ 434 III).

263 Nach § 435 liegt ein **Rechtsmangel** vor, wenn Dritte irgendwelche Rechte in Bezug auf die Kaufsache geltend machen können (z. B. Pfandrecht) oder im Grundbuch ein Recht eingetragen ist, das nicht besteht (z. B. Grunddienstbarkeit).

---

18 Man könnte die gewöhnliche Verwendung der Kaufache als stillschweigend vertraglich vorausgesetzt betrachten. Die Eignung für die gewöhnliche Verwendung ist jedoch in § 434 I 2 Nr. 2 eigenständig geregelt, sodass § 434 I 2 Nr. 2 überflüssig wäre, wenn man eine stillschweigende Vereinbarung der gewöhnlichen Verwendungseignung bereits in § 434 I 2 Nr. 1 „hineinlesen" würde. § 434 I 2 Nr. 1 kommt also nur zum Tragen, wenn dem Vertrag nach eine **besondere** Verwendung vorausgesetzt wird; vgl. auch Palandt/Heinrichs, § 434 Rn. 20 ff.
19 Damit wird ergänzend auf den objektiven Fehlerbegriff abgestellt.
20 BGH NJW 1998, 3197 f.
21 Sog. „IKEA-Klausel".

III. Ansprüche und Rechte des Käufers bei Mängeln der Kaufsache

Bei Vorliegen eines Mangels können dem Käufer gem. § 437 i. V. m. dem allge- **264** meinen Schuldrecht folgendende Ansprüche bzw. Rechte zustehen:

Nacherfüllung (Nachbesserung/Nachlieferung) gem. § 437 Nr. 1 i. V. m. § 439		
nach Fristsetzung und erfolglosem Fristablauf:		
Rücktritt gem. § 437 Nr. 2	neben (§ 325)	**Schadensersatz** gem. § 437 Nr. 3
oder		**oder**
Minderung gem. §§ 437 Nr. 2, 441		**Aufwendungsersatz** gem. § 284

1. Nacherfüllung

Bei einer mangelhaften Kaufsache hat der Käufer gegen den Verkäufer einen **265** Nacherfüllungsanspruch; er kann nach § 439 I entweder Beseitigung des Mangels (also Nachbesserung) oder die (Ersatz-)Lieferung einer mangelfreien Sache verlangen (Wahlrecht des Käufers). Dieser Anspruch hat **Vorrang vor allen anderen Ansprüchen**. Der Verkäufer erhält damit gleichzeitig ein Recht zur „zweiten Andienung".[22] Denn Inhalt des Erfüllungsanspruchs ist nach § 433 I 2 die Lieferung einer mangelfreien Sache – eine Hauptleistungspflicht des Verkäufers. Der Käufer soll folglich – da der Vertrag noch nicht erfüllt ist – das Recht und der Verkäufer die Möglichkeit zur Nacherfüllung erhalten.

> **Merke:**
> Der Vorrang des Nacherfüllungsanspruchs ist nicht ausdrücklich im Gesetz formuliert, sondern ergibt sich u. a. aus §§ 323 I sowie 281 I: Die dort genannte „angemessene Frist" muss erfolglos abgelaufen (oder aber entbehrlich) sein, bevor der Käufer die anderen in § 437 genannten Rechte geltend machen kann.

Die vom Käufer gewählte Form der Nacherfüllung bzw. jegliche Nacherfüllung **266** kann der Verkäufer ablehnen, wenn diese für ihn nur unter unverhältnismäßigen Kosten möglich ist (§ 439 III). Hierfür gibt es folgende Kriterien:
- Der Wert der Sache in mangelfreiem Zustand (z. B. falls die Reparaturkosten eines billigen Massenprodukts außer Verhältnis zu seinem Neuwert stehen).
- Die Bedeutung des Mangels.
- Die Nachteile für den Käufer aus der gewählten Art der Nacherfüllung (z. B. gewisse Unannehmlichkeiten, die lange Dauer der Reparatur, wenn Ersatzlieferung sofort möglich wäre).

---

22 Dauner-Lieb u. a./Büdenbender, § 8 Rn. 48.

Wenn die eine oder andere Form der Nacherfüllung für den Verkäufer unmöglich ist, greift § 275 zu seinen Gunsten ein, d. h. er ist nicht zu einer unmöglichen Nacherfüllung verpflichtet.

Wenn der Verkäufer jegliche Art der Nacherfüllung verweigern kann, besteht für den Käufer die Möglichkeit, entweder vom Vertrag zurückzutreten und/oder Schadensersatz zu verlangen; gem. § 440 für die Fälle der Unverhältnismäßigkeit, des Fehlschlagens oder der Unzumutbarkeit, gem. § 326 V für die Fälle der Unmöglichkeit.[23]

Bei kleinsten Mängeln, die eine nur unerhebliche Pflichtverletzung darstellen, kann der Käufer Nacherfüllung verlangen, er ist aber nicht zum Rücktritt berechtigt (vgl. § 323 V 2). Der Käufer kann dann ggf. den Kaufpreis mindern oder Schadensersatz verlangen.

267 Gem. § 439 II hat der Verkäufer die zum Zweck der Nacherfüllung erforderlichen Aufwendungen (z. B. Transport-/Arbeitskosten) zu tragen. Hierfür ist es unerheblich, ob die Kaufsache an einen anderen Ort als den Erfüllungsort transportiert worden ist. Evtl. verursachte Mehrkosten können allerdings zur Unverhältnismäßigkeit einer Nachbesserung führen.

Liefert der Verkäufer eine (weitere) mangelfreie Sache, kann er die mangelhafte Sache gem. § 439 IV nach den Regeln des Rücktritts zurückverlangen.

268

> **Prüfschema – Anspruch des Käufers auf Nacherfüllung gem. § 437 Nr. 1 i. V. m. § 439:**
>
> 1. Wirksamer Kaufvertrag über eine Sache (i. S. d. § 433)
> 2. Lieferung einer mangelhaften Sache durch Verkäufer (= Pflichtverletzung)
>   Sachmangel (§ 434) bei Gefahrübergang oder Rechtsmangel (§ 435)
> 3. Kein Haftungsausschluss durch Vertrag (vgl. § 444) oder Gesetz (§ 442)
> 4. Kein Verweigerungsrecht des Verkäufers (§ 439 III)
>
> **Rechtsfolge**: Wahlrecht des Käufers   a) Nachbesserung
>   (= Beseitigung des Mangels)
>   **oder**
>   b) Lieferung einer
>   mangelfreien Sache

2. Rücktritt

269 Bei dem Rücktritt handelt es sich um ein Gestaltungsrecht, und zwar das Recht des Käufers zur Aufhebung des Vertrags. Nach dessen Ausübung ist also ein Wechsel zu einem anderen Recht nicht mehr möglich.

Gem. §§ 437 Nr. 2, 1. Alt., 323, 326 V hat der Käufer das Recht, wegen eines Mangels zurückzutreten. Voraussetzungen hierfür sind ein gültiger Kaufvertrag,

---

23 Verweigert der Verkäufer die vom Käufer gewählte Art der Nacherfüllung zu Unrecht (z. B. weil er sich über die Verhältnismäßigkeit täuscht), so kann der Käufer ohne weitere Fristsetzung vom Vertrag zurücktreten und ggf. Schadensersatz verlangen.

das Bestehen eines Mangels sowie das Scheitern des Nacherfüllungsanspruchs aus § 439 I. Der Rücktritt setzt außerdem den erfolglosen Ablauf einer angemessenen Frist zur Nacherfüllung voraus.[24] Hierdurch soll der Verkäufer Gelegenheit zur Nacherfüllung erhalten. Wenn der Käufer dem Verkäufer bereits mit dem vorrangigen Nacherfüllungsverlangen eine angemessene Frist gesetzt hat, kann er nach Fristablauf sofort vom Vertrag zurücktreten. Denn bei der in § 323 I genannten Frist handelt es sich nicht um eine weitere, zweite Frist. Der Rücktritt kann allerdings erst nach Fristablauf erklärt werden.

§ 437 Nr. 2, 1. Alt. verweist auf die §§ 440, 323 und 326. Eine Fristsetzung ist **270** danach entbehrlich

- bei einer ernsthaften und endgültigen Erfüllungsverweigerung durch den Verkäufer (§ 323 II Nr. 1),
- bei einem Fixgeschäft i. S. d. § 323 II Nr. 2,
- bei Vorliegen von „besonderen Umständen" unter Abwägung der beiderseitigen Interessen nach § 323 II Nr. 3 (sog. Auffangtatbestand),
- wenn der Verkäufer beide Arten der Nacherfüllung gem. § 439 verweigert (§ 440 S. 1, 1. Alt.),
- wenn die Nacherfüllung fehlgeschlagen oder unzumutbar ist (z. B. zwei fehlgeschlagene Reparaturversuche), § 440 S. 1, 2. Alt.

Ein Ausschluss des Rücktritts liegt vor bei
- Schlechtleistung und nur unerheblicher Pflichtverletzung des Verkäufers (§ 323 V 2),
- einem vom Käufer allein oder weit überwiegend selbst zu verantwortenden Umstand, der zum Rücktritt berechtigen würde, § 323 VI.

Der Käufer kann nach § 323 auch wegen sonstiger Pflichtverletzungen des Verkäufers vom Kaufvertrag zurücktreten (und nicht nur in den Fällen der Lieferung eines mangelhaften Kaufgegenstands); so zum Beispiel im Fall der Verletzung von vorvertraglichen Beratungspflichten oder bei Verletzung vertraglicher Nebenpflichten.

Das ursprüngliche Schuldverhältnis wandelt sich durch den Rücktritt in ein **271** Rückgewährschuldverhältnis um. Die primären Leistungspflichten erlöschen. Das Rückgewährschuldverhältnis setzt das ursprüngliche Vertragsverhältnis in modifizierter Form fort. Die bereits empfangenen Leistungen sind nach § 346 I zurückzugewähren. Der Käufer muss also die Kaufsache zurückgeben, in der Regel zurückübereignen, der Verkäufer den Kaufpreis – Zug um Zug (vgl. § 348) – zurückerstatten.[25] Die Kosten der Rückgewähr trägt grundsätzlich der Rückgewährschuldner.[26] Nach dem Rechtsgedanken des § 439 II muss allerdings der Verkäufer diese übernehmen, wenn der Käufer wegen eines Mangels zurücktritt. Nach § 346 I muss der Rückgewährschuldner die tatsächlich gezogenen Nutzungen (§ 100) ersetzen, also die Früchte einer Sache oder eines Rechts (§ 99) und die Gebrauchsvorteile herausgeben.[27]

---

24 Ein Verschulden des Verkäufers ist nicht erforderlich.
25 Beispiel in Fall 5, Aufgaben 1 und 2.
26 AnwKom/HAGER, § 346 Rn. 23.
27 Zur Berechnung der Gebrauchsvorteile siehe REINICKE/TIEDTKE, Rn. 247.

272

> ## Prüfschema – Rücktritt des Käufers bei mangelhafter Kaufsache gem. §§ 437 Nr. 2, 1. Alt. i. V. m. §§ 440, 323, 326 V:
>
> 1. Wirksamer Kaufvertrag über eine Sache (i. S. d. § 433)
> 2. Lieferung einer mangelhaften Sache durch Verkäufer (= Pflichtverletzung)
>   Sachmangel (§ 434) bei Gefahrübergang oder Rechtsmangel (§ 435)
> 3. Angemessene Fristsetzung zur Nacherfüllung (§ 323 I), es sei denn: entbehrlich (§§ 440, 323)
> 4. Erfolgloser Fristablauf
> 5. Kein Ausschluss gem. § 323 V oder VI
> 6. Kein Haftungsausschluss durch Vertrag (vgl. § 444) oder Gesetz (§ 442)
> 7. Erklärung des Rücktritts gem. § 349
>
> ### Rechtsfolge:
> • Anspruch aus § 346 I (Zurückgewährung der empfangenen Leistungen, Herausgabe der gezogenen Nutzungen)
> • Ggf. § 346 II (Wertersatz), falls nicht § 346 III
> • Ggf. § 347 (Nutzungen und Verwendungen nach Rücktritt)

273 Wenn der Mangel der Kaufsache nicht behoben werden kann ist v. g. Prüfschema ebenfalls anzuwenden. Allerdings sind die Fristsetzung und deren Ablauf (Prüfungspunkte 3 und 4) gem. § 326 V entbehrlich; der Schuldner wird nach § 275 von der Leistung frei.

3. Minderung

274 Bei der Minderung wird – wie beim Rücktritt – kein Anspruch geltend gemacht, sondern ein **Gestaltungsrecht** ausgeübt. § 441 II bestimmt als Konsequenz hieraus, dass bei einer Beteiligung mehrerer Personen als Käufer oder Verkäufer die Minderung nur von allen bzw. gegen alle erklärt werden kann.[28] Der Kaufvertrag bleibt grundsätzlich bestehen, der Käufer hat jedoch die einseitige und unmittelbar wirkende Möglichkeit zur Reduzierung des Kaufpreises (§ 441 I 1 und III 1).

Die Voraussetzungen der Minderung nach § 437 Nr. 2, 2. Alt. entsprechen denjenigen beim Rücktritt, was sich aus der Formulierung in § 441 I 1 „statt zurückzutreten …" ergibt. **Im Verhältnis zur Nacherfüllung ist die Minderung ebenfalls subsidiär.** Auch bei unerheblichen Mängeln kann gemindert werden, da die Bagatellgrenze des § 323 V 2 hier nicht gilt (vgl. § 441 I 2).

Für die Durchführung der Minderung ist der Kaufpreis in dem Verhältnis herabzusetzen, in welchem zur Zeit des Vertragsschlusses der Wert der Sache in mangelfreiem Zustand zu dem wirklichen Wert gestanden haben würde (§ 441 III 1).

Falls notwendig, ist dieser Betrag vom Gericht durch Schätzung nach § 287 ZPO zu ermitteln (§ 441 III 2).

---

28 Die gleiche Regelung findet sich für das Rücktrittsrecht in § 351.

275

> **Prüfschema – Minderungsrecht des Käufers bei mangelhafter Kaufsache gem. §§ 437 Nr. 2, 2. Alt. i. V. m. §§ 440, 323, 326 V:**
>
> Wie Prüfschema „Rücktritt" (vgl. Formulierung in § 441 I: „statt zurückzutreten ...")
> Beachte: Der Ausschlussgrund des § 323 V 2 findet keine Anwendung (§ 441 I 2)
>
> 7. Erklärung der Minderung, § 441 I 1 (statt: Erklärung des Rücktritts)
>
> **Rechtsfolge:**
> Herabsetzung des Kaufpreises (§ 441 III)
>
> $$\text{Geminderter Kaufpreis} = \frac{\text{wirklicher Wert x vereinbarter Kaufpreis}}{\text{Wert ohne Mangel}}$$

4. Schadensersatz

Die Lieferung einer mangelhaften Sache bedeutet wegen § 433 I 2 eine beson- **276** dere Form der Pflichtverletzung. § 437 Nr. 3, 1. Alt. verweist hinsichtlich des Schadensersatzanspruchs auf die Vorschriften des allgemeinen Schuldrechts, insbesondere auf die §§ 280, 281 und 283. Darauf folgt zunächst, dass der Anspruch auf Schadensersatz auch im Rahmen der Mängelhaftung Verschulden voraussetzt, was sich aus § 280 I 2 ergibt. Der Verkäufer kann also schon bei fahrlässiger Lieferung mangelhafter Ware und wegen Mängeln an der Kaufsache selbst (Äquivalenzinteresse) auf Schadensersatz in Anspruch genommen werden. Er kann sich hinsichtlich des Vertretenmüssens entlasten, trägt hierfür allerdings die Darlegungs- und Beweislast (§ 280 I 2: „Dies gilt nicht ...").

Die Verantwortlichkeit des Verkäufers richtet sich nach § 276: Danach hat er Vorsatz und Fahrlässigkeit zu vertreten, wenn nicht eine strengere oder mildere Haftung bestimmt noch aus dem sonstigen Inhalt des Kaufvertrags – insbesondere aus der Übernahme einer Garantie (vgl. § 443) oder eines Beschaffungsrisikos (z. B. bei einer Gattungsschuld) – zu entnehmen ist. Wenn der Verkäufer z. B. eine Garantie abgibt, haftet er – unabhängig davon, ob er den Mangel verschuldet hat oder nicht.

Im Übrigen muss für die Voraussetzungen zwischen den verschiedenen Arten **277** des Schadensersatzes unterschieden werden:

a) Mangelschaden

§ 437 Nr. 3, 1. Alt. verweist auf § 280 I, III und 281 und ermöglicht damit den **278** **Schadensersatz statt der Leistung**. Dieser Begriff führt zum Ersatz des eigentlichen **Mangelschadens** – also der Schaden, der dem Käufer dadurch entstanden ist, dass die Kaufsache einen Mangel aufweist.

Beispiel:

Der vom Verkäufer erworbene Pkw hat defekte Bremsen und einen Unfallschaden. Die Reparaturkosten und der verbleibende Minderwert stellen den Mangelschaden dar.

Schadensersatz statt der Leistung kann der Käufer grundsätzlich erst verlangen, wenn er dem Verkäufer erfolglos eine Frist zur Nacherfüllung gesetzt hat. Entbehrlich ist die Fristsetzung in den Fällen der §§ 281 II, 283 und 440.

Für die Berechnung des Anspruchs auf Schadensersatz statt der Leistung gibt es zwei Möglichkeiten – der Käufer hat ein Wahlrecht:

aa) Kleiner Schadensersatzanspruch

279 Dieser durch die Mangelhaftigkeit der Kaufsache entstandene Schaden ist in § 281 I 1 geregelt, und zwar in der Formulierung: „... der Schuldner die ... Leistung nicht ... wie geschuldet erbringt." Der Käufer behält die mangelhafte Sache und verlangt im Übrigen, so gestellt zu werden, als ob ordnungsgemäß erfüllt worden wäre. Er kann als Schaden die Zahlung der Differenz zwischen dem Wert der gelieferten mangelhaften Sache und dem Wert der Sache in mangelfreiem Zustand verlangen.[29] Stattdessen kann er auch den Mangel beseitigen lassen und dem Verkäufer die hierfür entstandenen Kosten in Rechnung stellen sowie ggf. einen verbleibenden Minderwert geltend machen. Ersatzfähig ist auch der sog. unmittelbare Vermögensschaden in dem Fall, dass der Käufer die bereits weiter verkaufte Sachen wegen deren Mangelhaftigkeit an seinen Vertragspartner nicht mangelfrei liefern kann. Wenn er die Sache wegen des Mangels nicht – mit Gewinn - weiter verkaufen konnte, kann er den entgangenen Gewinn als Schadensposition in Rechnung stellen.[30]

bb) Großer Schadensersatzanspruch

280 Der **„Schadensersatz statt der ganzen Leistung"** (sog. großer Schadensersatzanspruch) steht dem Käufer nach § 281 I 3 nur zu, wenn der **Mangel erheblich** ist. Der Käufer gibt die mangelhafte Kaufsache zurück und verlangt Ersatz des Schadens, der ihm infolge der Nichterfüllung des ganzen Vertrags entstanden ist. Er erhält (als Mindestschaden) den bereits bezahlten Kaufpreis zurück und kann auch die Kosten der Ersatzbeschaffung verlangen.

Der Verkäufer kann die übergebene mangelhafte Kaufsache gem. §§ 281 V; 346 ff. zurückverlangen. Der Käufer muss ggf. auch die gezogenen Nutzungen herausgeben (§§ 281 V; 346 I)[31].

b) Mangelfolgeschaden

281 § 437 Nr. 3, 1. Alt. verweist auch auf § 280 I und damit auf den sog. **„einfachen"** Schadensersatz. Dieser umfasst nur diejenigen Schäden, die nicht die Mangelhaftigkeit der Sache selbst betreffen, sondern an anderen Rechtsgütern des Käufers entstehen (sog. **Mangelfolgeschäden**). Die Beschränkung des Schadensersatzanspruchs aus § 280 I auf den Mangelfolgeschaden ergibt sich daraus, dass in § 437 Nr. 3, 1. Alt. auch auf die §§ 281, 283 verwiesen wird; deren besondere Voraussetzungen für den Schadensersatz statt der Leistung würden umgangen, wenn nach § 280 I (ohne Fristsetzung) auch der Mangelschaden verlangt werden

---

29 Der Ersatz des Minderwerts führt zum praktisch gleichen Ergebnis wie die Minderung.
30 Siehe hierzu BROX/WALKER, Schuldrecht BT, § 4 Rn. 93.
31 Zur Berechnung der Gebrauchsvorteile siehe REINICKE/TIEDTKE, Rn. 247.

könnte.[32] Zum Mangelfolgeschaden zählen die Schäden, die über die mangelbedingte Wertminderung der verkauften Sache hinausgehen und an sonstigen Rechten, Rechtsgütern oder rechtlich geschützten Interessen des Käufers entstehen.

Beispiel:

Der vom Verkäufer erworbene Pkw hat defekte Bremsen und einen Unfallschaden. Die Käuferin K verunglückt deshalb auf der ersten Fahrt und erleidet Rippenbrüche. Die Heilungskosten stellen einen Mangelfolgeschaden dar.

Im vorgenannten Beispiel rückt der Ersatz dieses Schadens nicht an die Stelle eines mangelfreien Wagens, sondern stellt sich als **Schadensersatz neben der Leistung** dar. Mit Ersatz der Heilungskosten ist nicht der Anspruch auf einen mangelfreien Pkw ausgeschlossen. Der von K im Beispielsfall wegen der Rippenbrüche geltend gemachte Anspruch ist daher nicht auf Schadensersatz statt der Leistung gerichtet.[33] Die Heilungskosten (= Mangelfolgeschaden) ergeben sich vielmehr unmittelbar aus §§ 437 Nr. 3, 1. Alt., 280 I.

Das folgende Schaubild soll diese unterschiedlichen Schadensarten verdeutlichen:

Schadensersatz bei Lieferung einer mangelhaften Sache

Mangelschaden an der Sache selbst	Mangelfolgeschaden an anderen Rechtsgütern als der Kaufsache
§ 437 Nr. 3, 1. Alt. i.V.m. §§ 440, 280 I, III, 281 I	**§ 437 Nr. 3, 1. Alt. i.V.m. § 280 I**
Käufer hat Wahlrecht: Kleiner Schadensersatzanspruch (§ 281 I 1) Beispiele: • Ersatz des Minderwerts • Aufwendungen für Mängelbeseitigung • Ausgleich des entgangenen Gewinns für Weiterveräußerung oder Großer Schadensersatzanspruch (§ 281 I 3) Beispiele: • Rückzahlung geleisteter Kaufpreis (= Mindestschaden) • entgangener Gewinn für den aus einem infolge des Mangels gescheiterten Weiterverkauf • Kosten der Ersatzbeschaffung	Beispiele: • Körper-/Gesundheits- schaden • Eigentumsschaden • Nutzungsausfall
Schadensersatz statt der Leistung	**Schadensersatz neben der Leistung**

282

---

32 Dies ergibt sich auch aus dem Umkehrschluss zu § 280 III: Der Schadensersatz **statt** der Leistung kann nur unter den dort genannten zusätzlichen Voraussetzungen der §§ 281 ff. geltend gemacht werden. Also muss der Schadenersatzanspruch nach § 280 I andere Schäden als nur den reinen Mangelschaden erfassen.

33 Es kommt folglich nicht auf die Voraussetzungen des § 281 an; eine **Fristsetzung** ist **nicht erforderlich**.

Der Anspruch auf **Schadensersatz** kann **neben** einem **Rücktritt** (vgl. § 325) **oder** einer **Minderung** geltend gemacht werden. Mit der Forderung von Schadensersatz verliert der Käufer lediglich seinen Leistungsanspruch nach 433 I einschließlich des Nacherfüllungsanspruchs nach § 439 I – was § 281 IV klarstellt.

Neben dem Schadensersatzanspruch nach §§ 437 Nr. 3, 280, 281 wegen eines Mangels der Kaufsache können dem Käufer auch Schadensersatzansprüche gem. §§ 280 I, 311 II, 241 II (Schadensersatz wegen Pflichtverletzung vor Vertragsschluss) oder gem. §§ 280 I, III, 282 zustehen, so zum Beispiel bei fehlerhafter Beratung durch den Verkäufer oder bei Verletzung von Nebenpflichten (z. B. Beschädigung anderer Rechtsgüter des Käufers bei Lieferung durch den Verkäufer).

283

Merke:
Der Schadensersatzanspruch des Käufers ergibt sich aufgrund der Verweisung in § 437 Nr. 3 aus dem allgemeinen Leistungsstörungsrecht. Hier ist zu differenzieren, ob der **Mangel**

behebbar ist	oder	nicht behebbar ist
Bei einer noch möglichen Nacherfüllung ist der Verkäufer von seiner Leistungspflicht nicht befreit. Der Käufer kann Schadensersatz statt der Leistung gem. §§ 280 I, III, 281 verlangen.		Wenn die Nacherfüllung gem. § 275 unmöglich ist, muss der Verkäufer nicht mehr leisten. Die Rechte des Käufers bestimmen sich – bei anfänglicher Unmöglichkeit nach § 311 a II. – bei nachträglicher Unmöglichkeit nach §§ 280 I, III; 283.

284

Prüfschema – „Kleiner Schadensersatz" des Käufers bei mangelhafter Kaufsache gem. §§ 437 Nr. 3, 1. Alt. i. V. m. §§ 440, 434, 280 I und III, 281 I 1:

1. Wirksamer Kaufvertrag über eine Sache (i. S. d. § 433)
2. Pflichtverletzung des Käufers: Verstoß gegen § 433 I 2
   Sachmangel bei Gefahrübergang (§ 434) oder Rechtsmangel (§ 435)
3. Vertretenmüssen, § 280 I 2 i. V. m. §§ 276 ff.
4. Angemessene Fristsetzung zur Nacherfüllung und erfolgloser Fristablauf (§ 281 I 1)
   Frist ggf. entbehrlich nach § 440 S. 1 oder § 281 II
5. Schaden beim Gläubiger (Käufer)
6. Kein Haftungsausschluss durch Vertrag (vgl. § 444) oder Gesetz (§ 442)

Rechtsfolge: Schadensersatz **statt** der Leistung; Umfang: §§ 249 ff.

Prüfschema „**großer Schadensersatz**" („Schadensersatz statt der ganzen Leistung"):

Als zusätzliche Voraussetzung ist eine **erhebliche Pflichtverletzung** erforderlich (§ 281 I 3).

Im o. g. Beispielsfall könnte K, da defekte Bremsen an einem Neuwagen eine erhebliche Pflichtverletzung darstellen, im Rahmen des „großen Schadensersatzes" den beschädigten Pkw zurückgeben und die Kaufpreiserstattung verlangen.

285

Prüfschema – Schadensersatz neben der Leistung bei Mangelfolgeschaden aufgrund einer mangelhaften Kaufsache gem. §§ 437 Nr. 3, 1. Alt., 280 I:

1. Wirksamer Kaufvertrag über eine Sache (i. S. d. § 433)
2. Pflichtverletzung des Käufers: Verstoß gegen § 433 I 2
   Sachmangel (§ 434) bei Gefahrübergang (§ 446 f.) oder Rechtsmangel (§ 435)
3. Vertretenmüssen, § 280 I 2 i. V. m. § 276
4. Schaden beim Gläubiger (Käufer)
5. Kein Haftungsausschluss durch Vertrag (vgl. § 444) oder Gesetz (§ 442)

Rechtsfolge: Schadensersatz; Umfang: §§ 249 ff.

---

5. Aufwendungsersatz

Gem. § 284 hat der Käufer bei einer mangelhaften Kaufsache auch die Möglich- **286** keit, anstelle des Anspruchs auf Schadensersatz statt der Leistung (§ 437 Nr. 3, 1. Alt.) frustrierte Aufwendungen zu liquidieren. Dazu zählen z. B. die Vertragskosten.[34] Dies betrifft die Fälle, in denen der Gläubiger aus dem Geschäft keine materielle, kostendeckende und damit „rentable" Gegenleistung, sondern im-

---

287

Prüfschema – Aufwendungsersatz statt der Leistung wegen mangelhafter Kaufsache gem. § 437 Nr. 3, 2. Alt., §§ 440, 281 I 1 i. V. m. § 284:

1. Wirksamer Kaufvertrag über eine Sache (i. S. d. § 433)
2. Sachmangel bei Gefahrübergang (§ 434) oder Rechtsmangel (§ 435)
3. Vertretenmüssen, § 280 I 2 i. V. m. § 276
4. Angemessene Fristsetzung zur Nacherfüllung und erfolgloser Fristablauf (§ 281 I 1)
   Frist ggf. entbehrlich nach § 440 S. 1 oder § 281 II
5. Gläubiger (Käufer) hatte Aufwendungen (§ 284)

Rechtsfolge: Aufwendungsersatz i. R. d. § 284

---

34 SCHMIDT-RÄNTSCH, Rn. 805.

materielle Vorteile erhofft hatte. Dieser Anspruch setzt ein – vermutetes – Verschulden des Verkäufers voraus (§§ 284 i. V. m. §§ 281, 280 I 2).

Bei einer **unbehebbaren** mangelhaften Kaufsache ist v. g. Prüfschema ebenfalls anzuwenden, allerdings ist die Fristsetzung und deren Ablauf (Prüfungspunkt 4) entbehrlich.

IV. Ausschluss der Gewährleistung

288 Die Gewährleistungsrechte können **kraft Gesetzes** ausgeschlossen sein. Das ist nach § 442 bei Kenntnis des Käufers von den Mängeln der Fall. Schädlich ist auch dessen grob fahrlässige Unkenntnis. Maßgeblicher Zeitpunkt hierfür ist der des Vertragsschlusses. Eine Ausnahme bei der grob fahrlässigen Unkenntnis besteht für die Fälle der Arglist und der Garantie des Verkäufers für das Vorhandensein einer bestimmten Eigenschaft.

Ein Ausschluss bzw. eine Einschränkung der Gewährleistung ist gem. § 444 auch **durch Vertrag** möglich. Der Verkäufer kann sich darauf allerdings nicht berufen, wenn er den Mangel arglistig verschwiegen oder eine Garantie für die Beschaffenheit der Sache übernommen hat.

V. Konkurrenzen

289 Die Anfechtung nach § 123 I wegen arglistiger Täuschung oder widerrechtlicher Drohung ist neben Mängelansprüchen bzw. -rechten des Käufers möglich. Hingegen ist § 119 II (Anfechtung wegen Irrtums über eine verkehrswesentliche Eigenschaft) ab Gefahrübergang bei Sachmängeln ausgeschlossen, da die §§ 433 ff. Spezialvorschriften sind.[35]

VI. Verjährung

290 Gem. § 438 gelten – abweichend von den Verjährungsvorschriften des Allgemeinen Teils – für alle in § 437 genannten Ansprüche einschließlich der Ansprüche aus Mangelfolgeschäden und wegen Aliudlieferung folgende Fristen:
- grundsätzlich zwei Jahre nach § 438 I Nr. 3,
- bei Bauwerken und Sachen, die entsprechend ihrer üblichen Verwendungsweise für ein Bauwerk verwendet wurden (z. B. Badewannen) und dessen Mangelhaftigkeit verursacht haben, fünf Jahre[36] nach § 438 I Nr. 2,
- 30 Jahre in den Fällen der Eviktionshaftung[37]: Dies betrifft Ansprüche wegen Rechtsmängeln, die Dritte aufgrund dinglichen Rechts (z. B. Eigentum) zur

---

35 Brox/Walker, Schuldrecht BT, § 4 Rn. 134 ff. – dies entspricht den bisherigen Regelungen. Beispiel in Fall 4, Aufgabe 1.
36 Angleichung an die fünfjährige Haftung des die Baustoffe einbauenden Werkunternehmers nach § 634 a I Nr. 2.
37 Eviktion = Entwertung.

Herausgabe hinsichtlich der Kaufsache berechtigen.[38] Gleiches gilt für Ansprüche wegen Scheinbelastungen im Grundbuch (§ 438 I Nr. 1).
* drei Jahre bei Arglist des Verkäufers. Hier gilt die käuferschützende, kenntnisabhängige Frist des § 195 (§ 438 III).

Bei beweglichen Sachen beginnt die Verjährung gem. § 438 II mit der Ablieferung der Sache, bei Grundstücken mit deren „Übergabe" (also Einigung und Eintragung[39]).

Da Rücktritt und Minderung Gestaltungsrechte und keine Ansprüche (vgl. die **291** Definition in § 194 I) sind, können für sie die Verjährungsnormen nicht unmittelbar gelten. Gem. § 218 ist der Rücktritt unwirksam, wenn der Anspruch auf Leistung oder auf Nacherfüllung verjährt ist und der Verkäufer sich hierauf beruft. Dasselbe gilt nach § 438 V auch für die Minderung.

Gem. § 438 IV 2 hat der Käufer eine Mängeleinrede, soweit seine Gegenleistungspflicht noch nicht erfüllt ist. Damit wird ein Ausgleich für das Fristengefälle zwischen der Verjährung des Kaufpreisanspruchs (drei Jahre) und des dem Rücktritt bzw. der Minderung zugrunde liegenden Anspruchs auf Nacherfüllung (zwei Jahre) erreicht.

Pflichtverletzungen, die keinen Mangel i. S. d. § 434 verursachen, begründen **292** keine Ansprüche nach § 437 und können deshalb auch nicht nach § 438 I verjähren. Für diese Ansprüche auf Schadensersatz aus Pflichtverletzung nach § 280 I oder wegen Verletzung vorvertraglicher Pflichten (§§ 280 I; 311 II, 241 II) – z. B. bei fehlerhafter Beratung vor Vertragsschluss – gilt das allgemeine Leistungsstörungsrecht und deshalb auch die regelmäßige Verjährungsfrist von drei Jahren (§ 195).

VII. Garantie

In den §§ 443 und 477 wird eine **gesetzliche Garantiehaftung** begründet. Wenn **293** der Verkäufer oder ein Dritter (Großhändler, Importeur, Produzent) eine Garantie für die Beschaffenheit einer Sache übernimmt, stehen dem Käufer im Garantiefall die daraus resultierenden Rechte zu. Es handelt sich hierbei um eine gesetzliche Haftung von **quasi-vertraglicher Natur**. Denn eine Vertragsbeziehung muss zwischen dem Dritten und dem Käufer nach § 443 nicht bestehen. Anlass der Garantiehaftung des Dritten ist allerdings der zwischen dem Verkäufer und dem Käufer abgeschlossene Kaufvertrag. Der Inhalt der Garantieerklärung wird vom Gesetz nicht vorgegeben, zumal dieser in die Dispositionsbefugnis des Erklärenden – im Rahmen der Vertragsfreiheit – fällt.

Im Falle der **Haltbarkeitsgarantie** (Definition in § 443 I) wird ein während der **294** Garantiezeit auftretender Sachmangel nach der Vermutungsregel des § 443 II

---

38 Diese Regelung berücksichtigt, dass nach § 197 I Nr. 1 Herausgabeansprüche aus Eigentum und anderen dinglichen Rechten erst in 30 Jahren verjähren. Ohne den durch § 438 I Nr. 1 herbeigeführten Fristengleichlauf müsste der Käufer ansonsten das Risiko tragen, dass seine Ansprüche gegen den Verkäufer mit Ablauf der zweijährigen Verjährungsfrist nach Nr. 3 verjähren, er jedoch weitere 28 Jahre dem Herausgabeanspruch eines Dritten ausgesetzt wäre.
39 Nach §§ 873, 925.

(die widerlegbar ist) als Garantiefall angesehen. Der Käufer muss dann nur den Abschluss des Kaufvertrags, das Bestehen der Haltbarkeitsgarantiezusage und das Auftreten des Mangels im Rahmen der von der Garantieerklärung erfassten Frist darlegen und beweisen. Der Verkäufer kann dies z. B. durch den Nachweis einer sachwidrigen Behandlung der Kaufsache durch den Käufer entkräften.

VIII. Verbrauchsgüterkauf

295 In den §§ 433 ff. befinden sich die für alle Kaufverträge geltenden Vorschriften, die §§ 474-479 enthalten **zusätzliche Anforderungen an Verbrauchsgüterkaufverträge**. In Übereinstimmung mit der Verbrauchsgüterkauf-Richtlinie[40] bestimmt § 474 den Geltungsbereich: Verbrauchsgüterkaufverträge liegen nur vor bei Kaufverträgen zwischen einem Unternehmer (Definition in § 14) und einem Verbraucher (Definition in § 13) über bewegliche Sachen. Die Vorschriften der §§ 474 ff. gelten also nicht bei
- Verträgen zwischen Unternehmern,
- Verträgen zwischen Verbrauchern,
- Verträgen zwischen Verbraucher und Unternehmer, bei denen der Unternehmer „Käufer" ist,
- Kaufverträgen über Immobilien,
- Kaufverträgen über Rechte (§ 453).

Gem. § 475 I sind die in den §§ 433-435, 437, 439-443 sowie in §§ 474-477 verankerten Rechte des Verbrauchers im Vorhinein zu dessen Nachteil nicht abdingbar. Eine Ausnahme gilt nur für Schadensersatzansprüche: sie können gem. § 475 III abbedungen werden.

Die grundsätzlich dispositive Verjährungsfrist des § 438 darf für neue Sachen vertraglich nicht auf weniger als zwei Jahre und für gebrauchte Sachen nicht auf weniger als ein Jahr verkürzt werden (§ 475 II).

296 Wichtig ist die in **§ 476** zu Lasten des Verkäufers festgeschriebene **Beweislastumkehr**. Danach wird zu Gunsten des Verbrauchers vermutet, dass ein Mangel, der innerhalb von sechs Monaten seit Gefahrübergang auftritt, bereits bei Übergabe der Sache (= Gefahrübergang, vgl. § 446[41]) vorhanden war. Diese Vermutung gilt nicht, wenn sie mit der Art der Sache oder des Mangels unvereinbar ist – so z. B. bei gebrauchten Waren, bei denen wegen des unterschiedlichen Grades der Abnutzung kein entsprechender Erfahrungssatz besteht.

In § 477 I 2 werden bestimmte formelle Anforderungen an Garantieerklärungen gestellt: Einfache und verständliche Formulierung, Hinweis auf die Gewährleistungsrechte, Inhalt der Garantie. Eine Verletzung dieser Anforderungen beeinträchtigt die Ansprüche des Käufers aus der Garantie nicht.

---

40 1999/44/EG des Europäischen Parlaments und des Rats vom 25. 5. 1999 (ABl. EG 1999 Nr. L 171/12).

41 Dieser ist auch bei Annahmeverzug des Käufers geben (§ 446 S. 3); die „Gefahrübergangsregelung" des § 447 gilt wegen § 474 II nicht.

IX. Rückgriff des Unternehmers in einer Lieferkette

Im Falle einer Lieferkette (z. B. Hersteller – Großhändler – Einzelhändler) erleich-   **297**
tern die §§ 478 f. dem Unternehmer beim Verkauf neu hergestellter Sachen einen
Rückgriff gegenüber seinem Lieferanten. Damit soll ein Ausgleich für die strengere Haftung des Verkäufers im Rahmen des Verbrauchsgüterkaufs geschaffen
werden. Wenn der Unternehmer (z. B. der Letztverkäufer) die neu hergestellte
Sache wegen eines Mangels zurücknehmen musste – im Rahmen einer Nachlieferung, aufgrund des Rücktritts des Käufers oder Geltendmachung des großen
Schadensersatzanspruchs - oder aber der Verbraucher den Kaufpreis gemindert
hat, kann der Unternehmer Rückgriff bei seinem Lieferanten (z. B. dem Großhändler, von dem er seinerseits die Sache gekauft hat) unter den Voraussetzungen der §§ 437 ff. nehmen. Aufgrund der Regelung des § 478 bedarf es dazu keiner Frist. § 478 I ist allerdings keine Anspruchsgrundlage für den Letztverkäufer,
sondern regelt die Abwicklung des Rückgriffs gegenüber dem Lieferanten nach
den §§ 437, 434.[42] Es müssen deshalb die dort genannten Voraussetzungen vorliegen – vor allem: Lieferung einer bei Gefahrübergang mangelhaften Kaufsache.

Vertiefung: **Allgemeine Geschäftsbedingungen**[43]

I. Begriff

II. Anwendungsbereich

III. AGB als Vertragsbestandteil

IV. Wirksamkeitskontrolle
1. Klauselverbote ohne Wertungsmöglichkeit, § 309
2. Klauselverbote mit Wertungsmöglichkeit, § 308
3. Generalklausel, § 307 I und II

V. Rechtsfolgen der Nichteinbeziehung oder Unwirksamkeit, § 306

VI. Besonderheiten beim Verbrauchsgüterkauf

Die Gestaltungsfreiheit bei Verträgen wird oft durch Allgemeine Geschäftsbedin-   **298**
gungen eingeschränkt,[44] was aufgrund der im Schuldrecht bestehenden Vertragsfreiheit möglich ist. Solche Vereinbarungen sind wirksam, sofern sie nicht
gegen ein gesetzliches Verbot (§ 134) oder gegen die guten Sitten (§ 138) verstoßen. AGB – umgangssprachlich auch: das „Kleingedruckte" in Verträgen – spie-

---

42 AnwKom/Büdenbender, § 478 Rn. 6.
43 Literatur zur Vertiefung: Brox/Walker, Schuldrecht AT, § 4 Rn. 28 ff.; Dauner-Lieb u. a./Hennrichs,
    § 6; Fikentscher/Heinemann, § 25 VI; Führich, § 9; Kaiser, Rn. 176 ff.; Kittner, 21. Kapitel; Lorenz/
    Riehm, 4. Kapitel; Marx/Wenglorz, S. 56 ff.; Schellhammer, 2084 ff.; Wörlen, Schuldrecht AT,
    Rn. 29 ff.
44 Beispiel hierfür in Fall 5: die §§ 434 ff. enthalten dispositives Recht (Ausnahmen gelten für Ver-
    brauchsgüterkaufverträge i. S. d. § 474).

len im Rechtsverkehr eine große Rolle. Sie vereinheitlichen Massenverträge und ermöglichen eine schnelle Anpassung an geänderte rechtliche oder wirtschaftliche Rahmenbedingungen. Als einseitig gestellte „Bedingung" begünstigen AGB zumeist den wirtschaftlich stärkeren Vertragspartner. Dem anderen Teil fehlt oft auch die Möglichkeit, sich mit den abstrakt formulierten und oft nur schwer verständlichen Klauseln auseinander zu setzen bzw. diese zu beurteilen. Die §§ 305–310 („Gestaltung rechtsgeschäftlicher Schuldverhältnisse durch Allgemeine Geschäftsbedingungen")[45] bieten insbesondere dem Verbraucher in dieser Situation einen Schutz, da Regelungen für die Einbeziehung der AGB aufgestellt und diese einer inhaltlichen Kontrolle unterzogen werden.

I. Begriff

299 § 305 I definiert, was unter dem Begriff „Allgemeine Geschäftsbedingungen" zu verstehen ist. Es handelt sich danach um einseitig von einer Vertragspartei (= Verwender) vorformulierte Vertragsbedingungen, die für eine Vielzahl von Vertragsabschlüssen erstellt worden sind. Dazu zählen auch Formularverträge[46] – sogar dann, wenn der Verwender diese nur einmalig gebraucht – zumal sie von ihrer Zweckbestimmung her dazu bestimmt sind, in einer Vielzahl von Einzelverträgen Verwendung zu finden. Bei sog. „Verbraucherverträgen" (Legaldefinition in § 310 III) gelten die Schutzvorschriften der §§ 305 ff. auch dann, wenn die vorformulierten Vertragsbedingungen nur zur einmaligen Verwendung bestimmt sind und der Verbraucher aufgrund der Vorformulierung auf ihren Inhalt keinen Einfluss nehmen konnte. Außerdem „gelten"[47] die AGB als vom Unternehmer gestellt. Es spielt keine Rolle, ob der Verwender selbst, ein Interessenverband oder ein Dritter sie aufgesetzt hat, ob sie äußerlich einen gesonderten Vertragsbestandteil bilden, hand- oder maschinenschriftlich erstellt wurden (vgl. § 305 I 2). Sind die Vertragsbedingungen nicht einseitig vom Verwender auferlegt worden, sondern stellen sie das Ergebnis beiderseitiger Vertragsverhandlungen dar, verbietet sich die Annahme von AGB (§ 305 I 3).

AGB sind keine Rechtsnormen, ihre Geltung beruht immer auf einer rechtsgeschäftlichen Grundlage.

---

45 Bis 31. 12. 2001 befanden sich diese im AGBG. Dieses Sondergesetz wurde im Rahmen der Schuldrechtsreform in das BGB integriert und die Vorschriften des **materiell-rechtlichen** Teils des AGBG en bloc übernommen. Damit sollte eine Verbesserung der Transparenz und Übersichtlichkeit des deutschen Zivilrechts sowie die enge Verwobenheit des AGB-Rechts mit dem Schuldrecht erreicht werden. Der **formelle Teil** des AGBG (die bisherigen §§ 13 ff. AGBG) findet sich im neuen Gesetz über Unterlassungsklagen bei Verbraucherrechts- und anderen Verstößen (sog. Unterlassungsklagengesetz – UKlaG).

46 Beispiel: Miet-Formularverträge (von den einzelnen Interessenverbänden erstellt, wie z. B. Mieterverein oder „Haus- und Grund"/Vermieterverein), Kauf-Formularverträge (ADAC, Versicherungen, Banken, Händler haben diese ausgearbeitet) u. a.

47 = Fiktion (Annahme eines Sachverhalts, der in Wirklichkeit nicht besteht).

II. Anwendungsbereich

Der **sachliche Anwendungsbereich** der Verbraucherschutzvorschriften (§§ 305– **300**
310) ist gem. § 310 IV auf schuldrechtliche und sachenrechtliche Verträge beschränkt. Neben Verträgen des Familienrechts und des Erbrechts sind auch Verträge des Gesellschaftsrechts ausgenommen; Gleiches gilt für das kollektive Ar-
beitsrecht. Arbeitsverträge unterliegen grundsätzlich der AGB-Prüfung.

Hinsichtlich des **persönlichen Anwendungsbereichs** finden die §§ 305 II, III und **301**
308 sowie 309 gegenüber einem Unternehmer sowie gegenüber juristischen
Personen des öffentlichen Rechts keine Anwendung (vgl. § 310 I 1).[48]

Vertragsbedingungen können nur dann nach den §§ 305–310 beurteilt werden,
wenn es sich um echte AGB i. S. v. § 305 I handelt, wobei ggf. § 306 a (Umgehungsverbot[49]) zu beachten ist.

III. AGB als Vertragsbestandteil

Die Einbeziehungsvereinbarung ist ein Teil des Vertrages und setzt voraus, **302**

1. dass der Verwender die andere Vertragspartei bei Vertragsschluss ausdrücklich
   (schriftlich oder mündlich) auf die AGB hinweisen muss.[50] Ausnahmsweise
   genügt ein deutlich sichtbarer Aushang am Ort des Vertragsschlusses (§ 305 II
   Nr. 1),[51]
2. der Vertragspartner in zumutbarer Weise von dem Inhalt der AGB Kenntnis
   nehmen kann (§ 305 II Nr. 2). Bei Abwesenden müssen die AGB diesen zuge-
   sandt werden, für Anwesende müssen sie mühelos lesbar und verständlich
   sein und dass
3. der Vertragspartner mit der Geltung der AGB einverstanden sein muss (§ 305 II
   a. E.). Das Einverständnis kann ausdrücklich oder konkludent erklärt werden.

Sofern ein Vertragsabschluss über das Internet erfolgt, muss der Verwender seine **303**
AGB unmittelbar und unübersehbar **vor** dem Anklicken der konkreten Bestellung platzieren. Nicht ausreichend ist die Erwähnung der AGB im Hauptmenü

---

48 § 307 gilt unmittelbar. § 308 ist übertragbar, und die Verbote des § 309 sind eine Konkretisierung
    des § 307 II Nr. 1 und 2.
49 Das in § 306 a normierte Umgehungsverbot soll verhindern, dass „findige" Verwender Wege su-
    chen, die Verbraucherschutzvorschriften der §§ 305 ff. zu umgehen; so z. B., wenn der Warenum-
    satz nicht durch einen Kauf-, sondern durch einen Gesellschaftsvertrag – auf den die §§ 305 ff. (vgl.
    § 310 IV) keine Anwendung finden – geregelt wird. Die §§ 305 ff. greifen hier – schon allein bei
    Vorliegen des objektiven Tatbestandes – ein.
50 Ein **nach** Vertragsschluss erfolgter Hinweis – z. B. auf der Rechnung oder dem Lieferschein – genügt
    nicht. Hierbei handelt es sich vielmehr um einen Antrag auf Vertragsänderung, den der Vertrags-
    partner nicht anzunehmen braucht.
51 So bei dem konkludent geschlossenen Massenverträgen des täglichen Lebens, wo ein ausdrückli-
    cher Hinweis in der Praxis kaum möglich ist bzw. eine unverhältnismäßige und im Grunde über-
    flüssige Erschwerung der Massenabfertigung darstellen würde: Kino, Kfz-Waschanlage, chemische
    Reinigung, Selbstbedienungsladen, Kaufhaus u. a.

auf der Homepage des Anbieters.[52] Der Kunde muss die Möglichkeit haben, sich die AGB durch „Download" zu kopieren.

Selbst wenn die in § 305 II genannten Voraussetzungen erfüllt sind, sind die AGB dennoch nicht Vertragsbestandteil geworden, soweit es sich um Überraschungsklauseln i. S. v. § 305 c I[53] handelt, oder wenn die AGB zu einer vertraglichen Individualabrede in Widerspruch stehen (§ 305 b).

IV. Wirksamkeitskontrolle

304 Die Inhaltskontrolle von AGB nach den §§ 307–309 (durch die Gerichte) soll der Überprüfung „vertraglicher rechtlicher" Regelungen[54] dienen. Daraus ergeben sich zwei Einschränkungen, die im Wortlaut von § 307 III nur ungenau zum Ausdruck kommen:
- Von einer „vertraglichen Regelung" kann man nicht sprechen, wenn AGB lediglich den Gesetzestext, ggf. nur sinngemäß, wiederholen. Die §§ 307–309 gelten in diesem Fall nicht, da sie nicht dazu dienen sollen, den Inhalt von Gesetzesvorschriften zu überprüfen![55]
- Eine „rechtliche" Regelung liegt nicht vor, wenn die AGB die jeweiligen Vertragsleistungen nur tatsächlich beschreiben.[56]
Sog. „Leistungsbeschreibungen", die Art, Umfang und Güte der geschuldeten Leistung festlegen, aber die für die Leistung selbst geltenden gesetzlichen Vorschriften unberührt lassen, sind ebenfalls der Inhaltskontrolle entzogen.

Beispiele sind Baubeschreibungen, Kataloge, Prospekte u. a.

Die Kontrolle von AGB nach den §§ 307–309 ist nur angebracht und möglich, soweit durch AGB-Klauseln dispositives Recht ausgeschlossen, geändert oder ergänzt werden soll.

1. Klauselverbote ohne Wertungsmöglichkeit, § 309

305 Die in dieser Vorschrift genannten Klauseln sind zwingend unwirksam.

2. Klauselverbote mit Wertungsmöglichkeit, § 308

306 Für die in § 308 genannten Verbote ist charakteristisch, dass sie „unbestimmte Rechtsbegriffe" (z. B. Nr. 1 und Nr. 2: „unangemessen lange", Nr. 3: „sachlich gerechtfertigter ... Grund") enthalten. Diese sind also inhaltlich nicht durch einen fest umschriebenen Sachverhalt erfüllt, sondern bedürfen bei der Rechtsanwendung in einem konkreten Fall einer Wertausfüllung.[57]

---

52 KITTNER, Rn. 976.
53 Hierbei handelt es sich um eine Klausel, die derart ungewöhnlich ist, dass der Geschäftsgegner mit ihr unter gar keinen Umständen zu rechnen brauchte; Beispiele bei PALANDT/HEINRICHS, § 305 c Rn. 5.
54 Vgl. JAUERNIG/STADLER, § 307 Rn. 13.
55 Siehe PALANDT/HEINRICHS, § 307 Rn. 54.
56 Vgl. PALANDT/HEINRICHS, § 307 Rn. 57.
57 Interessante Beispiele in PALANDT/HEINRICHS, § 308 Rn. 4, 7,12,17 f.

3. Generalklausel, § 307 I und II

Sofern eine Klausel nicht nach § 309 oder § 308 unwirksam ist, kann sich die **307** Unwirksamkeit aus dem Auffangtatbestand des § 307 I oder II ergeben. Diese Vorschrift legt den Wertmaßstab für die richterliche Inhaltskontrolle von AGB fest mit dem Ziel, dass niemand durch das „Kleingedruckte" unangemessen benachteiligt werden darf. Eine solche Benachteiligung liegt vor, wenn die Klausel von ihrem Regelungsgehalt her mit den Grundsätzen von Treu und Glauben (§ 242) unvereinbar ist und den Vertragspartner unangemessen benachteiligt (§ 307 I). In § 307 II erfolgt eine gewisse Konkretisierung der Generalklausel durch Regelbeispiele.

Bei „Verbraucherverträgen" i. S. d. § 310 III sind bei der Beurteilung der unangemessenen Benachteiligung auch die speziellen Umstände bei Vertragsschluss zu berücksichtigen (§ 310 III Nr. 3).

V. Rechtsfolgen der Nichteinbeziehung oder Unwirksamkeit, § 306

Sind AGB nicht wirksam in den Vertrag einbezogen worden (§§ 305 II, 305 a, **308** 305 b) oder haben sich einzelne Klauseln als unwirksam erwiesen (§§ 309, 308, 307), bleibt gem. § 306 I der Vertrag grundsätzlich wirksam. An die Stelle der unwirksamen Klausel treten die gesetzlichen Regelungen (§ 306 II) – es sei denn, dies würde zu einer unzumutbaren Härte für eine Vertragspartei führen. In diesem Fall ist der gesamte Vertrag unwirksam (§ 306 III).

VI. Besonderheiten beim Verbrauchsgüterkauf

Das Kaufrecht ist aufgrund der Vorgaben der Verbrauchsgüterkauf-Richtlinie[58] **309** seit 1.1.2002 für den gewerblichen Verkauf von Waren an Verbraucher weitgehend zwingend (vgl. §§ 475, 651). Es kann also weder durch Individualvereinbarung noch erst recht durch AGB abgeändert werden. Vor allem der Haftungsausschluss bei Mängeln neu hergestellter Sachen und Werkleistungen (§ 309 Nr. 8 b) ist bei einem Verbrauchsgüterkaufvertrag (**von** einem Unternehmer **an** einen Verbraucher, vgl. § 474) nicht mehr zu Lasten des Verbrauchers dispositiv – mit Ausnahme des Anspruchs auf Schadensersatz (vgl. § 475 III). Es handelt sich hierbei vor allem um die Regelungsgegenstände des Sachmängelbegriffs, der Gewährleistungsrechte (außer Schadensersatz), der Gewährleistungsfrist für Gewährleistungsrechte (mit v. g. Ausnahme) sowie Formalanforderungen an vertragsbegleitende Garantien. Regelungen zum Schadensersatz sowie Regelungen außerhalb des Gewährleistungsrechts – z. B. Verzug oder Unmöglichkeit – sind im Rahmen der §§ 307–309 auch bei einem Verbrauchsgüterkauf möglich.

---

58 Vom 25.5.1999 (1999/44/EG).

310

Prüfung von AGB-Klauseln:

⇒ Wird ein bestehender Anspruch durch eine AGB-Klausel eingeschränkt oder ausgeschlossen?

⇒ Verstößt die AGB-Klausel gegen die Verbraucherschutzvorschriften der §§ 305–310?

I. Es muss sich um **AGB i. S. v. § 305 I** handeln, d. h.
   1. vorformulierte Vertragsbedingungen,
   2. für eine Vielzahl von Verträgen,
   3. die einseitig vom Verwender der anderen Vertragspartei gestellt worden sind und
   4. sich nicht als das Ergebnis beiderseitiger Vertragsverhandlungen darstellen (§ 305 I 3).

II. **Kein Ausschluss der Anwendbarkeit nach § 310**

III. Die AGB müssen durch **Einbeziehung** Bestandteil des Einzelvertrages geworden sein. Gem. § 305 II ist dazu erforderlich, dass
   1. der Verwender ausdrücklich auf die zugrunde gelegten Vertragsbedingungen hingewiesen hat (ausnahmsweise genügt ein Hinweis auf einen Aushang – z. B. in Banken),
   2. der anderen Vertragspartei die Möglichkeit gegeben worden ist, in zumutbarer Weise vom Inhalt der AGB Kenntnis zu nehmen (z. B. Abdruck der AGB auf den Rückseiten des Vertrages),
   3. die andere Vertragspartei sich mit der Geltung der AGB einverstanden erklärt hat,
   4. es sich nicht um Überraschungsklauseln im Sinne einer Überrumpelung oder „Übertölpelung" des Vertragsgegners handelt (§ 305 c) und
   5. die AGB nicht im Widerspruch zu einer vertraglichen Individualabrede stehen (§ 305 b).

IV. **Wirksamkeit der AGB**
   1. Klauselverbote ohne Wertungsmöglichkeit, § 309
   2. Klauselverbote mit Wertungsmöglichkeit, § 308
   3. Allgemeines Klauselverbot, § 307

Juristische Personen des öffentlichen Rechts/kaufmännischer Geschäftsbereich: § 307 gilt unmittelbar; § 308 ist übertragbar; Verbote des § 309 sind Konkretisierung des § 307 II Nr. 1 und 2.

V. **Rechtsfolgen fehlender Einbeziehung oder Unwirksamkeit**
   1. Grundsätzlich bleibt der Vertrag auch angesichts fehlender Einbeziehung oder Unwirksamkeit einer Klausel wirksam (§ 306 I).
   2. Die gesetzlichen Vorschriften treten dann an die Stelle der entfallenden Klausel (§ 306 II).
   3. Nur wenn die Anwendung der gesetzlichen Vorschriften anstelle der entfallenden Klauseln zu einer unzumutbaren Härte für eine Vertragspartei führt, entfällt der gesamte Vertrag (§ 306 III).

Fall 6: Die defekte Heizung

Schwerpunkte:
Gewährleistungsrechte beim Werkvertrag – Abtretung – Forderungsübergang – gesetzlicher Schadensersatzanspruch – Aufrechnung

Die Stadt B lässt in das Gewächshaus ihres Palmengartens Mitte Oktober eine **311** neue Heizungsanlage vom Ein-Mann-Unternehmen U einbauen. Aufgrund fehlerhafter Installation funktioniert diese allerdings nicht. Die – sehr empfindlichen
– Pflanzen drohen einzugehen.

Aufgabe 1: Kann B von U Nacherfüllung verlangen?

U wird von B am 20.10. zur Nacherfüllung binnen vier Tagen aufgefordert. Allerdings wurde U zwischenzeitlich in einen Verkehrsunfall verwickelt, liegt unverschuldet im Krankenhaus und ist zwei Wochen arbeitsunfähig.

Aufgabe 2: B will die Heizung auf Kosten des U reparieren lassen und fordert
von ihm einen Vorschuss von 500 €. Zu Recht?

Nachdem U im November endlich die Heizung zum Funktionieren gebracht hat,
stellt sich heraus, dass diese zu klein dimensioniert ist. B fordert deshalb U auf,
bis spätestens 1. 12. die Heizungsanlage „nachzurüsten". U lässt auch diese Frist
verstreichen. Am 3. 12. schreibt B an U, dass sie sich „für seine Leistungen be-
danke" und lieber von einem anderen Heizungsbauer die Heizung „in Ordnung
bringen" lasse, damit im Gewächshaus endlich die entsprechenden Temperatu-
ren vorherrschen. Sie habe einen Sachverständigen eingeschaltet, der der Ansicht sei, dass dem U der geforderte Werklohn in Höhe von 10 000 € nicht zustehe. Der Wert der mangelhaften Heizungsanlage betrage nur 8 000 €, der einer richtig dimensionierten sei mit 11 000 € anzusetzen.

Aufgabe 3: Kann B den Werklohn mindern?

Während der Anfang Dezember plötzlich einsetzenden Frostperiode erfrieren
Pflanzen im Wert von 2 000 €, da die Heizung nicht die richtige Leistung (Tem-
peratur) gebracht hat.

Aufgabe 4: Kann B von U diesen Schaden ersetzt verlangen?

Nachdem U wieder genesen ist, spricht er beim zuständigen Sachbearbeiter
Amtmann A in der Stadtverwaltung vor.

Zum einen legt er eine vom Schreibwarenhändler S ausgestellte Urkunde bei, in
welcher S erklärte, er trete einen Kaufpreiszahlungsanspruch aus der Lieferung
von Büromaterial an die Stadt B in Höhe von 4 000 € an U ab. S ist ein Schreibwarenhändler, mit dem sowohl die Stadt B als auch der U Geschäftsbeziehungen
unterhalten.

Zum anderen verlangt U Bezahlung seiner Werklohnforderung. A entgegnet, für eine solch mangelhafte Leistung würde die Stadt keinen Cent bezahlen.

Darüber erbost, versetzt U dem A einen Schlag ins Gesicht. A erleidet dadurch einen Kieferbruch. Die Stadt B zahlt ihm während der sechswöchigen Dienstunfähigkeit 4 000 € an Dienstbezügen. Da die Verletzung des A als Dienstunfall zu beurteilen war, zahlt die Stadt B ferner für A Heilungskosten in Höhe von 1 500 €.

Aufgabe 5: Stehen der Stadt B gegen U Ansprüche für die für sechs Wochen gezahlten Dienstbezüge und Heilungskosten (insgesamt 5 500 €) zu? Die Stadt beruft sich darauf, dass sich U gegenüber A schadensersatzpflichtig gemacht habe. Nach den gesetzlichen Bestimmungen seien diese Ersatzansprüche auf die Stadt B übergegangen. Hat U gegen die Stadt B einen Zahlungsanspruch in Höhe von 4 000 € aus der durch S abgetretenen Kaufpreisforderung?

Kann die Stadt B ggf. gegen diese Forderung aufrechnen?

Fall 6: Prüfschema/Lösungsskizze

312 Aufgabe 1:

B ⟶ U Nacherfüllung gem. §§ 634 Nr. 1, 635 I, 633 II 2 Nr. 2

1. Werkvertrag i. S. d. § 631 (+)
2. Sachmangel gem. § 633 II 2 Nr. 2 (+)
3. Kein Haftungsausschluss durch Vertrag oder Gesetz (+)
4. Kein Verweigerungsrecht des Unternehmers nach § 635 III (+)

Ergebnis: B ⟶ U Nacherfüllung gem. §§ 634 Nr. 1, 635 I, 633 II 2 Nr. 2 (+). Wahlrecht des U: Beseitigung des Mangels oder Herstellung eines neuen Werks

313 Aufgabe 2:

B ⟶ U Vorschuss hinsichtlich der Aufwendungen für die Selbstvornahme gem. §§ 634 Nr. 2, 637 I, III

1. Werkvertrag i. S. d. § 631 (+)
2. Sachmangel i. S. d. § 633 II 2 Nr. 2 (+)

3. Erfolgloses Verstreichen einer angemessenen Frist zur Nacherfüllung, § 637 I (+)
4. Vorschuss für erforderliche Aufwendungen zur Mängelbeseitigung, § 637 III (+)

Ergebnis: B ———→ U Vorschuss hinsichtlich der Aufwendungen für die Selbstvornahme gem. §§ 634 Nr. 2, 637 I, III (+); Umfang: 500 €

Aufgabe 3:   314

B ———→ U Minderungsrecht gem. §§ 634 Nr. 3, 2. Alt., 633 II 2 Nr. 2, 638 I

1. Werkvertrag (+)
2. Sachmangel (+)
3. Gem. § 638 („statt zurückzutreten"):
   Voraussetzungen des Rücktritts (+)
   erfolgloses Verstreichen einer angemessenen Frist zur Nacherfüllung
   (§§ 634 Nr. 3, 1. Alt., 323 I)
4. Erklärung der Minderung, § 638 I 1 (+)

Ergebnis: B ———→ U Minderungsrecht gem. §§ 634 Nr. 3, 2. Alt., 633 II 2 Nr. 2, 638 I (+)

$$\text{geminderter Werklohn} = \frac{\text{Istwert x vereinbarter Preis}}{\text{Sollwert}}$$

Aufgabe 4:   315

B ———→ U Schadensersatz neben der Leistung bei Mangelfolgeschaden (aufgrund eines mangelhaften Werks) gem. §§ 634 Nr. 4, 1. Alt., 280 I

1. Werkvertrag (+)
2. Sachmangel (+)
3. Unternehmer (Schuldner) muss den Mangel zu vertreten haben, § 280 I 2 i. V. m. § 276 (+)
4. Schaden beim Besteller (+)

Ergebnis: B ———→ U Schadensersatz neben der Leistung bei Mangelfolgeschaden (aufgrund eines mangelhaften Werks) gem. §§ 634 Nr. 4, 1. Alt., 280 I (+)

Aufgabe 5:   316

I. B ———→ U Schadensersatz gem. § 103 S. 1 HBG[1] i. V. m. § 823 I

1. Körperliche Verletzung eines Beamten (+)

---

1 § 103 HBG hat folgenden Wortlaut:
„Wird ein Beamter oder Versorgungsberechtigter oder einer ihrer Angehörigen verletzt oder getötet, so geht ein gesetzlicher Schadensersatzanspruch, der diesen Personen infolge der Körperverletzung oder der Tötung gegen einen Dritten zusteht, insoweit auf den Dienstherrn über, als dieser während einer auf der Körperverletzung beruhenden Aufhebung der Dienstfähigkeit oder infolge der Körper-
(Fortsetzung Fußnote Seite 164)

2. Gewährung von Leistungen des Dienstherrn während der auf der Körperverletzung beruhenden Dienstunfähigkeit (+)
3. gesetzlicher Schadensersatzanspruch des A gegen einen Dritten (infolge der Körperverletzung) – § 823 I
   a) Tatbestandsmäßigkeit der Handlung des U (+)
      Verletzung eines der in § 823 I genannten Rechtsgüter, hier: Körper, Gesundheit
      Ursächlichkeit der Handlung für die Rechtsgutsverletzung
   b) Rechtswidrigkeit (+)
   c) Verschulden (+)
   d) Schaden (+)

Ergebnis: B ⎯⎯→ U Schadensersatz gem. § 103 S. 1 HBG i. V. m. § 823 I BGB (+) (Der gesetzliche Schadensersatzanspruch des A gegen U ist in Höhe von 5 500 € auf den Dienstherrn übergegangen.)

II. U ⎯⎯→ B Zahlung von 4 000 € gem. § 433 II i. V. m. § 398

1. Kaufpreisanspruch S ⎯⎯→ B gem. § 433 II (+)
2. Abtretung des Anspruchs von S an U gem. § 398
   a) S = Inhaber der Forderung (+)
   b) Abtretungsvertrag zwischen S und U (+)

Ergebnis: U ⎯⎯→ B Zahlung von 4 000 € gem. § 433 II i. V. m. § 398 (+)

III. Aufrechnung durch B
1. Voraussetzungen der Aufrechnung durch B gem. § 387[2]
   a) Gegenseitigkeit der Forderungen
      aa) B ⎯⎯→ U Anspruch auf Zahlung von 5 500 € (+)
      bb) U ⎯⎯→ B Anspruch auf Zahlung von 4 000 € (+)
   b) Gleichartigkeit der Forderungen (+)
      Geldschuld
   c) Fälligkeit, § 271 (+)
2. Erklärung der Aufrechnung – § 388 (+)
3. Wirkung der Aufrechnung – § 389: Erlöschen der Forderungen in Höhe von 4 000 € (+)

Ergebnis: Aufrechnung seitens B (+)

Die Ansprüche sind in Höhe von 4 000 € erloschen. B kann von U noch 1 500 € fordern.

---

verletzung oder der Tötung zur Gewährung von Leistungen verpflichtet ist. Satz 1 gilt sinngemäß für gesetzliche Schadensersatzansprüche wegen der Beschädigung, Zerstörung oder Wegnahme von Heilmitteln, Hilfsmitteln oder Körperersatzstücken. Ist eine Versorgungskasse zur Gewährung der Versorgung verpflichtet, so geht der Anspruch auf sie über. Der Übergang des Anspruchs kann nicht zum Nachteil des Verletzten oder der Hinterbliebenen geltend gemacht werden."
Diese Vorschrift ist ein Beispiel für einen Forderungsübergang in der öffentlichen Verwaltung. Im Allgemeinen sind Arbeitnehmer tarifvertraglich verpflichtet, Schadensersatzansprüche gegen Dritte, die zu ihrer Dienstunfähigkeit geführt haben, an den Arbeitgeber gem. § 398 abzutreten.

2 Aufrechnungsverbote gem. § 393 bzw. § 395 liegen hier nicht vor, da die Stadt B aufrechnet und z. B. nicht „gegen" eine Forderung aus unerlaubter Handlung die Aufrechnung erklärt.

Fall 6: Ausarbeitung (Gutachten)

Aufgabe 1:

B könnte gegenüber U einen Anspruch auf Nacherfüllung gem. §§ 634 Nr. 1, **317**
635 I, 633 II 2 Nr. 2 haben.
1. *Voraussetzung hierfür ist, dass ein Werkvertrag zwischen B und U zustande gekommen ist. Erforderlich sind zwei übereinstimmende Willenserklärungen.* B und U haben sich über den Einbau einer neuen Heizungsanlage für das Gewächshaus des Palmengartens geeinigt; folglich liegt ein Werkvertrag i. S. d. § 631 vor.

2. *Die Heizungsanlage muss mangelhaft sein. Hauptkriterium der Beurteilung* **318**
der Mangelfreiheit eines Werks ist die vereinbarte Beschaffenheit (§ 633 II 1).
Zwischen U und B wurde keine Beschaffenheitsvereinbarung getroffen. *Deshalb ist – nachrangig – die Eignung für die nach dem Vertrag vorausgesetzte Verwendung relevant (§ 633 II Nr. 1).* Aus dem Inhalt des Vertrags lässt sich kein konkreter Verwendungszweck entnehmen. *Das Werk ist frei von Sachmängeln, wenn es sich für den gewöhnlichen Verwendungszweck eignet (§ 633 II 2 Nr. 2).* Es ist davon auszugehen, dass die Vertragsparteien den Zweck zugrunde gelegt haben, der üblicherweise mit einem Geschäft dieser Art verfolgt wird. *Das Werk muss außerdem eine Beschaffenheit aufweisen, die bei Werken gleicher Art üblich ist und die der Besteller nach der Art des Werks erwarten kann.* Die gewöhnliche Verwendung einer Heizungsanlage besteht darin, die entsprechenden Räumlichkeiten zu erwärmen. Eine nicht funktionierende Heizung eignet sich hierfür nicht und ist deshalb mangelhaft nach § 633 II 2 Nr. 2.

3. Die Haftung des U ist weder vertraglich (vgl. § 639) noch gesetzlich (vgl. § 640 II) ausgeschlossen.

Somit kann U nach seiner Wahl gem. § 635 I den Mangel beseitigen oder eine neue Heizungsanlage einbauen.

4. *Der Nacherfüllungsanspruch ist ausgeschlossen, wenn die Beseitigung des Mangels objektiv unmöglich ist oder der hierfür erforderliche Aufwand in einem groben Missverhältnis zu dem Leistungshindernis des Unternehmers steht (vgl. § 635 III).* Hierfür gibt der Sachverhalt keine Anhaltspunkte.

Daher steht B gegenüber U ein Anspruch auf Nacherfüllung gem. §§ 634 Nr. 1, 635 I, 1. Alt., 633 II 2 Nr. 2 zu.

U kann entweder den Mangel beseitigen oder ein neues Werk herstellen (Wahl- **319**
recht nach § 635 I). Es ist davon auszugehen, dass U eine Nacherfüllung möglich ist und U von dem Mangelbeseitigungsrecht Gebrauch machen wird.

Aufgabe 2:

320 **B könnte von U einen Vorschuss hinsichtlich der Aufwendungen für die Selbstvornahme gem. §§ 634 Nr. 2, 637 I, III verlangen.**

1. und 2. Wie bei Aufgabe 1 bereits geprüft, liegen die Voraussetzungen des Werkvertrags und des Sachmangels vor.

3. *Nach § 637 I muss B dem U eine angemessene Frist zur Nacherfüllung gesetzt haben, und diese Frist müsste erfolglos abgelaufen sein.* B hat den U zur Nachbesserung binnen vier Tagen aufgefordert. Diese Frist ist bei einer nicht funktionierenden Heizung im Gewächshaus, in dem sich empfindliche Pflanzen befinden, angemessen. U hat die Frist erfolglos verstreichen lassen.[3] Folglich sind die Voraussetzungen des § 637 I gegeben.

4. B hat somit gegen U grundsätzlich einen Anspruch auf Ersatz der Reparaturkosten. *Die Aufwendungen müssen nach § 637 zur Mängelbeseitigung erforderlich sein (§ 637 I).*

321 Bereits vor der Reparatur kann B von U nach § 637 III einen Kostenvorschuss verlangen. 500 € erscheinen in Anbetracht der nicht funktionierenden Heizung angemessen.

B kann also von U einen Vorschuss in Höhe von 500 € für die zur Beseitigung des Mangels erforderlichen Aufwendungen gem. §§ 634 Nr. 2, 637 I, III verlangen.

Aufgabe 3:

322 **Ein Minderungsrecht des B gegenüber U könnte sich aus §§ 634 Nr. 3, 2. Alt., 633 II 2 Nr. 2, 638 I ergeben.**

1. und 2. Bereits im Rahmen der Aufgabe 1 wurde festgestellt, dass ein Werkvertrag zwischen U und B über ein Werk mit einem behebbaren Mangel besteht.

3. Wie aus dem Wortlaut des § 638 („statt zurückzutreten") folgt, müssen für das Minderungsrecht die Voraussetzungen für ein Rücktrittsrecht erfüllt sein. Diese ergeben sich aus § 323.

Nach § 323 I muss der Gläubiger dem Schuldner – wenn dieser eine Leistung nicht vertragsgemäß erbracht hat – eine angemessene Frist zur Nacherfüllung gesetzt haben. Die Frist muss erfolglos verstrichen sein. B hat den U wiederholt (am 20. 10. und schließlich mit der Frist per 1. 12.) aufgefordert, die Leistung endlich vertragsgemäß zu erbringen. Bis 1. 12. hat es U nicht erreicht, dass die Heizungsanlage die entsprechende Erwärmung des Gewächshauses leistet, sodass die – in Anbetracht der recht langen Zeitspanne auch angemessene – Frist erfolglos abgelaufen ist.[4]

---

3 Auf ein Verschulden des U, der mehrere Wochen im Krankenhaus liegt, kommt es nicht an.
4 Die Pflichtverletzung muss – im Gegensatz zum Rücktrittsrecht – nicht erheblich sein, da nach § 638 I 2 die Vorschrift des § 323 V 2 keine Anwendung findet.

4. B muss die Minderung gegenüber U gem. § 638 I 1 erklärt haben. Dies geschah durch das Schreiben der B vom 3. 12.

Folglich steht B gegenüber U ein Minderungsrecht gem. §§ 634 Nr. 3, 2. Alt., 633 II 2 Nr. 2, 638 I zu.

Der geminderte Werklohn wird wie folgt berechnet: **323**

$$X = \frac{(\text{Wert mit Mangel x vereinbarter Preis})}{\text{Wert ohne Mangel}}$$

$$X = \frac{8\,000\,€\,\text{x}\,10\,000\,€}{11\,000\,€} = 7\,272{,}72\,€$$

Die Stadt B muss somit 7 272,72 € Werklohn an U zahlen.

Aufgabe 4:

B könnte von U Schadensersatz neben der Leistung (als Mangelfolgeschaden) **324**
gem. §§ 634 Nr. 4, 1. Alt., 280 I verlangen.

1., 2. Zwischen B und U besteht ein Werkvertrag (siehe oben, Aufgabe 1). U hat durch die Lieferung einer mangelhaften Sache seine Pflicht aus §§ 631 I verletzt.

3. Diese Pflichtverletzung muss U zu vertreten haben. Gem. §§ 280 I 2, 276 I hat der Schuldner Vorsatz oder Fahrlässigkeit zu vertreten, sofern nicht ein anderer Haftungsmaßstab relevant ist. Fahrlässig handelt, wer die im Verkehr erforderliche Sorgfalt außer Acht lässt (§ 276 II). Ein Verschulden des Schuldners (hier: des U) wird grundsätzlich vermutet, es sei denn, er trägt Tatsachen vor, die ihn entlasten. U führt allerdings keine Tatsachen an, die sein Verschulden ausschließen.

4. Durch die Pflichtverletzung muss beim Gläubiger ein Schaden entstanden sein. Im Gewächshaus sind Pflanzen im Gesamtwert von 2 000 € aufgrund der nicht richtig funktionierenden Heizungsanlage erfroren; folglich hat die Stadt B einen Vermögensschaden erlitten.

Nach allem kann B von U Schadensersatz für die erfrorenen Pflanzen verlangen. Der Umfang des zu ersetzenden Schadens ergibt sich aus §§ 249 ff. U muss also den Zustand herstellen, der vor dem schädigenden Ereignis (Heizungsausfall) bestand. Bei Verletzung des Eigentums kann die Gläubigerin nach § 249 II 1 statt der Herstellung den erforderlichen Geldbetrag, d. h. Kosten für den Kauf neuer Pflanzen in Höhe von 2 000 €, vom Schuldner U verlangen.

Aufgabe 5:

I. Außerdem könnte B gegenüber U den auf den Dienstherrn übergegangenen **325**
gesetzlichen Schadensersatzanspruch des A gem. § 103 S. 1 HBG i. V. m.
§ 823 I geltend machen.

1. Zunächst muss ein Beamter körperlich verletzt worden sein. Durch den Schlag, den der erboste U dem Amtmann A der Stadt ins Gesicht versetzte, erlitt A einen Kieferbruch und somit eine Körperverletzung. Dies bedingte eine sechswöchige Dienstunfähigkeit.

2. *Die Stadt B muss während der auf der Körperverletzung beruhenden Dienstunfähigkeit dem Amtmann zur Gewährung von Leistungen verpflichtet gewesen sein.* Während des genannten Zeitraumes war die Stadt nach § 3 BBesG zur Weitergewährung der Bezüge (A 12) in Höhe von insgesamt 4 000 € und, da es sich um einen Dienstunfall i. S. d. § 31 I 1 BeamtVG handelte, auch zur Zahlung der Heilkosten nach § 33 I BeamtVG (1 500 €) verpflichtet.

326 3. Sofern A einen gesetzlichen Schadensersatzanspruch gegen den Dritten, der die Körperverletzung verursachte (hier: U) hat, geht dieser in Höhe der von der Stadt zu gewährenden Leistungen auf B über (§ 103 S. 1 HBG).

a) *Der gesetzliche Schadensersatzanspruch des A gegen U könnte gem. § 823 I gegeben sein. Dann muss U durch eine Handlung eines der in § 823 I genannten Rechtsgüter kausal verletzt haben.* Durch den Schlag ins Gesicht hat U den Kiefer des A gebrochen und somit dessen Körper verletzt. Die Handlung war ursächlich für diese Rechtsgutsverletzung.

b) *Sie muss außerdem widerrechtlich sein.* Ein Rechtfertigungsgrund liegt nicht vor, sodass U widerrechtlich handelte.

c) *Ferner muss U schuldhaft gehandelt haben.* Nach § 823 I hat der Schuldner Vorsatz und Fahrlässigkeit zu vertreten. U war erbost und versetzte dem A in dieser Gemütsverfassung den Schlag. Er handelte mit Wissen und Wollen, also vorsätzlich.

d) Durch die Rechtsgutverletzung ist dem A adäquat kausal ein Schaden entstanden.

Somit besteht ein gesetzlicher Schadensersatzanspruch des A gegenüber U, dessen Umfang sich aus § 249 und § 842 ergibt. U muss den Zustand herstellen, der vor dem schädigenden Ereignis, d. h. dem Schlag ins Gesicht, bestand. Bei Verletzung einer Person kann der Gläubiger nach § 249 II 1 statt der Herstellung den erforderlichen Geldbetrag, d. h. Erstattung der Heilkosten verlangen. Darüber hinaus ist U nach § 842 auch zur Zahlung des Erwerbsausfalls, der Dienstbezüge für die 6 Wochen, verpflichtet.

Die Stadt hat dem A Leistungen in Höhe von insgesamt 5 500 € (4 000 € Dienstbezüge, 1 500 € Heilungskosten) gewährt. Der gesetzliche Schadensersatzanspruch des A gegen U (§ 823 I) geht in dieser Höhe nach § 103 S. 1 HBG auf die B über.

Nach alledem kann B von U gem. § 103 S. 1 HBG i. V. m. § 823 I insgesamt 5 500 € verlangen.

II. U könnte gegen B einen Anspruch auf Zahlung von 4 000 € gem. §§ 433 II i. V. m. 398 haben.

327 1. *Voraussetzung ist, dass U Inhaber des Kaufpreiszahlungsanspruchs gem. § 433 II geworden ist, den S gegenüber der B hatte.* Dies ist der Fall, wenn die Abtretung des Anspruchs von S an U wirksam ist.

2. *Gem. § 398 S. 1 ist hierfür Voraussetzung, dass S im Zeitpunkt der Abtretung Inhaber der Forderung war und S und U einen Abtretungsvertrag geschlossen ha-*

ben. S hatte einen Kaufpreiszahlungsanspruch aus der Lieferung von Büromaterial gegen B; er und U haben sich über die Abtretung dieses Anspruchs geeinigt, d. h. zwei übereinstimmende Willenserklärungen abgegeben. Somit ist U gem. § 398 S. 2 mit Abschluss dieses Vertrages Gläubiger der genannten Forderung geworden.

Ein Anspruch des U gegen B auf Zahlung von 4 000 € ist nach § 433 II i. V. m. § 398 gegeben.

III. Aufrechnung durch B

B könnte mit ihrer gegenüber U bestehenden Forderung gegen die Forderung des U gem. §§ 387 f. aufrechnen.

1. a) Voraussetzung hierfür ist zunächst, dass zwei Personen einander Leistungen schulden. Wie oben bereits festgestellt, hat B gegen U einen Anspruch (aus übergegangenem Schadensersatz) auf Zahlung von insgesamt 5 500 €. U wiederum kann von B aus dem abgetretenen Kaufpreisanspruch 4 000 € verlangen. Die Gegenseitigkeit der Forderungen liegt somit vor. **328**

b) *Ferner müssen die Forderungen gleichartig sein.* Da beides Geldschulden (in Euro) sind, ist auch diese Voraussetzung gegeben.

c) *Die Aufrechnung ist allerdings erst dann möglich, sobald die B die ihr gebührende Leistung fordern und die ihr obliegende Leistung bewirken kann; beide müssen also fällig sein.* Da weder von B noch von U eine Zeit für die Leistung bestimmt wurde, kann gem. § 271 I der Gläubiger die Leistung sofort verlangen und der Schuldner sie sofort bewirken.

2. Nach § 388 S. 1 erfolgt die Aufrechnung durch Erklärung gegenüber dem anderen Teile. B muss gegenüber U die Aufrechnung erklären.

3. Dies bewirkt gem. § 389, dass die Forderungen in Höhe ihrer betragsmäßigen Übereinstimmung[5], d. h. in Höhe von 4 000 €, erlöschen.

B kann von U noch 1 500 € fordern.

---

5 „Soweit sie sich decken."

Vertiefung: **Werkvertragsrecht**[6]

329 Der Werkvertrag ist ein gegenseitiger Vertrag, in dem sich der Unternehmer zur Herstellung des versprochenen Werks und der Besteller zur Entrichtung der vereinbarten Vergütung verpflichtet (§ 631 I).

I. Allgemeines

330 Gegenstand des Werkvertrags kann gem. § 631 II die Herstellung oder Veränderung einer Sache als auch ein anderer durch Arbeit oder Dienstleistung herbeizuführender Erfolg sein. Möglich ist die Erbringung eines körperlichen (z. B. Errichtung eines Hauses), geistigen (z. B. Gutachten, Architektenpläne) oder sonstigen Werks (z. B. Konzert, Transport).

Der Werkvertrag ist abzugrenzen vom Dienst- und „Werklieferungsvertrag"[7]:

Beim **Dienstvertrag** (§ 611) wird nur die Erbringung der Arbeitsleistung als solche und nicht ein bestimmter Erfolg geschuldet. Der **„Werklieferungsvertrag"** – der nach § 651 dem Kaufrecht zuzuordnen ist – hat die Lieferung herzustellender oder zu erzeugender beweglicher Sachen zum Inhalt – wobei es unerheblich ist, ob es sich um vertretbare oder unvertretbare Sachen handelt. Bei letztge-

---

6 Literatur zur Vertiefung: BROX/WALKER, Schuldrecht BT, §§ 22 ff.; DAUNER-LIEB/KITZ, Fälle 88–97; DAUNER-LIEB u. a./RAAB, § 9; FIKENTSCHER/HEINEMANN, § 84; KAISER, Rn. 695 ff.; LEISTNER, Die „richtige" Auslegung des § 651 BGB im Grenzbereich von Kaufrecht und Werkvertragsrecht, JA 2007, 81; LORENZ/RIEHM, 10. Kapitel, §§ 3, 4; LUTHER/BONNMANN/ERBERICH, G.; MARX/WENGLORZ, S. 52 ff.; OETKER/MAULTZSCH, § 8; SCHELLHAMMER, Rn. 422 ff.; WESTERMANN/MAIFELD, S. 251 ff.; WÖRLEN, Schuldrecht BT, Rn. 261 ff.; WÖRLEN/METZLER-MÜLLER, Fragen 542–560.

7 So die Bezeichnung der bis 31.12. 2001 geltenden Sonderregelung (diese betraf den Fall, dass das Werk aus einem vom Unternehmer zu beschaffenden Stoff herzustellen war). Anders als in § 651 a. F. unterscheidet die Neuregelung hinsichtlich der vertragstypischen Einordnung nicht mehr nach Herkunft des Materials und Art der herzustellenden Sache (vertretbar/nicht vertretbar).

nannten gelten gem. § 651 S. 3 zusätzlich einige Vorschriften des Werkvertragsrechts, die eine Mitwirkung des Bestellers regeln.

Kosten, die dem eigentlichen Werkvertrag vorausgehen (wie z. B. Kalkulationen,
Anfertigung von Modellen), hat gem. § 632 III der Unternehmer zu tragen.

331

Merke:	
Kaufvertrag § 433	Der Verkäufer verpflichtet sich zur Lieferung einer **bereits vorhandenen Sache**. Deren Herstellung ist nicht Vertragsinhalt. Beispiel: Kauf eines Wohnzimmerschrankes.
Dienstvertrag § 611	Es wird die **Arbeitsleistung** als solche geschuldet, nicht das Arbeitsergebnis (= der Erfolg). Beispiel: Beratung durch einen Rechtsanwalt.
Werkvertrag § 631	Der Unternehmer muss die Sache **herstellen**. Geschuldet wird ein vereinbartes, gegenständlich fassbares Arbeitsergebnis (= der **Erfolg**). Beispiele: Herstellung von Bauwerken, Erstellung eines Gutachtens, Reparatur einer Maschine.
Werklieferungsvertrag § 651 S. 1	Der Unternehmer verpflichtet sich zur **Lieferung herzustellender oder zu erzeugender beweglicher Sachen**. Beispiel: Herstellung und Lieferung einer Einbauküche einschl. Montage. Das Kaufrecht findet Anwendung (also auch die Sonderregelungen der §§ 474 ff.).

II. Der Begriff des „Mangels" im Werkvertragsrecht

Der Unternehmer muss dem Besteller gem. § 633 I das Werk frei von Sach- und **332**
Rechtsmängeln verschaffen. Sachmangel ist jede Abweichung der Istbeschaffen-
heit des Werks von seiner Sollbeschaffenheit.[8] Es kommt nicht darauf an, ob die
ausgeführte Lösung besser ist als die vereinbarte.[9]

§ 633 II enthält eine dreigliedrige Definition des Sachmangels:

Hauptkriterium der Beurteilung der Mängelfreiheit eines Werks ist die **vereinbarte Beschaffenheit** (§ 633 II 1) – wozu auch die Zusicherung von Eigenschaften zählt. Außerdem kann auch eine Garantie durch den Unternehmer übernommen worden sein, die den Umfang des Vertretenmüssens nach § 276 beeinflusst.

Wenn keine Beschaffenheitsvereinbarung zwischen den Parteien getroffen
wurde, ist – nachrangig – die **Eignung für die nach dem Vertrag vorausgesetzte
Verwendung** relevant (§ 633 II 2 Nr. 1). Die Verwendungsabsicht muss nicht auf

---

8 PALANDT/SPRAU, § 633 Rn. 5.
9 BGH NJW 2002, 3543.

eine explizite vertragliche Vereinbarung zurückgehen, es reicht auch eine konkludente Willensübereinstimmung der Parteien aus.

Lässt sich aus dem Inhalt des Vertrags kein konkreter Verwendungszweck entnehmen, ist das Werk dann frei von Sachmängeln, wenn es sich für den **gewöhnlichen Verwendungszweck** eignet (§ 633 II 2 Nr. 2). Es ist davon auszugehen, dass die Vertragsparteien den Zweck zugrunde gelegt haben, der üblicherweise mit einem Geschäft dieser Art verfolgt wird. Das Werk muss außerdem eine Beschaffenheit aufweisen, die bei **Werken gleicher Art üblich** ist und die der Besteller **nach der Art des Werkes erwarten kann.**[10]

Im Unterschied zum Kaufrecht bestimmen **Werbeaussagen** nicht die Soll-Beschaffenheit eines Werks.

333 § 633 III enthält die Definition des **Rechtsmangels,** der dann vorliegt, wenn Dritte in Bezug auf das Werk mehr als die im Vertrag übernommenen Rechte gegen den Besteller geltend machen können.[11]

Gem. § 633 II 3 ist eine Anders- und die Zuweniglieferung dem Sachmangel gleichgestellt.[12]

Für den Eintritt der gesetzlich vorgesehenen Rechtsfolgen ist es unerheblich, ob ein Sach- oder ein Rechtsmangel vorliegt.

334

> **Merke:**
> **Bis zur Abnahme** hat der Besteller einen Erfüllungsanspruch gem. § 631, der auf Verschaffung (Herstellung) des versprochenen, mangelfreien (vgl. § 633 I) Werkes gerichtet ist. Seine Rechte – auch bezüglich der Leistungsstörungen – richten sich nach den allgemeinen Vorschriften.
>
> **Ab Abnahme** beschränkt sich der Erfüllungsanspruch auf das hergestellte und durch die Abnahme als Erfüllung angenommene konkrete Werk und dessen Mängel. Der Besteller hat dann nur noch die Rechte aus § 634!
>
> **Abnahme** = körperliche Entgegennahme (Besitzübertragung) und Anerkennung des Werkes als vertragsgemäße Leistung.

Mit der Abnahme des Werkes (§ 640 I 1) geht nach § 644 I 1 die Preisgefahr vom Unternehmer auf den Besteller über. D.h., bis zu diesem Zeitpunkt trägt der Unternehmer das Risiko, keine Vergütung für seine Arbeit zu erhalten. Dies ist die Konsequenz aus der Erfolgsbezogenheit des Werkvertrags; der Unternehmer hat eine Vorleistungspflicht.[13] Nach erfolgter Abnahme kann der Unternehmer seine Vergütung verlangen, wenn das Werk zufällig untergeht. Er braucht das Werk auch dann nicht erneut herzustellen, wenn das möglich ist.

---

10 Die gleiche Regelung findet sich im Kaufrecht: § 434 I 1, 2.
11 Z. B. Rechte aus dem Bereich des Urheberrechts und des gewerblichen Rechtsschutzes. Die Fälle des Rechtsmangels finden sich allerdings eher im Kaufrecht – z. B. bei Grundstückskaufverträgen.
12 Vgl. § 434 III im Kaufrecht.
13 BROX/WALKER, Schuldrecht BT, § 22 Rn. 3.

III. Ansprüche und Rechte des Bestellers bei mangelhaftem Werk

Bei Vorliegen eines Rechts- oder Sachmangels können dem Besteller nach § 634   **335**
i. V. m. dem allgemeinen Schuldrecht folgende Ansprüche bzw. Rechte zustehen:

Nacherfüllung
(Mangelbeseitigung/Herstellung eines neues Werks)
§ 634 Nr. 1 i. V. m. § 635

**Nach Fristsetzung und erfolglosem Fristablauf gibt es
verschiedene Möglichkeiten:**

Selbstvornahme, Aufwendungsersatz nach § 637	Rücktritt nach §§ 323, 326 V	statt Rücktritt: **Minderung** nach § 638	und/oder **Schadensersatz** nach §§ 280, 281
§ 634 Nr. 2	§ 634 Nr. 3, 1. Alt. (beachte § 636)	§ 634 Nr. 3, 2. Alt.	§ 634 Nr. 4, 1. Alt. (beachte § 636)
			oder **Ersatz vergeblicher Aufwendungen** § 634 Nr. 4, 2. Alt.

Merke:
Der Vorrang des Nacherfüllungsanspruchs ist nicht ausdrücklich im Gesetz formuliert, sondern ergibt sich u. a. aus §§ 637, 323 I sowie 281 I: Die dort genannte „angemessene Frist" muss erfolglos abgelaufen (oder aber entbehrlich) sein, bevor der Besteller die anderen in § 634 genannten Rechte geltend machen kann.

1. Nacherfüllung gem. §§ 634 Nr. 1, 635

Da der Unternehmer nach §§ 631 I, 633 I zur Herstellung eines mangelfreien   **336**
Werks verpflichtet ist, ist die Mangelfreiheit Teil der primären Leistungspflicht.
Bis zur Abnahme trägt der Unternehmer das Risiko, dass die Herstellung misslingt und seine Leistungsbemühungen umsonst sind. Der Besteller hat deshalb bis zur vertragsgemäßen Herstellung des Werks einen Erfüllungsanspruch. Insofern ist der in §§ 634 Nr. 1, 635 normierte Nacherfüllungsanspruch kein besonderer Gewährleistungsanspruch, sondern ein Anspruch auf die nach dem Vertrag

geschuldete (Primär-)Leistung.[14] Dem Unternehmer wird die Möglichkeit einge-räumt, anstelle der Mängelbeseitigung ein ganz neues Werk herzustellen. Die Wahl zwischen beiden Alternativen steht gem. § 635 – wegen der größeren Sachkunde – dem Unternehmer zu.[15]

Wenn der Unternehmer von der Möglichkeit, das Werk völlig neu herzustellen, Gebrauch macht, muss der Besteller gem. § 635 IV das mangelhafte Werk nach Maßgabe der Rücktrittsvorschriften (§§ 346–348) herausgeben.

337 Gem. § 635 II hat der Unternehmer die zum Zweck der Nacherfüllung erforder-lichen Aufwendungen (z. B. Transport-, Wege-, Arbeits- und Materialkosten) zu tragen.

338 Er kann die sog. Unverhältnismäßigkeitseinrede nach § 635 III geltend machen, d. h. der Nacherfüllungsanspruch ist u. a. ausgeschlossen, wenn die Beseitigung des Mangels objektiv unmöglich ist[16] (§ 275 I), oder der hierfür erforderliche Auf-wand in einem groben Missverhältnis zu dem Leistungsinteresse des Unterneh-mers steht.[17]

339

Prüfschema – Anspruch des Bestellers auf Nacherfüllung gem. §§ 634 Nr. 1, 635:

1. Werkvertrag (i. S. d. § 631)
2. Sachmangel (§ 633 II) oder Rechtsmangel (§ 633 III)
3. Kein Haftungsausschluss durch Vertrag (vgl. § 639) oder Gesetz (§ 640 II, §§ 651 S. 2, 442 I 1)
4. Kein Verweigerungsrecht des Unternehmers (§ 635 III)

Rechtsfolge: Wahlrecht des   a) Beseitigung des Mangels **oder**
Unternehmers   b) Herstellung eines neuen Werks

---

2. Selbstvornahme gem. §§ 634 Nr. 2, 637

340 Wenn der Unternehmer dem Nacherfüllungsverlangen des Bestellers nicht nach-kommt oder die Nacherfüllung fehlschlägt, kann der Besteller den Mangel selbst beseitigen und seine diesbezüglichen Aufwendungen vom Unternehmer ersetzt verlangen. Es genügt, dass die dem Unternehmer gesetzte Frist zur Nacherfül-lung erfolglos abgelaufen ist. Unerheblich ist, ob der Unternehmer die ausge-bliebene Nacherfüllung zu vertreten hat oder nicht.

Die Selbstvornahme kann man als Nacherfüllung durch den Besteller selbst an-sehen. Dem Besteller steht dieses Recht nur zu, wenn der Nacherfüllungsan-spruch noch besteht. Deshalb scheidet eine Selbstvornahme aus, wenn die Her-stellung des Werks unmöglich ist oder der Unternehmer die Nacherfüllung (gem.

---

14 So BT-Drucksache 14/4060, 209, 219 f. zu der Parallelregelung im Kaufrecht. Vgl. auch PALANDT/ SPRAU, § 634 Rn. 3.
15 Im Kaufrecht obliegt diese Entscheidung dem Käufer, vgl. § 439.
16 PALANDT/SPRAU, § 635 Rn. 8. Siehe auch DAUNER-LIEB u. a./RAAB, § 9 Rn. 42.
17 Die Rechte des Bestellers bestimmen sich nach den §§ 280, 283 bis 285 und 326 (vgl. § 275 IV).

§§ 635 III, 275 II und III) zu Recht verweigert hat (vgl. § 637 I) – so z. B., weil diese einen unverhältnismäßigen Aufwand erfordert.[18]

Indem die Vorschrift des § 637 II 1 auf § 323 II verweist, wird die Fristsetzung u. a. in den Fällen der ernsthaften und endgültigen Leistungsverweigerung, der Termingeschäfte oder der besonderen Rücktrittsgründe entbehrlich.

Der Besteller kann vom Unternehmer nach § 637 III einen Vorschuss für die zur Mangelbeseitigung erforderlichen Aufwendungen verlangen.

Prüfschema – Anspruch des Bestellers auf Ersatz der Aufwendungen für die Selbstvornahme gem. §§ 634 Nr. 2, 637:

341

1. Werkvertrag (i. S. d. § 631)
2. Sachmangel (§ 633 II) oder Rechtsmangel (§ 633 III)
3. Erfolgloses Verstreichen einer angemessenen Frist zur Nacherfüllung (§ 637)
   Fristsetzung ist entbehrlich
   • bei ernsthafter und endgültiger Erfüllungsverweigerung (§§ 637 II 1, 323 II Nr. 1)
   • bei einem Fixgeschäft (§§ 637 II 1, 323 II Nr. 2)
   • bei einer Rechtfertigung aus besonderem Grund (§§ 637 II 1, 323 II Nr. 3)
   • wenn die Nacherfüllung fehlgeschlagen oder dem Besteller nicht zuzumuten ist (§ 637 II 2)
4. Besteller hatte Aufwendungen zur Mangelbeseitigung
5. Aufwendungen sind zur Mangelbeseitigung erforderlich (Verhältnismäßigkeitsprinzip)
6. Kein Haftungsausschluss durch Vertrag (vgl. § 639) oder Gesetz (§ 640 II, §§ 651 S. 2, 442 I 1)

Rechtsfolge: Ersatz der erforderlichen Aufwendungen

---

3. Rücktritt gem. §§ 634 Nr. 3, 1. Alt., 323, 326 V

Nach Ablauf der dem Unternehmer gesetzten Frist zur Nacherfüllung steht dem Besteller das Recht zum Rücktritt als echtes **Gestaltungsrecht** zu. Der Anspruch auf Rückzahlung eines bereits entrichteten Werklohns (§ 346 I) entsteht mit der Erklärung des Rücktritts nach § 349. 342

Durch den Rücktritt wird der Unternehmer erheblich belastet, da er den Anspruch auf den Werklohn vollständig verliert und das Werk oft nicht anderweitig verwerten kann. Deshalb ist der Rücktritt nach § 323 V 2 **ausgeschlossen**, wenn die **Pflichtverletzung des Unternehmers** (hier: Mangel des Werks) **unerheblich** ist. Der Besteller kann dann die übrigen Rechte, wie z. B. die Minderung, geltend machen. Ein Ausschluss des Rücktrittsrechts liegt auch vor, wenn der Besteller für

---

18 AnwKom/Raab, § 637 Rn. 4.

175

den Mangel des Werkes allein oder weit überwiegend verantwortlich ist (§§ 634 Nr. 3, 323 VI).

343

> **Prüfschema – Rücktritt bei mangelhaftem Werk gem. §§ 634 Nr. 3, 1. Alt., 636, 323:**
>
> 1. Werkvertrag (i. S. d. § 631)
> 2. Sachmangel (§ 633 II) oder Rechtsmangel (§ 633 III)
> 3. Erheblichkeit des Mangels (§ 323 V 2)
> 4. Erfolgloses Verstreichen einer angemessenen Frist zur Nacherfüllung (§§ 634, 1. Alt., 323 I)
>   Fristsetzung ist entbehrlich
>   • bei ernsthafter und endgültiger Erfüllungsverweigerung (§ 634 Nr. 3, 1. Alt., § 323 II Nr. 1)
>   • bei einem Fixgeschäft (§§ 634 Nr. 3, 1. Alt., 323 II Nr. 2)
>   • bei einer Rechtfertigung aus besonderem Grund (§ 634 Nr. 3, 1. Alt., § 323 II Nr. 3)
>   • wenn die Nacherfüllung fehlgeschlagen oder dem Besteller nicht zuzumuten ist (§ 636, 2. Alt.)
>   • wenn der Schuldner nach § 275 I – III nicht zu leisten braucht (§ 326 V)
> 5. Rücktrittserklärung, § 349
> 6. Rücktritt ist ausgeschlossen, wenn
>   • Gläubiger für den Umstand, der ihn zum Rücktritt berechtigen würde, allein oder weit überwiegend verantwortlich ist (§ 323 VI, 1. Alt.)
>   • der vom Schuldner nicht zu vertretende Umstand zu einer Zeit eintritt, zu der der Gläubiger im Annahmeverzug ist (§ 323 VI, 2. Alt.)
>   • die Pflichtverletzung unerheblich ist (§ 323 V 2)
> 7. Kein Ausschluss durch Vertrag (vgl. § 639) oder Gesetz (§ 640 II, §§ 651 S. 2, 442 I 1)
>
> **Rechtsfolge**: Anspruch aus § 346 I (Zurückgewährung der empfangenen Leistungen)

Wenn der Mangel des Werks nicht behoben werden kann, ist v. g. Prüfschema ebenfalls anzuwenden. Allerdings ist die Fristsetzung (Prüfungspunkt 4) gem. § 326 V entbehrlich.

4. Minderung gem. §§ 634 Nr. 3, 2. Alt., 638

344 Die Minderung ist ebenfalls als **Gestaltungsrecht** normiert. Da der Besteller nach § 638 I mindern kann „statt zurückzutreten", gelten die vorstehenden Ausführungen zum Rücktritt grundsätzlich auch für die Minderung.

Im Gegensatz zum Rücktritt ist die Minderung auch bei unerheblichen Pflichtverletzungen zulässig, da § 323 V 2 gem. § 638 I 2 keine Anwendung findet.

Damit der Minderungsbetrag möglichst einfach und praktisch berechnet werden kann, sieht § 638 III – wie schon § 441 III – eine sich nach dem Verkehrswert richtende relative Berechnungsmethode vor. Die Vergütung ist in dem Verhältnis herabzusetzen, das dem Verhältnis zwischen dem Wert des mangelfreien Werks und dem wirklichen Wert des Werks (also dem Wert des mangelhaften Werks) entspricht.[19] Die Minderung ist, soweit erforderlich, durch Schätzung zu ermitteln (§ 638 III 2). Wenn der Besteller den Werklohn bereits (ganz oder zum Teil) entrichtet hat, ist der Mehrbetrag nach den Rücktrittsvorschriften zu erstatten (§§ 638 IV, 346 I, 347 I).

Prüfschema – Minderung bei mangelhaftem Werk gem. § 634 Nr. 3, 2. Alt., § 638:

345

1. Werkvertrag (i. S. d. § 631)
2. Sachmangel (§ 633 II) oder Rechtsmangel (§ 633 III)
3. Gem. § 638 („statt zurückzutreten"): **Voraussetzungen des Rücktritts sind erforderlich:**
   erfolgloses Verstreichen einer angemessenen Frist zur Nacherfüllung (§ 634 Nr. 3, 1. Alt., 323 I)
   Fristsetzung ist entbehrlich
   - bei ernsthafter und endgültiger Erfüllungsverweigerung (§ 634 Nr. 3, 1. Alt., § 323 II Nr. 1)
   - bei einem Fixgeschäft (§ 634 Nr. 3, 1. Alt., § 323 II Nr. 2)
   - bei einer Rechtfertigung aus besonderem Grund (§ 634 Nr. 3, 1. Alt., § 323 II Nr. 3)
   - wenn die Nacherfüllung fehlgeschlagen oder dem Besteller nicht zuzumuten ist (§§ 636, 2. Alt.)
4. Erklärung der Minderung, § 638 I 1
5. Minderungsrecht ist ausgeschlossen, wenn
   - Gläubiger für den Umstand, der ihn zur Minderung berechtigen würde, allein oder weit überwiegend verantwortlich ist (§ 323 VI, 1. Alt.)
   - der vom Schuldner nicht zu vertretende Umstand zu einer Zeit eintritt, zu der der Gläubiger im Annahmeverzug ist (§ 323 VI, 2. Alt.)
6. Kein Ausschluss durch Vertrag (vgl. § 639) oder Gesetz (§ 640 II, §§ 651 S. 2, 442 I 1)

Rechtsfolge: Recht aus § 638 I 1 (Minderung der Vergütung)

$$\text{geminderter Werklohn} = \frac{\text{Istwert} \times \text{vereinbarter Preis}}{\text{Sollwert}}$$

Wenn der Mangel des Werks nicht behoben werden kann, ist v. g. Prüfschema ebenfalls anzuwenden. Allerdings ist die Fristsetzung (Prüfungspunkt 3) gem. § 326 V entbehrlich.

---

19 Wegen Einzelheiten zur Berechnung siehe MEDICUS, Schuldrecht BT, Rn. 55 a und 369.

5. Schadensersatz gem. §§ 634 Nr. 4, 1. Alt., 636, 280, 281

346 Das Werkvertragsrecht enthält keine eigenständige Anspruchsgrundlage für den Schadensersatz, sondern verweist (wie § 437 Nr. 3 im Kaufrecht) in § 634 Nr. 3 auf die allgemeinen Vorschriften, insbesondere auf § 280 I.

Ist das Werk mangelhaft, so muss nach § 280 I geprüft werden, ob der Mangel auf einer Pflichtverletzung des Unternehmers beruht, die dieser zu vertreten hat. § 276 I enthält neben der Haftung für Verschulden eine Einstandspflicht des Schuldners für von ihm gegebene Garantien. Übernimmt der Unternehmer diese unbedingte Einstandspflicht für das Vorhandensein bestimmter Eigenschaften des Werks, so haftet er für Schäden, die infolge der nicht vertragsgemäßen Beschaffenheit des Werks entstehen, ohne Rücksicht auf Verschulden.

Die weiteren Voraussetzungen dieses Schadensersatzanspruchs richten sich nach den allgemeinen Vorschriften der §§ 280, 281, 283, 311 a. Nach wie vor ist die Unterscheidung zwischen Mangel- und Mangelfolgeschäden relevant:

Wenn der Besteller Schadensersatz wegen eines Mangels des Werkes verlangt (sog. **Mangelschaden**), macht er einen **Schadensersatzanspruch statt der Leistung** geltend, der nur unter den Voraussetzungen des § 281 I – insbesondere erst nach erfolglosem Ablauf einer Frist zur Nacherfüllung – besteht.

Ansprüche auf Ersatz der **Mangelfolgeschäden** (z. B. Wasserschaden im Keller des Bestellers aufgrund eines fehlerhaft installierten Wasserrohrs) sind gem. § 280 I geltend zu machen, denn sie bestehen **zusätzlich zu dem Erfüllungsanspruch** und **nicht anstelle der Leistung**.[20]

347 Wenn der Besteller **Schadensersatz statt der Leistung** verlangt, kann unterschieden werden zwischen

- dem **großen Schadenersatzanspruch** (Ersatz des vollen Nichterfüllungsschadens und Rückgabe des mangelhaften Werks). Voraussetzung hierfür: Pflichtverletzung (= Mangel) muss erheblich sein (vgl. § 281 I 3) und
- dem **kleinen Schadensersatzanspruch** (Ersatz des infolge der Wertminderung entstandenen Schadens und Besteller muss das mangelhafte Werk behalten).

Gem. § 325 wird das Recht auf Schadensersatz durch den Rücktritt nicht ausgeschlossen.

---

20 Diese Schäden betreffen das Integritäts- und nicht das Äquivalenzinteresse.

348

Prüfschema – Schadensersatz statt der Leistung bei mangelhaftem Werk gem. § 634 Nr. 4, 1. Alt., §§ 636, 281 I 1:

1. Werkvertrag (i. S. d. § 631)
2. Sachmangel (§ 633 II) oder Rechtsmangel (§ 633 III)
3. Unternehmer (Schuldner) muss den Mangel zu vertreten haben (§ 280 I 2 i. V. m. § 276)
4. angemessene Frist zur Nacherfüllung ist erfolglos abgelaufen (§ 634 Nr. 4, 1. Alt., 281 I 1)
   Fristsetzung ist entbehrlich
   • bei endgültiger Leistungsverweigerung (§§ 634 Nr. 4, 1. Alt., 281 II, 1. Alt.)
   • bei Vorliegen besonderer Umstände (§§ 634 Nr. 4, 1. Alt., 281 II, 2. Alt.)
   • wenn der Unternehmer die Nacherfüllung verweigert (§§ 636, 1. Alt., 635 III)
   • wenn die Nacherfüllung fehlgeschlagen oder dem Besteller nicht zuzumuten ist (§ 636, 2. und 3. Alt.)
5. Schaden beim Besteller (= Gläubiger)
6. Kein Ausschluss durch Vertrag (vgl. § 639) oder Gesetz (§ 640 II, §§ 651 S. 2, 442 I 1)

Rechtsfolge: a) Schadensersatz statt der Leistung (= kleiner Schadensersatz)
b) Schadensersatz statt der ganzen Leistung (= großer Schadensersatz), falls Pflichtverletzung erheblich ist (§ 281 I 3)

Wenn der Mangel des Werks nicht behoben werden kann (§§ 283 i. V. m. 275), ist v. g. Prüfschema ebenfalls anzuwenden. Allerdings ist Prüfungspunkt 4 (erfolgloses Verstreichen einer angemessenen Frist zur Nacherfüllung) entbehrlich.

349

Prüfschema – Schadensersatz neben der Leistung bei Mangelfolgeschaden (aufgrund eines mangelhaften Werks) gem. § 634 Nr. 4, 1. Alt., §§ 280 I:

1. Werkvertrag (i. S. d. § 631)
2. Sachmangel (§ 633 II) oder Rechtsmangel (§ 633 III)
3. Unternehmer (Schuldner) muss den Mangel zu vertreten haben (§ 280 I 2 i. V. m. § 276)
4. Schaden beim Besteller (= Gläubiger)
5. Kein Ausschluss durch Vertrag (vgl. § 639) oder Gesetz (§ 640 II, §§ 651 S. 2, 442 I 1)

Rechtsfolge: Schadensersatz neben der Leistung (= Mangelfolgeschaden)

---

6. Ersatz vergeblicher Aufwendungen gem. §§ 634 Nr. 4, 2. Alt., 284

350 Der Besteller hat die Möglichkeit, an Stelle des Schadensersatzes statt der Leistung gem. § 634 Nr. 4, 2. Alt. i. V. m. § 284 Ersatz vergeblicher Aufwendungen zu verlangen.

Voraussetzung hierfür ist, dass dem Gläubiger (Besteller) ein – noch nicht geltend gemachter – Schadensersatzanspruch statt der Leistung zusteht, der sich aus den §§ 280, 281 oder 311 a ergibt. Im Vertrauen auf den ordnungsgemäßen Erhalt der Leistung muss er Aufwendungen getätigt haben, wie z. B. Vertragskosten, Kauf von Anschlussrohren für die Heizung.

351

> **Prüfschema – Aufwendungsersatz <u>statt</u> der Leistung bei mangelhaftem Werk gem. § 634 Nr. 4, 2. Alt, §§ 636, 281 I 1 i. V. m. § 284:**
>
> 1. Werkvertrag (i. S. d. § 631)
> 2. Sachmangel (§ 633 II) oder Rechtsmangel (§ 633 III)
> 3. Unternehmer (Schuldner) muss den Mangel zu vertreten haben (§ 280 I 2 i. V. m. § 276)
> 4. angemessene Frist zur Nacherfüllung ist erfolglos abgelaufen (§ 634 Nr. 4, 1. Alt., 281 I 1)
>   Fristsetzung ist entbehrlich
>   - bei endgültiger Leistungsverweigerung (§ 634 Nr. 4, 1. Alt., § 281 II, 1. Alt.)
>   - bei Vorliegen besonderer Umstände (§ 634 Nr. 4, 1. Alt., § 281 II, 2. Alt.)
>   - wenn der Unternehmer die Nacherfüllung verweigert (§§ 636, 1. Alt., 635 III)
>   - wenn die Nacherfüllung fehlgeschlagen oder dem Besteller nicht zuzumuten ist (§ 636, 2. und 3. Alt.)
> 5. Besteller (Gläubiger) muss Aufwendungen „billigerweise" gemacht haben (§ 284)
> 6. Kein Ausschluss durch Vertrag (vgl. § 639) oder Gesetz (§ 640 II, §§ 651 S. 2, 442 I 1)
>
> **Rechtsfolge:** Ersatz der vergeblichen Aufwendungen, aber **kein** Anspruch auf Schadensersatz statt der Leistung

Wenn der Mangel des Werks nicht behoben werden kann (§§ 283 i. V. m. 275), ist v. g. Prüfschema ebenfalls anzuwenden. Allerdings ist Prüfungspunkt 4 (erfolgloses Verstreichen einer angemessenen Frist zur Nacherfüllung) entbehrlich.

IV. Ausschluss der Gewährleistung

Die Gewährleistungsrechte können **kraft Gesetzes** ausgeschlossen sein. So nach **352** § 640 II, wenn der Besteller das Werk in Kenntnis des Mangels abnimmt. Ein Ausschluss besteht auch gem. §§ 651 S. 2, 442 I 1, wenn das Werk aus einem vom Besteller gelieferten Stoff herzustellen ist und der Mangel auf diesen Stoff zurückzuführen ist.[21]

Die Gewährleistungsrechte können auch **durch Vertrag** ausgeschlossen oder eingeschränkt werden (§ 639). Der Unternehmer kann sich hierauf allerdings nicht berufen, wenn er den Mangel arglistig verschwiegen oder eine Garantie für die Beschaffenheit des Werks übernommen hat.

V. Verjährung

§ 634 a sieht drei verschiedene Verjährungsfristen für die in § 634 normierten **353** Ansprüche auf Nacherfüllung, Selbstvornahme und Schadensersatz vor. Da es sich bei Rücktritt und Minderung um Gestaltungsrechte handelt, unterliegen diese nicht den Verjährungsfristen.[22] Die Rücktritts- oder Minderungserklärung ist gem. § 218 (vgl. § 634 a IV, V) unwirksam, wenn und soweit der Nacherfüllungsanspruch verjährt ist und der Unternehmer sich hierauf beruft.

Der jeweils geschuldete Erfolg bestimmt die Dauer der Haftung des Unternehmers für sein Werk:

Für Bauwerke und Werke, deren Erfolg in der Erbringung von Planungs- oder Überwachungsleistungen hierfür besteht, gilt eine fünfjährige Verjährungsfrist (§ 634 a I Nr. 2). Für unkörperliche Arbeitsergebnisse beträgt die Verjährungsfrist nach § 634 a I Nr. 1 zwei Jahre. In beiden Fällen beginnt die Verjährung mit der Abnahme (§ 634 a II). Für die „sonstigen Sachen" gilt die regelmäßige Verjährungsfrist (vgl. § 195) von drei Jahren (§ 634 a I Nr. 3). Hierzu zählen die Mängelansprüche bei Werken, die in der Herstellung oder Veränderung von Sachen mit Ausnahme der Bauwerke bestehen. Der Verjährungsbeginn richtet sich hier u. a. nach dem Kenntnis- oder Erkennbarkeitskriterium (§ 199 I Nr. 2).

Wenn der Unternehmer den Mangel arglistig verschwiegen hat, unterliegen die vorgenannten Ansprüche gem. § 634 a III der regelmäßigen Verjährungsfrist mit der Konsequenz, dass ebenfalls nicht die Abnahme maßgeblich ist, sondern der Zeitpunkt, in dem der Käufer von dem Mangel Kenntnis erlangt hat oder ohne grobe Fahrlässigkeit hätte erlangen können. Bei Bauwerken tritt die Verjährung jedoch nicht vor Ablauf der Fünfjahresfrist des § 634 a I Nr. 2 ein.

Ein anderweitige vertragliche Vereinbarung ist grundsätzlich möglich (vgl. § 202 II).

---

21 Wobei in diesem Fall die Vorschriften über das Kaufrecht Anwendung finden (§ 651 I 1).
22 Gem. § 194 I unterliegen nur Ansprüche der Verjährung.

VI. Anwendung des Kaufrechts

354 Gem. § 651 finden auf Verträge, die die Herstellung oder Erzeugung beweglicher Sachen zum Gegenstand haben, die Vorschriften über den Kauf Anwendung. Allerdings sind die §§ 642, 643, 645, 649 und 650 auch bei der Lieferung herzustellender oder zu erzeugender **nicht vertretbarer Sachen**[23] mit der Maßgabe anzuwenden, dass an die Stelle der Abnahme der nach §§ 446, 447 maßgebliche Zeitpunkt (Zeitpunkt des Gefahrübergangs) tritt.

Vom Anwendungsbereich des Werkvertragsrechts sind damit im Wesentlichen die Herstellung von Bauwerken, reine Reparaturarbeiten und die Herstellung nichtkörperlicher Werke erfasst. Das Kaufrecht findet auf sämtliche Verträge mit einer Verpflichtung zur Lieferung herzustellender oder zu erzeugender Sachen Anwendung.

Da die Mängelhaftung bei beiden Vertragstypen weitgehend angeglichen ist, wird der Einordnung eines Vertrags ihre Bedeutung genommen.

---

23 Die vertretbare Sache ist in § 91 geregelt. Nicht vertretbar ist eine Sache, die auf die Wünsche des Bestellers ausgerichtet und deshalb für den Unternehmer anderweitig gar nicht oder schwierig abzusetzen ist (vgl. BGH NJW 1971, 1793) – wie z. B. ein Maßanzug.

Fall 7: Ärger mit den Mietern

Schwerpunkte:
Mietrecht – unbefristeter und befristeter Mietvertrag – Beendigung des Mietvertrages – Schadensersatzansprüche des Vermieters – Verzugszinsen – Verjährung

Inspektor I bei der Stadt V hat ein neues Aufgabengebiet übernommen. Er ist für 355
die Bearbeitung von Mietangelegenheiten zuständig. Mit den Mietern städtischer Wohnungen gibt es leider rechtliche Probleme zu klären.

Der M 1 ist seit 1. 1. Mieter der Stadt (Monatsmiete 700 €) und bereitet Ärger, weil er von Beginn des Mietvertrags an immer 100 € zu wenig Miete bezahlt; fällig war die Miete laut vertraglicher Vereinbarung monatlich im Voraus, spätestens am 3. des Monats. Außerdem hält sich M 1 manchmal nicht an die Hausordnung. Am 2. 4. erhielt M 1 ein Schreiben der Stadt, wonach ihm wegen der ständigen Zahlungsschwierigkeiten fristlos gekündigt wurde, auf jeden Fall müsse er zum nächstmöglichen Zeitpunkt die Wohnung räumen. Gegen die Kündigung legte M 1 Widerspruch ein mit der Begründung, dass die Stadt wegen solcher „Kleinigkeiten" kein Recht zur Kündigung habe. Außerdem sei die von ihm eingeräumte Verletzung der Hausordnung nicht in den Kündigungsgründen angeführt.

Aufgabe 1: Inspektor I wird um eine gutachtliche Äußerung gebeten. Er soll prüfen:

  a) ob und ggf. zu welchem Zeitpunkt die Stadt V von M 1 die Räumung der Wohnung verlangen kann und
  b) ob die Stadt V Anspruch auf Zinsen hat.

Anlässlich einer Besichtigung der Wohnung des M 1 stellte die Stadt fest, dass in der Wohnung des M 1 mehrere Fensterscheiben Sprünge aufwiesen, und am Teppichboden im Wohnzimmer wurden mehrere Brandflecken festgestellt, die offensichtlich von Zigarettenresten verursacht wurden. M 1 erklärte, beim Putzen sei er mit dem Schrubber gegen die Scheiben gestoßen; ein Aschenbecher sei nicht immer für seine Zigarettenreste vorhanden gewesen. Diese Vorgänge gehörten allerdings zur „normalen" Abnutzung der Wohnung.

Aufgabe 2: Inspektor I soll prüfen, ob die Stadt Schadensersatzansprüche gegen M 1 hat.

Mit einem anderen Mieter (M 2) hat die Stadt V Probleme, weil dieser seine kurzfristig für ein halbes Jahr gemietete Zweizimmer-Wohnung nach Zeitablauf nicht räumen will. In dem schriftlichen Mietvertrag steht, dass die Stadt V ab 1. 7. (dann erst sind geeignete Handwerker verfügbar) die Wohnung gründlich sanieren und modernisieren wolle.

Obwohl die Stadt V dem M 2 auf dessen Anfrage vom 28. 2. am 15. 3. diese Absicht nochmals schriftlich mitgeteilt hat, legt M 2 Widerspruch ein und will auch nach dem 30. 6. in der Wohnung bleiben. M 2 ist der Meinung, dass er ebenso ein Recht auf die Wohnung habe wie jeder andere.

Aufgabe 3: Inspektor I soll prüfen, ob eine Räumungsklage Aussicht auf Erfolg hat.

Bei einer Überprüfung der Mietrechtsakten stellt man Anfang Januar 2007 fest, dass vergessen wurde, dem Mieter M 3 gegenüber einen Mietrückstand in Höhe von 500 €, der im November 2003 fällig war, geltend zu machen. Inspektor I schickt M 3 unverzüglich einen Nachforderungsbescheid in dieser Höhe.

Aufgabe 4: M 3 ist über die Zahlungsaufforderung in Höhe von 500 € erbost und beruft sich auf Verjährung. Zu Recht?

Fall 7: Prüfschema/Lösungsskizze

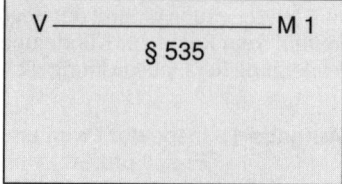

356 **Aufgabe 1 a):**

V ⟶ M 1 **Rückgabe bzw. Räumung der Mietwohnung gem. § 546 I**

1. Mietvertrag zwischen V und M 1 (+)
2. Beendigung des Mietverhältnisses (+)
   a) durch fristlose Kündigung seitens der V
      Schriftform, § 568 I (+)
      wegen Zahlungsverzugs gem. §§ 543 II Nr. 3, 569 III (–)
      wegen nachhaltiger Störung des Hausfriedens gem. §§ 543 I, III, 569 II (–)
   b) Umdeutung der fristlosen in eine ordentliche Kündigung (§ 140)
   c) durch ordentliche Kündigung
      nicht unerhebliche schuldhafte Verletzung der vertraglichen Pflichten seitens M 1, § 573 I, II Nr. 1
      aa) durch ständige Zahlung einer zu geringen Miete (+)
      bb) Verstöße gegen die Hausordnung können wegen § 573 III nicht berücksichtigt werden
3. Kündigungsfrist, § 573 c I 1: am 2. 4. per 30. 6.
4. kein Härtefall gem. § 574 I (+)

Ergebnis: V ⟶ M 1 Rückgabe bzw. Räumung der Mietwohnung gem. § 546 I (+)

Aufgabe 1 b): 357

V ⟶ M 1 **Verzugszinsen gem. §§ 288 I 1, 286**

1. Schuldverhältnis (+)
   Mietvertrag
2. Schuldnerverzug mit einer Leistungspflicht, §§ 535 II, 286 (+)
   a) Fälligkeit der Leistung – jeweils 3. Werktag
   b) Mahnung – entbehrlich nach § 286 II Nr. 1
   c) Nichtleistung des M 1
   d) Vertretenmüssen des Schuldners M 1, § 286 IV
3. Verzugszinsen in Höhe von 5 % über dem Basiszinssatz
   (§§ 288 I 2, 247 I 1)[1]

Ergebnis: V ⟶ M 1 Verzugszinsen gem. §§ 288 I 1, 286 (+)

Aufgabe 2: 358

I. V ⟶ M 1 Schadensersatz gem. §§ 280 I, 535

1. Schuldverhältnis: Mietvertrag i. S. d. § 535 (+)
2. Pflichtverletzung – Missachtung der Schutz- und Sorgfaltspflicht,
   §§ 280 I 1, 241 II (+)
3. Vertretenmüssen, §§ 280 I 2, 276 (+), 538 (–)
4. Schaden (+)

Ergebnis: V ⟶ M 1 Schadensersatz §§ 280 I, 535 (+)

Umfang des Schadensersatzes: §§ 249 ff. (§ 249 II 1 – Geld)

II. V ⟶ M 1 Schadensersatz gem. § 823 I

1. Tatbestandsmäßigkeit der Handlung des M 1 (+)
   a) Verletzung eines der in § 823 I genannten Rechtsgüter; hier: Eigentum
   b) Ursächlichkeit der Handlung für die Rechtsgutsverletzung
2. Rechtswidrigkeit (+)
3. Verschulden, Fahrlässigkeit (+)
4. Schaden (+)

Ergebnis: V ⟶ M 1 Schadensersatz gem. § 823 I (+)

Umfang des Schadensersatzanspruchs: §§ 249 ff. (§ 249 II 1 – Geld)

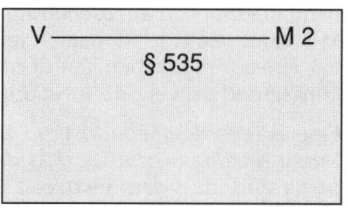

---

1 Ein etwa entstandener höherer Verzugsschaden kann gem. § 288 III geltend gemacht werden.

359 Aufgabe 3:

V ——→ M 2 Rückgabe bzw. Räumung der Mietwohnung gem. § 546 I

1. Mietvertrag zwischen V und M 2 (+)
2. Beendigung des befristeten Mietverhältnisses – §§ 575, 542 II[2] (+)
   a) Zeitmietvertrag gem. § 575 I
   b) Vermieter will gründlich sanieren, § 575 I Nr. 2
   c) Vermieter hat dem Mieter diese Absicht bei Vertragsschluss schriftlich mitgeteilt
   d) Vermieter hat dem Mieter innerhalb der Fristen von § 575 II schriftlich mitgeteilt, dass diese Verwendungsabsicht noch besteht

Ergebnis: V ——→ M 2 Rückgabe bzw. Räumung der Mietwohnung gem. § 546 I (+)

Fall 7: Ausarbeitung (Gutachten)

Aufgabe 1 a):

360 Die Stadt V könnte von M 1 die Rückgabe der Mietsache, d. h. Räumung der Wohnung, gem. § 546 I verlangen.

1. V und M 1 haben einen Mietvertrag i. S. v. § 535 geschlossen.

2. *Dieser muss beendet worden sein.*

361 a) *Dies könnte durch die seitens V ausgesprochene außerordentliche fristlose Kündigung erfolgt sein. Die Kündigung bedarf nach § 568 I der Schriftform.* Die Stadt beruft sich in ihrem Schreiben vom 2. 4. auf die seit längerer Zeit erfolgte zu geringe Mietzahlung sowie Verstöße gegen die Hausordnung. *In Betracht kommt deshalb eine außerordentliche fristlose Kündigung aus wichtigem Grund gem. § 543 II Nr. 3. Voraussetzung hierfür ist, dass der Mieter für zwei aufeinander folgende Termine mit der Entrichtung der Miete (oder eines nicht unerheblichen Teils davon) – vgl. § 543 II Nr. 3 a – oder aber in einem sich über mehr als zwei Termine erstreckenden Zeitraum mit der Entrichtung der Miete in Höhe eines Betrages in Verzug gekommen ist, der die Miete für zwei Monate erreicht (§ 543 II Nr. 3 b). Gem. § 569 III Nr. 1 ist bei Wohnraum außerdem zu beachten, dass der rückständige Teil der Miete im Falle des § 543 II Nr. 3 a nur dann als nicht unerheblich anzusehen ist, wenn er die Miete für einen Monat übersteigt.* M 1 zahlt seit 1. 1. monatlich jeweils 100 € zu wenig Miete. Somit ist er nicht mit einem erheblichen Teil der Miete in Verzug. Ein außerordentlicher Kündigungsgrund gem. § 543 II Nr. 3 liegt nicht vor.

362 *Eine außerordentliche fristlose Kündigung könnte nach § 569 II möglich sein. Voraussetzung hierfür ist, dass der Mieter schuldhaft den Hausfrieden so nachhaltig stört, dass dem Vermieter die Fortsetzung des Mietverhältnisses nicht zu-*

---

2 Nach dieser Vorschrift ist der Abschluss von Zeitmietverträgen ohne Kündigungsschutz möglich.

gemutet werden kann. M 1 hält sich manchmal nicht an die Hausordnung. Dies stellt keine schwerwiegende Vertragsverletzung dar, die eine außerordentliche fristlose Kündigung nach § 569 II ermöglicht. Es ist daher auch unmaßgeblich, dass dieser Grund im Kündigungsschreiben vom 2. 4. nicht angegeben ist.

b) Die Stadt weist in dem Kündigungsschreiben darauf hin, dass M 1 auf jeden **363** Fall zum nächstmöglichen Zeitpunkt die Wohnung räumen müsse. Somit kommt eine *Umdeutung der fristlosen Kündigung in eine ordentliche Kündigung gem. § 140 in Betracht. Danach ist Voraussetzung, dass ein nichtiges Rechtsgeschäft den Erfordernissen eines anderen Rechtsgeschäfts entspricht.* Die außerordentliche fristlose Kündigung ist – wie oben geprüft – unwirksam. Dieses Rechtsgeschäft gleicht mit allen wesentlichen Merkmalen einem anderen Rechtsgeschäft, nämlich der ordentlichen Kündigung. Nach § 140 gilt das letztgenannte, wenn anzunehmen ist, dass dessen Geltung bei Kenntnis der Nichtigkeit gewollt sein würde. Da V auf alle Fälle das Mietverhältnis beenden will, kann deren Willenserklärung in eine ordentliche Kündigung umgedeutet werden.[3]

c) *Ein Mietverhältnis über Wohnraum kann nach § 573 I bei einem berechtigten* **364** *Interesse des Vermieters gekündigt werden.*

aa) *Als Kündigungsgrund kommt § 573 II Nr. 1 in Betracht, wonach ein berechtigtes Interesse besteht, wenn der Mieter seine vertraglichen Verpflichtungen schuldhaft nicht unerheblich verletzt.* Zu den Vertragspflichten des Mieters M 1 zählt die pünktliche Zahlung der vereinbarten Miete (§ 535 II), die aufgrund der vertraglichen Vereinbarung spätestens am 3. eines Monats fällig ist. Eine ständige, sich über vier Monate erstreckende Zahlung von jeweils 100 € zu wenig Miete stellt eine nicht unerhebliche Vertragsverletzung dar. *M 1 muss diese zu vertreten, d. h. nach § 276 I vorsätzlich oder fahrlässig gehandelt haben.* M 1 hat durch die Einbehaltung eines Teils der Miete die im Verkehr erforderliche Sorgfalt außer Acht gelassen und somit fahrlässig gehandelt (§ 276 II). Folglich liegt ein Kündigungsgrund nach § 573 II Nr. 1 vor.

bb) Fraglich ist, ob die ordentliche Kündigung der V auch auf die Verstöße gegen die Hausordnung gestützt werden kann. *Nach § 573 III werden als berechtigte Interessen des Vermieters nur die in der Kündigung (die gem. § 568 I der Schriftform bedarf) genannten Gründe berücksichtigt.* Die Stadt V hat sich in ihrem Kündigungsschreiben nur auf den Zahlungsverzug berufen. Somit sind die außerdem (mündlich) vorgebrachten Verstöße gegen die Hausordnung nicht berücksichtigungsfähig.

3. *Nach § 573 c 1 ist die Kündigung eines Mietverhältnisses über Wohnraum* **365** *spätestens am dritten Werktag eines Kalendermonats für den Ablauf des übernächsten Monats zulässig.* Das Kündigungsschreiben ist dem M 1, der die Wohnung erst seit 1. 1. gemietet hat, am 2. 4. zugegangen (vgl. § 130). Somit läuft die Kündigungsfrist bis zum 30. 6.

---

3 Siehe auch BGH NJW 1981, 977 (Mietvertrag); zur Umdeutung einer unwirksamen außerordentlichen in eine ordentliche Kündigung eines Arbeitsvertrages s. BAG NJW 1988, 581 f.

366 4. Allerdings könnte M 1 gem. *§ 574 I 1 der Kündigung widersprechen und vom Vermieter die Fortsetzung des Mietvertrages verlangen, wenn die vertragsmäßige Beendigung des Mietverhältnisses für ihn oder seine Familie eine Härte bedeuten würde.* Der Mieter M 1 beruft sich in seinem Widerspruch lediglich darauf, dass die Stadt ihm wegen der „Kleinigkeiten" nicht kündigen könne. Dies ist allerdings kein Grund für einen Härtefall nach § 574 I 1.

Daher hat die Stadt V gegen M 1 einen Anspruch gem. § 546 I auf Räumung der Wohnung zum 30. 6.

Aufgabe 1 b):

Die Stadt V könnte gegen M 1 einen Anspruch auf Verzugszinsen in Höhe von 5 % über dem Basiszinssatz gem. §§ 288 I, 286 haben.

1. *Voraussetzung hierfür ist zunächst, dass zwischen V und M 1 ein Schuldverhältnis besteht.* Beide haben (durch zwei übereinstimmende Willenserklärungen) einen Mietvertrag i. S. d. § 535 geschlossen.

367 2. *M 1 muss mit einer Geldschuld in Verzug gekommen sein.* Nach § 535 II i. V. m. der vertraglichen Vereinbarung hatte er die Pflicht, die Miete – also eine Geldschuld – monatlich in der vereinbarten Höhe zu zahlen. *Nach § 286 ist für den Schuldnerverzug erforderlich, dass die Leistung fällig war, die Gläubigerin (V) gemahnt hat – sofern die Mahnung nicht gem. § 286 II Nr. 1 entbehrlich war – und dass der Schuldner (M 1) die Leistung nicht erbracht hat.* Der Mietzins war am 3. des Monats fällig. Mit diesem Termin ist eine Zeit nach dem Kalender bestimmt (§ 286 II Nr. 1); folglich bedurfte es nicht einer Mahnung nach § 286 I 1. M 1 hat nach Ablauf des dritten Tages eines Monats seine Verpflichtung gegenüber V nicht voll erfüllt, weil er seit 1. 1. monatlich jeweils 100 € zu wenig Miete entrichtet. Er kommt *nach § 286 IV nur dann nicht in Schuldnerverzug, wenn er die Verzögerung der Leistung nicht zu vertreten hat.* M 1 führt keine Tatsachen an, die sein Verschulden ausschließen. Mithin befand sich M 1 jeweils ab dem 4. eines Monats mit der für diesen Monat fälligen Mietzahlung in Höhe von 100 € in Verzug.

3. Somit hat die Gläubigerin V nach §§ 288 I, 286 als Verzugsfolge Anspruch auf Verzugszinsen in Höhe von 5 % über dem Basiszinssatz.[4]

Aufgabe 2:

I. Die Stadt V könnte gegen M 1 einen Anspruch auf Schadensersatz gem. § 280 I haben.

---

4 Dieser ergibt sich aus § 247 I 1 und ändert sich jeweils zum 1. 1. und 1. 7. eines Jahres; abrufbar ist er im Internet unter www.basiszinssatz.de. Hierbei handelt es sich um den Ersatz des objektiven Mindestschadens; gleichgültig ist, ob der Gläubiger tatsächlich einen entsprechenden Schaden erlitten hat. Höhere Zinsen (§ 288 IV) können sich aus § 352 HGB (5 %), §§ 48 I Nr. 2, 49 Nr. 2 WG, §§ 45 Nr. 2, 46 Nr. 2 ScheckG (2 % über Bundesbankdiskontsatz, mindestens 6 %), § 497 I 2 (2 1/2 Prozentpunkte über dem Basiszinssatz) ergeben. Sofern V einen höheren Verzugsschaden haben sollte (hierfür gibt es im Sachverhalt keine Anhaltspunkte), kann dieser nach §§ 280 I, II, 286 geltend gemacht werden.

1. *Voraussetzung für diesen Schadensersatzanspruch ist ein bestehendes Schuldverhältnis zwischen V und M 1.* Wie bei Aufgabe 1 bereits festgestellt, haben V und M 1 einen wirksamen Mietvertrag geschlossen.

2. *M 1 muss eine aus dem Schuldverhältnis resultierende Pflicht verletzt haben.* **368** Jeder Vertragspartner hat aufgrund des Schuldverhältnisses die Pflicht, die Rechtsgüter des anderen, auf die er eine durch den Vertrag bedingte Einwirkungsmöglichkeit hat, nicht zu beschädigen. Generell bestehen hinsichtlich einer gemieteten Sache Sorgfalts- und Obhutspflichten (§ 241 II). M 1 ist beim Putzen mit dem Schrubber nicht sorgfältig genug gewesen und hat so die Fensterscheiben beschädigt. Seine Zigarettenreste hätte er in Aschenbecher oder andere Abfallbehälter geben und nicht auf dem Teppichboden „beseitigen" sollen. Durch dieses Verhalten hat M 1 die genannten Pflichten verletzt.

3. *M 1 muss diese Pflichtverletzung zu vertreten haben (§ 280 I 2).* Nach § 276 I 1 hat der Schuldner Vorsatz und Fahrlässigkeit zu vertreten. Veränderungen oder Verschlechterungen der Mietsache, die durch den vertragsgemäßen Gebrauch herbeigeführt werden, muss der Mieter gem. § 538 nicht vertreten. Die Schäden an Fensterscheiben und Teppichboden sind durch vertragswidrigen Gebrauch entstanden. M 1 ließ beim Putzen die erforderliche Sorgfalt außer Acht und handelte hinsichtlich der zersprungenen Scheiben fahrlässig; Gleiches gilt für die Brandflecken auf dem Teppichboden.[5] Demnach liegt ein Verschulden seitens M 1 vor.

4. *Durch die Pflichtverletzung muss der Stadt ein Schaden entstanden sein.* Aufgrund der Verletzung der Schutz- und Sorgfaltspflicht hat die Stadt eine unfreiwillige Vermögenseinbuße und somit einen Schaden erlitten.

Der Geschädigte kann den durch die Verletzung der leistungsbegleitenden Nebenpflichten (gem. § 241 II) entstandenen Schaden ersetzt verlangen.[6] Gem. **369** § 249 I hat M 1 den Zustand herzustellen, der ohne das schädigende Ereignis bestehen würde. Bei Beschädigung einer Sache kann nach § 249 II 1 vom Gläubiger statt der Herstellung der hierfür erforderliche Geldbetrag verlangt werden.

Folglich hat M 1 die Kosten für die Reparatur der Fensterscheiben und des Teppichs gem. § 280 I zu ersetzen.

II. Die Stadt könnte auch einen Schadensersatzanspruch gegen M 1 gem. § 823 I geltend machen.

1., 2. *Voraussetzung hierfür ist, dass M 1 durch eine Handlung eines der in* **370** *§ 823 I genannten Rechtsgüter kausal verletzt hat und rechtswidrig handelte.* Durch das unsorgfältige Umgehen mit dem Schrubber und das achtlose Fallenlassen der Zigarettenkippen hat M 1 die Fensterscheiben und den Teppichboden beschädigt und somit das Eigentum der Stadt V verletzt. Die Handlung war ursächlich für diese Rechtsgutsverletzung. Ein Rechtfertigungsgrund liegt hierfür nicht vor, sodass M 1 rechtswidrig handelte.

---

5 Hier kann – mit entsprechender Begründung – auch Vorsatz bejaht werden.
6 Sog. „einfacher Schadensersatz".

3. *Ferner muss er schuldhaft gehandelt haben.* Gem. § 823 I hat der Schuldner Vorsatz und Fahrlässigkeit zu vertreten. Wie bereits unter I. festgestellt, handelte M 1 fahrlässig.

4. Durch die Rechtsgutsverletzung ist der Stadt V adäquat kausal ein Schaden entstanden (s. o.).

Auch ein Schadensersatzanspruch nach § 823 I ist also begründet. Der Schadensumfang ergibt sich wiederum aus § 249 (s. o. – § 280 I).[7]

Aufgabe 3:

Die Stadt V könnte von M 2 die Räumung der Wohnung gem. § 546 I verlangen.

1. V und M 2 haben am 1. 1. schriftlich einen auf ein halbes Jahr befristeten Mietvertrag abgeschlossen.

371 2. Das zwischen ihnen bestehende Mietverhältnis könnte durch Zeitablauf gem. §§ 575, 542 II beendet worden sein.

a) *Gem. § 575 I Nr. 2 kann ein Mietvertrag auf bestimmte Zeit – hier ein halbes Jahr – eingegangen werden, wenn der Vermieter die Räume so wesentlich verändern oder instand setzen will, dass die Maßnahmen durch eine Fortsetzung des Mietverhältnisses erheblich erschwert werden.* Die Stadt V beabsichtigt, nach Vertragsende die Wohnung gründlich zu sanieren und zu modernisieren, sodass diese Voraussetzung gegeben ist.

b) *Ferner muss der Vermieter dem Mieter diese Absicht bei Vertragsschluss schriftlich mitgeteilt haben.* Bereits am 1. 1. hat die Stadt V im Rahmen des schriftlichen Mietvertrags darauf hingewiesen.

c) *Schließlich kann der Mieter frühestens vier Monate vor Ablauf der Befristung vom Vermieter verlangen, dass dieser ihm binnen eines Monats mitteilt, ob der Befristungsgrund noch besteht (§ 575 II 1).* Die Stadt V hat dem M 2 auf dessen Anfrage vom 28. 2. am 15. 3. die noch bestehende Sanierungsabsicht schriftlich mitgeteilt.

Damit sind alle Voraussetzungen des § 575 erfüllt, die Mietzeit ist beendet, und die Stadt V hat gegen M 2 einen Anspruch auf Räumung der Mietwohnung gem. § 546 I per 30. 6.

---

7 Ein Schadensersatzanspruch gem. § 823 II i. V. m. § 303 StGB kommt nicht in Betracht, da nur die vorsätzliche Sachbeschädigung nach § 303 StGB strafbar ist, nicht aber – wie hier – eine fahrlässig begangene Sachbeschädigung.

Aufgabe 4:

Klausurtipp:
Bei dieser Fragestellung ist kein Anspruch zu prüfen, sondern nur, ob M 3 die Einrede der Verjährung geltend machen kann. Bei der Verjährung sind folgende Gedankenschritte sinnvoll:
1. Ist die Verjährungseinrede erhoben worden (§ 214 I 1)?
2. Welche Verjährungsfrist gilt?
3. Wann begann die Verjährungsfrist zu laufen?
4. Liegen Maßnahmen oder Umstände vor, welche die Verjährung hinausgezögert haben?

Indem sich M 3 auf Verjährung beruft (§ 214 I), macht er die Einrede gegenüber **372** der Mietforderung der Stadt V (§ 535 II) wirksam geltend. Der Anspruch auf rückständige Mietzahlung verjährt mangels gesetzlicher Sonderregelung[8] nach §§ 195, 199. *Die Verjährungsfrist beträgt folglich drei Jahre und beginnt mit dem Schluss des Jahres, in dem der Anspruch entstanden ist und die Gläubigerin von den den Anspruch begründenden Umständen und der Person des Schuldners Kenntnis erlangt hat.* Der Anspruch ist im November 2003 entstanden, die Umstände einschließlich der Person des M 3 waren der V bekannt. Somit beginnt die Frist gem. § 199 I am 31.12.2003 um 24 Uhr zu laufen. Verjährung ist also am 31. 12. 2006 (24 Uhr) eingetreten. Maßnahmen, die den Ablauf der Verjährungsfrist hemmen,[9] wurden seitens V nicht eingeleitet.

Somit kann sich M 3 im Januar 2007 zu Recht auf Verjährung berufen und muss die rückständigen 500 € nicht zahlen.

Exkurs: Verjährung

Verjährung ist der – durch Ablauf einer bestimmten Frist – bewirkte Verlust der Möglichkeit, einen bestehenden Anspruch durchzusetzen.

I. Allgemeines

Alle vertraglichen und gesetzlichen Ansprüche sind grundsätzlich der Verjährung **373** unterworfen (§ 194 I). Dies gilt allerdings nicht für die familienrechtlichen Ansprüche des § 194 II, Ansprüche aus Rechten, die im Grundbuch eingetragen sind (§ 902), den Anspruch auf Grundbuchberichtigung (§ 898) sowie einige weitere Ansprüche (z. B. §§ 758, 924, 1138, 2042 II); diese unterliegen nicht der Verjährung.

---

8 Die sechsmonatige Verjährungsfrist des § 548 betrifft Ersatzansprüche des Vermieters wegen Veränderungen oder Verschlechterungen der Mietsache.
9 Diese sind in §§ 204 ff. geregelt.

Indem die Durchsetzbarkeit von Ansprüchen durch Zeitablauf begrenzt wird, fördert das Gesetz die **Rechtssicherheit** und den **Rechtsfrieden.** Die Abwicklung von Rechtsgeschäften soll damit beschleunigt werden. Die regelmäßige Verjährungsfrist beträgt nach § 195 drei Jahre. Sie beginnt mit dem Schluss des Jahres zu laufen, in dem der Anspruch entstanden ist und der Gläubiger von den den Anspruch begründenden Umständen sowie der Person des Schuldners Kenntnis erlangt hat – oder ohne grobe Fahrlässigkeit Kenntnis hätte erlangen können. Der **Verjährungsbeginn** ist also **kenntnisabhängig.** Kenntnisunabhängige Höchstfristen sind in § 199 II bis V aufgelistet.

II. Hemmung und Neubeginn der Verjährungsfrist

Durch bestimmte Ereignisse wird allerdings der Fristablauf **gehemmt** oder die Frist beginnt **neu zu laufen.** Für die Fristenberechnung gelten die §§ 186-193.

374 Wenn einer der in §§ 203–211 genannten gesetzlichen **Hemmungsgründe** vorliegt, wird dieser Zeitraum nicht in die Verjährungsfrist eingerechnet (§ 209), sondern die Verjährungsfrist verlängert sich um diesen Zeitraum. In der Praxis relevant sind vor allem die in § 204 genannten Gründe. Für eine Hemmung genügt es nicht, wenn der Schuldner zur Leistung aufgefordert wird. Vielmehr muss eine gerichtliche Geltendmachung erfolgen – z. B. durch Erhebung der Klage (§ 204 I Nr. 1) oder Zustellung des Mahnbescheids im Mahnverfahren (§ 204 Nr. 3). Wenn das Klageverfahren mit einem rechtskräftigen Urteil abgeschlossen ist, entfällt die hemmende Wirkung sechs Monate später (§ 204 II). Mit Rechtskraft der Entscheidung läuft für den rechtskräftig festgestellten Anspruch eine neue, und zwar die 30-jährige Verjährungsfrist[10] – auch, wenn der Anspruch zuvor einer kürzeren Verjährung unterlag (§ 197 I Nr. 3).

375 Einen **Neubeginn** der Verjährung regelt § 212. Wenn der Gläubiger dem Schuldner gegenüber – z. B. durch eine Abschlagszahlung – zu erkennen gibt, dass er den Anspruch nicht bestreitet, sondern anerkennt, beginnt nach § 212 I Nr. 1 die Verjährungsfrist neu zu laufen. Diese Wirkung tritt auch ein, wenn der Gläubiger Vollstreckungshandlungen beantragt (§ 212 I Nr. 2) und diese auch durchgeführt werden.

III. Wirkung der Verjährungseinrede

376 Wenn der Schuldner sich gegen eine verjährte Forderung „wehren" will, so muss er sich auf sein Verweigerungsrecht („**Einrede**") berufen. Der Anspruch bleibt allerdings weiterhin bestehen. Die zu Recht erhobene Verjährungseinrede bewirkt eine dauernde Hemmung des Anspruchs. Sofern der Schuldner – versehentlich – dem Gläubiger z. B. den Kaufpreis zahlt, obwohl diese Forderung bereits verjährt war, kann er das (in Unkenntnis der Verjährung) Geleistete nicht zurückfordern (§ 214 II 1).

---

10 Auf die Hemmung der alten Frist nach § 204 II kommt es in den Fällen des § 197 I Nr. 3–5 nicht mehr an.

377

Merke:
Für die Prüfung der Verjährung eines Anspruchs ist folgende Vorgehensweise sinnvoll:

1. Ist die Verjährungseinrede erhoben worden, § 214 I 1?

2. Welche Verjährungsfrist gilt?
Regelmäßige Verjährungsfrist: drei Jahre, § 195.
Kürzere Fristen finden sich u. a. in
§ 438 I Nr. 3 (zwei Jahre),
§ 548 I 1 (sechs Monate),
§ 606 S. 1 (sechs Monate),
§ 634 a I Nr. 1 (zwei Jahre),
§ 651 g II (zwei Jahre).
Längere Fristen finden sich z. B. in
§ 196 (10 Jahre),
§ 197 (30 Jahre),
§ 438 I Nr. 1 (30 Jahre), Nr. 2 (5 Jahre),
§ 634 a Nr. 2 (fünf Jahre).
Ansprüche i. S. d. §§ 194 II, 758, 898, 902, 924, 1138, 2042 II unterliegen
nicht der Verjährung.

3. Wann begann die Verjährungsfrist zu laufen?
§ 199 I (für die regelmäßige Verjährungsfrist): Schluss des Kalenderjahres
(31.12., 24.00 Uhr), in welchem der Anspruch entstanden ist und der Gläubiger ohne grobe Fahrlässigkeit von den den Anspruch begründenden Umständen und der Person des Schuldners Kenntnis erlangen musste.
Ausnahmsweise schon vor Anspruchsentstehung bei regelmäßiger Verjährungsfrist: § 199 II, III.
Bei Nichtgeltung der regelmäßigen Verjährungsfrist, § 200 S. 1: Anspruchsentstehung oder abweichender Zeitpunkt, z. B. § 201 S. 1 (bei festgestellten Ansprüchen i. S. d. §§ 196, 197 I Nr. 1 und 2), § 438 II (mit Übergabe der Kaufsache), § 548 I 2 (mit Rückgabe der Mietsache), § 634 a II
(mit Abnahme), § 651 g II (mit vertraglich vorgesehenem Reiseende).

**4. Liegen Maßnahmen oder Umstände vor, welche die Verjährung
   hinausgezögert haben?**
Hemmungstatbestände: §§ 203 ff., § 209; Neubeginn: § 212.

Fall 8: Der Mietvertrag des Junggesellen

Schwerpunkte:
Mietrecht – fristlose und ordentliche Kündigung durch den Vermieter – Unmöglichkeit der Rückgabepflicht nach § 546 – Wegnahmerecht des Mieters

V wohnt in seinem Zweifamilienhaus, in dem er die Zweitwohnung seit 1. 1. an **378** den gut situierten Junggesellen M vermietet hat. Laut Mietvertrag darf die Zweitwohnung (ein Einzimmer-Appartement) nur von einer Person bewohnt werden. M zahlt eine Miete von 300 € monatlich, in der die Nebenkosten bereits enthalten sind. Als die Freundin des M immer häufiger bei ihm zu Besuch ist und dort auch übernachtet, fordert V den M am 1. 3. auf, dies abzustellen. Das Appartement sei nur für eine Person bestimmt, hierauf sei auch die Nebenkostenpauschale berechnet. Trotzdem ändert M seine Lebensgewohnheiten nicht. Als die Freundin des M am 1. 5. im Vorgarten ohne Gruß an V vorbeigeht, ist V mit seiner Geduld am Ende. Er geht sofort zu M und beschwert sich. Als M antwortet, dass ihn das gar nichts angehe, erklärt V erregt, dass M hiermit fristlos gekündigt sei.

M nimmt das nicht ernst. Am nächsten Tag findet er jedoch in seinem Briefkasten ein Schreiben des V, in dem steht, dass er die Kündigung aufrechterhalte und M auf alle Fälle ausziehen müsse. Hierfür bedürfe es keiner Angabe von Gründen, da M eine Wohnung in dem von V bewohnten Zweifamilienhaus gemietet habe.

Aufgabe 1: Muss M ausziehen? Wie lange ist die Kündigungsfrist? Wie kann M sich wehren und mit welcher Erfolgsaussicht?

1. Variante:

Wie ist die Rechtslage, wenn M am 31. 5. auszieht und V bei der Wohnungsübergabe feststellt, dass in der Küche die beim Einzug des M von V neu installierte Spüle sehr zerkratzt ist. Auf entsprechenden Vorhalt erklärt M, dies sei seiner Freundin passiert, als sie die Spüle mit einem Topfreiniger aus grobem Stahl säubern wollte, um hartnäckige Flecken zu entfernen. Er, M, brauche dafür aufgrund des Mietvertrages nicht einzustehen; außerdem sei ihm die Rückgabe des Zweitschlüssels unmöglich, er habe diesen verloren.

Aufgabe 2: Welche Ansprüche kann V gegen M
a) hinsichtlich der zerkratzten Spüle
b) wegen des verlorenen Zweitschlüssels geltend machen?

2. Variante:

Wie ist die Rechtslage, wenn M am Tag seines Auszugs aus der Wohnung erklärt, ein wertvolles Marmor-Waschbecken, das er in seinem Bad fest einbauen ließ, mitnehmen zu wollen. Er (M) wolle das Marmor-Waschbecken lieber armen Leuten geben als dem intoleranten V belassen.

Aufgabe 3: a) Hat V gegenüber M einen Anspruch auf Herausgabe der Wohnung einschließlich des Marmor-Waschbeckens? Kann er ein evtl. bestehendes Wegnahmerecht des M abwenden?
b) Kann V seine Forderungen gegen die Forderung des M aufrechnen?

Fall 8: Prüfschema/Lösungsskizze

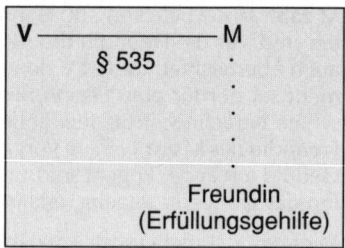

379 Aufgabe 1:

V ⟶ M Rückgabe bzw. Räumung der Mietwohnung gem. § 546 I

1. Mietvertrag zwischen V und M i. S. d. § 535 (+)
   keine Nichtigkeit der Klausel gem. § 138
2. Beendigung des Mietverhältnisses
   a) Schriftform, § 568 I (+)
   b) durch außerordentliche fristlose Kündigung seitens des V (−)
      unbefugte Überlassung der Mietsache an Dritte gem. §§ 543 I, II Nr. 2, III, 569 IV
   c) Umdeutung der fristlosen in eine ordentliche Kündigung (§ 140) (+)
   d) durch ordentliche Kündigung (+)
      §§ 573 I, 573 a I – berechtigtes Interesse ist nicht erforderlich
3. Kündigungsfrist – § 573 c I 1 i. V. m. § 573 a I 2: am 2. 5. per 31. 10.
4. Härtefall gem. § 574 I (−)

Ergebnis: V ⟶ M Rückgabe bzw. Räumung der Mietwohnung gem. § 546 I (+)

380 Aufgabe 2 a):

I. V ⟶ M Schadensersatz für die zerkratzte Spüle gem. § 280 I

1. Schuldverhältnis: Mietvertrag i. S. d. § 535 (+)
2. Pflichtverletzung – Verletzung der Schutz- und Sorgfaltspflicht §§ 280 I, 241 II (+)

3. Verschulden – §§ 276 I, 278 S. 1, 540 II (+)
4. Schaden (+)

Ergebnis: V ——→ M Schadensersatz für die zerkratzte Spüle § 280 I (+)
Umfang des zu ersetzenden Schadens: §§ 249 ff. (§ 249 II 1 – Geld)[1]

II. V ——→ M Schadensersatz für die zerkratzte Spüle gem. § 831 I
Freundin ist nicht Verrichtungsgehilfe

Ergebnis: V ——→ M Schadensersatz gem. § 831 I (–)

Aufgabe 2 b):   381

I. V ——→ M Schadensersatz für den verlorenen Schlüssel gem. §§ 280 I, III, 283 S. 1.

1. Schuldverhältnis: Mietvertrag (+)
2. Pflichtverletzung: geschuldete Leistung (Rückgabe gem. § 546 I) wird nicht erbracht
3. Vertretenmüssen des Schuldners – §§ 280 I 2, 276 I, II (+)
4. Schaden (+)

Ergebnis: V ——→ M Schadensersatz für den verlorenen Schlüssel gem.
§§ 280 I, III, 283 (+)
Umfang des zu ersetzenden Schadens: §§ 249 ff. (§ 251 I)

II. V ——→ M Schadensersatz für den verlorenen Schlüssel gem. § 823 I

1. Tatbestandsmäßigkeit der Handlung des M
   a) Verletzung eines der in § 823 I genannten Rechtsgüter;
      hier: Eigentum (+)
   b) Ursächlichkeit der Handlung für die Rechtsgutsverletzung (+)
2. Rechtswidrigkeit (+)
3. Verschulden – § 276 II, Fahrlässigkeit (+)
4. Schaden (+)

Ergebnis: V ——→ M Schadensersatz für den verlorenen Schlüssel gem.
§ 823 I (+)
Umfang des zu ersetzenden Schadens: §§ 249 ff. (§ 251 I)

Aufgabe 3 a):   382

V ——→ M Rückgabe der Mietsache gem. § 546 I

1. Wegnahmerecht des M gem. § 539 II[2] (+)
2. Abwendung der Wegnahme durch V nach § 552 I (+)

Ergebnis: V ——→ M Rückgabe der Mietsache gem. § 546 I (+)

---

1 Verjährung: § 548.
2 Für das Wegnahmerecht ist unerheblich, ob die Sache wesentlicher Bestandteil geworden ist (vgl. §§ 946, 93); siehe PALANDT/WEIDENKAFF, § 539 Rn. 9.

383 Aufgabe 3 b):

Aufrechnung V gegenüber M gem. §§ 387 ff.

1. Voraussetzungen der Aufrechnung durch V gem. § 387 (+)
   a) Gegenseitigkeit der Forderungen
   b) Gleichartigkeit der Forderungen
   c) Fälligkeit
2. Erklärung der Aufrechnung – § 388
3. Wirkung der Aufrechnung – § 389

Ergebnis: Aufrechnung ist möglich; die Forderungen erlöschen in Höhe ihrer betragsmäßigen Übereinstimmung

---

Fall 8: Ausarbeitung (Gutachten)

Aufgabe 1:

384 V könnte von M die Rückgabe der Mietsache, d. h. Räumung der Wohnung, gem. § 546 I verlangen.

1. Fraglich ist zunächst, ob zwischen beiden ein *wirksamer Mietvertrag i. S. d. § 535 bestanden hat. Ein Mietvertrag setzt zwei übereinstimmende Willenserklärungen (Angebot und Annahme) des Inhalts voraus, dass dem Mieter der Gebrauch der Sache vom Vermieter – gegen Mietzahlung – gestattet wird.* M und V haben einen Mietvertrag geschlossen, der allerdings die Klausel enthält, dass das Einzimmer-Appartement nur von einer Person bewohnt werden darf. Diese könnte wegen *Verstoßes gegen die guten Sitten nach § 138 I nichtig sein. Es müsste dadurch gegen das „Anstandsgefühl aller billig und gerecht Denkenden"*[3] *verstoßen worden sein.* Die genannte Klausel wurde von den Parteien im Rahmen der Vertragsfreiheit vereinbart; ein Verstoß gegen die guten Sitten ist unter Berücksichtigung der Tatsache, dass es sich bei der Mietsache nur um ein Einzimmer-Apartment handelt, nicht gegeben. Folglich bestand zwischen V und M ein wirksamer Mietvertrag.

2. Dieser könnte durch die seitens V am 1. 5. mündlich und einen Tag später schriftlich ausgesprochene *fristlose Kündigung* beendet worden sein.

a) *Die Kündigung bedarf gem. § 568 I der Schriftform. Andernfalls ist sie nach § 125 S. 1 nichtig.* M hat am 2. 5. die schriftliche Kündigung des V erhalten. Damit ist die Formvorschrift erfüllt.

385 b) *In Betracht kommt eine außerordentliche fristlose Kündigung aus wichtigem Grund gem. §§ 543 I, II Nr. 2, III, 569 IV. Voraussetzung hierfür ist, dass der Mieter die Rechte des Vermieters in erheblichem Maße verletzt, indem er die Mietsache unbefugt an Dritte überlässt.*

---

3 So BGH NJW 1990, 704.

M ließ wiederholt seine Freundin in der Wohnung übernachten und stellte dies trotz Mahnung des V nicht ab. Dadurch verstieß er zwar gegen die vereinbarte Klausel, zumal das Appartement nach Begründung des V nur für eine Person bestimmt und die Nebenkostenpauschale auch danach berechnet war. Dieses Verhalten stellt jedoch keine erhebliche Verletzung der Vermieterrechte dar. Somit sind Gründe für eine außerordentliche Kündigung nicht gegeben. Außerdem hätte V gem. § 569 IV den zur Kündigung führenden wichtigen Grund in dem Kündigungsschreiben angeben müssen. Deshalb ist die außerordentliche fristlose Kündigung unwirksam.

c) In dem am 2. 5. dem M zugegangenen Kündigungsschreiben betont V, dass M **386** auf alle Fälle ausziehen müsse. Folglich kommt eine *Umdeutung der fristlosen Kündigung in eine ordentliche Kündigung gem. § 140 in Betracht. Voraussetzung hierfür ist, dass ein nichtiges Rechtsgeschäft den Erfordernissen eines anderen Rechtsgeschäfts entspricht.* Die fristlose Kündigung ist – wie oben erörtert – unwirksam. Dieses Rechtsgeschäft gleicht mit allen wesentlichen Merkmalen einem anderen Rechtsgeschäft, nämlich der ordentlichen Kündigung. *Nach § 140 gilt das letztgenannte, wenn anzunehmen ist, dass dessen Geltung bei Kenntnis der Nichtigkeit gewollt sein würde.* Da V auf alle Fälle das Mietverhältnis beenden will, kann dessen Willenserklärung in eine ordentliche Kündigung umgedeutet werden.[4]

d) *Ein Mietverhältnis über Wohnraum kann nach § 573 I nur bei einem berech-* **387** *tigten Interesse des Vermieters gekündigt werden, sofern nicht eine Ausnahme vom Kündigungsschutz nach § 573 a I 1 vorliegt.*

Als Kündigungsgrund kommt § 573 a I 1 in Betracht, wonach kein berechtigtes Interesse an der Kündigung erforderlich ist, wenn der Vermieter in einem Zweifamilienhaus eine Wohnung selbst bewohnt; eine grundsätzliche Lösbarkeit ist hier – auch ohne weiteren Grund – gegeben.[5] V bewohnt in seinem Zweifamilienwohnhaus eine Wohnung selbst, sodass eine Kündigung gem. § 573 a I 1 wirksam ist. Mit Schreiben vom 2. 5. hat V gem. § 573 a III auf die Ausnahme vom Kündigungsschutz Bezug genommen.

3. *Gem. § 573 c I 1 ist die Kündigung eines Mietverhältnisses über Wohnraum* **388** *spätestens am dritten Werktag eines Kalendermonats für den Ablauf des über-nächsten Monats zulässig; nach § 573 a I 2 verlängert sich die Frist um drei Monate.* Das Kündigungsschreiben ist dem M am 2. 5. zugegangen (vgl. § 130). Somit läuft die Kündigungsfrist bis zum 31. 10.

4. *M könnte allerdings gem. § 574 I 1 der Kündigung widersprechen und vom* **389** *Vermieter die Fortsetzung des Mietverhältnisses verlangen, wenn die vertragsge-mäße Beendigung des Mietverhältnisses für ihn eine Härte bedeuten würde.* Bei M handelt es sich um einen gut situierten Junggesellen; Gründe, die für eine Härte sprechen könnten, liegen nicht vor.

---

4 Siehe auch BGH NJW 1981, 977 (Mietvertrag).
5 Es ist deshalb unerheblich, ob der Aufenthalt der Freundin rechtlich als Besuch oder als „Daueraufenthalt" – entgegen der Klausel im Mietvertrag – zu werten ist.

Aufgabe 2 a):

I. V könnte von M Schadensersatz gem. § 280 I verlangen.

390 1. *Voraussetzung für diesen Schadensersatzanspruch ist ein zwischen V und M bestehendes Schuldverhältnis.* Wie oben bereits erörtert, haben beide einen wirksamen Mietvertrag i. S. d. § 535 geschlossen.

2. *M muss eine aus dem Schuldverhältnis resultierende Pflicht verletzt haben.* Jeder Vertragspartner hat aufgrund des Schuldverhältnisses (vgl. § 241 II) die Pflicht, die Rechtsgüter des anderen, auf die er eine durch den Vertrag bedingte Einwirkungsmöglichkeit hat, nicht zu beschädigen. Die pflegliche Behandlung der Mietsache ist eine nicht leistungsbezogene Nebenpflicht. Durch das Zerkratzen der dem V gehörenden, von ihm beim Einzug des M neu installierten Spüle wurde die Sorgfaltspflicht objektiv verletzt.

391 3. *Die Pflichtverletzung muss weiter schuldhaft sein.* M hat nicht schuldhaft gehandelt. Er muss aber nach § 540 II für das Verschulden eines Dritten einstehen, wenn er diesem den Gebrauch der Mietsache gestattet. M hatte die Pflicht, die dem Vermieter gehörenden Gegenstände in ordnungsgemäßem, sauberen Zustand zu erhalten. Vor allem Flecken auf der (anfangs neuen) Spüle sollten nicht hinterlassen werden. Beim Reinigen der Spüle ist die Freundin somit in Erfüllung einer Pflicht des M aus dem Mietvertrag tätig geworden (lex specialis zu § 278). Es entsprach nicht dem vertragsgemäßen Gebrauch der Mietsache (§ 538), als die Freundin die Spüle mit einem Topfreiniger aus grobem Stahl bearbeitete, um hartnäckige Flecken zu entfernen. Hier kommt eine fahrlässige Pflichtverletzung in Frage. *Fahrlässigkeit bedeutet nach § 276 II die Außerachtlassung der im Verkehr erforderlichen Sorgfalt.* Die Freundin hätte die Spüle sorgfältiger, evtl. mit einem weichen Tuch reinigen sollen. Indem sie einen Topfreiniger aus grobem Stahl benutzte, hat sie die erforderliche Sorgfalt nicht beachtet und fahrlässig gehandelt. Dieses Verschulden hat M zu vertreten.

4. *Die schuldhafte Pflichtverletzung muss kausal für den Schaden sein.* Hätte M sorgfältiger reinigen lassen, so wären die Kratzer an der Spüle nicht entstanden. Folglich ist die objektive Pflichtverletzung des M ursächlich für den Schaden.

Die Rechtsfolgen bestimmen sich aus § 280 I 1. Danach hat V einen Anspruch auf Schadensersatz.

Der Umfang des zu ersetzenden Schadens ergibt sich aus §§ 249 ff. Nach § 249 I hat M den Zustand herzustellen, der ohne das Zerkratzen der Spüle bestehen würde. Nach § 249 II 1 kann V statt der Herstellung dieses Zustandes den dazu erforderlichen Betrag verlangen.[6]

II. Außerdem könnte V gegen M einen Schadensersatzanspruch nach § 831 I geltend machen.

392 *Voraussetzung hierfür ist, dass die Freundin Verrichtungsgehilfe des M ist. Verrichtungsgehilfe ist, wer für einen anderen, von dessen Weisungen er abhängig ist, eine Tätigkeit ausführt.*

---

6 Dieser Anspruch verjährt nach § 548 I in 6 Monaten; die Verjährung beginnt mit dem Zeitpunkt, in dem der Vermieter die Sache zurückerhält (§ 548 I 2).

Die Freundin ist lediglich zu Besuch bei M und nicht weisungsabhängig für diesen tätig.

Somit ist sie keine Verrichtungsgehilfin, und ein Anspruch nach § 831 I scheidet aus.

Aufgabe 2 b):

I. V könnte von M Schadensersatz für den verlorenen Schlüssel gem. §§ 280 I, III, 283 verlangen.

1. Ein Schuldverhältnis ist durch den zwischen V und M bestehenden Mietvertrag gegeben.[7]

2. *M muss eine Pflichtverletzung begangen haben. Es könnte eine Pflichtverlet-* **393** *zung dahingehend vorliegen, dass die von M geschuldete Leistung nicht erbracht wird.* Es ist deshalb die Unmöglichkeit der Rückgabe (Leistung) zu prüfen. M hat den Zweitschlüssel verloren. Somit ist ihm die nach § 546 I obliegende Verpflichtung, den zur Wohnung gehörenden Gegenstand nach Beendigung des Mietverhältnisses herauszugeben, nachträglich (subjektiv) unmöglich geworden. Eine Pflichtverletzung liegt also vor.[8]

3. *Der Schuldner muss die pflichtwidrige Herbeiführung der Unmöglichkeit zu vertreten haben.* Nach § 276 I 1 haftet M für Vorsatz und Fahrlässigkeit. *Fahrlässig handelt, wer die im Verkehr erforderliche Sorgfalt außer Acht lässt (§ 276 II).* M hätte besser auf den Zweitschlüssel achten müssen. Indem er ihn verlor, hat er die im Verkehr erforderliche Sorgfalt nicht beachtet und damit fahrlässig gehandelt.

4. *Dem Gläubiger (V) muss ein Schaden entstanden sein.* Indem M dem Hauseigentümer V den Schlüssel nicht mehr zurückgeben kann, hat V eine Vermögenseinbuße erlitten.

Somit hat V gegen M gem. §§ 280 I, III, 283 S. 1 Anspruch auf Schadensersatz statt **394** der Leistung. Der Anspruch ist auf das positive Interesse gerichtet, d. h. der Gläubiger V ist so zu stellen, wie er bei ordnungsgemäßer Erfüllung stehen würde. Da M nicht mehr den Schlüssel übergeben kann (§ 249 I), muss er entweder einen gleichartigen Schlüssel beschaffen[9] oder aber den V in Geld entschädigen (vgl. § 251 I).

---

7 Diese Voraussetzung kann – im Urteilstil – festgestellt werden, da sie bei Aufgaben 1 und 2 schon erörtert wurde.

8 Der Rückgabeanspruch (Schlüssel) des V ist gem. § 275 I ausgeschlossen. Die ursprüngliche Verpflichtung des M (Primärleistungspflicht) wandelt sich in eine Schadensersatzpflicht (Sekundärleistungspflicht) um.

9 Fraglich ist, ob die Zweitschlüsselbeschaffung für V zumutbar ist. Es besteht nämlich die Möglichkeit, dass ein unredlicher Finder des Schlüssels mit diesem Missbrauch betreiben (z. B. in das Haus des V eindringen) kann. Insofern wäre eine Auswechslung der Türschlösser und Kostenerstattung durch M die sachgerechte Lösung.

II. Darüber hinaus könnte V gegen M wegen des verlorenen Schlüssels einen Schadensersatzanspruch nach § 823 I haben.

395 1. a) *Voraussetzung hierfür ist, dass M eines der in dieser Vorschrift genannten Rechtsgüter des V verletzt hat.* Durch den Verlust des dem V gehörenden Zweitschlüssels hat M dessen Eigentum verletzt.

b) *Die Handlung muss kausal für die Rechtsgutsverletzung sein.* Das Verlieren des Schlüssels durch M führte zur Verletzung des Eigentums.

2. *Weitere Voraussetzung ist die Widerrechtlichkeit der Handlung des M.* Ein Rechtfertigungsgrund liegt nicht vor, sodass Rechtswidrigkeit gegeben ist.

3. *M muss vorsätzlich oder fahrlässig gehandelt haben.* Wie unter I. bereits festgestellt, hat M die im Verkehr erforderliche Sorgfalt außer Acht gelassen und folglich fahrlässig gehandelt.

4. *Ferner muss dem V ein Schaden durch vorgenannte Handlung entstanden sein.* V hat einen finanziellen Verlust durch den nicht mehr vorhandenen Zweitschlüssel erlitten. Die Handlung war für den eingetretenen Schaden ursächlich.

Somit besteht auch ein Schadensersatzanspruch gem. § 823 I. Nach § 249 I hat M den Zustand herzustellen, der bestehen würde, wenn der zum Ersatz verpflichtende Umstand nicht eingetreten wäre. V hätte dann noch einen Schlüssel. Soweit die Wiederherstellung dieses Zustandes nicht möglich ist, hat M den V gem. § 251 I in Geld zu entschädigen.

Aufgabe 3 a):

V könnte gegen M einen Anspruch auf Herausgabe der Mietsache einschließlich des von M eingebauten Marmorwaschbeckens gem. § 546 I haben.

396 *Gem. § 546 I hat der Mieter die Mietwohnung nach Beendigung des Mietverhältnisses ordnungsgemäß zu räumen.*

397 1. *Gem. § 539 II könnte M hinsichtlich des von ihm in die Wohnung eingebrachten Waschbeckens ein Wegnahmerecht haben. Voraussetzung hierfür ist, dass er die Mietsache mit einer Einrichtung versehen hat.* M hat das Waschbecken mit der Wohnung körperlich fest, aber abtrennbar[10] verbunden, somit steht ihm das Recht zur Wegnahme zu.

398 2. *Nach § 552 I kann allerdings V die Ausübung dieses Wegnahmerechts durch Zahlung einer angemessenen Entschädigung abwenden, sofern M nicht ein berechtigtes Interesse an der Wegnahme hat.*

---

10 Hier ist auch eine andere Argumentation möglich. Die Verfasserin vertritt die Ansicht, dass ein Waschbecken – zumal es in der Regel mittels Dübeln an der Wand angeschraubt wird – jederzeit wieder (ohne dass die Wand oder das Waschbecken beschädigt werden) abgenommen werden kann. Vgl. auch Fußnote 2.

V müsste dem M also eine angemessene Entschädigung zahlen.[11] Mit dem Argument, das Waschbecken lieber armen Leuten zu geben als dem intoleranten V zu überlassen, bringt M zum Ausdruck, dass er es nicht unentgeltlich in der Wohnung lassen will. Es reicht also für ein berechtigtes Interesse des Mieters an der Wegnahme nicht aus.

Somit hat V gegen M einen Anspruch auf Herausgabe der Wohnung einschließlich des Waschbeckens, sofern er dem Mieter eine angemessene Entschädigung zahlt.

Aufgabe 3 b):

V könnte mit seinen gegenüber M bestehenden Schadensersatzforderungen[12] gegen die Forderung des M[13] gem. §§ 387 ff. aufrechnen.

1. a) *Voraussetzung hierfür ist zunächst, dass jeder Vertragspartner eine Forderung gegen den anderen hat.* Wie bereits geprüft, stehen dem V gegen M Schadensersatzansprüche wegen der zerkratzten Spüle und dem verlorenen Schlüssel zu. M kann von V eine angemessene Entschädigung für das in der Wohnung verbleibende Marmorwaschbecken gem. § 552 I verlangen. Die Gegenseitigkeit der Forderungen liegt somit vor. **399**

b) *Ferner müssen die Forderungen gleichartig sein.* Da beides Geldschulden (Euro) sind, ist auch diese Voraussetzung gegeben.

c) Die Aufrechnung ist dann *möglich, wenn beide Leistungen fällig sind.* Da weder V noch M eine Zeit für die Leistung bestimmt haben, kann gem. § 271 I der Gläubiger die Leistung sofort verlangen und der Schuldner sie sofort erbringen.

2. *Nach § 388 S. 1 erfolgt die Aufrechnung durch Erklärung gegenüber dem anderen Teil.* V muss also gegenüber M die Aufrechnung erklären. **400**

3. Dies bewirkt gem. § 389, dass die Forderungen in Höhe ihrer betragsmäßigen Übereinstimmung[14] erlöschen.

---

11 Diese kann z. B. dadurch ermittelt werden, dass vom Verkehrswert der Sache einschließlich der Anbringungskosten noch die Hälfte der Kosten abzuziehen sind, die der Mieter bei Wegnahme aufzubringen hätte.
12 S. o. Aufgabe 2 a) und b), Rn. 390 ff.
13 § 552 I.
14 „Soweit sie sich decken".

Vertiefung: **Mietrecht**[15]

401 Im Mietvertrag wird eine entgeltliche Gebrauchsüberlassung auf Zeit vereinbart (§ 535). Grundsätzlich ist er formlos gültig. Für Mietverträge über Wohnräume und Grundstücke, die auf längere Zeit als ein Jahr geschlossen werden, begründet § 550 S. 1 kein Schriftformerfordernis, sondern enthält lediglich die Rechtsfolge, dass entsprechende – nicht schriftliche (vgl. § 126) – Mietverträge als für unbestimmte Zeit geschlossen gelten.[16] Gem. § 550 S. 2 kann ein solcher Mietvertrag mit der Frist der §§ 573 c oder 580 a frühestens zum Ablauf eines Jahres nach dem vertraglich bestimmten Zeitpunkt zur Überlassung gekündigt werden.

Bei Mietverträgen (Dauerschuldverhältnissen), die vor dem 1.1.2002 abgeschlossen wurden, gilt gem. Art. 229 § 5 S. 2 EGBGB das neue Schuldrecht ab dem 1.1.2003.

I. Rechte und Pflichten der Mietvertragsparteien

1. Pflichten des Vermieters

402 Hauptpflicht des Vermieters ist die Gebrauchsüberlassung der Mietsache (§ 535 I 1) sowie deren Erhaltung in vertragsgemäßem Zustand während der Mietzeit (§ 535 I 2).[17] Außerdem obliegen ihm allgemeine Nebenpflichten (vgl. u. a. §§ 535 I 3, 536 a II, 539).

---

15 Literatur zur Vertiefung: BERTERMANN, Teil 3, 4. Abschnitt; BROX/WALKER, Schuldrecht BT, §§ 10 ff.; DAUNER-LIEB u. a./KLEIN-BLENKERS, § 17; FIKENTSCHER/HEINEMANN, § 77; KAISER, Rn. 671 ff.; OETKER/MAULTZSCH, § 5; SCHELLHAMMER, S. 107 ff.; WÖRLEN, Schuldrecht BT, Rn. 144 ff.; WÖRLEN/METZLER-MÜLLER, Fragen 485–515.

16 = Fiktion (Annahme eines Sachverhalts, der in Wirklichkeit nicht besteht). So auch die Begründung des Regierungsentwurfs, BT-Drucksache 14/4553, 47. A. A.: PALANDT/WEIDENKAFF, § 550 Rn. 1. Danach verlange § 550 S. 1 weiterhin die gesetzliche Schriftform, auch wenn sie nicht wie in § 566 S. 1 a. F. ausdrücklich vorgeschrieben werde.

17 Diese Instandhaltungspflicht des Vermieters ist abdingbar. Meistens werden durch einen (Formular-)Mietvertrag die zur Beseitigung der normalen Abnutzung erforderlichen Schönheitsreparaturen – wie z. B. Tapezieren von Wänden, Anstreichen von Decken, Heizkörpern, Innentüren – auf den Mieter abgewälzt. Die Rspr. hat allerdings einige Klauseln in den Formularmietverträgen für unwirksam erklärt. Vgl. hierzu BGH, NJW 2006, 2113 f. (Unwirksamkeit „starrer" Fristen für Schönheitsreparaturen); BGH NJW 2006, 3778 ff. (Unwirksamkeit der Abgeltungsklausel mit „starrer" Abgeltungsquote), BGH NJW 2007, 1743 f. (Unwirksamkeit der Klausel, dass bei Schönheitsreparaturen von der „bisherigen Ausführungsarbeit" nicht abgewichen werden darf).

2. Rechte des Mieters bei Sach- oder Rechtsmängeln

Nach Überlassung der Mietsache hat der Mieter neben dem Erfüllungsanspruch **403** einen Anspruch auf Nachbesserung (vgl. § 535 I 2) sowie die Mängelgewährleistungsrechte gem. §§ 536 ff. Letztgenannte Ansprüche bestehen **neben** dem Erfüllungsanspruch. Sofern die Mietsache mit einem Mangel (bei Gebrauchsüberlassung oder später) behaftet ist, der die Tauglichkeit der Sache zum vertragsgemäßen Gebrauch nicht nur unerheblich aufhebt oder beeinträchtigt bzw. dem Mieter aufgrund des privaten Rechts eines Dritten der vertragsgemäße Gebrauch ganz oder teilweise entzogen wird (vgl. § 536 III), ist der Mieter gem. § 536 I 1, 2 ganz oder teilweise von der Mietzinszahlung befreit. Gleiches gilt gem. § 536 II, wenn eine zugesicherte Eigenschaft fehlt oder später wegfällt.

404

Prüfschema – Voraussetzungen der Mietminderung gem. § 536 I:

1. Wirksamer Mietvertrag
2. Sachmangel (§ 536 I) oder Rechtsmangel (§ 536 III) der Mietsache
3. Minderung der Tauglichkeit ist erheblich (§ 536 I 3)
4. Kein Ausschluss der Gewährleistung (vertraglich oder gesetzlich – §§ 536 b, d; beachte § 536 IV!)

Rechtsfolge: Mietminderung nach § 536 I 2

Ein Verschulden des Vermieters ist nicht Voraussetzung der Mietminderung!

Außerdem kann der Mieter gem. § 536 a I, II Schadens- und Aufwendungsersatz[18] verlangen.

405

Prüfschema – Schadensersatz wegen eines Mangels gem. § 536 a:

1. Wirksamer Mietvertrag
2. Mangel der Mietsache i. S. d. § 536
   a) bei Vertragsschluss vorhanden – **Garantiehaftung** – (**§ 536 a I, 1. Alt.) oder**
   b) nach Vertragsschluss aufgetreten und vom Vermieter zu vertreten (**§ 536 a I, 2. Alt.) oder**
   c) Verzug des Vermieters mit einer Mängelbeseitigung (**§ 536 a I, 3. Alt.).**
3. Schaden beim Mieter
4. Kein Ausschluss der Gewährleistung

Rechtsfolge: Ersatz des Mangel- und des Mangelfolgeschadens.

Der Mieter kann bei Verzug des Vermieters mit der Mängelbeseitigung oder, wenn die umgehende Beseitigung des Mangels zur Erhaltung oder Wiederherstellung des Bestands der Mietsache notwendig ist, statt des Schadensersatzes

---

18 Siehe hierzu Fall 12, Aufgabe 1 (Rn. 534).

nach § 536 a I auch den Mangel selbst beseitigen oder beseitigen lassen und Ersatz der erforderlichen Aufwendungen verlangen (§ 536 a II).

3. Haftung des Vermieters nach den allgemeinen Vorschriften

406 Sofern die Nichterfüllung der Pflichten weder auf einem Sach- noch auf einem Rechtsmangel beruht, haftet der Vermieter nach den allgemeinen Vorschriften der §§ 323–326. An die Stelle des dort geregelten Rücktrittsrechts tritt das Recht zur fristlosen Kündigung gem. § 543.

Sofern allgemeine Schutz- und Sorgfaltspflichten verletzt werden, kommt eine Haftung aus §§ 280 I, 241 II in Betracht.[19]

4. Pflichten des Mieters

407 Hauptpflicht des Mieters ist die Mietzahlung (§ 535 II). Darüber hinaus darf er den vertragsgemäßen Gebrauch nicht überschreiten (vgl. §§ 538, 540, 541, 543 II); er hat hinsichtlich der Mietsache Obhuts- und Sorgfaltspflichten, Duldungspflichten (§ 554 I bei Raummiete) und eine Rückgabepflicht nach Beendigung der Mietzeit (§ 546 I).[20]

5. Folgen der Nicht- oder Schlechterfüllung der Mieterpflichten

408 Die Vorschriften über Pflichtverletzung wegen Unmöglichkeit[21], Pflichtverletzung wegen Verzugs[22] und „sonstige Pflichtverletzung"[23] finden Anwendung. Folgende Sonderregelungen sind im Mietrecht zu beachten: Bei Verletzung der Zahlungspflicht kommt nur die Kündigung nach § 543 II Nr. 3[24] bzw. § 573 II Nr. 1 in Betracht; sofern der Mieter Pflichten bzw. Rechte des Vermieters aus dem Mietvertrag in erheblichem Maße verletzt, ist eine fristlose Kündigung gem. § 543 II Nr. 2, 543 III unter den dort genannten Voraussetzungen möglich. Eine Entschädigung bei Verletzung der Rückgabepflicht ist in § 546 a geregelt, der Schadensersatzanspruch bei Verletzung der Anzeigepflicht in § 536 c II.

II. Beendigung des Mietvertrages

1. Aufhebungsvertrag gem. § 311 I

409 Die Parteien können sich jederzeit über den Beendigungszeitpunkt einigen und einen Aufhebungsvertrag (vgl. § 311 I) schließen.

---

19 Dies gilt allerdings nicht für die in § 536 a geregelten Ansprüche des Mieters, da diese Vorschrift auch Mangelfolgeschäden erfasst.
20 Beispiele in Fall 7, Aufgaben 1 a) und 3 (Rn. 356 und 359) sowie Fall 8, Aufgaben 1 und 3 a) (Rn. 379 und 382).
21 Beispiel in Fall 8, Aufgabe 2 b) (Rn. 381).
22 Beispiel in Fall 7, Aufgabe 1 b) (Rn. 357).
23 Beispiele in Fall 7, Aufgabe 2 (Rn. 358); Fall 8, Aufgabe 2 a) (Rn. 380) und Fall 11 Aufgabe 4 (Rn. 516).
24 Siehe Fall 7, Aufgabe 1 a) (Rn. 356).

2. Beendigung durch Zeitablauf, §§ 542 II, 575

Gem. § 542 II endet das Mietverhältnis nach Ablauf der für die Miete bestimm- **410** ten Zeit, ohne dass es einer Kündigung bedarf.[25] Bei einem **Mietverhältnis über Wohnraum** kann ein Zeitmietvertrag abgeschlossen werden, wenn der Vermieter die Räume anschließend für sich, seine Familienangehörigen oder Angehörige seines Haushalts nutzen oder die Räume beseitigen will (wegen weiterer Voraussetzungen siehe § 575 I 1).

Frühestens vier Monate vor Ablauf der Befristung kann der Mieter vom Vermieter verlangen, dass dieser ihm binnen eines Monats mitteilt, ob der Befristungsgrund noch besteht. Entfällt der Grund, so kann der Mieter die Fortsetzung des Mietverhältnisses auf unbestimmte Zeit verlangen (§ 575 II, III).

3. Beendigung durch Kündigung

Alle im Gesetz genannten Arten der Kündigung (die ordentliche, die außeror- **411** dentliche befristete und die außerordentliche fristlose) erfordern eine **Kündigungserklärung.** Diese ist eine einseitige empfangsbedürftige Willenserklärung des Inhalts, dass das Mietverhältnis beendet wird. Sie ist nur bei der **Wohnraummiete formbedürftig (vgl. § 568 I).**[26]

a) Die ordentliche Kündigung

Diese Art der Kündigung kommt nur bei Mietverhältnissen über unbestimmte **412** Zeit in Betracht (§ 542 I). Ein **Kündigungsgrund** ist nur bei der **Wohnraummiete** erforderlich:

Der Vermieter kann nach § 573 I, II grundsätzlich nur bei einem berechtigten Interesse an der Beendigung des Mietverhältnisses kündigen – wobei im Prozess nur die im Kündigungsschreiben genannten Gründe berücksichtigt werden, sofern neue Gründe nicht nachträglich entstanden sind (§ 573 III). Berechtigte Gründe sind vor allem die schuldhafte, nicht unerhebliche Vertragsverletzung (§ 573 II Nr. 1),[27] der Eigenbedarf des Vermieters, seiner Familienangehörigen oder Angehörige seines Haushalts (§ 573 II Nr. 2), die Hinderung einer angemessenen wirtschaftlichen Verwertung des Grundstücks (§ 573 II Nr. 3) oder der Ausbau von Nebenräumen eines Gebäudes (§ 573 b I).

Zugunsten des Vermieters ist der in § 573 geregelte Kündigungsschutz in einigen Fällen ausgeschlossen: Sofern der Vermieter mit dem Mieter in einem Zweifamilienhaus zusammenwohnt, ist für die Kündigung des Vermieters kein Grund erforderlich (§ 573 a I).[28]

---

25 In einem solchen Mietverhältnis ist die ordentliche Kündigung ausgeschlossen (vgl. § 542 II), eine außerordentliche jedoch möglich (s. z. B. §§ 540 I 2, 543 I, II).

26 Darüber hinaus soll der Vermieter bei der Kündigung von Wohnraum die Kündigungsgründe in dem Kündigungsschreiben angeben und auf die Möglichkeit des Widerspruchs hinweisen (§§ 568 II, 573 III 1). Die Folgen der Nichtbeachtung sind in den §§ 573 III 2, 574 III geregelt. Siehe hierzu Fall 7, Aufgabe 1 a) (Rn. 356) sowie Fall 8, Aufgabe 1 (Rn. 379).

27 Beispiel hierfür in Fall 7, Aufgabe 1 a) (Rn. 356).

28 Beispiel in Fall 8, Aufgabe 1. Weitere Ausnahmen sind in §§ 573 a I und 549 II, III geregelt.

413 Bei der ordentlichen Kündigung sind gem. § 580 a bestimmte **Fristen** einzuhalten.[29] Hinsichtlich der Wohnraummiete ist § 573 c[30] zu beachten, wonach spätestens am dritten Werktag eines Kalendermonats für den Ablauf des übernächsten Monats gekündigt werden kann.[31] Die Kündigungsfrist für den Vermieter verlängert sich nach fünf und acht Jahren um jeweils drei Monate.

414 Einen besonderen Schutz des Wohnraummieters gegenüber einer ordentlichen Kündigung enthält die sog. **Sozialklausel** des § 574: In besonderen Härtefällen kann der Mieter der Kündigung widersprechen und vom Vermieter eine Fortsetzung des Mietverhältnisses so lange verlangen, „wie dies unter Berücksichtigung aller Umstände angemessen ist" (§ 574 a).[32]

b) Die außerordentliche Kündigung mit gesetzlicher Frist

415 Gem. §§ 540 I 2, 544, 563 IV, 564 S. 2, 575 a ist eine vorzeitige Beendigung von Mietverhältnissen über Wohnraum durch außerordentliche Kündigung mit der gesetzlichen Frist möglich. Gem. § 573 d II ist die Kündigung spätestens am dritten Werktag eines Kalendermonats zum Ablauf des übernächsten Monats zulässig. Beim Tod des Mieters ist die Frist nach § 564 S. 2 zu berechnen.

c) Die außerordentliche fristlose Kündigung

416 Eine solche Kündigung führt zur sofortigen Beendigung des Mietverhältnisses. § 543 I enthält – generalklauselartig – das Recht beider Vertragsparteien, das Mietverhältnis aus wichtigem Grund außerordentlich fristlos zu kündigen. In Abs. 2 dieser Vorschrift werden die wichtigsten, aber nicht abschließenden Gründe für die fristlose Kündigung genannt – u. a. die Gewährleistungskündigung des Mieters (Nr. 1), die Kündigung wegen vertragswidrigem Gebrauch (Nr. 2) sowie die Kündigung wegen Zahlungsverzugs seitens des Mieters (Nr. 3). In § 569 finden sich zwei weitere Kündigungstatbestände für die Wohnraummiete: die Kündigung des Mieters bei gesundheitsgefährdender Beschaffenheit der Räume (§ 569 I) sowie die Kündigung wegen nachhaltiger Störung des Hausfriedens durch die andere Vertragspartei (§ 569 II).

Gem. § 569 IV ist der zur Kündigung führende wichtige Grund (bei Wohnraum) in dem Kündigungsschreiben anzugeben.

4. Folgen der Beendigung

417 Gem. § 546 I muss der Mieter die Mietsache zurückgeben, der Vermieter etwaige Verwendungen des Mieters ersetzen (§§ 536 a II, 539 I) oder dessen Wegnahmerecht dulden (§ 539 II).[33]

---

29 Es kommt hier nicht auf die Zahlungsweise des Mietzinses an, sondern auf die Zeiträume, die der Bemessung (also der Festlegung des Mietbetrages) zugrunde liegen.
30 Berechnungsbeispiele in Fall 7, Aufgabe 1 a) (Rn. 356) und Fall 8, Aufgabe 1 (Rn. 379).
31 Die Vorschriften des § 573 c I und III sind **nicht** abdingbar (vgl. § 573 c IV).
32 Kurz erörtert bei Fall 7, Aufgabe 1 a) und Fall 8, Aufgabe 1 (Rn. 379).
33 Beispiel in Fall 8, Aufgabe 3 a) (Rn. 382).

418

Prüfschema – Anspruch des Vermieters gegen den Mieter auf Räumung der Wohnung gem. § 546 I:

1. wirksamer Mietvertrag
2. Beendigung des Mietverhältnisses
   a) durch Aufhebungsvertrag (§ 311 I)
   b) durch Zeitablauf (§ 575)
   c) durch Kündigung – Schriftform der Kündigung (§ 568)
      aa) Gründe für eine außerordentliche fristlose Kündigung:
          §§ 543 II 1 Nr. 2 und Nr. 3, 569 III
      bb) ggf. Umdeutung in eine ordentliche Kündigung
      cc) Gründe für eine ordentliche Kündigung: §§ 573, 573 a
3. Kündigungsfrist (bei der ordentlichen Kündigung): § 573 c
4. Härtefall gem. §§ 574, 574 a, 574 b?

Rechtsfolge: „Herausgabe"/Räumung der Wohnung

Fall 9: Der undankbare Nachbar

Schwerpunkte:
Vertragliche und dingliche Herausgabeansprüche – ungerechtfertigte Bereicherung – Unterlassungsansprüche im Nachbarrecht – Unterlassungs- und Schadensersatzansprüche bei Verletzungen des Persönlichkeitsrechts

Grundstückseigentümer Paul ist Eigentümer des landwirtschaftlichen Grundstücks „Weidenhof" samt Inventar, zu dem auch zwei Traktoren gehören. Bauer Norbert ist der Nachbar von Paul. **419**

Norbert braucht nun dringend zur Feldbestellung einen Traktor, weil sein eigener Traktor bei einem Verkehrsunfall zerstört worden war. Norbert beauftragt seinen 17-jährigen Sohn Hans, bei Paul einen Traktor zu leihen. Er gibt ihm einen Zettel mit, auf dem er geschrieben hat. „Mein Sohn Hans ist ermächtigt, bei Ihnen, Herrn Paul, für mich einen Traktor zu leihen und gleich mitzunehmen. – Unterschrift: Norbert."

Hans geht zu Paul und schildert ihm die Notlage seines Vaters. Er übergibt ihm den Zettel. Paul erklärt, damit sei er einverstanden; der Traktor müsse aber in 14 Tagen zurückgegeben werden. Damit erklärt sich Norbert, von Hans hierüber informiert, einverstanden.

Paul und Hans (H) stellen gemeinsam fest, dass einer der Traktoren voll funktionsfähig und in Ordnung ist. Paul tankt den Traktor voll und übergibt ihn Norbert, der ihn gleich zu seinem Hof fährt.

Nachdem Norbert 14 Tage lang mit dem Traktor die dringende Feldarbeit erledigt hat, weigert er sich, den – inzwischen mit leerem Tank stehen gebliebenen – Traktor des Paul herauszugeben.

Darüber hinaus fährt Bauer Norbert mit einem beim Maschinenhändler gemieteten Traktor immer wieder über die Futterwiese seines Nachbarn Paul, um den Weg zu seinem Grundstück abzukürzen. Norbert beruft sich auf Gewohnheitsrecht, weil Paul außer ständiger Abmahnungen nichts gegen ihn unternommen hat.

Als der Streit eskaliert, lässt der aggressive Norbert im Ortsblatt einen Leserbrief unter seinem Namen veröffentlichen, in dem er den Paul als Eigentümer des „Weidenhofes" übel beschimpft: Er bezeichnet den Bauern Paul als „Betrüger", weil er seine Produkte als „biologisch-dynamischer Anbau" und „kontrolliert ökologische Erzeugnisse ohne Verwendung von chemischen Düngern und chemischer Spritzmittel" verkaufe. Er (Norbert) habe aber wiederholt gesehen, dass Paul seine Felder mit Kunstdünger gedüngt habe. Weitere „Enthüllungen" droht Norbert in dem Leserbrief an. Paul kann allerdings nachweisen, dass er nur mit natürlichem Dünger aus seinen Ställen gearbeitet hat. Für eine Gegendarstellung in der örtlichen Zeitung muss er 300 € investieren.

Aufgabe 1: a) Kann Paul (P) den Traktor von Norbert (N) nach Ablauf der 14 Tage herausverlangen?
(Prüfen Sie alle in Betracht kommenden Anspruchsgrundlagen!)
b) Kann P außerdem von N eine (neue) Tankfüllung verlangen?

Aufgabe 2: Steht P gegen N ein Anspruch auf Unterlassung des Überfahrens seiner Futterwiese zu?

Aufgabe 3: Hat P gegen N einen Anspruch auf Unterlassung der Verleumdung und Beleidigungen?
Kann P von N Schadensersatz wegen Verletzung seines Persönlichkeitsrechts verlangen?

Fall 9: Prüfschema/Lösungsskizze

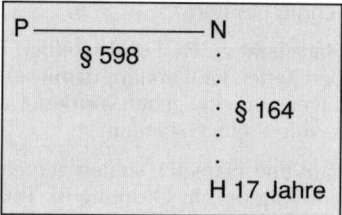

420 **Aufgabe 1 a):**

I. P ⟶ N Rückgabe des Traktors gem. § 604 I

1. Leihvertrag P–N gem. § 598 (+)
   a) Angebot durch 17-jährigen H als Vertreter des N – § 164 I 1
      • WE, § 165
      • im Namen des N
      • innerhalb der Vertretungsmacht, § 167 I
   b) Gegenangebot durch P – § 150 II (+)
   c) Annahme durch N (+)
2. Ablauf der für die Leihe bestimmten Zeit (+)

Ergebnis: P ⟶ N Herausgabe des Traktors gem. § 604 I (+)

II. P ⟶ N Herausgabe des Traktors gem. § 985

1. Besitzer = N (+)
2. Eigentümer = P (+)
3. kein Besitzrecht des N mehr gem. § 986 I 1 (+)

Ergebnis: P ⟶ N Herausgabe des Traktors gem. § 985 (+)

Anmerkung:
Die Prüfungsreihenfolge „1. Besitz, 2. Eigentum" ist nicht zwingend und kann auch umgekehrt sein. Aufgrund unserer Erfahrungen bevorzugen wir das vorgenannte Prüfungsschema, zumal der Besitz (= tatsächliche Gewalt einer Person über eine Sache) meist ohne Schwierigkeiten festzustellen ist. Bei der Anspruchsvoraussetzung „Eigentum" hingegen muss oft chronologisch vorgegangen werden; die Studierenden sollten dann alle Geschehnisse erörtern, welche hinsichtlich des Eigentums zu rechtlichen Änderungen geführt haben können (siehe Fall 12, Aufgabe 2).

III. P ⟶ N Herausgabe des Traktors gem. § 812 I 2, 1. Alt.

1. etwas erlangt: Besitz am Traktor (+)
2. durch Leistung des P (+)
3. ohne Rechtsgrund: Leihvertrag ist nach 14 Tagen beendet (+)

Ergebnis: P ⟶ N Herausgabe des Traktors gem. § 812 I 2, 1. Alt. (+)

Aufgabe 1 b): 421

P ⟶ N Tankfüllung gem. § 607 I

Sachdarlehensvertrag zwischen P und N (+)

1. konkludentes Angebot durch P: Füllen des Tanks (+)
2. konkludente Annahme durch N: Wegfahren mit vollem Tank (+)

Ergebnis: P ⟶ N Tankfüllung gem. § 607 I (+)

Aufgabe 2: 422

P ⟶ N Unterlassung des Überfahrens der Futterwiese gem. § 1004 I 2

1. Eigentumsbeeinträchtigung (+)
2. Handlungsstörer (+)
3. keine Duldungspflicht gem. § 1004 II (+)
4. Wiederholungsgefahr (+)

Ergebnis: P ⟶ N Unterlassung des Überfahrens der Futterwiese gem. § 1004 I 2 (+)

Aufgabe 3: 423

I. P ⟶ N Unterlassung der Verleumdung und Beleidigungen gem. § 1004 I 2 analog

1. Verletzung des Persönlichkeitsrechts (+)
2. Handlungsstörer (+)

3. keine Duldungspflicht gem. § 1004 II (+)
4. Wiederholungsgefahr (+)

Ergebnis: P ———→ N Unterlassung der Verleumdung und Beleidigungen gem.
§ 1004 I 2 analog (+)

**II. P ———→ N Schadensersatz wegen Verletzung seines Persönlichkeitsrechts
gem. § 823 I**

1. Tatbestandsmäßigkeit der Handlung des N
   a) Verletzung eines der in § 823 I genannten Rechtsgüter; hier: „sonstiges
      Recht" = Persönlichkeitsrecht (+)
   b) Ursächlichkeit der Handlung für die Rechtsgutsverletzung (+)
2. Rechtswidrigkeit (+)
3. Verschulden – Vorsatz (+)
4. Schaden (+)

Ergebnis: P ———→ N Schadensersatz wegen Verletzung seines Persönlichkeitsrechts gem. § 823 I (+)

Umfang des zu ersetzenden Schadens: §§ 249 ff. (§ 249 II 1 – Geld)

**III. P ———→ N Schadensersatz wegen Verletzung seines Persönlichkeitsrechts
gem. § 823 II i. V. m. § 185 StGB**

1. Schutzgesetz (+)
2. Verletzung des Schutzgesetzes (+)
3. Schaden (+)

Ergebnis: P ———→ N Schadensersatz wegen Verletzung seines Persönlichkeitsrechts gem. § 823 II i. V. m. § 185 StGB (+)

Fall 9: Ausarbeitung (Gutachten)

Aufgabe 1 a):

**I. P könnte gegen N einen Anspruch auf Rückgabe des Traktors gem.
§ 604 I haben.**

424   1. *Voraussetzung hierfür ist zunächst, dass zwischen P und N ein Leihvertrag
i. S. v. § 598 zustande gekommen ist. Ein Leihvertrag setzt zwei übereinstimmende Willenserklärungen (Angebot und Annahme) des Inhalts voraus, dass der
Entleiher den Gebrauch der Sache einem anderen unentgeltlich gestattet.*

a) Das erforderliche Angebot hat allerdings nicht N, sondern dessen 17-jähriger
Sohn H gegenüber P abgegeben. Fraglich ist, ob diese Willenserklärung unmittelbar für N wirkt. Dies ist gem. § 164 I 1 der Fall, wenn H für N wirksam als Vertreter gehandelt hat. *Voraussetzung hierfür ist, dass H eine eigene Willenserklä-*

rung im Namen des N innerhalb der ihm zustehenden Vertretungsmacht abgegeben hat. H ist allerdings nach § 2 minderjährig und gem. § 106 in der Geschäftsfähigkeit beschränkt. Willenserklärungen, die ein Minderjähriger für einen anderen abgibt, verpflichten ihn aber nicht selbst und sind deshalb für ihn sog. neutrale Geschäfte. Dementsprechend *schadet nach § 165 die beschränkte Geschäftsfähigkeit eines Vertreters der Wirksamkeit seiner Willenserklärung nicht.* H ging zu Paul, schilderte diesem die Notlage seines Vaters und übergab einen von N geschriebenen Zettel, in dem H ermächtigt wurde, bei P einen Traktor für ihn, d. h. N, zu leihen. Somit gab er im Namen des Vertretenen (N) das Angebot zum Abschluss eines Leihvertrages ab und handelte auch innerhalb der erteilten schriftlichen Vollmacht (§§ 167 I, 166 II 1). Folglich wirkt das von H erklärte Angebot, den Traktor zu leihen, unmittelbar für N.

b) Dieses Angebot hat P allerdings mit der „Ergänzung" angenommen, dass der Traktor in 14 Tagen zurückgegeben werden müsse. *Eine Annahme unter der Erweiterung gilt gem. § 150 II als Ablehnung verbunden mit einem neuen Antrag.* N hat diesen angenommen. Folglich ist zwischen P und N ein Leihvertrag i. S. v. § 598 zustande gekommen. **425**

2. Nach Ablauf der Leihzeit, d. h. nach 14 Tagen, ist N gem. § 604 I verpflichtet, dem P den Traktor zurückzugeben.

II. P könnte von N Herausgabe des Traktors gem. § 985 verlangen.

1. *N muss Besitzer und P Eigentümer des Traktors sein. Besitz ist gem. § 854 die von einem tatsächlichen Willen getragene Gewalt über die Sache.* N hat die tatsächliche Sachherrschaft über das Fahrzeug, folglich ist er Besitzer. **426**

2. P hat sein Eigentum an dem Traktor nicht verloren und ist somit Eigentümer.

3. N könnte allerdings die *Herausgabe des Traktors verweigern, wenn er nach § 986 I 1 dem Eigentümer gegenüber zum Besitz berechtigt ist.* Ein Besitzrecht bestand während der Dauer des Leihvertrages. Nach 14 Tagen ist jedoch die Leihzeit abgelaufen und das Besitzrecht somit erloschen. **427**

Folglich kann P von N gem. § 985 die Herausgabe des Traktors verlangen.

III. Außerdem könnte sich ein Herausgabeanspruch des P gegen N hinsichtlich des Traktors aus § 812 I 2, 1. Alt. ergeben.

1. *N muss etwas erlangt haben. Darunter ist jede vermögenswerte Rechtsposition zu verstehen.* Wie oben bereits erörtert, hat N am Traktor Besitz erlangt. **428**

2. *Dies muss durch Leistung des P geschehen sein. Unter Leistung versteht man eine bewusste und zweckgerichtete Vermehrung fremden Vermögens.* Indem P dem N bewusst den Besitz an dem landwirtschaftlichen Fahrzeug übertragen hat, wollte er damit seine Verpflichtung aus dem Leihvertrag erfüllen.

3. *Schließlich muss der rechtliche Grund später weggefallen sein.* Rechtsgrund war der Leihvertrag. Nach Ablauf der 14-tägigen Leihfrist ist dieser entfallen.

Somit ist N verpflichtet, dem P den Traktor gem. § 812 I 2, 1. Alt. herauszugeben.

Aufgabe 1 b):

P könnte gegen N einen Anspruch auf eine Tankfüllung gem. § 607 I haben.

429 *Voraussetzung hierfür ist ein zwischen P und N zustande gekommener Sachdarlehensvertrag über eine vertretbare Sache. P und N müssen zwei übereinstimmende Willenserklärungen dahingehend abgegeben haben, dass die Tankfüllung (vertretbare Sache gem. §§ 607 I, 91) dem N als Darlehen gewährt wird.*

1. Indem P den Traktor vollgetankt hat, hat er konkludent das Angebot zum Abschluss eines Darlehensvertrages erklärt.

2. N hat den Traktor benutzt und den Treibstoff verbraucht. Somit hat er konkludent die Annahme erklärt.

Folglich ist N gem. § 607 I verpflichtet, dem P das Empfangene in Sachen von gleicher Art, Güte und Menge, d. h. eine Tankfüllung, zurückzuerstatten.[1]

Aufgabe 2:

P könnte gegen N einen Anspruch auf Unterlassung des Überfahrens der Futterwiese gem. § 1004 I 2 haben.

430 1. *Voraussetzung des Abwehranspruchs ist zunächst eine Beeinträchtigung des Eigentums des P durch eine Handlung des N, die nicht in der Entziehung oder Vorenthaltung des Besitzes besteht.[2] Eine Eigentumsbeeinträchtigung ist gegeben bei tatsächlicher Einwirkung auf die Sache selbst. Indem N mit dem beim Maschinenhändler gemieteten Traktor über die Futterwiese des Nachbarn P fährt, beeinträchtigt er das Eigentum des P.*

431 2. *Anspruchsgegner ist der Störer, d. h. derjenige, der für die Eigentumsbeeinträchtigung verantwortlich ist. Dabei ist Handlungsstörer derjenige, der die Beeinträchtigung durch sein Verhalten adäquat kausal verursacht hat. Bauer N fährt mit dem Traktor über die Futterwiese des P. Damit hat er ursächlich das Eigentum des P beeinträchtigt, ist also Handlungsstörer.*

432 3. *Der Anspruch darf nicht nach § 1004 II aufgrund einer Duldungspflicht ausgeschlossen sein. Die Duldungspflicht kann sich aufgrund des nachbarschaftlichen Gemeinschaftsverhältnisses nach § 242 ergeben. Daraus resultiert eine Pflicht zur gegenseitigen Rücksichtnahme. Das Überfahren eines fremden Grundstücks, um den Weg abzukürzen, verletzt das Vertrauensverhältnis zwischen Nachbarn und muss nicht geduldet werden. Norbert beruft sich auf Gewohnheitsrecht, weil P, außer ständiger Abmahnungen, nichts gegen ihn unternahm. Die Entstehung von Gewohnheitsrecht erfordert jedoch eine lang dauernde tatsächliche Übung. Hinzukommen muss die Überzeugung der Beteiligten, durch die Einhaltung der Übung bestehendes Recht zu befolgen.[3] Es kann dahingestellt bleiben, wie lange N den Abkürzungsweg über die fremde Wiese*

---

1 Ein Darlehensentgelt (§ 607 I 2) wurde zwischen den Vertragsparteien nicht vereinbart. § 607 I ist dispositiv.
2 Hierfür ist § 985 lex specialis (lat., besonderes Gesetz).
3 Siehe PALANDT/HEINRICHS, Einleitung Rn. 22 vor § 1.

benutzt hat, da N selbst zugibt, dass er von P ständig abgemahnt wurde. Daraus folgt, dass P immer wieder auf das Unrecht des N hingewiesen hat und dass dem N dies auch bewusst sein musste. Damit ist kein Gewohnheitsrecht entstanden, und eine Duldungspflicht nach § 1004 II ist nicht gegeben.

4. *Ein Anspruch des P gegen N auf Unterlassung des Überfahrens seiner Futterwiese steht dem P gem. § 1004 I 2 zu, wenn weitere Beeinträchtigungen zu besorgen sind.* Da N glaubt, ein Recht auf die Benutzung der Futterwiese seines Nachbarn als Abkürzungsweg zu seinem Grundstück zu haben und immer wieder entsprechend handelt, ist Wiederholungsgefahr gegeben.

Deshalb hat P gegenüber N einen Anspruch auf Unterlassung des Überfahrens seiner Futterwiese gem. § 1004 I 2.

Aufgabe 3:

I. P könnte gegen N einen Anspruch auf Unterlassung der Verleumdung und Beleidigungen gem. § 1004 I 2 analog haben.

1. *Voraussetzung des Abwehrrechts ist eine Verletzung des Persönlichkeitsrechts des P. Unter dem allgemeinen Persönlichkeitsrecht ist das Recht des Einzelnen auf Achtung seiner Menschenwürde und Entfaltung seiner individuellen Persönlichkeit zu verstehen.*[4] *Unmittelbar gilt § 1004 nur zum Schutz des Eigentums. Das allgemeine Persönlichkeitsrecht wird jedoch in entsprechender Anwendung des § 1004 ebenfalls geschützt.*[5] Bauer N bezeichnet seinen Nachbarn, den Bauern P, als Betrüger und behauptet Unwahres über dessen Anbauweise. Er bezichtigt P, die Käufer seiner landwirtschaftlichen Erzeugnisse zu täuschen. Diese würden die Produkte gerade deshalb kaufen, weil sie glaubten, dass die Lebensmittel frei von chemischen Rückständen seien. Damit versetzte er die Verbraucher in einen Irrtum, der zu erhöhter Geldausgabe und zu einer Vermögensschädigung führe. Das Wort „Betrüger" und die Vorgeschichte veröffentlicht N in einem Leserbrief des Ortsblattes. Damit greift N in die Individualsphäre des P ein. Er verletzt dessen Recht auf Achtung, Ansehen und Ehre in der Öffentlichkeit. Folglich hat N das allgemeine Persönlichkeitsrecht des P verletzt.

433

2. *Ferner muss N Störer sein. Handlungsstörer ist derjenige, der die Beeinträchtigung durch sein Verhalten, also durch aktives Tun oder pflichtwidriges Unterlassen adäquat kausal verursacht hat.* N veranlasst, dass der Leserbrief im Ortsblatt erscheint. Leserbriefe werden im Allgemeinen unter der Eigenverantwortung des Verfassers veröffentlicht. Damit hat N die Verletzung des Persönlichkeitsrechts des P durch sein Verhalten adäquat kausal verursacht und ist Handlungsstörer i. S. d. § 1004.

434

3. *Es darf keine Duldungspflicht seitens P bestehen.* Eine Formalbeleidigung wie das Wort „Betrüger" ist stets eine rechtswidrige Verletzung des Persönlichkeitsrechts,[6] die nicht geduldet werden muss.

435

---

4 BGHZ 24, 76; 27, 286.
5 BGHZ 91, 239; PALANDT/BASSENGE, § 1004 Rn. 4.
6 SOERGEL/ZEUNER, § 823 Rn. 93. § 1004 verlangt kein Verschulden des Störers, im Gegensatz zum Schadensersatzanspruch nach § 823.

4. Ein Unterlassungsanspruch setzt außerdem voraus, dass weitere Beeinträchtigungen zu besorgen sind. Da N weitere Enthüllungen in dem Leserbrief androht, ist die Wiederholungsgefahr gegeben.

Folglich steht dem P gegen N ein Anspruch auf Unterlassung der Verleumdung und Beleidigungen gem. § 1004 I 2 analog zu.

II. P könnte gegen N einen Anspruch auf Schadensersatz wegen Verletzung seines Persönlichkeitsrechts gem. § 823 I haben.

436   *1. Voraussetzung hierfür ist, dass N durch eine Handlung eines der in § 823 I genannten Rechtsgüter des P kausal verletzt hat.* In Betracht kommt die Verletzung des Persönlichkeitsrechts, das als sonstiges Recht i. S. d. § 823 I anerkannt ist.[7] *Die Verletzungshandlung kann mittelbar auch in einer Fehlinformation der Presse liegen.*[8] Durch die Bezeichnung „Betrüger" im Leserbrief des Ortsblattes hat N das Persönlichkeitsrecht des P verletzt. Die Veröffentlichung in der Zeitung war ursächlich für diese Rechtsgutsverletzung.

2. Die Handlung des N muss rechtswidrig gewesen sein. Formalbeleidigungen und ehrverletzende unwahre Tatsachenbehauptungen sind immer rechtswidrig. Ein Rechtfertigungsgrund liegt nicht vor, sodass N rechtswidrig handelte.

3. Weitere Voraussetzung ist das schuldhafte, d. h. vorsätzliche oder fahrlässige Handeln des N. Unter Vorsatz versteht man das Wissen und Wollen der Tatbestandsverwirklichung. Indem N die Diffamierung des P in der Zeitung veröffentlichen ließ, handelte er mit Wissen und Wollen. Insbesondere bei Presseveröffentlichungen ist hinsichtlich des Verschuldens stets eine Güter- und Interessenabwägung in Bezug auf den Persönlichkeitsschutz einerseits und das Informationsbedürfnis der Bevölkerung andererseits vorzunehmen. Bewusst wahrheitswidrige, ehrverletzende Tatsachenbehauptungen sind nicht entschuldbar. Damit handelte N schuldhaft i. S. d. § 823 I.

4. Durch die Rechtsgutsverletzung muss dem P ein Schaden entstanden sein. Bei rechtswidrigen Presseveröffentlichungen steht dem Verletzten insbesondere ein Recht auf Gegendarstellung zu.[9] Von diesem Recht hat P Gebrauch gemacht. Die Veröffentlichung erfolgt grundsätzlich in der nächsten Ausgabe der Zeitung. Dadurch sind dem P Kosten, also ein materieller Schaden entstanden.

437   Somit hat P gegen N einen Schadensersatzanspruch gem. § 823 I. Der Schadensumfang ergibt sich aus § 249. Nach § 249 I hat N den Zustand herzustellen, der vor der Persönlichkeitsverletzung des P bestand. Die Wiederherstellung der Ehre und des Ansehens des P in der Öffentlichkeit erfolgte hier durch die Gegen-

---

7 Palandt/Sprau, § 823 Rn. 83 ff., 123. Es handelt sich allerdings nur um einen sog. Auffangtatbestand: Soweit ein spezielles Gesetz (lat.: lex specialis) die Rechte wegen Verletzung des allgemeinen Persönlichkeitsrechts abschließend regelt (z. B. Recht am eigenen Bild gem. § 22 Kunsturhebergesetz oder Namensrecht nach § 12), scheidet § 823 I als weitere Anspruchsgrundlage aus. Es kann jedoch ein Anspruch auf Ersatz des Vermögensschadens nach § 823 II wegen Verletzung eines Schutzgesetzes in Betracht kommen.

8 Palandt/Sprau, § 823 Rn. 94.

9 Jauernig/Teichmann, § 823 Rn. 82.

darstellung. Gem. § 249 II 1 kann P den für die Veröffentlichung bezahlten Geldbetrag in Höhe von 300 € von N ersetzt verlangen.[10]

III. Ein weiterer Anspruch des P gegen N auf Schadensersatz wegen Verletzung seines Persönlichkeitsrechts könnte sich aus § 823 II i. V. m. § 185 StGB ergeben.

1. Voraussetzung hierfür ist, dass § 185 StGB ein Schutzgesetz darstellt. Darunter fällt jede Rechtsnorm, die dem Schutz der Interessen anderer dienen soll. Das StGB bezweckt mit dem Beleidigungstatbestand einen Individualschutz. **438**

2. Das Schutzgesetz muss verletzt sein, und zwar rechtswidrig und schuldhaft. Indem N den P als Betrüger bezeichnete, hat er den objektiven Tatbestand der Beleidigung erfüllt. Wie bereits ausgeführt, handelte N auch rechtswidrig und schuldhaft.

3. Aus der Schutzgesetzverletzung muss dem P ein Schaden entstanden sein. P hat – wie oben erörtert – einen materiellen Schaden erlitten.

Somit steht dem P gegen N auch ein Schadensersatzanspruch gem. § 823 II i. V. m. § 185 StGB zu, dessen Umfang sich ebenfalls aus § 249 I ergibt.

---

10 Im Sachverhalt wird in erster Linie von dem Schaden ausgegangen, der durch die Gegenerklärung entstanden ist. Deshalb kann hier dahingestellt bleiben, ob dem P gegen N auch ein Anspruch auf „Schmerzensgeld" wegen besonders schwerer Verletzung seines Persönlichkeitsrechts zusteht (BGHZ 128, 1 ff. – Caroline von Monaco; NJW 1996, 984). Eine solche Verletzung kann auch in einer Diffamierung gesehen werden, wenn sie ein besonderes Maß an Rücksichtslosigkeit und Verletzungswillen offenbart (STEFFEN, Die Persönlichkeitsrechte, NJW 1997, 10 ff.). Interessant ist die Herleitung dieses Anspruchs durch den BGH aus § 823 I i. V. m. Art. 1 und Art. 2 GG, da bei dieser Entschädigung – anders als beim Schmerzensgeld nach § 253 II – regelmäßig der Gesichtspunkt der Genugtuung des Opfers im Vordergrund steht. So auch bei folgender Entscheidung: Ein bekannter Fernsehmoderator, zwei Produktionsfirmen sowie ein privater Fernsehsender wurden durch Urteil des OLG Hamm wegen Verletzung des allgemeinen Persönlichkeitsrechts zu einer Schmerzensgeldzahlung in Höhe von 70 000 € verurteilt. Der Moderator hatte ein 16jähriges Mädchen in seiner Sendung mehrfach beleidigt und deren Namen in anzügliche Zusammenhänge gebracht (DVP 2004, 258).
Auch zur Prüfung der Frage, ob ein Schadensersatzanspruch wegen eines Eingriffs in das „Recht am eingerichteten und ausgeübten Gewerbebetrieb" als Schutzposition i. S. v. § 823 I (sonstiges Recht) vorliegt, ergeben sich aus dem Sachverhalt keine weiteren Anhaltspunkte. Es handelt sich hierbei um eine von der Rechtsprechung „entwickeltes" sonstiges Recht, das bestimmte Verletzungen der wirtschaftlichen Tätigkeit anderer (z. B. Umsatzrückgang infolge von rechtswidrigen Behauptungen über den Geschäftsbetrieb) einem Ersatzanspruch unterstellt und Vermögensschäden ausgleicht (vgl. PALANDT/SPRAU, § 823 Rn. 126 ff.; JAUERNIG/TEICHMANN, § 823 Rn. 95 ff.).

Vertiefung: **Ungerechtfertigte Bereicherung** [11]

439   Die Bereicherungsansprüche (§§ 812 ff.) sollen nicht gerechtfertigte Vermögens-
verschiebungen ausgleichen. Sofern jemand einen Vermögensvorteil erlangt hat,
der ihm nach der Rechtsordnung nicht zusteht, wird die Vermögensvermehrung
beim Bereicherten zugunsten des Entreicherten wieder beseitigt, d. h. rückgän-
gig gemacht.
Den **Grundtatbestand des Bereicherungsrechts stellt § 812 I 1, 1. Alt. – die sog.
Leistungskondiktion** [12] dar. Diese ist immer als Erstes zu prüfen. Nur wenn keine
Leistung erfolgt ist, können andere Bereicherungstatbestände erörtert werden.

I. Die Leistungskondiktionen des § 812 I

440   Diese betrifft in der Regel Fälle, in denen eine Leistung aufgrund eines Vertrages,
der (z. B.) unwirksam ist, erbracht wurde.[13] Die Voraussetzungen der bereiche-
rungsrechtlichen Rückabwicklung sind:

---

11 Literatur zur Vertiefung: BROX/WALKER, Schuldrecht BT, §§ 36 ff.; EMMERICH, §§ 16 ff.; FIKENTSCHER/
HEINEMANN, §§ 101 ff.; FÜHRICH, § 25; GURSKY, 6. Teil, 1. Abschnitt, A–C; KAISER, Rn. 859 ff.; MEDICUS,
Schuldrecht BT, §§ 125–133; SCHELLHAMMER, Rn. 846 ff.; WÖRLEN, Schuldrecht BT, Rn. 360 ff.; WÖR-
LEN/METZLER-MÜLLER, Fragen 593–602.
12 Die Vorschriften gehen auf das römische Recht zurück: „condictio" = Herausgabe.
13 Beispiel hierfür: Fall 9, Aufgabe 1 ((Rn. 420 – Vertrag ist beendet).

1. Der Schuldner (= Leistungsempfänger, Anspruchsgegner) muss etwas erlangt haben

Hierzu zählt jeder Vermögensvorteil, wie der Erwerb eines dinglichen oder persönlichen Rechts (Eigentum, Forderungen), der Besitz, die Ersparnis von Aufwendungen, der Wegfall von Schulden. Nach der sog. gegenständlichen Betrachtungsweise ist konkret darauf abzustellen, was sich infolge des bereichernden Vorgangs zusätzlich im Vermögen des Schuldners befindet.

2. Dies muss durch Leistung des Gläubigers (= Leistender, Anspruchsinhaber) geschehen sein

Unter Leistung wird die bewusste und zweckgerichtete Vermehrung fremden Vermögens verstanden. Erforderlich ist also neben der bewussten Vermögensverschiebung,[14] dass damit ein bestimmter Zweck verfolgt wird.[15]

3. Die Leistung muss ohne Rechtsgrund erfolgt sein, § 812 I 1, 1. Alt.

Der Rechtsgrund fehlt, wenn die Verbindlichkeit, die der Leistende erfüllen wollte, nicht bestand; so z. B., wenn der Vertrag nichtig war oder aber das gesetzliche Schuldverhältnis (§§ 823 ff. oder Geschäftsführung ohne Auftrag) nicht existierte.

441

Prüfschema – Leistungskondiktion, § 812 I 1, 1. Alt.:

1. Anspruchsgegner muss etwas erlangt haben,
2. durch eine Leistung des Anspruchstellers.
3. Die Leistung muss ohne rechtlichen Grund erfolgt sein.

Rechtsfolge: Herausgabe oder Wertersatz (§ 818)

---

4. Weitere Tatbestände der Leistungskondiktion

In § 812 I 2 sind zwei weitere Tatbestände der Leistungskondiktion geregelt: Der **442** Herausgabeanspruch gem. § 812 I besteht auch dann, wenn der rechtliche Grund der Leistung später wegfällt (§ 812 I 2,1. Alt – so in den Fällen einer Anfechtung (§§ 119 ff.)[16] oder einer auflösenden Bedingung (§ 158 II): Zur Leistungszeit hat der rechtliche Grund vorgelegen) oder der mit der Leistung bezweckte Erfolg nicht eintritt (§ 812 I 2, 2. Alt.[17]). Das Prüfschema (s. o.) ist nur bei der 3. Anspruchsvoraussetzung entsprechend zu ändern.

---

14 Z. B. der Zahlung eines Geldbetrages.
15 Z. B. Tilgung der Kaufpreisschuld.
16 Bei der Anfechtung wird z. T. (wegen der Rückwirkung der Anfechtung gem. § 142 I) von der Leistungskondiktion gem. § 812 I 1, 1. Alt, ausgegangen. Da der Rechtsgrund der Leistung tatsächlich bis zur Erklärung der Anfechtung bestanden hat, wird allerdings auch § 812 I 2, 1. Alt. als einschlägige Anspruchsgrundlage angesehen (so PALANDT/THOMAS, § 812 Rn. 77).
17 Beispiel: X zahlt dem späteren Erblasser (E) 10 000 €, um als dessen Erbe eingesetzt zu werden, was E aber nicht macht (der bezweckte Erfolg ist also nicht eingetreten). Diese Fälle sind relativ selten.

II. Die Nichtleistungskondiktion des § 812 I 1, 2. Alt. (Bereicherung in sonstiger Weise)

443 ### 1. Anwendbarkeit der Nichtleistungskondiktion

Wegen des **Grundsatzes des Vorrangs der Leistungskondiktion** muss zunächst geprüft werden, ob nicht eine Bereicherung durch Leistung vorliegt, die die Bereicherung in sonstiger Weise hinsichtlich desselben Bereicherungsgegenstandes ausschließen würde.

2. Etwas erlangt

„Etwas" ist jeder Vermögensvorteil; hier gilt das Gleiche wie bei der Leistungskondiktion (s. o. I.).

3. In sonstiger Weise

Die Bereicherung in sonstiger Weise kann zum einen als **Eingriffskondiktion** in Betracht kommen: Der Bereicherte greift selbst (durch eigene Handlung) in das Recht eines anderen ein und vermehrt auf diese Weise auf dessen Kosten sein Vermögen ohne rechtlichen Grund[18] beziehungsweise der Eingriff erfolgt durch einen Dritten oder ohne menschliches Zutun (Naturereignis).[19] Die **Rückgriffskondiktion** ist gegeben, wenn ein Dritter den Schuldner von dessen Verbindlichkeit gegenüber dem Gläubiger befreit.[20] Eine **Verwendungskondiktion** kommt in Betracht, wenn jemand Aufwendungen zugunsten eines anderen tätigt.[21]

4. Ohne rechtlichen Grund

Ein Rechtsgrund liegt dann nicht vor, wenn weder Vertrag noch Gesetz ein Recht zum Behaltendürfen des „Etwas" geben.

444

> **Prüfschema – Nichtleistungskondiktion, § 812 I 1, 2. Alt.:**
>
> 1. Anwendbarkeit der Nichtleistungskondiktion
> 2. Anspruchsgegner muss etwas erlangt haben
> 3. in sonstiger Weise auf Kosten des Anspruchstellers
> 4. ohne Rechtsgrund
>
> **Rechtsfolge:** Herausgabe oder Wertersatz (§ 818)

---

18 Beispiel: N entwendet die Kohlen seines Nachbarn aus dem gemeinsamen Kellerraum und heizt damit seine Wohnung.
19 Beispiel: Die Kühe des Bauern B laufen auf die Weide des Bauern N und grasen sie ab.
20 Fälle der Tilgung fremder Schuld. In diesen Fällen kommt § 812 allerdings selten zur Anwendung, da sich meist Ersatzansprüche aus Geschäftsführung ohne Auftrag ergeben.
21 Aus Versehen sprüht der Weinbauer W nicht seinen Weinberg, sondern den seines Nachbarn N vom Flugzeug aus mit Schädlingsbekämpfungsmitteln.

III. Sondertatbestände der Eingriffskondiktion, § 816

§ 816 enthält drei Tatbestände der Eingriffskondiktion:

1. Entgeltliche Verfügung eines Nichtberechtigten, § 816 I 1

Grundsätzlich kann nur der Rechtsinhaber, z. B. der Eigentümer, wirksam über **445** sein Recht verfügen. Das Gesetz sieht allerdings in einigen Fällen vor, dass auch die Verfügung eines Nichtberechtigten über ein fremdes Recht wirksam ist: So kann gem. §§ 929, 932 ein Dritter vom Nichtberechtigten gutgläubig Eigentum erwerben.[22] Der gegen Entgelt verfügende Nichtberechtigte erhält einen Vermögenszuwachs, der Rechtsinhaber erleidet einen Vermögensverlust.[23] Gem. § 816 I 1 muss der Nichtberechtigte das durch die Verfügung „Erlangte" dem Berechtigten (= Anspruchsteller) herausgeben; konkret: das, was er durch das der Verfügung zugrunde liegende Kausalgeschäft (z. B. einen Kaufvertrag) erlangt hat.[24]

446

Prüfschema – Entgeltliche Verfügung eines Nichtberechtigten, § 816 I 1:

1. Entgeltliche Verfügung eines Nichtberechtigten (z. B. nach § 929)
2. Die Verfügung ist dem Berechtigten (= Anspruchsteller) gegenüber wirksam (z. B. nach § 932 oder gem. § 185 II)

Rechtsfolge: Herausgabe des durch die Verfügung Erlangten (= die tatsächlich erlangte Gegenleistung)

---

2. Unentgeltliche Verfügung eines Nichtberechtigten, § 816 I 2

Sofern der Nichtberechtigte über den Gegenstand eines anderen unentgeltlich **447** (z. B. Schenkung an einen Dritten) verfügt und diese Verfügung dem Berechtigten gegenüber wirksam ist, so hat der Nichtberechtigte keine Gegenleistung erlangt, die er dem Anspruchsteller herausgeben könnte. Allerdings ist der Dritte durch die unentgeltliche Zuwendung bereichert; deshalb sieht § 816 I 2 als Rechtsfolge vor, dass der Dritte das durch die Verfügung Erlangte an den Berechtigten herauszugeben hat.

---

22 Beispiel in Fall 11, Aufgabe 1 (Rn. 513). Die Verfügung des Nichtberechtigten wird dem Berechtigten gegenüber auch wirksam, wenn dieser die Verfügung nach § 185 II genehmigt.
23 Siehe hierzu Fall 11, Aufgabe 2 (Rn. 514).
24 Es ist nur das erlangte Entgelt herauszugeben, auch wenn dieses niedriger ist als der Wert des Gegenstandes – denn nur insoweit ist der Anspruchsgegner bereichert. Die Wertdifferenz kann der Anspruchsteller als Schadensersatz (evtl. aus Vertrag, § 823 I oder § 823 II i. V. m. § 246 StGB) verlangen. Sollte das Entgelt höher sein als der Wert des Gegenstandes, so ist nach herrschender Meinung auch der erzielte Veräußerungsgewinn herauszugeben (= das „Erlangte"). Beispiel in Fall 11, Aufgabe (Rn. 513).

448

> **Prüfschema – Unentgeltliche Verfügung eines Nichtberechtigten, § 816 I 2:**
>
> 1. Unentgeltliche Verfügung eines Nichtberechtigten; Anspruchsgegner = Dritter (unentgeltlicher Erwerber)
> 2. Die Verfügung ist dem Berechtigten (= Anspruchsteller) gegenüber wirksam
>
> **Rechtsfolge:** Herausgabe des unentgeltlich erworbenen Gegenstandes durch den Dritten (Erwerber) an den Anspruchsteller

3. Leistung an einen Nichtberechtigten, § 816 II

449 Der Anwendungsbereich des § 816 II betrifft in der Regel die Fälle, in denen der Schuldner an den „falschen" Gläubiger leistet; aufgrund der Schutzvorschriften der §§ 407, 408 ist seine Leistung dem „richtigen" Gläubiger gegenüber allerdings wirksam.[25]

450

> **Prüfschema – Leistung an einen Nichtberechtigten, § 816 II:**
>
> 1. Leistung an einen Nichtberechtigten (= Anspruchsgegner)
> 2. Die Leistung ist dem Berechtigten gegenüber wirksam (gem. §§ 407 f. oder aufgrund Genehmigung des Berechtigten)
>
> **Rechtsfolge:** Herausgabe des Geleisteten

IV. Umfang des Bereicherungsanspruchs

451 Für alle vorgenannten Anspruchsgrundlagen ergibt sich der Umfang des Bereicherungsanspruchs aus § 818. Grundsätzlich muss der Bereicherte das Erlangte herausgeben (Herausgabe in natura). Außerdem kann der Anspruchsteller auch gezogene Nutzungen bzw. das Surrogat[26] herausverlangen (§ 818 I). Der Anspruchsgegner (Bereicherungsschuldner) muss bei Unmöglichkeit der Herausgabe gem. § 818 II Wertersatz leisten, und zwar in Höhe des Verkehrswertes. Da die Bereicherungsvorschriften nicht zu einer Vermögensminderung beim Anspruchsgegner führen sollen (deren Zweck ist nur die Rückgängigmachung von dessen Vermögensmehrung), ist der Bereicherungsanspruch ausgeschlossen, wenn der Empfänger nicht oder nicht mehr bereichert ist (§ 818 III). Zu prüfen ist, ob die Bereicherung wertmäßig noch im Vermögen des Schuldners vorhanden ist, ob dieser ggf. Aufwendungen erspart hat. Es ist eine Gegenüberstellung vorzunehmen: Wie hätte der Schuldner gestanden, wenn der Bereicherungsgegenstand ihm

---

25 Beispiel in Fall 12, Aufgabe 3b) (Rn. 537).
26 = Gegenstände, die an die Stelle des Erlangten getreten sind.

nicht zugewachsen wäre? Ergibt sich aus der Gegenüberstellung der beiden Vermögenslagen keine Wertdifferenz, ist keine Bereicherung vorhanden.[27]

Allerdings kann sich der Schuldner nicht auf die Entreicherung berufen, wenn er gem. §§ 818 IV und 819 I verschärft haftet. Das ist der Fall, wenn er den Mangel des rechtlichen Grundes kannte oder später erfuhr oder aber der Bereicherungsanspruch rechtshängig war[28]. Folge der verschärften Haftung ist, dass der Empfänger von einer Geldschuld nicht frei wird und sie nach § 291 zu verzinsen hat. Sofern der herauszugebende Gegenstand verschlechtert wird oder untergeht, hat der Schuldner nach §§ 292, 989 Ersatz zu leisten.

Vertiefung: **Unerlaubte Handlungen (Deliktsrecht)**[29]

I. Der Grundtatbestand des § 823 I
1. Tatbestandsmäßigkeit
2. Rechtswidrigkeit
3. Verschulden
4. Schaden

II. Verletzung eines Schutzgesetzes
1. Tatbestandsmäßigkeit
2. Rechtswidrigkeit
3. Verschulden
4. Schaden

III. Vorsätzliche sittenwidrige Schädigung, § 826

IV. Sondertatbestand der Verschuldenshaftung: Haftung für den Verrichtungsgehilfen, § 831
1. Voraussetzungen der (selbstständigen) Anspruchsgrundlage des § 831
2. Ausschluss der Haftung
3. Abgrenzung von § 831 zu § 278
4. Besonderheiten bei juristischen Personen, § 31

V. Weitere Fälle der Haftung für vermutetes Verschulden

VI. Haftung bei Amtspflichtverletzung
1. Die Eigenhaftung des Beamten nach § 839
    a) Tatbestandsmäßigkeit
    b) Rechtswidrigkeit
    c) Verschulden
    d) Schaden
    e) Haftungsausschluss

---

27 So bei Vornahme einer Luxusreise, die der Betroffene sonst nie unternommen hätte (vgl. BGHZ 55, 128): Der mit der Reise erlangte Vermögensvorteil ist nicht mehr dem Vermögen des Schuldners zuzurechnen, da er keine Aufwendungen erspart hat.
28 So bei Zustellung der Klageschrift gem. §§ 261, 253 ZPO.
29 Literatur zur Vertiefung: ALTHAMMER, Die Haftung nach § 823 I und II BGB; BROX/WALKER, Schuldrecht BT, §§ 40 ff.; DEUTSCH/AHRENS, 2. Teil, A.; EMMERICH, §§ 20 ff.; FIKENTSCHER/Heinemann, §§ 106 ff.; FÜHRICH, § 26; KÖTZ/WAGNER, D, V, VII; MEDICUS, Schuldrecht BT, §§ 134 ff.; SCHELLHAMMER, Rn. 921 ff.; WÖRLEN, Schuldrecht BT, Rn. 387 ff.; WÖRLEN/METZLER-MÜLLER Fragen 603–627.

2. Die Haftung im hoheitlichen Bereich
   a) Hoheitliches Handeln
   b) Amtspflichtverletzung gegenüber Dritten
   c) Rechtswidrigkeit, Verschulden, Schaden
   d) Haftungsausschluss
   e) Rückgriff des Staates
VII. Haftung mehrerer Schädiger
1. Verantwortlichkeit von Teilnehmern und Beteiligten, § 830
2. Gesamtschuldnerschaft, § 840
VIII. Verjährung

452 Das Recht der unerlaubten Handlungen[30] ist in den §§ 823–853 geregelt. Sofern ein Tatbestand der §§ 823 ff. erfüllt ist, entsteht kraft Gesetzes eine schuldrechtliche Beziehung (= gesetzliches Schuldverhältnis).[31] Die **tatbestandsmäßige, rechtswidrige** und **schuldhafte** Handlung verpflichtet den Handelnden zum Schadensersatz gegenüber dem Verletzten. Das Gesetz enthält – neben einigen Sondertatbeständen[32] – drei Grundtatbestände: Verletzung bestimmter absoluter Rechte (§ 823 I), Verstoß gegen ein Schutzgesetz (§ 823 II) und vorsätzliche sittenwidrige Schädigung (§ 826), wobei letztgenannte Vorschrift eine Generalklausel darstellt.

I. Der Grundtatbestand des § 823 I

Wer vorsätzlich oder fahrlässig das Leben, den Körper, die Gesundheit, die Freiheit, das Eigentum oder ein sonstiges Recht eines anderen widerrechtlich verletzt, ist dem anderen nach § 823 I zum Ersatz des daraus entstehenden Schadens verpflichtet.

1. Tatbestandsmäßigkeit

453 Durch die **Handlung** des Schädigers, das verletzende Verhalten, muss eines der in § 823 I genannten absoluten Rechtsgüter (Leben, Körper, Gesundheit, Freiheit, Eigentum[33]) verletzt worden sein. Zu den „sonstigen Rechten" zählen alle dinglichen Rechte, Immaterialgüterrechte (Patent-, Urheber-, Warenzeichen-,

---

30 Dieses wird auch „Deliktsrecht" genannt: „delictum" (lat.) = Vergehen. Das Deliktsrecht ist nicht mit Straftatbeständen des StGB bzw. den Ordnungswidrigkeiten zu verwechseln, die eine Bestrafung oder Bußgeldzahlung zur Folge haben, während es im Privatrecht um die Schadensersatzleistung geht.

31 Weitere gesetzliche Schuldverhältnisse: §§ 677 ff. (Geschäftsführung ohne Auftrag), §§ 701 ff. (Haftung des Gastwirts), §§ 812 ff. (ungerechtfertigte Bereicherung) sowie §§ 823 ff. Siehe auch die Aufzählung bei PALANDT/HEINRICHS, vor § 311 Rn. 5. Im Gegensatz hierzu stehen die vertraglichen Schuldverhältnisse, die durch zwei sich deckende Willenserklärungen der Beteiligten (Angebot und Annahme) entstehen. Gem. § 311 I ist zu ihrer Begründung regelmäßig ein Vertrag erforderlich.

32 §§ 831 ff., § 18 I StVG (Haftung für vermutetes Verschulden), § 839 (Haftung für Amtspflichtverletzung), § 825 (Haftung für Verletzung der Geschlechtsehre).

33 Das Vermögen ist kein absolutes (und in § 823 I geschütztes) Rechtsgut, zumal es die Aktiva einer Person darstellt und auch relative Rechte (z. B. Forderungen aus Schuldverhältnissen) erfasst. Das Vermögen wird aber durch § 263 StGB erfasst – einem Schutzgesetz i. S. d. § 823 II.

Gebrauchsmusterrechte, der Besitz). Durch richterliche Rechtsfortbildung sind außerdem das „Recht am eingerichteten und ausgeübten Gewerbebetrieb" und das „allgemeine Persönlichkeitsrecht" als sonstige Rechte anerkannt.

*Der Tatbestand des § 823 I kann auch durch ein **Unterlassen** verwirklicht wer-* **454**
*den – allerdings nur dann, wenn der Unterlassende objektiv eine ihm gegenüber dem Geschädigten bestehende Pflicht zum Tätigwerden verletzt hat. Diese kann sich aus Gesetz, Vertrag oder vorangegangenem Tun ergeben. Bedeutsam ist hinsichtlich des Letztgenannten die **Verkehrs(sicherungs)pflicht**.*[34] *Derjenige, der eine Gefahrenquelle schafft oder unterhält,*[35] *ist verpflichtet, die erforderlichen und zumutbaren Maßnahmen und Vorkehrungen zum Schutze Dritter zu treffen.*

Das Handeln muss dem Anspruchsgegner zuzurechnen sein, d. h., die Handlung des Schädigers muss für die Rechtsgutverletzung ursächlich gewesen sein (sog. haftungsbegründende Kausalität). Außerdem muss das verletzende Verhalten nach der Lebenswahrscheinlichkeit geeignet sein, eine Verletzung des betreffenden Rechtsgutes herbeizuführen (sog. Adäquanztheorie).[36]

2. Rechtswidrigkeit

Außer der Verletzungshandlung ist stets erforderlich, dass das verletzende Ver- **455**
halten rechtswidrig war.[37] Eine Rechtswidrigkeit liegt nicht vor, wenn die Rechtsordnung das Tun durch einen Rechtfertigungsgrund gestattet, wie z. B. Notwehr (§ 227), defensiver Notstand (§ 228), Selbsthilferecht (§ 229), aggressiver Notstand (§ 904), Einwilligung des Verletzten.

3. Verschulden

Eine Haftung aus § 823 I setzt Verschulden voraus.[38] Unter Vorsatz wird das Wis- **456**
sen und Wollen der Tatbestandsverwirklichung verstanden; die Fahrlässigkeit ist in § 276 II definiert – wobei auch „leichteste" Außerachtlassung der im Verkehr erforderlichen Sorgfalt für ein Verschulden i. R. d. § 823 I genügt. Weitere Voraussetzung ist die Verschuldensfähigkeit (vgl. §§ 827, 828), die z. B. bei einem sechsjährigen Kind nicht gegeben ist.[39]

---

34 Diese wurde erstmals vom Reichsgericht hinsichtlich der Streupflicht einer Gemeinde bei Schneeglätte anerkannt (RGZ 54, 33). Fallgruppen der Verletzung der allgemeinen Verkehrspflicht sind u. a. die Sorgfaltspflichten aus Verkehrseröffnung (Vermieter eines Mietshauses hinsichtlich Treppen, Beleuchtung), die Sorgfaltspflichten aus Teilnahme am Verkehr, bei Veranstaltungen usw.
35 Bzw. eine Sache beherrscht, die für Dritte gefährlich werden kann oder der gefährliche Sachen in den Verkehr bringt. Siehe hierzu auch das ProdHaftG, das eine (verschuldensunabhängige) Gefährdungshaftung des Herstellers für fehlerhafte Produkte begründet.
36 Die Erörterung dieser Theorie unterbleibt in den Falllösungen, da keine völlig unwahrscheinlichen Kausalverläufe (deren objektive Zurechenbarkeit von der Adäquanztheorie ausgeschlossen werden) vorkommen.
37 Damit wird die Normwidrigkeit bzw. das Unrecht des schädigenden Verhaltens festgestellt.
38 In § 823 I werden die in § 276 I 1 genannten allgemeinen Voraussetzungen des Verschuldens wiederholt. Das Gesetz sieht auch eine Haftung **ohne** Verschulden vor: Bei der **Gefährdungshaftung** kommt es nur darauf an, dass sich eine bestimmte von dem Verantwortlichen (z. B. Kraftfahrer, Tierhalter) beherrschte Gefahr verwirklicht (vgl. u. a. § 7 I StVG; § 833).
39 Diese ist allerdings nur dann zu prüfen, wenn der Sachverhalt entsprechende Anhaltspunkte liefert.

4. Schaden

457 Ferner ist der Eintritt eines Schadens erforderlich. Hier kommt jede Beeinträchtigung einer Rechtsposition in Betracht. Der Schaden kann sich unmittelbar aus der Rechtsgutsverletzung ergeben (z. B. führt die Zerstörung eines Pkw unmittelbar zu einer Vermögensminderung) oder aber in einer eingetretenen Vermögensverschlechterung bestehen (z. B. entstehen durch die Körperverletzung Krankenhaus- und Arztkosten).

Es muss ein Kausalzusammenhang zwischen Rechtsgutsverletzung und Schaden bestehen, der wiederum nach der Adäquanztheorie bestimmt wird. Das heißt, nur die Handlung ist für den eingetretenen Schaden kausal, die vom Standpunkt eines objektiven Beobachters generell geeignet ist, unter normalen, voraussehbaren Umständen den konkreten Schaden herbeizuführen (sog. haftungsausfüllende Kausalität[40]). Der Erfolg darf also nicht außerhalb jeder Wahrscheinlichkeit liegen. Darüber hinaus ist die auf eine Wahrscheinlichkeitsbetrachtung ausgerichtete Adäquanztheorie zu ergänzen durch eine wertende Beurteilung: Eine Schadensersatzpflicht besteht nur, wenn der geltend gemachte Schaden unter den **Schutzzweck** der verletzten Norm fällt. Es müssen also solche Nachteile sein, die aus dem Bereich der Gefahren stammen, zu deren Abwendung die verletzte Norm erlassen oder die verletzte (vor- bzw.) vertragliche Pflicht übernommen worden ist.[41]

Rechtsfolge:
Der Geschädigte hat einen Anspruch auf Schadensersatz, dessen Umfang sich aus den §§ 249 ff.[42] sowie den Sonderregelungen der §§ 842 ff. ergibt.

458

Prüfschema – Grundtatbestand der unerlaubten Handlung, § 823 I:

1. Tatbestandsmäßigkeit
   a) Verletzung eines der in § 823 I genannten absoluten Rechte
   b) Kausalität der Handlung für die Rechtsgutsverletzung – ggf. Adäquanztheorie
2. Rechtswidrigkeit
3. Verschulden (Vorsatz oder Fahrlässigkeit); evtl. Verschuldensfähigkeit (§§ 827, 828)
4. Schaden
   Kausalität zwischen Rechtsgutsverletzung und Schaden – Adäquanztheorie

Rechtsfolge: Schadensersatz; Umfang des zu ersetzenden Schadens: §§ 249 ff., ggf. §§ 842 ff.

---

40 Die haftungsausfüllende Kausalität betrifft den Kausalzusammenhang zwischen der Rechtsgutsverletzung und dem Schaden. Bei der haftungsbegründenden Kausalität (siehe 1.) geht es um die Ursächlichkeit des Handelns für die Rechtsgutsverletzung.
41 PALANDT/HEINRICHS, Vorbem. vor § 249 Rn. 62 m. w. N.
42 Siehe „Vertiefung: Art und Umfang des Schadensersatzes", Rn. 220 ff.

II. Verletzung eines Schutzgesetzes

Nach § 823 II ist derjenige schadensersatzpflichtig, der rechtwidrig und schuld- **459** haft „gegen ein den Schutz eines anderen bezweckendes Gesetz" verstößt und dadurch dem anderen einen Schaden zufügt. Damit werden vor allem die Fälle erfasst, in denen der Schädiger kein Rechtsgut i.s.d. § 823 I verletzt, sondern – z. B. durch Betrug nach § 263 StGB – das Vermögen eines anderen schädigt.

1. Tatbestandsmäßigkeit

Anders als bei § 823 I kommt es hier bei der Tatbestandsmäßigkeit nicht auf eine bestimmte Rechts(gut)verletzung an, sondern nur darauf, dass ein Schutzgesetz verletzt worden ist. Der Täter muss durch den Verstoß gegen ein Schutzgesetz einen Schaden verursacht haben.

a) Schutzgesetz

Dazu zählt jede Rechtsnorm, die dem Schutz der Interessen anderer dient. Zu **460** den Schutzgesetzen gehören die meisten Vorschriften des StGB, aber auch solche der Verfassung (GG), des Bürgerlichen Rechts (BGB) u. a.

Beispiele:

Unerlaubtes Entfernen vom Unfallort (§ 142 StGB), fahrlässiger Falscheid (§ 163 StGB), Beleidigungsdelikte (§§ 185 ff. StGB), Körperverletzung (§§ 223 ff. StGB), Diebstahl (§ 242 StGB), Betrug (§ 263 StGB), Pressefreiheit (Art. 5 GG), Verbot der Benutzung eines nicht zugelassenen Kraftfahrzeugs (§§ 1, 22 StVG), Verbot von Beeinträchtigungen des Grundeigentums durch Zuführung unwägbarer Stoffe (§§ 906 ff.).

b) Verstoß gegen ein Schutzgesetz

Es muss ein Verstoß gegen ein Schutzgesetz vorliegen. Wenn es sich hierbei um ein Strafgesetz handelt, hat die Prüfung nach den Regeln des Strafrechts zu erfolgen, d.h., der Täter muss den objektiven Tatbestand der Strafnorm erfüllt haben, Rechtswidrigkeit sowie Schuld müssen gegeben sein.

Beachte: Da nach § 15 StGB nur vorsätzliches Handeln strafbar ist, sofern nicht das Gesetz fahrlässiges Handeln ausdrücklich mit Strafe bedroht, ist z. B. eine Sachbeschädigung (§ 303 StGB) – mangels entsprechender Regelung – nur bei Vorsatz gegeben.

2. Rechtswidrigkeit

Diese liegt in der Regel mit dem objektiven Verstoß gegen das Schutzgesetz **461** vor.[43]

---

43 Rechtswidrigkeit und Verschulden sind meist schon im Rahmen des Tatbestands zu prüfen: Wenn es sich bei dem Schutzgesetz z. B. um ein Strafgesetz handelt, gehören zum Straftatbestand auch Rechtswidrigkeit und Verschulden.

3. Verschulden

462 Wenn das Schutzgesetz kein Verschulden voraussetzt, kommt die Verschuldenshaftung nach § 823 II nur dann in Betracht, wenn den Täter eine Schuld – mindestens Fahrlässigkeit – trifft. Diese muss sich nur auf den Verstoß gegen das Schutzgesetz, nicht auf den dadurch verursachten Schaden beziehen.

4. Schaden

463 Es muss durch den Verstoß gegen das Schutzgesetz ein Schaden adäquat kausal verursacht worden sein. Der Schutzbereich der verletzten Norm muss die Person des Geschädigten und den erlittenen Schaden umfassen.

Rechtsfolge des § 823 II ist, dass der Schädiger den aus dem Schutzgesetzverstoß entstandenen Schaden zu ersetzen hat.

464

> **Prüfschema – § 823 II i. V. m. Schutzgesetz:**
>
> 1. Tatbestandsmäßigkeit: Verletzung eines Schutzgesetzes (z. B. StGB)
> 2. Rechtswidrigkeit
> 3. Verschulden
> 4. Schaden
>
> **Rechtsfolge:** Schadensersatz; Umfang §§ 249 ff., ggf. §§ 842 ff.

III. Vorsätzliche sittenwidrige Schädigung, § 826

465 Diese Vorschrift stellt eine Generalklausel dar: Jede sittenwidrige Schädigung eines anderen, unabhängig von der Art des Rechts oder des Rechtsguts, führt zu einem Schadensersatzanspruch. Sittenwidrigkeit liegt vor, wenn die Handlung gegen „das Anstandsgefühl aller billig und gerecht Denkenden" verstößt.[44] Der Täter muss vorsätzlich handeln.[45]

IV. Sondertatbestand der Verschuldenshaftung: Haftung für den Verrichtungsgehilfen, § 831

466 Derjenige, der einen anderen zu einer Verrichtung bestellt hat, haftet für den Schaden, den der Verrichtungsgehilfe in Ausführung der Verrichtung einem Dritten widerrechtlich zufügt. Das Gesetz geht davon aus, dass die eigentliche Ursa-

---

44 Die Rechtsprechung hat zu § 826 bestimmte Fallgruppen herausgebildet: arglistiges Verhalten (um einen Vertrag zum Abschluss zu bringen), Verleiten zum Vertragsbruch, Erteilen wissentlich falscher Auskünfte, Ausnutzen wirtschaftlicher Machtstellungen.
45 Da der Geschädigte für Vorsatz und Sittenverstoß darlegungs- und beweispflichtig ist, ist die praktische Bedeutung des § 826 gering. In den Fällen kommen deshalb auch kein Beispiel für diesen Schadensersatzanspruch vor.

che des Schadens in einem Sorgfaltsverstoß des Geschäftsherrn liegt: dessen schuldhaftes Handeln wird vermutet. Er haftet also – sofern er die Verschuldensvermutung nicht widerlegt – für **eigenes Verschulden**.

1. Voraussetzungen der (selbstständigen) Anspruchsgrundlage des § 831

Derjenige, der die Verletzungshandlung begeht, muss **Verrichtungsgehilfe** des Geschäftsherrn sein. Verrichtungsgehilfe ist, wer für einen anderen, von dessen Weisungen er abhängig ist, eine Tätigkeit ausführt.[46] Der Verrichtungsgehilfe muss eine **tatbestandsmäßige und rechtswidrige unerlaubte Handlung nach §§ 823 ff.** begangen haben; ein Verschulden ist nicht erforderlich.

467

Der **Schaden** muss in **Ausführung der Verrichtung verursacht** worden sein, es muss also zwischen aufgetragener Verrichtung und Schadenszufügung ein innerer Zusammenhang bestehen.

2. Ausschluss der Haftung

Die Schadensersatzpflicht tritt nicht ein, wenn den Geschäftsherrn kein Verschulden trifft. Gem. § 831 I 1 kann er sich auf zweifache Weise entlasten: Entweder er weist nach, dass er den Verrichtungsgehilfen sorgfältig überwacht und ausgewählt hat **(Widerlegung der Vermutung des eigenen Verschuldens)**[47] oder er **widerlegt die Kausalitätsvermutung** und beweist, dass der Schaden auch bei Anwendung der Auswahl- und Überwachungssorgfalt eingetreten wäre.[48]

468

469

Prüfschema – Haftung für den Verrichtungsgehilfen, § 831 I:

1. Verrichtungsgehilfe – weisungsgebundene Tätigkeit
2. tatbestandsmäßige und rechtswidrige unerlaubte Handlung (§§ 823 ff.) des Verrichtungsgehilfen
3. Schadenszufügung in Ausübung der Verrichtung
4. Schaden
5. Exkulpationsmöglichkeit gem. § 831 I 2
   a) Widerlegung der Vermutung des (eigenen) Verschuldens
   b) Widerlegung der Kausalitätsvermutung

Rechtsfolge: Schadensersatz, falls Exkulpation nicht möglich

---

46 Z. B. Angestellte, Arbeiter, nicht aber selbstständiger Unternehmer (wie z. B. Spediteur, Taxiunternehmer – es fehlt hier die Weisungsabhängigkeit). Ausführlich: PALANDT/SPRAU, § 831 Rn. 5 ff.

47 Siehe hierzu Fall 10, Aufgabe 1 (Rn. 487).

48 Für Großbetriebe hat die Rechtsprechung den dezentralisierten Entlastungsbeweis anerkannt: Der Geschäftsherr muss sich nur für den – zur Aufsicht „zwischengeschalteten" – Gehilfen exkulpieren. Evtl. kommt aber in solchen Fällen eine Haftung des Geschäftsherrn wegen eigenem Organisationsverschulden gem. § 823 I in Betracht.

3. Abgrenzung von § 831 zu § 278

470 Beide Vorschriften regeln die Haftung für Hilfspersonen. § 831 ist eine (selbstständige) deliktische Anspruchsgrundlage und regelt **eigenes Verschulden** des Geschäftsherrn. § 278 behandelt Fälle der Zurechnung **fremden Verschuldens**, und zwar im Rahmen eines **vertraglichen** Anspruchs;[49] diese Zurechnungsnorm setzt also ein bestehendes Schuldverhältnis voraus. Die Möglichkeit zur Exkulpation besteht im Rahmen des § 278 nicht. **§ 278 darf niemals bei der Erörterung eines deliktischen Anspruchs geprüft werden!**

Oft ist der Erfüllungsgehilfe auch ein Verrichtungsgehilfe.[50] Der Unterschied liegt allerdings darin, dass der Erfüllungsgehilfe auch eine Person sein kann, die nicht weisungsgebunden ist.[51]

4. Besonderheiten bei juristischen Personen, § 31

471 Ist der Geschäftsherr i. S. d. § 831 eine juristische Person, so haftet diese gem. § 31 (bzw. i. V. m. § 89, sofern es sich um eine juristische Person des öffentlichen Rechts handelt)[52] für einen Schaden, den leitende Angestellte, die als ihre „verfassungsmäßig berufenen Vertreter" (Organe) anzusehen sind, einem Dritten in Ausführung der dem Organ zustehenden Verrichtung zugefügt haben. Durch § 31 wird das Handeln der Organe im Rahmen der ihnen zustehenden Verrichtung der juristischen Person als eigenes Handeln zugerechnet. Eine Exkulpationsmöglichkeit besteht nicht.

V. Weitere Fälle der Haftung für vermutetes Verschulden[53]

472 Haftung des Aufsichtspflichtigen (§ 832), Haftung des Tierhalters bei einem Nutztier (§ 833), Haftung des Tieraufsehers (§ 834), Haftung für die von Gebäuden ausgehenden Schäden (§§ 836–838), Haftung des Fahrzeugführers (§ 18 StVG).

VI. Haftung bei Amtspflichtverletzung

1. Die Eigenhaftung des Beamten nach § 839

473 Wenn ein Beamter schuldhaft die ihm einem Dritten gegenüber obliegende Amtspflicht verletzt, hat er nach § 839 I 1 dem Dritten den daraus entstehenden Schaden zu ersetzen. Diese sog. **Beamtenhaftung** greift nur bei **Wahrnehmung fiskalischer Interessen** ein; § 839 ist lex specialis zu §§ 823, 831 und 832.

---

49 Siehe hierzu Fall 10, Aufgabe 4 (Rn. 490), Fall 12, Aufgabe 4b) (Rn. 539).
50 So bei Fall 12, Aufgabe 4b).
51 So in den Fällen 8, Aufgabe 2 a) (Rn. 380); 10, Aufgabe 4 (Rn. 490).
52 § 31 ist keine selbstständige Anspruchsgrundlage, sondern setzt eine zum Schadensersatz verpflichtende Handlung des Organs (z. B. gem. §§ 823 ff.) voraus. Anspruchsgrundlage für einen Schadensersatzanspruch gegen die juristische Person ist z. B. § 823 I i. V. m. § 31.
53 Die Gefährdungshaftung wird hier nicht erörtert.

Daneben haftet die Körperschaft, für die der Beamte tätig ist. Wenn er als Organ handelt, ergibt sich die Haftung aus § 280 I i. V. m. §§ 31, 89 und/oder § 823 I i. V. m. §§ 31, 89. Handelt der Beamte als Gehilfe, haftet die Anstellungskörperschaft nach § 280 I i. V. m. § 278 (Erfüllungsgehilfe) und/oder § 831 I (Verrichtungsgehilfe). Handelt der Beamte fahrlässig, haftet im Ergebnis nur die Körperschaft (§ 839 I 2).

a) Tatbestandsmäßigkeit

Voraussetzung des § 839 I 1 ist, dass ein **Beamter im staatsrechtlichen Sinn** gehandelt hat. Das ist der Fall, wenn ihm eine entsprechende Urkunde, die die Worte „unter Berufung in das Beamtenverhältnis" enthält, ausgehändigt wurde (geregelt in § 6 BBG und den entsprechenden Landesbeamtengesetzen). Er muss eine dem Anspruchsteller gegenüber obliegende Amtspflicht verletzt haben, und zwar im fiskalischen Bereich.   **474**

Beispiele:

Unerlaubte Handlungen im Rahmen der übertragenen Tätigkeit; Verletzung von Verkehrssicherungspflichten hinsichtlich öffentlicher Sachen (Gebäude, Grundstück); Anmietung von Räumen als Wahllokal und deren Beschädigung; zu späte Erteilung eines Arbeitszeugnisses und dadurch bedingter finanzieller Schaden beim (ehemaligen) Arbeitnehmer.

Zu den geschützten Rechtsgütern zählt auch das Vermögen. Die Handlung des Beamten muss für die Rechtsgutsverletzung ursächlich gewesen sein (haftungsbegründende Kausalität).

b) Rechtswidrigkeit

Das verletzende Verhalten muss rechtswidrig sein. Eine Amtspflichtverletzung ist regelmäßig widerrechtlich, wenn nicht (ausnahmsweise) ein Rechtfertigungsgrund vorliegt.

c) Verschulden

Der Beamte muss schuldhaft, d. h. vorsätzlich oder fahrlässig gehandelt haben. Das Verschulden muss sich nur auf die Amtspflichtverletzung, nicht auch auf den Schaden beziehen. Vorsätzlich handelt der Amtsträger, der die Tatsachen, die die Pflichtverletzung objektiv ergeben, kennt und sich auch der Pflichtwidrigkeit bewusst ist. Fahrlässig handelt der Amtsträger, der bei Beachtung der erforderlichen Sorgfalt hätte voraussehen müssen, dass er seiner Amtspflicht zuwiderhandelt.

d) Schaden

Die Amtspflichtverletzung muss einen Schaden beim Anspruchsteller verursacht haben. Dazu zählt jeder (Vermögens)Schaden, der durch die Verletzungshandlung entstanden ist und vom Schutzzweck der Amtspflicht erfasst wird.

Rechtsfolge des § 839 I 1 ist, dass der Beamte selbst den aus der Amtspflichtverletzung entstandenen Schaden ersetzen muss. Der Schadensersatzanspruch geht   **475**

regelmäßig nur auf Ersatz in Geld,[54] nicht auf Naturalrestitution. Es sind die §§ 249 ff. (einschl. § 253 II) sowie §§ 843-845 anwendbar.

e) Haftungsausschluss

476 Die Haftung des Beamten tritt nicht ein, wenn er lediglich fahrlässig gehandelt hat[55] und ein anderer endgültig und vollständig die Kosten trägt (sog. subsidiäre Haftung)[56]. Die Ersatzpflicht ist nach § 839 III stets ausgeschlossen, wenn der Verletzte es schuldhaft unterlassen hat, den Schaden durch Gebrauch eines Rechtsmittels abzuwenden.

2. Die Haftung im hoheitlichen Bereich

477 Bei einer **hoheitlichen Tätigkeit** ist die **Eigenhaftung des Beamten** im Außenverhältnis zwingend **ausgeschlossen**. Denn nach Art. 34 GG haftet der Staat (bzw. eine andere Körperschaft) anstelle des Beamten (sog. **Staatshaftung**).[57]

a) Hoheitliches Handeln

Nach Art. 34 S. 1 GG muss „jemand in Ausübung eines ihm anvertrauten öffentlichen Amtes" gehandelt haben. Entscheidend ist, dass der Handelnde **Amtsträger** ist; auf die Beamteneigenschaft kommt es nicht an.

Beispiele:

Angestellte, Arbeiter (Beschäftigte), Beamte, Kfz-Sachverständige, Bezirksschornsteinfeger, Richter, Rechtspfleger, Schöffen, Mitglieder der freiwilligen Feuerwehr, Abschleppunternehmer, der von der Polizei beauftragt wird.[58]

Zu einem solchen hoheitlichen Handeln zählt u. a. eine Tätigkeit unter Einsatz staatlicher Zwangsmittel, im Bereich der Leistungsverwaltung, der Eingriffsverwaltung oder im Rahmen der Daseinsvorsorge. Im Einzelfall kann die Abgrenzung zwischen hoheitlichem und fiskalischem Handeln schwierig sein. Die höchstrichterliche Rechtsprechung wertet das Verhalten dann als Ausübung eines öffentlichen Amtes i. S. d. Art. 34 GG, wenn die Zielsetzung der Tätigkeit dem Bereich hoheitlicher Betätigung zuzurechnen ist und zwischen dieser Zielsetzung und der schädigen Handlung ein innerer Zusammenhang besteht.[59]

---

54 BGH NVwZ 2003, 1285.
55 Maßstab hiefür ist der pflichtgetreue Durchschnittsbeamte.
56 Zweck dieser Bestimmung ist der Schutz des handelnden Amtsträgers.
57 § 839 ist die haftungsbegründende, Art. 34 GG die haftungsverlagernde Norm. Art. 34 GG enthält also keine vollständige Regelung der Haftung aus Amtspflichtverletzung. Die Haftung des Staates bzw. der Körperschaft richtet sich vielmehr im hoheitlichen Bereich in Voraussetzung und Umfang nach § 839. Vgl. PALANDT/SPRAU, § 839 Rn. 12.
58 Siehe die Auflistung bei PALANDT/SPRAU, § 839 Rn. 17, 21 ff.
59 BGH NJW 1992, 1227; ausführlich BROX/WALKER, Schuldrecht BT, § 42 Rn. 32 mit Beispielen und weiteren Nachweisen sowie LEHMANN, S. 244 f.

Beispiele:

Tätigkeiten von Polizeibeamten, Gerichtsvollziehern, Ärzten beim Gesundheitsamt, Lehrern an öffentlichen Schulen.

Jemand muss in Ausübung eines öffentlichen Amtes gehandelt haben. Dies ist nicht der Fall, wenn er die schädigende Handlung nur bei Gelegenheit der Amtsausübung vornimmt.

b) Amtspflichtverletzung gegenüber Dritten

Außer den bereits bei § 839 I 1 aufgezeigten Pflichten kommen hier die Pflichten des Beamten im haftungsrechtlichen Sinne hinzu: Er muss Ermessensfehler vermeiden, die Selbstbindung der Verwaltung beachten, gehorsam handeln, unbestimmte Rechtsbegriffe richtig auslegen sowie den Verhältnismäßigkeitsgrundsatz beachten. Die Amtspflicht besteht gegenüber dem Geschädigten, wenn er zu dem Kreis der zu schützenden Personen gehört.[60] Die Amtspflichtverletzung muss kausal für die Rechtsgutsverletzung sein.

c) Rechtswidrigkeit, Verschulden, Schaden

Hier gibt es keine Besonderheiten gegenüber § 839 – siehe die Ausführungen oben unter 1 b) bis d).

Rechtsfolge der Haftung nach Art. 34 GG, § 839 I 1 ist eine Schadensersatz- **478** pflicht der Körperschaft, die das öffentliche Amt übertragen hat. Das ist in der Regel die Anstellungskörperschaft. Dies gilt für Gemeindebedienstete auch dann, wenn sie staatliche Auftragsangelegenheiten erfüllen.[61]

d) Haftungsausschluss

Auch im Rahmen der Amtshaftung kann die haftende Körperschaft auf einen an- **479** derweitigen Ersatz bei fahrlässigem Handeln oder § 839 III (schuldhaftes Unterlassen, Rechtsmittel einzulegen) verweisen. Von der Subsidiaritätsklausel des § 839 I 2 gibt es allerdings Ausnahmen:

Kein „Ersatz auf andere Weise" sind
– beamtenrechtliche Versorgungsleistungen,
– Entgeltfortzahlungen,
– gesetzliche Kranken-, Unfall- und Rentenversicherungen,
– private Versicherungen.

Bei der Teilnahme am allgemeinen Straßenverkehr hat der Grundsatz der haftungsrechtlichen Gleichbehandlung aller Verkehrsteilnehmer Vorrang.
In diesen Fällen haftet also der Staat immer.
Nimmt ein Amtsträger allerdings Sonderrechte wahr (z. B. Fahren mit Blaulicht, siehe auch § 35 StVO), greift die Subsidiaritätsklausel des § 839 I 2 ein; denn hier hat der Handelnde nicht die gleichen Rechte und Pflichten wie andere Verkehrsteilnehmer.

---

60 Beispiele aus der Praxis bei LEHMANN, S. 246 ff.
61 Ausführlich hierzu LEHMANN S. 250 f.

e) Rückgriffsmöglichkeit des Staates

480 Wenn der Beamte vorsätzlich oder grob fahrlässig gehandelt hat, besteht nach Art. 34 S. 2 GG für den Staat oder die Körperschaft die Möglichkeit des Rückgriffs (geregelt in § 78 BBG und den entsprechenden Landesbeamtengesetzen, z. B. § 91 HBG).

481

> **Prüfschema – Schadensersatzanspruch gegen den Beamten gem. § 839 I (Eigenhaftung des Beamten bei fiskalischer Tätigkeit):**
>
> 1. Beamter im staatsrechtlichen Sinn
> 2. Amtspflichtverletzung ist kausal für Rechtsgutsverletzung gegenüber Dritten
> 3. Rechtswidrigkeit
> 4. Verschulden (Vorsatz oder Fahrlässigkeit)
> 5. Schaden
> 6. kein Haftungsausschluss nach § 839 I 2 oder § 839 III
>
> **Rechtsfolge:** Schadensersatz; Umfang des zu ersetzenden Schadens: §§ 249 ff., 843–845 (Geldersatz!)

482

> **Prüfschema – Schadensersatzanspruch gegen den Dienstherrn gem. Art. 34 GG i. V. m. § 839 I (bei hoheitlichem Handeln):**
>
> 1. Beamter im haftungsrechtlichen Sinn handelt hoheitlich
> 2. Amtspflichtverletzung (Rechts- oder Dienstpflichten) ist kausal für Rechtsgutsverletzung gegenüber Dritten
> 3. Rechtswidrigkeit
> 4. Verschulden (Vorsatz oder Fahrlässigkeit)
> 5. Schaden
> 6. kein Haftungsausschluss nach § 839 I 2 oder § 839 III
>
> **Rechtsfolge:** Schadensersatz; Umfang des zu ersetzenden Schadens: §§ 249 ff., 843–845 (Geldersatz)

VII. Haftung mehrerer Schädiger

1. Verantwortlichkeit von Teilnehmern und Beteiligten, § 830

Gem. § 830 ist jeder Teilnehmer einer unerlaubten Handlung dem Geschädigten **483** für den vollen Schaden verantwortlich. Voraussetzung dieser **selbstständigen Anspruchsgrundlage** ist die Teilnahme an einer tatbestandsmäßig, rechtswidrig und schuldhaft begangenen unerlaubten Handlung i. S. d. §§ 823 ff., und zwar als Mittäter[62], Anstifter[63] oder Gehilfe[64] (§ 830 I und II). Sollte nicht zu ermitteln sein, wer von mehreren Beteiligten den Schaden durch seine Handlung verursacht hat, trifft nach § 830 I 2 jeden Beteiligten die volle Haftung für den eingetreten Schaden.

2. Gesamtschuldnerschaft, § 840

Bei der Haftung mehrerer Personen ist zwischen dem Außenverhältnis (d. h. der **484** Haftung gegenüber dem Geschädigten) und dem Innenverhältnis (d. h. das Verhältnis der einzelnen Schädiger untereinander) zu unterscheiden.

a) Außenverhältnis

Täter einer unerlaubten Handlung, die nebeneinander verantwortlich sind, haften gem. § 840 dem Geschädigten als Gesamtschuldner.[65]

b) Innenverhältnis

Durch § 426 I wird ein Ausgleichsschuldverhältnis unter den Gesamtschuldnern begründet: Die Gesamtschuldner sind im Verhältnis zueinander zu gleichen Anteilen verpflichtet,[66] sofern nicht das Gesetz etwas anderes bestimmt. Gesetzliche (abweichende) Regelungen sind in § 840 II und III für die Gesamtschuldner getroffen.

---

62 § 25 II StGB: bewusstes und gewolltes Zusammenwirken zur Herbeiführung des Verletzungserfolgs.

63 § 26 StGB: derjenige, der vorsätzlich einen anderen zu dessen vorsätzlich begangener rechtswidriger Tat bestimmt hat. Siehe hierzu Fall 10, Aufgabe 3 (Rn. 489).

64 § 27 StGB: derjenige, der vorsätzlich einem anderen zu dessen vorsätzlich begangener rechtswidriger Tat Hilfe geleistet hat.

65 So Mittäter, Anstifter, Gehilfen (§ 830 I, II); Beteiligte (§ 830 I 2), Nebentäter nach §§ 823 ff., auch wenn der eine vorsätzlich, der andere fahrlässig gehandelt hat; Geschäftsherr nach § 831 und Verrichtungsgehilfe nach §§ 823 ff.

66 Gem. § 426 II geht, sofern ein Gesamtschuldner den Gläubiger befriedigt, die Forderung des Gläubigers gegen die übrigen Schuldner auf ihn über. Diese Vorschrift ist Beispiel für einen gesetzlichen Forderungsübergang; weitere Fälle sind z. B. § 774 (Bürgschaft), § 103 HBG (siehe hierzu Fall 6, Aufgabe 5, Rn. 316) und § 94 SGB XII.

VIII. Verjährung

485 Die Ansprüche aus unerlaubter Handlung unterliegen der Regelverjährung des § 195.[67] Diese beträgt drei Jahre und beginnt mit dem Schluss des Jahres, in dem der Anspruch entstanden ist und der Gläubiger von den den Anspruch begründenden Umständen und der Person des Schuldners Kenntnis erlangt hat oder ohne grobe Fahrlässigkeit erlangen müsste (§ 199 I).

Nach § 199 II verjähren Schadensersatzansprüche, die auf der Verletzung des Lebens, des Körpers und der Gesundheit oder der Freiheit beruhen – ohne Rücksicht auf ihre Entstehung und die Kenntnis oder grob fahrlässige Unkenntnis – in 30 Jahren von der Begehung der Handlung oder dem sonstigen, den Schaden auslösenden Ereignis an.

Die Schadensersatzansprüche, die nicht auf der Verletzung der vorgenannten höchstpersönlichen Rechtsgüter beruhen, verjähren nach § 199 III Nr. 1 in zehn Jahren, beginnend mit der Anspruchsentstehung.[68]

---

67 Bis 31. 12. 2001 galt die Sonderregelung des § 852 a. F., die eine dreijährige Verjährungsfrist enthielt.

68 Beachte auch die Maximalfrist bei der Verletzung sonstiger Rechtsgüter ohne Rücksicht auf die Anspruchsentstehung nach § 199 III Nr. 2.

Fall 10: Die Geburtstagsfeier mit Hindernissen

Schwerpunkte:
Deliktische Haftung – Anstiftung – Rechtfertigungsgrund – Erfüllungsgehilfe
– Verrichtungsgehilfe

G will seinen Geburtstag zünftig feiern. Auf Anfrage überlässt ihm die Stadt S **486** eine am Stadtrand gelegene Grillhütte zu einer angemessenen Miete für einen Abend. Leider verläuft der Abend nicht so, wie von G erhofft.

Als G seinen Gästen zu den Grillsteaks Kräuterbutter servieren will, die er am Vormittag im Supermarkt M gekauft hat, stellt er fest, dass das Mindesthaltbarkeitsdatum bereits abgelaufen war. Im Interesse der Gäste sieht er deshalb davon ab, die Kräuterbutter zu servieren.

G will es sich nun bequem machen und auf einer zur Einrichtung der Grillhütte gehörenden Holzbank niederlassen. Kaum hat er sich gesetzt, kracht die Bank zusammen. Die Hose des G wird dabei zerrissen, er selbst verstaucht sich den Arm.

Doch nicht genug. Als die Stimmung sich dem Höhepunkt zuneigt, fordert der aufgrund seines Alkoholgenusses schon volltrunkene Gast A den 16-jährigen K heimlich auf, seinem ungeliebten Tischnachbarn N ein Glas Bier über den Kopf zu schütten. Als der zu Scherzen aufgelegte K sich dem N von hinten nähert und bereits zum Schwung ausholt, bemerkt N die ihm drohende Gefahr und wehrt den Arm des K mit der Hand ab, wobei die Armbanduhr des N beschädigt wird. Hierdurch verliert K das Gleichgewicht, fällt hin und verschmutzt seine Kleidung.

Als sowohl G wie auch der Abend „geschafft" waren, bittet der G seinen allgemein als ungeschickt bekannten Freund F, die Grillhütte zu reinigen, weil er wegen des verstauchten Armes hierzu nicht mehr imstande sei, andererseits die Stadt die Endreinigung in ihren Vertragsbedingungen zur Pflicht gemacht hat. Wie nicht anders zu erwarten, zerstört F dabei eine zur Ausstattung der Grillhütte gehörende Lampe.

G will anderntags bei M gegen Rückgabe der noch nicht angebrochenen Kräuterbutter seinen Kaufpreis zurückhaben. M verweist darauf, die Butter sei trotz des abgelaufenen Mindesthaltbarkeitsdatums noch in Ordnung. Außerdem sei G selbst daran schuld, da er das Datum ja bei der Entnahme der Butter hätte feststellen können.

Aufgabe 1: G verlangt von der Stadt S Schadensersatz wegen der zerrissenen Hose und Schmerzensgeld.
Ein Sachverständiger hatte festgestellt, dass die Bank seit geraumer Zeit defekt gewesen sein muss. Dieser Mangel konnte aber von dem bei der Stadt angestellten und mit der Wartung der Grillanlage beauftragten, sorgfältig ausgesuchten und überwachten

239

Arbeiter X trotz der in hinreichenden Abständen vorgenommenen Überprüfungen nicht festgestellt werden.

Aufgabe 2: K verlangt von N die Reinigungskosten für seine verschmutzte Kleidung.

Aufgabe 3: N verlangt von K und A Ersatz der Reparaturkosten für seine Armbanduhr, die bei der Abwehrreaktion beschädigt wurde.

Aufgabe 4: Die Stadt S verlangt von G Ersatz der von F zerstörten Lampe.

Aufgabe 5: G verlangt von M Lieferung von neuer, mangelfreier Kräuterbutter. M verweigert dies.

Zu Recht? Prüfen Sie alle in Betracht kommenden Anspruchsgrundlagen.

Fall 10: Prüfschema/Lösungsskizze

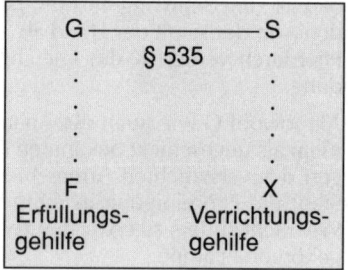

487 Aufgabe 1:

I. G ⟶ Stadt S Schadensersatz (Hose) gem. § 536 a I, 1. Alt.

1. Mietvertrag G–S (+)
2. Mangel der Mietsache bei Abschluss des Vertrages (+)
3. Schaden des G (+)

Ergebnis: G ⟶ Stadt S Schadensersatz gem. § 536 a I, 1. Alt. (+)
Umfang des zu ersetzenden Schadens: §§ 249 ff. (§ 249 II 1 – Geld, § 253 II)

II. G ──────→ Stadt S Schadensersatz (Hose) gem. § 831 I

1. Verrichtungsgehilfe = X (+)
2. tatbestandsmäßige und rechtswidrige unerlaubte Handlung des Verrichtungsgehilfen (+)
3. Schädigung in Ausführung der (weisungsgebundenen) Verrichtung (+)
4. Schaden (+)
5. Exkulpation gem. § 831 I 2 möglich

Ergebnis: G ──────→ Stadt S Schadensersatz gem. § 831 I (–)

Aufgabe 2:   488

Sachverhalt (Kurzbeschreibung):

A (volltrunken) stiftet K (16-jährig) an, ein Bierglas über den Kopf des N zu schütten. N wehrt sich. K: Kleidung verschmutzt; N: Armbanduhr beschädigt

K ──────→ N Schadensersatz (Reinigungskosten) gem. § 823 I

1. Tatbestandsmäßigkeit der Handlung des N
   a) Verletzung eines der in § 823 I genannten Rechtsgüter; hier: Eigentum (+)
   b) Ursächlichkeit der Handlung für die Rechtsgutverletzung (+)
2. Rechtswidrigkeit (–)
   Notwehr, § 227

Ergebnis: K ──────→ N Schadensersatz gem. § 823 I (–)

Aufgabe 3:   489

I. N ──────→ K Schadensersatz (Reparaturkosten Armbanduhr) gem. § 823 I

1. Tatbestandsmäßigkeit der Handlung des K
   a) Verletzung eines der in § 823 I genannten Rechtsgüter; hier: Eigentum (+)
   b) Ursächlichkeit der Handlung für die Rechtsgutverletzung (+)
2. Rechtswidrigkeit (+)
3. Verschulden – bedingter Vorsatz, § 828 III (+)
4. Schaden (+)

Ergebnis: N ──────→ K Schadensersatz gem. § 823 I (+)
Umfang des Schadensersatzanspruchs: §§ 249 ff.

II. N ──────→ K Schadensersatz (Reparaturkosten Armbanduhr) gem. § 823 II i. V. m. § 303 StGB

1. Verletzung des Schutzgesetzes (+)
2. Rechtswidrigkeit (+)
3. Verschulden (+)
4. Schaden (+)

Ergebnis: N ──────→ K Schadensersatz gem. § 823 II i. V. m. § 303 StGB (+)
Umfang des Schadensersatzanspruchs: §§ 249 ff.

III. N ⟶ A Schadensersatz (Reparaturkosten Armbanduhr) gem. §§ 823, 830 II

1. vorsätzlich begangene rechtswidrige Haupttat (§ 823) eines anderen, hier: K (+)
2. Anstiftung (+)
3. Rechtswidrigkeit (+)
4. Verschulden; A ist verantwortlich für die Tat nach § 827 S. 2 (+)

Ergebnis: N ⟶ A Schadensersatz gem. §§ 823, 830 II (+)
Umfang des Schadensersatzanspruchs: §§ 249 ff.

490 Aufgabe 4:

I. Stadt S ⟶ G Schadensersatz aus § 280 I (zerstörte Lampe)

1. Wirksames Schuldverhältnis – Mietvertrag i. S. d. § 535 (+)
2. Objektive Pflichtverletzung durch den Schuldner – § 241 II (+)
3. Vertretenmüssen, §§ 280 I 2, 276, 278 (+)
4. Schaden beim Gläubiger als Folge der Pflichtverletzung (+)

Ergebnis: Stadt S ⟶ G Schadensersatz aus § 280 I (+)
Umfang des Schadensersatzanspruchs: §§ 249 ff.

II. Stadt S ⟶ G Schadensersatz für die zerstörte Leuchte gem. § 831 I 1

F ist kein Verrichtungsgehilfe

Ergebnis: Stadt S ⟶ G Schadensersatz gem. § 831 I (–)

491 Aufgabe 5:

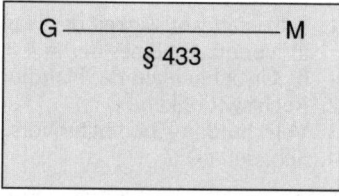

G ⟶ M Lieferung einer mangelfreien Kräuterbutter (Nacherfüllungsanspruch) gem. §§ 437 Nr. 1, 439, 434

1. Kaufvertrag E–T (+)
2. Sachmangel[1] bei Gefahrübergang nach § 434 I 1 Nr. 1 (+)
3. § 439: Wahlrecht des G – Lieferung einer mangelfreien Sache
4. Verweigerungsrecht des Verkäufers T?
   § 439 III (–)
   §§ 275 II, III (–).

---

1 So PALANDT/PUTZO, § 434 Rn. 22.

5. Ausschluss des Nacherfüllungsanspruchs gem. § 442 I 2 (+)
grob fahrlässige Unkenntnis des G[2]

Ergebnis: G ———→ M Nacherfüllungsanspruch gem. §§ 437 Nr. 1, 439, 434 (–)

Fall 10: Ausarbeitung (Gutachten)

Aufgabe 1:

**I. G könnte gegen die Stadt S einen Anspruch auf Schadensersatz wegen der
zerrissenen Hose gem. § 536 a I, 1. Alt. haben.**

1. *Voraussetzung für diesen Anspruch ist zunächst, dass G und S einen Mietvertrag i. S. d. § 535 geschlossen haben. Hierfür sind zwei übereinstimmende Willenserklärungen, Angebot und Annahme, erforderlich.* G hat bei der Stadt wegen der Vermietung einer am Stadtrand gelegenen Grillhütte angefragt und S hat diese dem G für eine angemessene Miete überlassen. Somit ist zwischen beiden ein wirksamer Mietvertrag zustande gekommen. **492**

2. *Ferner muss ein Mangel der Mietsache i. S. d. § 536 schon bei Abschluss des Mietvertrages vorhanden gewesen sein, der ihre Tauglichkeit zum vertragsgemäßen Gebrauch aufhebt oder mindert.[3] Voraussetzung ist also eine Abweichung der Ist-Beschaffenheit der Mietsache von der vertraglich vereinbarten Soll-Beschaffenheit.* Der Vermieter war aufgrund des Vertrages verpflichtet, die Grillhütte einschließlich der hierzu gehörenden Holzbänke dem G in ordnungsgemäßem Zustand zu überlassen. Die bereits seit einiger Zeit defekte Holzbank, die beim Sitzen sogar „zusammenkracht", stellt eine Abweichung der Ist-Beschaffenheit von der Soll-Beschaffenheit dar. Man kann sie überhaupt nicht mehr als Sitzgelegenheit benutzen; ihre Tauglichkeit zum vertragsgemäßen Gebrauch ist aufgehoben. Somit liegt ein Mangel i. S. d. § 536 I vor, der bereits zum Zeitpunkt des Vertragsschlusses vorhanden war.[4] **493**

3. *Schließlich muss dem G ein Schaden entstanden sein.* Indem bei dem Sturz von der Holzbank die Hose von G zerrissen wurde, hat er eine Vermögenseinbuße erlitten, da er eine neue Hose benötigt. Somit ist ihm ein Schaden entstanden.

Rechtsfolge ist, dass G gegenüber der Stadt S einen Schadensersatzanspruch hat.[5] Für den Umfang des zu ersetzenden Schadens gelten die §§ 249 ff. Die Stadt S hat den Zustand herzustellen, der ohne das schädigende Ereignis beste- **494**

---

2 Es ist auch eine andere Lösung möglich. Siehe die Ausführungen in Fußn. 10 zu Rn. 511.
3 Die vorherige Bezeichnung war: „Fehler". Siehe hierzu PALANDT/WEIDENKAFF, § 536 Rn. 16.
4 Es handelt sich bei der 1. Alt. des § 536 a I um eine nicht vom Verschulden des Vermieters abhängige Einstands- und Schadensersatzpflicht für alle anfänglichen, auch unerkennbaren Mängel. Der Gesetzgeber geht – aus Gründen des Mieterschutzes – von der Fiktion aus, dass der Vermieter stillschweigend eine Garantieerklärung abgibt. Diese sehr weitgehende Haftung ist allerdings auch vertraglich abdingbar.
5 Diese Anspruchsgrundlage umfasst alle Schäden, d. h. auch die Mangelfolgeschäden (vgl. PALANDT/WEIDENKAFF, § 536 a Rn. 14). Die zerrissene Hose stellt einen Mangelfolgeschaden dar.

hen würde (§ 249 I). Nach § 249 II 1 kann der Gläubiger wegen Beschädigung einer Sache statt der Herstellung den dazu erforderlichen Geldbetrag verlangen oder eine Geldentschädigung in Höhe des Wiederbeschaffungswertes, dem Betrag also, der zum Ankauf einer gleichwertigen Hose erforderlich ist.

Gem. § 253 II erstreckt sich der Umfang des Schadensersatzanspruchs im Fall der Verletzung des Körpers und der Gesundheit auch wegen des Nichtvermögensschadens auf eine „billige Entschädigung in Geld". Da sich G den Arm verstauchte (= Körperverletzung), kann er von der Stadt S wegen der erlittenen Schmerzen (= Nichtvermögensschaden) ein angemessenes Schmerzensgeld fordern.

II. Weiterhin könnte ein Schadensersatzanspruch des G gegen die Stadt S gem. § 831 I möglich sein.

495 1. *Dann muss X als Verrichtungsgehilfe für die Stadt tätig gewesen sein. Verrichtungsgehilfe ist X, wenn ihm vom Geschäftsherrn in dessen Interesse eine Tätigkeit übertragen worden ist und er von den Weisungen des Geschäftsherrn abhängig ist.* X ist bei der Stadt S angestellt, und die Wartung der Grillanlage gehört zu seinem übertragenen Aufgabengebiet. Der Arbeitgeber (= Geschäftsherr) kann die Tätigkeit des X jederzeit beschränken, untersagen oder nach Zeit und Umfang bestimmen. X ist also Verrichtungsgehilfe der Stadt S.

496 2. *Ferner muss X eine tatbestandsmäßige und rechtswidrige unerlaubte Handlung bzw. Unterlassung begangen haben.* Aufgrund seines Arbeitsvertrages ist X für die Wartung der Grillanlage zuständig. Zu seinem Verantwortungsbereich gehört es, berechtigte Benutzer vor Gefahren im Bereich der Grillanlage zu schützen. Dieser Rechtspflicht ist X nicht nachgekommen. Er hat es unterlassen, die defekte Bank rechtzeitig zu reparieren. Weitere Voraussetzung ist, dass eines der in § 823 I geschützten Rechtsgüter verletzt wurde. Durch den Sturz wurde die Hose des G zerrissen und somit dessen Eigentum beschädigt. Außerdem verstauchte er sich den Arm, wodurch ein Gesundheits- und Körperschaden entstand. *Die Unterlassung muss für die Rechtsgutsverletzung ursächlich sowie rechtswidrig gewesen sein.* Hätte X die Bank repariert, wäre es nicht zu dem Unfall gekommen. Deshalb war die Unterlassung des X kausal für die Rechtsgutsverletzung. Es liegt kein Rechtfertigungsgrund vor, somit war die Unterlassung auch widerrechtlich.

3. *Als weitere Voraussetzung muss die Schädigung in Ausführung der Verrichtung geschehen sein.* X war aufgrund des Arbeitsvertrages mit der Stadt S verpflichtet, die Grillhütte einschließlich der hierzu gehörenden Holzbänke in einwandfreiem Zustand zu erhalten. Die Reparatur dieser Bank gehörte zum Leistungsbereich des X. Die Unterlassung dieser Aufgabe war eine Fehlleistung im Zusammenhang mit einer Verrichtung, die X weisungsgebunden zu erledigen hatte.

4. *Ferner muss dem G ein Schaden entstanden sein.* Die Hose des G wurde durch die zusammenbrechende Bank zerrissen. Somit ist eine Vermögenseinbuße eingetreten.

5. *Die Ersatzpflicht ist allerdings ausgeschlossen, wenn die Stadt S bei der Aus-* **497** *wahl und Überwachung des X die im Verkehr erforderliche Sorgfalt beachtet hat (§ 831 I 2).* X wurde für diese Aufgabe sorgfältig ausgesucht und pflichtgemäß überwacht. Somit kann sich die Stadt S exkulpieren.

Ein Schadensersatzanspruch des G gegen die Stadt S gem. § 831 I 1 ist nicht gegeben.

Aufgabe 2:

K könnte von N Schadensersatz, d. h. die Reinigungskosten für verschmutzte Kleidung, gem. § 823 I verlangen.

1. *Dann muss N durch eine Handlung kausal eines der in § 823 I genannten* **498** *Rechtsgüter verletzt haben.* N hat mit seiner Hand gegen den Arm des K geschlagen. Durch den Schlag verlor K das Gleichgewicht, fiel hin und verschmutzte seine Kleidung. Somit war die Handlung des N ursächlich für die Verletzung des Eigentums, d. h. der Kleidung des K.

2. *Weitere Voraussetzung eines deliktischen Schadensersatzanspruchs ist ein* **499** *rechtswidriges Handeln des N.* Hier könnte der Rechtfertigungsgrund der Notwehr gem. § 227 zugunsten des N eingreifen. *Gem. § 227 II ist Notwehr diejenige Verteidigung, die erforderlich ist, um einen gegenwärtigen rechtswidrigen Angriff von sich abzuwenden.* K näherte sich dem N mit einem Glas Bier von hinten, um ihm das Bier über den Kopf zu schütten. K hatte sogar schon zum Schwung ausgeholt, als N die ihm drohende Gefahr bemerkte und den Arm des K mit der Hand abwehrte. Folglich hat N durch den Schlag mit der Hand gegen den Arm des K einen gegenwärtigen rechtswidrigen Angriff des K abgewehrt und in Notwehr gehandelt.

Ein Rechtfertigungsgrund für das Handeln des N ist gegeben, sodass N nicht rechtswidrig handelte (§ 227 I).

Ein Schadensersatzanspruch des K gegen N gem. § 823 I scheidet daher aus.

Aufgabe 3:

I. N könnte gegen K einen Anspruch auf Schadensersatz in Höhe der Reparaturkosten für seine Armbanduhr gem. § 823 I haben.

1. *Voraussetzung hierfür ist zunächst, dass K durch eine Handlung eines der in* **500** *§ 823 I genannten Rechtsgüter des N kausal verletzt hat.* K wollte dem N – von hinten kommend – ein Glas Bier über dessen Kopf entleeren. Beim Ausholen zum Schwung erkannte N allerdings die drohende Gefahr und wehrte den Arm des K ab. Dabei kam K mit seinem Arm gegen die Armbanduhr des N und beschädigte diese. Somit verletzte K das Eigentum des N; sein Schlagen gegen dessen Arm war ursächlich für die Rechtsgutsverletzung.

2. *Das Handeln des K müsste widerrechtlich sein.* Ein Rechtfertigungsgrund liegt nicht vor, sodass diese Voraussetzung erfüllt ist.

501   *3. Weiterhin ist Voraussetzung, dass K schuldhaft, d. h. vorsätzlich oder fahrlässig das Eigentum des N verletzte.* Unter Vorsatz versteht man das Wissen und Wollen der Tatbestandsverwirklichung. K hat sich den Erfolg (Verletzung von Rechtsgütern des N) als möglich vorgestellt und seinen Eintritt billigend in Kauf genommen. Er handelte mit bedingtem Vorsatz und somit schuldhaft. Fraglich ist allerdings, ob K dafür verantwortlich gemacht werden kann, zumal K erst 16 Jahre alt und somit minderjährig (§ 2) ist. *Gem.* § 828 III *ist ein Minderjähriger nicht verantwortlich, wenn er bei Begehung der schädigenden Handlung nicht die zur Erkenntnis der Verantwortlichkeit erforderliche Einsicht hatte.* Bei einem 16-Jährigen kann man das Einsichtsbewusstsein dafür unterstellen, dass sein Verhalten eine allgemeine Gefahr darstellt und einen Schaden verursachen kann. Eine Verschuldensfähigkeit des K liegt somit vor.

4. Dem K muss durch die Rechtsgutsverletzung adäquat kausal ein Schaden entstanden sein. Die Verletzung des Rechtsgutes muss also eine Vermögensdifferenz zur Folge haben. Die Beschädigung der Armbanduhr führt zu einer Vermögensdifferenz; die Rechtsgutsverletzung ist folglich ursächlich für den Schaden.

Nach alledem hat N gegen K einen Anspruch auf Schadensersatz gem. § 823 I. Nach § 249 I hat K den Zustand herzustellen, der ohne den Schlag gegen die Uhr bestand. Gem. § 249 II 1 kann N statt der Herstellung dieses Zustandes den für eine Reparatur erforderlichen Geldbetrag von K verlangen.

II. Außerdem könnte N gegenüber K einen Schadensersatzanspruch (Reparaturkosten der Armbanduhr) gem. § 823 II i. V. m. § 303 StGB haben.

502   *1.–3. Voraussetzung hierfür ist, dass* § 303 StGB *ein Schutzgesetz darstellt, d. h., diese Vorschrift muss gerade den Einzelnen bzw. einen bestimmten Personenkreis schützen.* § 303 StGB bezweckt den Schutz des Eigentums des Einzelnen, folglich liegt ein Schutzgesetz vor. *Dieses muss verletzt sein.* K muss also durch eine ursächliche Handlung eine fremde Sache rechtswidrig und vorsätzlich beschädigt oder zerstört haben. Wie oben (s. I.) bereits erörtert, hat K vorsätzlich und rechtswidrig das Eigentum des N beschädigt.

4. Aufgrund der Verletzung des Schutzgesetzes ist dem N adäquat kausal ein Schaden an der Armbanduhr entstanden.

Somit steht N gegen K auch ein Schadensersatzanspruch gem. § 823 II i. V. m. § 303 StGB zu, dessen Umfang sich ebenfalls aus § 249 I, II 1 ergibt.

III. Ebenfalls könnte N gegen A einen Anspruch auf Schadensersatz gem. §§ 823, 830 II geltend machen.

503   1. *Eine Anstiftung setzt eine vorsätzlich begangene rechtswidrige Tat eines anderen voraus.*[6] K hat eine vorsätzliche und rechtswidrige unerlaubte Handlung begangen. Folglich ist dem Erfordernis der Haupttat genügt.

---

6   Vgl. insofern § 26 StGB.

2. Der Anstifter muss den anderen zu dieser Tat bestimmt haben. Er muss also in ihm den Tatentschluss hervorgerufen haben. A fordert den K heimlich auf, seinem ungeliebten Tischnachbarn N ein Glas Bier über den Kopf zu schütten. Ohne A hätte K nicht an diese Möglichkeit gedacht. Also hat ihn A zu dieser Tat bestimmt.

3. Der Anstifter muss die Haupttat in allen ihren Merkmalen gekannt und gewollt haben und rechtswidrig handeln. A wusste und wollte, dass der K dem N ein Glas Bier über den Kopf schüttet. Da keine Rechtfertigungsgründe für das Handeln des A gegeben sind, handelte er rechtswidrig.

4. Ferner muss Verschulden seitens des A vorliegen. A hat bewusst und gewollt **504** den K zu seiner Haupttat bestimmt. Fraglich ist allerdings, ob er hierfür verantwortlich ist, zumal A zu diesem Zeitpunkt aufgrund des Alkoholgenusses volltrunken war. *Gem. § 827 S. 1 ist jemand, der im Zustande der Bewusstlosigkeit einem anderen einen Schaden zufügt, für diesen Schaden nicht verantwortlich. Allerdings gilt dies nicht, wenn er sich durch geistige Getränke in einen vorübergehenden Zustand dieser Art versetzt. Für den in diesem Zustand widerrechtlich verursachten Schaden ist er gem. § 827 S. 2 in gleicher Weise verantwortlich wie wenn ihm Fahrlässigkeit zur Last fiele.* A hat sich durch erheblichen Alkoholkonsum selbst in einen Zustand der Volltrunkenheit versetzt.

Folglich ist ein Schadensersatzanspruch des N auch gegen A gem. §§ 823, 830 II gegeben.[7] Wegen des Schadensumfangs wird auf die Ausführungen unter I. verwiesen.

Aufgabe 4:

I. Die Stadt S könnte gegen G einen Anspruch auf Schadensersatz für die zerstörte Lampe gem. § 280 I haben

1. Voraussetzung ist ein zwischen der Stadt S und G bestehendes Schuldverhält- **505** *nis.* Beide haben durch zwei übereinstimmende Willenserklärungen einen Mietvertrag i. S. d. § 535 abgeschlossen.

2. G könnte eine vertragliche Nebenpflicht verletzt haben. Nach § 241 II sind die Parteien eines Schuldverhältnisses verpflichtet, sich so zu verhalten, dass die Rechtsgüter und Rechte der anderen Partei nicht verletzt werden. Durch die ungeschickte (vertraglich vereinbarte) Endreinigung der Grillhütte wurde eine in der Hütte befindliche, der Stadt S gehörende Lampe zerstört. Folglich ist die Sorgfaltspflicht objektiv verletzt.

3. G muss diese Pflichtverletzung zu vertreten haben (§ 280 I 2). Nach § 276 I **506** *hat der Schuldner Vorsatz und Fahrlässigkeit zu vertreten, sofern nicht ein anderer Haftungsmaßstab vorliegt.* Im vorliegenden Fall hat G nicht schuldhaft gehandelt. *Er muss aber nach § 278 S. 1 für das Verschulden seines Erfüllungsgehilfen einstehen, sodass nur dieses nachgewiesen zu werden braucht. Erfüllungsgehilfe ist, wer mit Wissen und Willen des Schuldners bei der Erfüllung von dessen Ver-*

---

7 K und A haften dem N als Gesamtschuldner (§ 840 I).

bindlichkeit tätig wird. F wird auf Anweisung des G bei der Reinigung der Hütte tätig. Damit wollte F keine eigene, sondern eine dem Mieter G obliegende Pflicht erfüllen. Folglich ist F Erfüllungsgehilfe des G. Hier kommt eine fahrlässige Pflichtverletzung in Frage. *Fahrlässigkeit bedeutet nach § 276 II die Außerachtlassung der im Verkehr erforderlichen Sorgfalt.* Der F hätte die Reinigung sorgfältiger durchführen müssen, dann hätte er nicht aufgrund seiner Ungeschicklichkeit die in der Grillhütte befindliche Lampe zerstört. Somit hat F fahrlässig i. S. d. § 276 II gehandelt. G hat gem. § 278 S. 1 das Verschulden des F in gleichem Umfang zu vertreten wie eigenes Verschulden.

4. *Der Stadt S muss aufgrund der Pflichtverletzung ein Schaden entstanden sein.* Durch die nicht fachgemäße Reinigung hat die Stadt S eine unfreiwillige Vermögenseinbuße und folglich einen Schaden erlitten.

Somit sind die Voraussetzungen des § 280 I erfüllt und die Stadt S kann von G Schadensersatz verlangen. Für den Umfang des Schadensersatzes gelten die §§ 249 ff. G hat den Zustand herzustellen, der ohne das schädigende Ereignis bestehen würde (§ 249 I). Da die Lampe zerstört wurde, muss G eine gleiche Lampe kaufen oder den zum Kauf erforderlichen Geldbetrag zahlen (§ 249 II 1).

II. Außerdem könnte ein Schadensersatzanspruch der Stadt S gegen G gem. § 831 I möglich sein.

507 *Dann muss F als Verrichtungsgehilfe für G tätig gewesen sein. Verrichtungsgehilfe ist, wer für einen anderen, von dessen Weisungen er abhängig ist, eine Tätigkeit ausführt.*

F ist ein Freund des G und nicht an dessen Weisungen gebunden. Somit ist er kein Verrichtungsgehilfe und ein Schadensersatzanspruch nach § 831 I kommt nicht in Betracht.

Aufgabe 5:

G könnte gegenüber M einen Anspruch auf Lieferung mangelfreier Kräuterbutter gem. §§ 437 Nr. 1, 439 I, 434 I 2 Nr. 1 haben.

508 1. *Hierfür ist zunächst ein zwischen G und M geschlossener Kaufvertrag Voraussetzung. Ein solcher kommt durch zwei sich deckende Willenserklärungen zustande.* G hat bei M Kräuterbutter gekauft, somit liegt ein Kaufvertrag vor.

509 2. *Es muss ein Sachmangel nach § 434 vorliegen. Ein Sachmangel liegt vor, wenn die Sache nicht die vertraglich vereinbarte Beschaffenheit hat (vgl. § 434 I 1).* Da G und M keine bestimmte Beschaffenheit vereinbart haben, kommt ein *Sachmangel nach § 434 I 2 Nr. 1 in Betracht. Ein solcher liegt dann vor, wenn sich die Kräuterbutter nicht für die nach dem Vertrag vorausgesetzte Verwendung eignet.* G und M haben (stillschweigend) einen bestimmten Verwendungszweck vertraglich vorausgesetzt, nämlich den gefahrlosen Verzehr innerhalb der Haltbarkeitsfrist. Bei der von G erworbenen Kräuterbutter war das Mindesthaltbarkeitsdatum abgelaufen. Folglich besteht der Verdacht einer Qualitätsminderung. Dem Käufer kann die Überprüfung des Lebensmittels auf Eig-

nung zum Verzehr angesichts einer möglichen Vergiftungsgefahr nicht zugemutet werden, zumal ihm selbst eine verlässliche Überprüfung kaum möglich sein wird. Das überschrittene Mindesthaltbarkeitsdatum bei verpackten Lebensmitteln stellt daher einen Mangel dar.[8] *Der Sachmangel muss zum Zeitpunkt des Gefahrübergangs vorgelegen haben.* Zum Zeitpunkt der Übereignung und Übergabe der Ware im Geschäft (Gefahrübergang gem. § 446) war das Mindesthaltbarkeitsdatum bereits überschritten.

3. Folglich kann G gem. §§ 437 Nr. 1, 439, 434 I 2 Nr. 1 Nacherfüllung verlangen. Nach § 439 I hat er dabei grundsätzlich die Wahl zwischen Nachbesserung und Ersatzlieferung. G kann also als Nacherfüllung Lieferung von neuer, mangelfreier Kräuterbutter verlangen.

4. Fraglich ist, ob der Verkäufer M ein *Verweigerungsrecht hat. Gem. § 439 III 1*   **510**
kann er die vom Käufer gewählte Art der Nacherfüllung verweigern, wenn die Leistung für ihn nach § 275 (objektiv) unmöglich ist bzw. unter den in § 275 II und III genannten Gründen sowie dann, wenn die Nacherfüllung nur mit unverhältnismäßig hohen Kosten möglich ist (§ 439 III 1, 2. HS). Gem. § 439 III 2 sind hierbei der Wert der Sache in mangelfreiem Zustand, die Bedeutung des Mangels und die Frage zu berücksichtigen, ob auf eine andere Art der Nacherfüllung ohne Nachteile für den Käufer zurückgegriffen werden könnte. Da es noch Kräuterbutter auf dem Markt (und wahrscheinlich auch im Supermarkt des M) gibt, liegt Unmöglichkeit der Nachlieferung i. S. d. § 275 I–III nicht vor. Eine Nachlieferung ist problemlos möglich.

Nach alledem sind § 439 III und § 275 nicht einschlägig.

5. *Dieses Gewährleistungsrecht darf nicht ausgeschlossen sein. Gem. § 442 I 2*   **511**
kann ein Haftungsausschluss aufgrund grob fahrlässiger Unkenntnis des G in Betracht kommen. Grobe Fahrlässigkeit ist eine besonders schwere Vernachlässigung der im konkreten Fall erforderlichen Sorgfalt. Fraglich ist, ob die Untersuchung der Kaufsache im vorliegenden Fall eine Obliegenheit des Käufers G war. Durch den Aufdruck des Mindesthaltbarkeitsdatums auf der Kräuterbutter erfolgt seitens des Verkäufers (bzw. der Lieferfirma) eine konkrete Warnung vor Mängeln. Deshalb hätte G die Verpackung der Butter auf dieses Datum hin untersuchen müssen.[9] Dem G ist somit der Mangel infolge grober Fahrlässigkeit unbekannt geblieben. Nach § 442 I 2 haftet M nur, wenn er den Mangel arglistig verschwiegen hat. Man kann unterstellen, dass M das Überschreiten des Mindesthaltbarkeitsdatums nicht bekannt war.

---

8 So auch PALANDT/PUTZO, § 434 Rn. 22; LINDACHER, Zur Gewährleistungshaftung des Händlers bei Veräußerung von Lebensmitteln nach Ablauf des Mindesthaltbarkeitsdatums, NJW 1985, 2933, 2934; vgl. auch BGHZ 52, 51, 53 (für den bisherigen „Fehlerbegriff" im Kaufrecht). Anderer Ansicht: MEYER, Ablauf des Mindesthaltbarkeitsdatums und zivilrechtlicher Fehlerbegriff (BB 1987, 287 ff. m. w. N.), der die Auffassung vertritt, dass die Sache noch zu dem vertraglich vorausgesetzten Zweck, dem Verzehr, geeignet sei. Das Mindesthaltbarkeitsdatum könne auch nichts über die Wertminderung oder Eignung zum Verzehr sagen, weil der Kunde dadurch nur über den Zeitpunkt unterrichtet werde, bis zu dem der Hersteller die Erhaltung der spezifischen Eigenschaften des Lebensmittels als gewährleistet ansehe.

9 So auch PALANDT/PUTZO, § 442 Rn. 16 m.w.N.

Somit muss M den vorgenannten Mangel nicht vertreten. Ein Anspruch auf Lieferung einer mangelfreien Kräuterbutterpackung gem. §§ 437 Nr. 1, 439, 434 I 2 Nr. 1 ist nicht gegeben.[10]

---

10 Man kann selbstverständlich auch argumentieren, dass eine Untersuchung der Kaufsache vom Käufer nur ausnahmsweise verlangt werden kann, wenn die Umstände zu besonderer Vorsicht mahnen oder der Käufer besondere Sachkunde besitzt. So braucht der Selbstbedienungskäufer nicht auf Haltbarkeitsaufdrucke zu achten (so auch Jauernig/Berger, § 443 Rn. 5), zumal der Verbraucher darauf vertrauen kann, dass der Verkäufer keine Lebensmittel mit abgelaufenen Haltbarkeitsdatum in den Regalen hat. Das Vorhandensein von Lebensmitteln mit abgelaufenem Mindesthaltbarkeitsdatum in Regalen, ohne dass dies gekennzeichnet wird, beruht auf einem Organisationsverschulden des Ladeninhabers. Der Händler würde – sofern man einen Haftungsausschluss nach § 442 I 2 annimmt – seine Kontrollpflichten auf den Kunden abwälzen. Das Problem ist in der Literatur umstritten; siehe hierzu Lindacher, NJW 1985, 2933, 2934 (siehe Fußnote 8). – Mit dieser Argumentation hat G einen Anspruch auf Lieferung einer mangelfreien Kräuterbutterpackung gem. §§ 437 Nr. 1, 439, 434 I 2 Nr. 1.

Fall 11: Das verschwundene Fahrrad

Schwerpunkte:
Eigentumserwerb an beweglichen Sachen – dinglicher Herausgabeanspruch – Rechtsschein des Besitzes – gutgläubiger Eigentumserwerb – Werkunternehmerpfandrecht

N hat sich von seinem Bekannten E für eine mehrtägige Fahrradtour dessen **512** Mountainbike im Wert von 1 000 € ausgeliehen.

Am letzten Abend der Tour wird er in der Pension, in der er übernachtete, von dem Gast K gefragt, ob er ihm sein Rad für 1 200 € verkaufe. N zögert nicht lange und sagt sogleich zu, da er sich in finanziellen Schwierigkeiten befindet.

Er kehrt am nächsten Tag mit dem Zug nach Hause zurück und erklärt E, das Fahrrad sei in der letzten Nacht vom Parkplatz der Pension „verschwunden", wahrscheinlich gestohlen worden.

E geht der Angelegenheit nach und deckt den wahren Sachverhalt auf.

Aufgabe 1: Welche Ansprüche kann E gegen K geltend machen?

Aufgabe 2: Welche Ansprüche kann E gegen N geltend machen?

Bearbeitungshinweis: Bei Aufgaben 1 und 2 sind nur gesetzliche Ansprüche zu prüfen![1]

Abwandlung:

N wird das Fahrrad nach der Rückkehr – kurz bevor er es E zurückbringen will – tatsächlich gestohlen. Der Dieb D benutzt das Rad nur für eine kurze Fahrt und lässt es dann im Stadtgebiet stehen. Dort wird es von städtischen Mitarbeitern entdeckt und zum Fundamt gebracht. Bei der alljährlichen öffentlichen Versteigerung von Fundsachen der Stadt erwirbt B das Fahrrad und bringt es sofort in die Fahrradwerkstatt des U zur Reparatur. E, der ebenfalls Kunde dieser Fahrradwerkstatt ist, erkennt in dem zur Abholung bereit stehenden Rad sein Mountainbike.

B soll für die Reparatur des Fahrrads 250 € bezahlen. Er möchte das Fahrrad nach einer Anzahlung von 100 € mitnehmen und den Rest eine Woche später bezahlen. U weigert sich jedoch, das Fahrrad an B herauszugeben, bevor dieser den vollen Betrag von 250 € entrichtet hat.

---

1 In dieser Fallfrage befindet sich ein „Hinweis" auf die einschlägige Anspruchsgrundlage! Siehe hierzu die Zusammenfassung im 3. Abschnitt, Rn. 553.

Aufgabe 3: Kann B einen Herausgabeanspruch gegen U geltend machen?

Aufgabe 4: B hat das Fahrrad inzwischen von U ausgehändigt bekommen. Welchen Anspruch kann E gegen B nunmehr geltend machen?

Fall 11: Prüfschema/Lösungsskizze

E ——————— N (1 000 €)
     § 598   ·
               ·
               ·

K (1 200 €)

513 **Aufgabe 1:**

E ———→ K Herausgabe des Fahrrads gem. § 985?

1. Besitz des K, § 854 (+)
2. Eigentum des E?
   a) § 929 S. 1 (N – K)
   b) N = Nichtberechtigter
   c) § 932 I 1
      aa) Rechtsschein des Besitzes, § 1006
      bb) K = gutgläubig, § 932 II
      cc) § 935 I

Ergebnis: E ———→ K Herausgabe des Fahrrads gem. § 985 (–)

514 **Aufgabe 2:**

I. E ———→ N Schadensersatz gem. § 823 I ?

1. Tatbestandsmäßigkeit der Handlung des N (+)
   a) Verletzung eines der in § 823 I genannten Rechtsgüter; hier: Eigentum
   b) Ursächlichkeit der Handlung für die Eigentumsverletzung, haftungsbegründende Kausalität
2. Rechtswidrigkeit (+)
3. Verschulden – Vorsatz (+)
4. Schaden, haftungsausfüllende Kausalität (+)

Ergebnis: E ———→ N Schadensersatz gem. § 823 I (+)

Schadensberechnung: §§ 249 I, 251 I (Wert des Fahrrads: 1 000 €)

II. E ——→ N Schadensersatz gem. § 823 II i. V. m. § 246 I StGB (Unterschlagung)?

1. Schutzgesetz
2. Verstoß gegen das Schutzgesetz
3. Schaden

Ergebnis: E ——→ N Schadensersatz gem. § 823 II i. V. m. § 246 I StGB (+)

Schadensumfang: s. o. I.

III. E ——→ N Herausgabe der 1 200 € gem. § 816 I 1?

N hat als Nichtberechtigter verfügt, E war ursprünglich Eigentümer (+)

Die Verfügung des N ist dem E gegenüber wirksam, §§ 929, 932 (+)

Ergebnis: E ——→ N Herausgabe der 1 200 € gem. § 816 I 1 (+)

Diebstahl/öffentliche Versteigerung

B ———————— U
§ 631

Aufgabe 3: 515

B ——→ U Herausgabe des Fahrrads gem. § 985?

1. Besitz des U, § 854 (+)
2. Eigentum des B (+)
   Eigentumserwerb durch öff. Versteigerung, § 935 II
3. Besitzrecht des U gem. § 986 I 1 i. V. m. § 647 (Werkunternehmerpfandrecht)
   a) Werkvertrag B – U i. S. d. § 631
   b) Forderung des U gegenüber B aus dem Werkvertrag
   c) bewegliche Sache

Ergebnis: B ——→ U Herausgabe des Fahrrads gem. § 985 (–), solange das Unternehmerpfandrecht des U besteht

Aufgabe 4: 516

E ——→ B Herausgabe des Fahrrads gem. § 985?

1. Besitz des B, § 854 (+)

2. Eigentum des E?
   E war ursprünglich Eigentümer
   Fahrrad war zwar gestohlen, aber: Eigentumserwerb des B durch öff. Versteigerung, § 935 II
   E hat dadurch sein Eigentum am Fahrrad verloren.

Ergebnis: E ——→ B Herausgabe des Fahrrads gem. § 985 (–)

253

Fall 11: Ausarbeitung (Gutachten)

Aufgabe 1:

E könnte gegen K einen Anspruch auf Herausgabe des Fahrrads gem. § 985 haben.

517 1. *Dazu muss K Besitzer des Rades sein. Besitzer ist, wer die tatsächliche Sachgewalt innehat (vgl. § 854).* Dem K wurde von N das Fahrrad übergeben; er ist somit Besitzer.

2. *E muss Eigentümer sein. Unter Eigentum versteht man die rechtliche Sachherrschaft.* Zunächst war E Eigentümer des Mountainbikes. Er könnte das Eigentum jedoch durch eine Übereignung des Rades von N an K nach § 929 S. 1 verloren haben.

518 a) *Für eine Übereignung nach § 929 S. 1 ist zunächst eine Einigung über den Übergang des Eigentums erforderlich.* N und K waren sich darüber einig, dass das Eigentum an dem Fahrrad auf K übergehen sollte. *Weiterhin ist die Übergabe der Sache erforderlich.* N hat dem K das Fahrrad auch übergeben.

b) *N muss zur Übertragung des Eigentums berechtigt gewesen sein.* Dies ist dann der Fall, wenn N Eigentümer des Mountainbikes oder vom Eigentümer zu der Verfügung ermächtigt gewesen ist. Eigentümer war jedoch noch E, N hatte sich das Rad lediglich ausgeliehen. Da N auch nicht von E zu einer Übereignung ermächtigt war, hat er als Nichtberechtigter gehandelt.

c) *K könnte jedoch gem. § 932 I 1 gutgläubig Eigentum vom Nichtberechtigten erworben haben.*

K muss bei der Übereignung durch N bezüglich dessen Eigentümerstellung gutgläubig gewesen sein und die Sache darf dem ursprünglichen Eigentümer nicht abhanden gekommen sein (§ 935 I).

aa) *Der Veräußerer N muss durch den Rechtsschein des Besitzes legitimiert sein.[2] Nach § 1006 I wird zugunsten des Besitzers einer beweglichen Sache vermutet, dass er auch der Eigentümer ist.* Indem N das Fahrrad in der Pension bei sich hatte, hatte K keinen Grund anzunehmen, dass dieser nicht Eigentümer des Mountainbikes ist; der Rechtsschein seiner Eigentümerstellung ist gegeben.

bb) *K muss bezüglich der Eigentümerstellung des N gutgläubig gewesen sein. Nach § 932 II schaden hierbei positive Kenntnis sowie grob fahrlässige Unkenntnis.* K wusste im Zeitpunkt der Übereignung nicht, dass N nicht der Eigentümer des Fahrrads war. Es lagen auch keine Anhaltspunkte für die Nichteigentümerstellung des N vor, die sich dem K geradezu aufdrängen mussten. K war damit gutgläubig.

---

2 Gegenstand des guten Glaubens ist das Eigentum des Veräußerers (hier: N) an der übereigneten Sache. Auf den Zeitpunkt des Besitzerwerbs ist abzustellen (vgl. PALANDT/BASSENGE, § 932 Rn. 14).

cc) *Es darf kein Fall des § 935 I vorliegen. Nach § 935 I ist ein gutgläubiger Eigentumserwerb nach den §§ 932–934 ausgeschlossen, wenn die Sache dem Eigentümer gestohlen wurde oder abhanden gekommen ist. § 935 I greift immer dann ein, wenn der Eigentümer den unmittelbaren Besitz ohne oder gegen seinen Willen verloren hat.* E hat den unmittelbaren Besitz an dem Mountainbike im Rahmen eines Leihvertrages gem. § 598 willentlich an N übergeben. Damit liegt kein Fall des § 935 I vor.

Folglich hat K gutgläubig an dem Fahrrad Eigentum gem. §§ 929 S. 1, 932 I 1 erworben. E hat dadurch sein Eigentum verloren.

Da E nicht mehr Eigentümer des Fahrrads ist, hat er keinen Herausgabeanspruch gegen K aus § 985.

Aufgabe 2:

I. E könnte gegen N einen Anspruch auf Schadensersatz aus § 823 I haben.

1. *Dazu muss N tatbestandsmäßig gehandelt haben.*

a) *Erforderlich ist eine Rechtsgutverletzung. In Betracht kommt eine Eigentums-* **519** *verletzung, welche dann vorliegt, wenn eine Beeinträchtigung der Eigentümerrechte aus § 903 gegeben ist.* Hier ist dem E das Eigentum an dem Fahrrad entzogen worden. Damit liegt eine Eigentumsverletzung vor.

b) *Erforderlich ist außerdem die haftungsbegründende Kausalität, die vorliegt, wenn die Rechtsgutverletzung kausal auf einer Handlung oder Unterlassung des N beruht.* Hätte N das Fahrrad nicht an K übereignet, wäre der Eigentumsverlust bei E nicht eingetreten. Ferner ist eine Übereignung durch einen Nichtberechtigten an einen Gutgläubigen generell geeignet, einen Eigentumsverlust beim Berechtigten herbeizuführen. Damit ist die haftungsbegründende Kausalität gegeben. N handelte tatbestandsmäßig.

2. *N muss auch rechtswidrig gehandelt haben.* Da hier kein Rechtfertigungsgrund ersichtlich ist, handelte N rechtswidrig.

3. *N muss schuldhaft gehandelt haben. § 823 I verlangt vorsätzliches oder fahrlässiges Handeln. Vorsätzlich handelt, wer den Tatbestand mit Wissen und Wollen verwirklicht.* N wusste, dass er durch die Übereignung des Mountainbike an K dem E das Eigentum an dem Fahrrad entzieht und er wollte dies auch. N handelte vorsätzlich und damit auch schuldhaft.

4. *Erforderlich ist ein Schaden des E.* Da E das Eigentum an dem Fahrrad verloren hat, hat er einen Schaden in Höhe des Wertes dieses Rades (1 000 €) erlitten.

Schließlich muss die haftungsausfüllende Kausalität gegeben sein. Darunter ist die Kausalität zwischen der Rechtsgutverletzung und dem Schaden zu verstehen. E hat durch die Eigentumsentziehung den Sachwert des Fahrrads verloren; folglich ist diese kausal für den Schaden in Höhe von 1 000 €. Der erlittene Schaden fällt ferner unter den Schutzzweck des § 823 I. Somit ist auch die haftungsausfüllende Kausalität gegeben.

E hat damit einen Anspruch gegen N auf Schadensersatz aus § 823 I. Der Schadensumfang bestimmt sich nach den §§ 249 ff. Da die Eigentumsverschaffung nicht möglich ist, hat N den E gem. § 251 I in Geld zu entschädigen, wobei der objektive Verkehrswert zu ersetzen ist. Dieser Wert beträgt hier 1 000 €.

II. E könnte gegen N einen Anspruch auf Schadensersatz aus § 823 II i. V. m. § 246 I StGB haben.

520   *1. Dafür muss ein Schutzgesetz verletzt sein. Schutzgesetze i. S. d. § 823 II sind alle Rechtsnormen, die zumindest auch dazu dienen, dem Einzelnen Schutz vor Verletzung seiner Rechte, Rechtsgüter und rechtlich geschützten Interessen zu gewähren.* Bei § 246 StGB handelt es sich um eine Rechtsnorm, die den Einzelnen vor Eigentumsverletzungen schützen soll. Es liegt mit § 246 StGB ein Schutzgesetz vor.

521   *2. N muss gegen dieses Schutzgesetz verstoßen haben. Der Tatbestand der Unterschlagung verlangt die rechtswidrige Zueignung einer fremden beweglichen Sache, die sich bereits in seinem Besitz befindet.* Da E Eigentümer des Fahrrads war, handelte es sich für N bei dem Rad um eine fremde bewegliche Sache. *Eine Zueignung liegt vor, wenn der Täter die Sache selbst oder den in ihr verkörperten Sachwert seinem eigenen Vermögen einverleibt, indem er sich unter Verdrängung des Berechtigten eine eigentümerähnliche Herrschaftsposition über die Sache anmaßt.* N hat durch die Übereignung den E aus seiner Eigentümerposition verdrängt und sich selbst als Eigentümer ausgegeben. Ein Rechtfertigungsgrund für dieses Verhalten ist nicht gegeben. Ferner hat er durch die Veräußerung den Sachwert des Fahrrads seinem eigenem Vermögen einverleibt. *§ 246 I StGB erfordert vorsätzliches Verhalten.* N hat dem E das Eigentum vorsätzlich entzogen und sich den Sachwert ebenfalls wissentlich und willentlich zugeeignet. N hat daher gegen das Schutzgesetz verstoßen.

3. Weitere Voraussetzung ist, dass ein Schaden vorliegt. Wie oben unter I. bereits festgestellt, hat E einen Schaden in Höhe von 1 000 € erlitten.

4. Dieser Schaden muss kausal auf dem Verstoß gegen das Schutzgesetz beruhen. Der Schaden in Höhe des Wertes des Fahrrads ist kausal durch die „Verdrängung" des E aus seiner Eigentümerposition entstanden.

E hat damit gegen N einen Anspruch auf Schadensersatz aus § 823 II i. V. m. § 246 I StGB. Gem. § 251 I beträgt der Schadensumfang 1 000 € (siehe die Ausführungen unter I.).

III. E könnte gegen N einen Anspruch auf Herausgabe der 1 200 € aus § 816 I 1 haben.

522   *1. Es muss eine Verfügung eines Nichtberechtigten vorliegen. Unter einer Verfügung ist jedes Rechtsgeschäft zu verstehen, durch das ein bestehendes Recht unmittelbar übertragen, belastet oder inhaltlich verändert wird.* N hat das Eigentum an dem Mountainbike gem. § 929 S. 1 auf K übertragen und somit eine Verfügung vorgenommen. N war allerdings nicht der Eigentümer des Rades und auch nicht vom Eigentümer E zu der Verfügung ermächtigt. N hat daher als Nichtberechtigter verfügt.

2. *Die Verfügung muss dem Berechtigten gegenüber wirksam sein.* Die Übereignung des N an K ist E gegenüber gem. § 932 I 1 wirksam.³

Die Voraussetzungen des § 816 I 1 liegen somit vor. Rechtsfolge ist die Herausgabe des durch die Verfügung tatsächlich Erlangten. Fraglich ist, wie es sich auswirkt, dass N das Fahrrad 200 € über dem objektiven Verkehrswert verkauft hat. Man könnte der Ansicht sein, dass er diesen Veräußerungsgewinn behalten darf, da er auf dem eigenen Verhandlungsgeschick des N beruht. Dagegen spricht jedoch der Wortlaut des § 816 I 1. Durch die Verfügung erlangt ist der komplette Betrag, den N von K für die Eigentumsübertragung erhalten hat.

E hat damit gegen N einen Anspruch auf Herausgabe der 1 200 € aus § 816 I 1.

Aufgabe 3:

B könnte gegen U einen Anspruch auf Herausgabe des Fahrrads aus § 985 haben.

1. *Dazu muss U Besitzer des Rades sein.* Das Mountainbike befindet sich in der **523** Fahrradwerkstatt des U. Er hat somit die tatsächliche Gewalt über das Fahrrad und ist Besitzer im Sinne des § 854 I.

2. *B muss Eigentümer des Mountainbike sein.* B hat das Fahrrad bei einer öffent- **524** lichen Versteigerung (vgl. § 383 III) erworben. Nach § 935 II tritt in diesem Fall der Eigentumserwerb gem. §§ 929 ff. auch ein, wenn dem Berechtigten das Fahrrad gestohlen worden ist. B hat somit Eigentum an dem Fahrrad erworben.

3. *U darf kein Recht zum Besitz im Sinne des § 986 haben. Ein Recht zum Besitz* **525** *gem. § 986 I 1 stellen auch die Pfandrechte dar.* U könnte ein Werkunternehmerpfandrecht gem. § 647 haben.

a) *Dazu muss zwischen U und B ein wirksamer Werkvertrag i. S. d. § 631 I bestehen.* B und U haben sich über die Herstellung eines Werkes, nämlich die Reparatur des Fahrrads, gegen eine Vergütung geeinigt. Dabei wird ein Erfolg geschuldet. Ein wirksamer Werkvertrag i. S. d. § 631 liegt damit vor.

b) *U muss gegenüber B eine offene Forderung aus dem Werkvertrag haben.* Da B die Vergütung noch nicht bezahlt hat, ist dies der Fall.⁴

c) *Ferner muss nach § 647 die Sache zwecks Ausbesserung in den Besitz des Unternehmers gelangt sein.* Da das Fahrrad zur Reparatur in den Besitz des U gelangt ist, ist diese Voraussetzung gegeben.

d) *Schließlich muss es sich um eine bewegliche Sache des Bestellers handeln.* B ist, wie bereits festgestellt, Eigentümer des Fahrrads, bei dem es sich um eine bewegliche Sache handelt. Da die Voraussetzungen des § 647 vorliegen, hat U an dem Fahrrad kraft Gesetzes ein Werkunternehmerpfandrecht erworben. Er hat damit ein Recht zum Besitz gem. § 986 I 1.

---

3 Die Verfügung muss entgeltlich erfolgt sein. Dies ergibt sich aus § 816 I 2 BGB. N hat über das Fahrrad entgeltlich verfügt.
4 Gem. § 641 I 1 ist die Vergütung bei Abnahme des Werkes zu entrichten.

B hat damit keinen Anspruch auf Herausgabe des Fahrrads aus § 985 gegen U, solange das Unternehmerpfandrecht des U besteht.

Aufgabe 4:

E könnte gegen B einen Anspruch auf Herausgabe des Fahrrads aus § 985 haben.

526   1. *Voraussetzung ist, dass der Anspruchsgegner Besitzer des Mountainbike ist.* Nachdem B das Fahrrad ausgehändigt bekommen hat, ist er Besitzer im Sinne des § 854 I.

2. *Der Anspruchsteller muss Eigentümer des Mountainbike sein.* Wie bereits bei Aufgabe 3 dargelegt, hat B durch die Versteigerung Eigentum an dem Rad erworben. Damit ist E nicht mehr Eigentümer des Fahrrads.

E hat damit keinen Anspruch gegen B auf Herausgabe des Fahrrads aus § 985.

Vertiefung: **Gutgläubiger Eigentumserwerb vom Nichtberechtigten** [5]

527

Prüfschema – Rechtsgeschäftlicher Eigentumserwerb gem. § 929 S. 1:
Den Grundfall des rechtsgeschäftlichen Eigentumserwerbs regelt § 929 S. 1. Dessen Voraussetzungen sind:
1. **Einigung** zwischen dem **berechtigten** Veräußerer und dem Erwerber über den Eigentumsübergang
2. **Übergabe** der Sache, d. h. Übertragung des unmittelbaren Besitzes vom Veräußerer auf den Erwerber

Die **Einigung** ist ein (sachenrechtlicher) Vertrag, d. h. sie kommt durch zwei übereinstimmende Willenserklärungen zustande. Die Vorschriften des Allgemeinen Teils des BGB über Willenserklärungen und Rechtsgeschäfte (vor allem §§ 104 ff., 145 ff., 164 ff.) sind anwendbar.[6] Die **Übergabe** ist ein Realakt, die vorgenannten Paragraphen finden keine Anwendung.

528

In der Regel kann der Erwerber nicht überprüfen, ob der Veräußerer zur Übertragung des Eigentums berechtigt ist. Es besteht insofern ein Interessenkonflikt, als der Erwerber befürchten müsste, evtl. nicht Eigentümer zu werden, bzw. der rechtmäßige Eigentümer sein Eigentum evtl. durch die Verfügung eines Nichtberechtigten verlieren könnte. Das BGB enthält folgende Regelungen:
– Der Erwerber wird nur dann Eigentümer, wenn sich der Veräußerer ihm gegenüber durch den **Rechtsschein des Besitzes** (vgl. § 1006) als berechtigter Eigentümer ausweist (die Sache also – z. B. aufgrund eines Leih- oder Mietvertrages – in unmittelbarem[7] Besitz hat) und der Erwerber **gutgläubig** hinsichtlich dessen Berechtigung ist (§§ 932-934). Somit verliert der „richtige" Eigentümer nur dann sein Eigentum, wenn er die Sache bewusst und freiwillig einem anderen übergibt und somit den vorgenannten Rechtsschein ermöglicht. Der Erwerber ist gem. § 932 II nur dann nicht gutgläubig, wenn ihm bekannt oder infolge grober Fahrlässigkeit unbekannt ist, dass die Sache dem Veräußerer nicht gehört.[8]

529

---

5 Literatur zur Vertiefung: BAUR/STÜRNER, § 52; FÜHRICH, § 16; GRUNEWALD, § 36 II; KAISER, Rn. 909 ff.; MÜLLER, 12. Kapitel, § 1; SCHREIBER, Dritter Teil, 2. Kapitel, A; SCHWAB/PRÜTTING, § 35; VIEWEG/WERNER, § 5; WESTERMANN, H.P., Sachenrecht, §§ 7 und 8; WÖRLEN, Sachenrecht, Rn. 114 ff.

6 Die Einigung im Rahmen des § 929 S. 1 ist allerdings von der Einigung hinsichtlich des Kausalgeschäfts (= schuldrechtliches Verpflichtungsgeschäft, wie z. B. Kaufvertrag) zu trennen. Nach dem **Abstraktionsprinzip** sind beide Verträge unabhängig voneinander. Deutlich wird dies beim Eigentumsvorbehalt gem. § 449: Es wird ein Kaufvertrag abgeschlossen mit schuldrechtlicher Einigung (Angebot und Annahme, §§ 145 ff., 433). Davon zu unterscheiden ist die sachenrechtliche Einigung gem. § 929, wonach das Eigentum übergehen soll, wenn der volle Kaufpreis bezahlt ist. Diese aufschiebend bedingte Einigung gehört zum Erfüllungsgeschäft (§§ 929, 158 I).

7 Der mittelbare Besitz (vgl. § 868) wird hinsichtlich der Rechtsscheinsfunktion dem unmittelbaren Besitz gleichgestellt. Dies ergibt sich aus § 1006 III.

8 Beispiel in Fall 11, Aufgabe 1 (Rn. 513); weiteres Beispiel: Beim Verkauf eines Pkw unter Eigentumsvorbehalt behält der Verkäufer den Kfz-Brief bis zur Bezahlung des vollen Kaufpreises. Ein gutgläubiger Erwerb ist in der Regel ausgeschlossen, da der Erwerber grob fahrlässig handelt, wenn er den Pkw ohne Kfz-Brief kauft.

530 – Ein Eigentumserwerb scheidet aus, wenn die Sache dem Berechtigten gestohlen wurde, verloren gegangen oder sonst abhanden gekommen war (§ 935 I 1).

Das Gesetz hält hier den Eigentümer für schutzwürdiger als den gutgläubigen Erwerber. Der Eigentümer kann die Sache von jedem späteren Erwerber nach §§ 985 ff. herausverlangen, sofern er das Eigentum nicht nach den §§ 937 ff. (Ersitzung) und §§ 946 ff. (Verbindung, Vermischung, Verarbeitung) verloren hat. Er kann allerdings die Weiterveräußerung durch einen Erwerber nach § 185 genehmigen und von ihm den Erlös (gem. § 816 I 1) verlangen.

Eine Ausnahmeregelung enthält § 935 II: Bei in- und ausländischem Geld, das als Zahlungsmittel geeignet ist, bei Inhaberpapieren (z. B. §§ 793 ff., § 10 I AktG) und bei Sachen, die im Wege öffentlicher Versteigerung nach § 383 III veräußert werden, tritt gutgläubiger Erwerb an abhanden gekommenen Sachen ein.[9]

531

> **Prüfschema – Gutgläubiger Erwerb vom Nichtberechtigten gem. § 932 I 1:**
>
> 1. Veräußerer und Erwerber tätigen einen rechtsgeschäftlichen Eigentumserwerb gem. § 929 S. 1 (Einigung + Übergabe – s. o.)
> 2. Der Veräußerer ist durch den Rechtsschein des Besitzes als Berechtigter ausgewiesen
> 3. Der Erwerber ist im Hinblick auf das Eigentum des Veräußerers gutgläubig
> 4. Die Sache ist dem Eigentümer nicht abhanden gekommen (§ 935)
>
> **Rechtsfolge:** Der Erwerber wird Eigentümer

532 Weitere Fälle des gutgläubigen Erwerbs vom Nichtberechtigten sind in den §§ 929 S. 2, 932 I 2; §§ 929 S. 1, 930, 933; §§ 929 S. 1, 931, 934 geregelt.[10]

In Klausurfällen wird der Erwerb vom Nichtberechtigten in der Regel bei Prüfung der Anspruchsgrundlage des § 985 relevant, und zwar bei der Erörterung, ob der Anspruchsteller noch Eigentümer der herausverlangten Sache ist.[11] Ein weiterer Anwendungsfall des § 932 ist der § 816 I 1, wonach der Nichtberechtigte verpflichtet ist, dem Berechtigten das durch die Verfügung Erlangte herauszugeben.[12]

Testen Sie zum Schluss dieses „Lernbuchs" Ihr erworbenes Falllösungswissen mit folgender Übungsklausur zum Schuldrecht.

---

9 PALANDT/BASSENGE, § 935, Rn. 11. Beispiel in Fall 11, Aufgabe 4.
10 Diese werden hier nicht vertieft, sondern können – bei Bedarf – in einem Lehrbuch zum Sachenrecht (empfehlenswert: WÖRLEN, Sachenrecht, Rn. 114 ff.) nachgelesen werden.
11 Siehe hierzu Fall 11, Aufgabe 1 (Rn. 513).
12 Vgl. Fall 11, Aufgabe 2 (Rn. 514) und Vertiefung „Ungerechtfertigte Bereicherung", Rn. 439 ff.

Fall 12: Eine Panne kommt selten allein

Schwerpunkte:
Schadensersatz- und Herausgabeansprüche bei der Vermietung beweglicher Sachen – Abtretung

K besichtigte bei dem Gebrauchtwagenhändler V den gebrauchten Pkw X, zu **533** dessen Kauf er sich aber zunächst noch nicht entschließen konnte, weil er einen Getriebedefekt bemerkte, der auch V bekannt war.

M, der kurzfristig ein Fahrzeug benötigt, um eine seit längerer Zeit geplante Urlaubsreise durchzuführen, mietet am 30. 3. bei V denselben Pkw für die Zeit vom 1. 4. bis 21. 4. Den Getriebedefekt bemerkt er nicht. Als Miete wird ein am Ende der Mietzeit fälliger Pauschalbetrag in Höhe von 1 500 € vereinbart.

Als M am 1. 4. den Pkw X übernimmt, bleibt dieser bereits nach wenigen Kilometern wegen eines Getriebeschadens liegen. Der sofort benachrichtigte V lässt den Pkw X abschleppen und reparieren, wofür ein ganzer Tag benötigt wird. M gelangt daher erst einen Tag später an seinen Urlaubsort, wo er aber bereits ein Zimmer für 100 € pro Übernachtung gemietet hatte.

Aufgabe 1: Steht M gegen V ein Schadensersatzanspruch in Höhe von 100 € zu, weil er das gemietete Zimmer in der ersten Nacht nicht nutzen konnte, aber gleichwohl die Zimmermiete entrichten musste?

Als K erfuhr, dass das Getriebe inzwischen repariert worden war, kaufte er am 5. 4. bei V den Pkw X. Übereignung und Übergabe des Pkw X sowie Kaufpreiszahlung sollen erst nach Rückgabe des Pkw durch M an V erfolgen.

Aufgabe 2: Hat K gegen M noch vor Ablauf der Mietzeit einen Anspruch auf Herausgabe des Pkw X?

Außerdem trat V an K seine Mietzinsforderung gegen M am 5. 4. ab. Als M am 21. 4. den Pkw X an V zurückgab, zahlte er die Miete in Höhe von 1 500 € an V, nicht wissend, dass V die Mietforderung an K abgetreten hatte.

Aufgabe 3: a) Steht K gegen M ein Anspruch auf nochmalige Mietzahlung in Höhe von 1 500 € zu?
b) Steht K gegen V, der zum Empfang der Leistung nicht berechtigt war, ein gesetzlicher Anspruch auf Herausgabe der erhaltenen Miete zu?

Bevor V den Pkw an K übergibt, beauftragt er seinen Angestellten G, der als besonders sorgfältig bekannt ist und dessen Arbeit V regelmäßig kontrolliert, den Pkw X zu warten und zu reinigen. Infolge Unachtsamkeit verunglückt G bei einer Probefahrt, wodurch der Pkw X völlig zerstört wird. K hatte für den Pkw X bereits einen speziell angefertigten Dachgepäckträger bei Z für 300 € gekauft und bezahlt. Dieser ist nunmehr für ihn wertlos.

Aufgabe 4: a) Hat K gegen G einen gesetzlichen Schadensersatzanspruch?

b) Hat K gegen V einen vertraglichen Aufwendungsersatzanspruch und/oder gesetzlichen Schadensersatzanspruch?

Fall 12: Prüfschema/Lösungsskizze

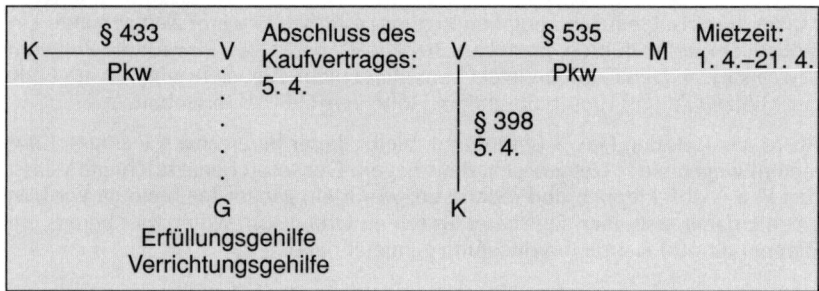

534 Aufgabe 1:

M ⟶ V auf Schadensersatz in Höhe von 100 € gem. § 536 a I, 1. Alt.

1. Mietvertrag M–V i. S. d. § 535 (+)
2. Mangel der Mietsache, § 536 I (+)
   Mangel lag schon bei Vertragsschluss vor (+)
3. Schaden (+)
4. keine grob fahrlässige Unkenntnis des M – § 536 b S. 2

Ergebnis: M ⟶ V auf Schadensersatz in Höhe von 100 € gem. 536 a I, 1. Alt. (+)
Umfang des zu ersetzenden Schadens: §§ 249 ff.

535 Aufgabe 2:

K ⟶ M Herausgabe des Pkw gem. § 985

1. Besitz des M (+)
2. Eigentum des K (–)
   § 929 S. 1: Einigung + Übergabe – noch nicht erfolgt

Ergebnis: K ⟶ M Herausgabe des Pkw gem. § 985 (–)

Aufgabe 3 a): 536

K ———→ M Mietzahlung gem. § 535 II i. V. m. § 398
1. wirksame Abtretung V an K gem. § 398 (+)
2. § 407 – K muss die Zahlung von M an V gegen sich gelten lassen, weil M von der Abtretung nichts wusste
Ergebnis: K ———→ M Mietzahlung gem. § 535 II i. V. m. § 398 (–)

Aufgabe 3 b): 537

K ———→ V Herausgabe der erhaltenen Miete gem. § 816 II
1. Bewirken der Leistung an einen Nichtberechtigten (+)
2. Die Leistung ist dem Berechtigten gegenüber wirksam (+) wegen § 407
Ergebnis: K ———→ V Herausgabe der erhaltenen Miete gem. § 816 II (+)

Aufgabe 4 a): 538

K ———→ G Schadensersatz gem. § 823 I
Tatbestandsmäßigkeit der Handlung des G (–)
K war noch nicht Eigentümer des Pkw X
Ergebnis: K ———→ G Schadensersatz gem. § 823 I (–)

Aufgabe 4 b): 539

I. K ———→ V Aufwendungsersatz gem. § 284
1. Die Voraussetzungen für Schadensersatz statt der Leistung gem. § 280 I, III i. V. m. § 283 müssen vorliegen:
   a) Wirksames Schuldverhältnis (+)
      Kaufvertrag
   b) Leistungsbefreiung des Schuldners nach § 275 (+)
   c) Pflichtverletzung des Schuldners (+)
      geschuldete Leistung wird nicht erbracht (nachträgliche Unmöglichkeit)
   d) Vertretenmüssen, §§ 280 I 2, 276, 278 (+)
      G = Erfüllungsgehilfe
   e) Schaden (+)
2. Vergebliche Aufwendungen des K (+)
3. Kein Ausschluss des Anspruchs nach § 284, 2. HS (+)

Rechtsfolge: Anstelle des Schadensersatzes statt der Leistung (gem. § 280 I, III i. V. m. § 283): Aufwendungsersatz gem. § 284 (+)

II. K ⟶ V Schadensersatz gem. § 831 I

1. Verrichtungsgehilfe = G (+)
2. Tatbestandsmäßige und rechtswidrige unerlaubte Handlung des Verrichtungsgehilfen (–)
   s. o. Aufgabe 4 a)

Ergebnis: K ⟶ V Schadensersatz gem. § 831 I (–)

Fall 12: Ausarbeitung (Gutachten)

Aufgabe 1:

540 **M könnte von V Schadensersatz in Höhe von 100 € gem. § 536 a I, 1. Alt. verlangen.**

1. Voraussetzung für diesen Anspruch ist zunächst, dass M und V einen Mietvertrag i. S. d. § 535 geschlossen haben. Hierfür sind zwei übereinstimmende Willenserklärungen, das Angebot und die Annahme, erforderlich. Indem M am 30. 3. bei V den Pkw X mietet, ist zwischen beiden ein wirksamer Mietvertrag zustande gekommen.

541 *2. Ferner muss ein Mangel der Mietsache i. S. d. § 536 I, der ihre Tauglichkeit zum vertragsgemäßen Gebrauch aufhebt oder mindert, schon bei Abschluss des Mietvertrages vorhanden gewesen sein. Voraussetzung ist also eine negative Abweichung der Ist-Beschaffenheit des gemieteten Pkw von der vertraglich vereinbarten Soll-Beschaffenheit.* Der Vermieter war aufgrund des Vertrages verpflichtet, dem M für dessen Urlaubsreise einen fahrbereiten Pkw zu überlassen. Der – dem V sogar bei Vertragsschluss bereits bekannte – Getriebedefekt führt dazu, dass der Pkw bereits nach wenigen Kilometern liegen bleibt; der Defekt stellt eine erhebliche Abweichung der Ist-Beschaffenheit von der Soll-Beschaffenheit dar. Die Tauglichkeit des Fahrzeugs zum vertragsgemäßen Gebrauch ist aufgehoben. Somit liegt ein Mangel i. S. d. § 536 I vor. Dieser war bereits zum Zeitpunkt des Vertragsschlusses vorhanden.[1]

3. Schließlich muss dem M ein Schaden entstanden sein. M konnte wegen des Ausfalls des Fahrzeugs seinen Urlaubsort erst einen Tag später erreichen und musste deshalb 100 € für das bereits gemietete – aber in der ersten Nacht nicht genutzte – Zimmer bezahlen.

4. Da dem M der Getriebedefekt auch nicht infolge grober Fahrlässigkeit unbekannt geblieben ist, scheidet ein Gewährleistungsausschluss gem. § 536 b S. 2 aus.

---

1 Es handelt sich bei der 1. Alt. des § 536 a um eine nicht vom Verschulden des Vermieters abhängige Einstands- und Schadensersatzpflicht für alle anfänglichen, auch unerkennbaren Fehler. Der Gesetzgeber geht – aus Gründen des Mieterschutzes – von der Fiktion aus, dass der Vermieter stillschweigend eine Garantieerklärung abgibt. Diese sehr weitgehende Haftung ist allerdings auch vertraglich abdingbar.

Rechtsfolge ist, dass M gegenüber V einen Schadensersatzanspruch hat.[2] Für den Umfang des zu ersetzenden Schadens gelten die §§ 249 ff. Nach § 249 I hat V den Zustand herzustellen, der ohne das schädigende Ereignis bestehen würde. D. h., V hat dem M die Kosten für das gemietete Zimmer in Höhe von 100 €, die durch den Sachmangel verursacht sind, zu ersetzen.

Aufgabe 2:

K könnte von M die Herausgabe des Pkw gem. § 985 verlangen.

1. *K muss Eigentümer und M Besitzer des Fahrzeugs sein.* M erhielt den Pkw X **542** von V am 1. 4. – wie im Mietvertrag vereinbart. Ihm wurde also der unmittelbare Besitz durch Verschaffung der tatsächlichen Gewalt (vgl. § 854 I) übertragen.

2. Es ist allerdings fraglich, ob K bereits Eigentümer des Pkw ist. Ursprünglich stand der Pkw im Eigentum des V. K könnte Eigentümer des Wagens geworden sein, wenn *gem. § 929 S. 1 Einigung und Übergabe der beweglichen Sache* erfolgt wären. V und K haben vereinbart, dass die Übereignung und Übergabe des Pkw X erst nach Rückgabe des Pkw durch M an V erfolgen sollte. Deshalb ist K noch nicht Eigentümer des Wagens und ein Herausgabeanspruch des K gegen M gem. § 985 kommt nicht in Betracht.

Aufgabe 3 a):

Ein Mietzahlungsanspruch des K gegen M könnte sich aus § 535 II i. V. m. § 398 ergeben.

1. *Voraussetzung ist, dass K Inhaber der Mietforderung gem. § 535 II geworden* **543** *ist.* Dies ist der Fall, wenn die Abtretung des Anspruchs von V an K wirksam ist. *Gem. § 398 S. 1 ist hierfür Voraussetzung, dass V (im Zeitpunkt der Abtretung) Inhaber der Forderung war und V und K einen Abtretungsvertrag hinsichtlich dieses Anspruchs geschlossen haben.* V hatte einen Mietzahlungsanspruch gegen M aufgrund des am 30. 3. geschlossenen Mietvertrages. V und K haben sich am 5. 4. über die Abtretung dieses Anspruchs geeinigt, d. h. zwei übereinstimmende Willenserklärungen abgegeben. Somit ist K gem. § 398 S. 2 mit Abschluss dieses Vertrages Gläubiger der genannten Forderung geworden.

2. Dem Zahlungsbegehren des K könnte allerdings § 407 entgegenstehen. *Da-* **544** *nach muss der neue Gläubiger (= K) eine Leistung, die der Schuldner (= M) nach Abtretung an den bisherigen Gläubiger (= V) bewirkt, gegen sich gelten lassen, sofern der Schuldner von der Abtretung bei der Leistung keine Kenntnis hatte.* V und K hatten den Schuldner M über den am 5. 4. geschlossenen Abtretungsvertrag nicht informiert, sodass dieser am 21. 4. an den Zedenten[3] zahlte. M kann deshalb dem Zessionar[4] die Wirksamkeit der Leistung entgegenhalten.

---

2 § 536 a umfasst alle Schäden, d. h. auch die Mangelfolgeschäden (h. M.; BGH NJW 1971, 424); siehe hierzu auch Palandt/Weidenkaff, § 536 a Rn. 14 m. w. N. Die Bezahlung der Miete stellt einen Mangelfolgeschaden dar.

3 Bisheriger Gläubiger.

4 Neuer Gläubiger.

Somit ist der Mietzahlungsanspruch des K gegen M gem. § 535 II i. V. m. § 398 nicht gegeben.

Aufgabe 3 b):

K könnte von V Herausgabe der erhaltenen Miete gem. § 816 II verlangen.

545 1. *Zunächst muss eine Leistung an einen Nichtberechtigten erfolgt sein.* Wie bei Aufgabe 3 a) bereits erörtert, hat M die Miete in Höhe von 1500 € am 21. 4. an V, der nicht mehr Inhaber der Forderung und somit Nichtberechtigter war, gezahlt.

2. *Die Leistung muss dem Berechtigten gegenüber wirksam sein.* Der Schuldner M wird durch die Leistung an den bisherigen Gläubiger gem. § 407 befreit [siehe 3 a)], sodass der Gläubiger K nicht mehr berechtigt ist, die Leistung von M zu verlangen.

Folglich kann K von V Herausgabe des von M Geleisteten (= Mietzahlung in Höhe von 1500 €) verlangen.

Aufgabe 4 a):

In Betracht kommt ein Anspruch des K gegen G auf Schadensersatz gem. § 823 I.

546 *Voraussetzung hierfür ist, dass G eines der in dieser Vorschrift genannten Rechtsgüter des K verletzt hat. Es könnte eine Eigentumsverletzung vorliegen.* Dann müsste K bereits Eigentümer des Pkw gewesen sein. *Voraussetzung hierfür ist nach § 929 S. 1, dass sich V und K über den Eigentumsübergang geeinigt haben und die Übergabe des Wagens erfolgt ist.* Da allerdings das Fahrzeug, bevor es dem K vom bisherigen Eigentümer übergeben werden konnte, völlig zerstört wurde, ist – mangels Eigentum des K[5] – eine Verletzung dieses Rechtsguts nicht gegeben.

Nach alledem kann K von G keinen Schadensersatzanspruch gem. § 823 I verlangen.

---

5 Die Lösung dieses Falles erfordert die einwandfreie Beherrschung des **Abstraktionsprinzips** (= Grundsatz, dass Verpflichtungsgeschäft und Erfüllungsgeschäft in ihrem Bestand voneinander unabhängig sind). Der schuldrechtliche Kaufvertrag begründet lediglich die Pflicht des Verkäufers V zur Übergabe der verkauften Sache an den Käufer und zur Übertragung des Eigentums, lässt aber die dingliche Rechtslage (Eigentum) unberührt. Das Eigentum muss erst durch besonderes dingliches Rechtsgeschäft gem. § 929 S. 1 übertragen werden. So kommt es bei Aufgabe 2 i. R. d. § 985 und bei den Aufgaben 4 a) und b) bei Prüfung des § 823 I bzw. § 831 I auf das Verfügungsgeschäft (Eigentumserwerb am Pkw X durch K) an. Bei Aufgabe 4 b) – vertraglicher Aufwendungsersatzanspruch – hingegen ist das Verpflichtungsgeschäft (= Kaufvertrag) relevant.

Aufgabe 4 b):

I. K könnte von V Aufwendungsersatz hinsichtlich der Kosten für den Dachgepäckträger gem. § 284 geltend machen.

1. Da der Ersatz für die vergeblichen Aufwendungen gem. § 284 „anstelle des **547** Schadensersatzes statt der Leistung" – also alternativ – vom Gläubiger verlangt werden kann, müssen die Voraussetzungen für diesen Schadensersatz gem. §§ 280 I, III i. V. m. § 283 dem Grunde nach vorliegen:

a) *Voraussetzung ist zunächst, dass zwischen K und V ein wirksames Schuldverhältnis besteht.* K und V haben einen Kaufvertrag i. S. d. § 433 über den Pkw X geschlossen.

b) *V muss nach § 275 von seiner Leistungspflicht befreit sein.* Nach Abschluss **548** des Vertrages, aber vor Übergabe des Fahrzeugs an K, wurde der Wagen auf einer Probefahrt völlig zerstört. Somit kann V gegenüber K nicht mehr seine Verpflichtung aus dem Kaufvertrag (vgl. § 433 I 1) erfüllen und ihm kein Eigentum nach § 929 S. 1 übertragen. Wegen dieser (nachträglichen) Unmöglichkeit ist der Anspruch des K auf die Leistung gem. § 275 I ausgeschlossen.

c) *Diese Befreiung von der Leistungspflicht muss auf eine Pflichtverletzung des Schuldners V zurückzuführen sein. Dies ist der Fall, wenn bei Vertragsschluss eine Leistungspflicht bestand, das Leistungshindernis also erst auf einen nach Vertragsschluss eintretenden Umstand zurückzuführen ist.* Erst nach Abschluss des Kaufvertrags zwischen K und V wurde das Fahrzeug zerstört. Das Leistungshindernis ist also erst nachträglich eingetreten und eine Pflichtverletzung liegt vor.

d) *V muss nach § 280 I 2 diese Pflichtverletzung zu vertreten haben. Das Ver-* **549** *tretenmüssen richtet sich nach § 276 I 1, d. h., V hat grundsätzlich Vorsatz und Fahrlässigkeit zu vertreten.* Im vorliegenden Fall hat allerdings nicht V, sondern G die Zerstörung des Pkw verursacht. *Der Schuldner muss nach § 278 S. 1 für das Verschulden des G einstehen, wenn der Angestellte G Erfüllungsgehilfe ist und in Erfüllung einer Verpflichtung des Schuldners tätig geworden ist. Erfüllungsgehilfe ist, wer mit Wissen und Wollen des Schuldners rein tatsächlich in dessen Pflichtenkreis tätig wird.* G ist als Angestellter des V bei der Erfüllung von dessen vertraglichen Pflichten (Gebrauchtwagenan- und -verkauf) tätig. Folglich ist er Erfüllungsgehilfe. Es kommt Fahrlässigkeit des G in Betracht. *Fahrlässigkeit bedeutet nach § 276 II die Außerachtlassung der im Verkehr erforderlichen Sorgfalt.* Der Angestellte G war bei der mit dem Pkw X unternommenen Probefahrt unachtsam und hat folglich fahrlässig gehandelt. Dessen Verschulden hat V wie eigenes Verschulden zu vertreten.

e) *Ferner muss dem K ein Schaden entstanden sein.* Er hat zwar noch nicht seinen Kaufpreis gezahlt, allerdings nutzlos gewordene Aufwendungen für den Dachgepäckträger getätigt.

Somit sind die Voraussetzungen der §§ 280 I, III i. V. m. § 283 erfüllt, Schadensersatzanspruch des K gegenüber V statt der Leistung besteht dem Grunde nach.

2. *K muss vergebliche Aufwendungen (freiwillige Vermögensopfer) gemacht ha-* **550** *ben.* Den speziell angefertigten Dachträger hat er im Vertrauen auf den Erhalt der

Leistung (= Pkw) für 300 € gekauft und bezahlt. Diese Aufwendungen haben sich infolge der unterbliebenen Durchführung des Geschäfts als nutzlos erwiesen.

K musste die Aufwendungen „billigerweise"[6] machen dürfen. Den Dachgepäckträger hat er nicht voreilig bestellt und von der Vertragsstörung nichts gewusst; insoweit bestehen keine Bedenken.

3. Der Ersatzanspruch ist nach § 284, 2. HS ausgeschlossen, wenn der Zweck der Aufwendung „auch ohne die Pflichtverletzung nicht erreicht worden wäre". Hierfür ist nichts ersichtlich.

K hat somit einen Aufwendungsersatzanspruch gegen V aus § 284 in Höhe von 300 €.

II. K könnte von V Schadensersatz gem. § 831 I verlangen

551 *1. Voraussetzung hierfür ist, dass G Verrichtungsgehilfe des V ist. Verrichtungsgehilfe ist, wer für einen anderen, von dessen Weisungen er abhängig ist, eine Tätigkeit ausführt.* G ist Angestellter des V, der seine Tätigkeit jederzeit nach Zeit oder Umfang bestimmen kann. Folglich ist er dessen Verrichtungsgehilfe.

2. Der Verrichtungsgehilfe muss eine tatbestandsmäßige und rechtswidrige unerlaubte Handlung begangen haben. Wie bei Aufgabe 4 a) bereits festgestellt, hat G durch seine Handlung nicht das Eigentum des K verletzt.

Somit scheidet ein deliktischer Schadensersatzanspruch des K gegen V aus.

---

6 Dieses Merkmal wird eng an § 254 angelehnt: Der Gläubiger darf nicht voreilig Aufwendungen machen, die er genauso gut noch aufschieben könnte, wenn Anzeichen für Vertragsstörungen schon erkennbar sind (CANARIS, Die Reform des Rechts der Leistungsstörungen, JZ 2001, 499, 517).

3. Abschnitt

Zusammenfassung

Bei der Lösung eines Zivilrechtsfalles ist meist die Frage zu erörtern, ob eine Person gegenüber einer anderen einen Anspruch hat. Außerdem kann auch gefragt werden, ob sich ein Vertragsteil von dem Vertrag lösen bzw. zurücktreten kann,[1] ob eine Anfechtungsmöglichkeit besteht, die Kündigung wirksam ist u. Ä. **552**

Die Studierenden sollten den Sachverhalt in Handlungskomplexe aufteilen und innerhalb der Zwei-Personen-Verhältnisse die einzelnen Ansprüche erörtern.

Die wichtigsten Anspruchsgruppen (vertragliche Ansprüche, dingliche Ansprüche, deliktische Ansprüche, bereicherungsrechtliche/ausgleichende Ansprüche)[2] sind in der genannten Reihenfolge zu überprüfen. Diese Auflistung ist zwar nicht vollständig und ausschließlich. Doch lassen sich daraus in den meisten Fällen die Anspruchsgrundlagen ermitteln. Für das Anspruchsbegehren kann **eine** Anspruchsgrundlage zu prüfen sein; es kommt aber auch die Erörterung mehrerer (verschiedener) in Betracht.[3] **553**

Manchmal befindet sich auch in der (konkreten) Fallfrage ein „Hinweis" auf die einschlägige Anspruchsgrundlage:

Beispiel:

„Kann die Stadt S von der V-GmbH die Lieferung eines neuen Beamers verlangen?"[4]

Ein solcher Anspruch ergibt sich aus § 433 I 1.

Beispiele:

„Kann V von K Kaufpreiszahlung verlangen?"[5] oder: „Hat die V-GmbH gegen die Stadt S einen Anspruch auf die Bezahlung des vereinbarten Kaufpreises?"[6] *Hier kommt nur der Anspruch gem. § 433 II in Betracht.*

---

1 Beispiele in Fall 2, Aufgabe 2.
2 Siehe die Übersicht unter Rn. 17.
3 So zum Beispiel Rückgabeanspruch aus Vertrag oder Herausgabeanspruch gem. § 985 und gem. § 812, Beispiel hierfür in Fall 9, Aufgabe 1 a). Oder: Schadensersatzansprüche aus Vertrag bzw. § 280 und Delikt, Beispiele hierfür in Fall 4, Aufgabe 2; Fall 7, Aufgabe 2; Fall 8, Aufgabe 2 a).
4 Siehe Fall 3, Aufgabe 1.
5 Siehe Fall 2, Aufgabe 5.
6 Siehe Fall 3, Aufgabe 2.

Beispiel:

Kann K von A Rückzahlung des Kaufpreises verlangen?[7]

Hier sind die §§ 346 I, 323, 437 Nr. 2, 1. Alt., 434 zu prüfen.

Beispiel:

„Hat K gegen V einen vertraglichen Aufwendungsersatzanspruch?"[8]

Hier kommt nur ein Anspruch aus der Anspruchsgruppe „vertragliche Ansprüche" in Betracht, also §§ 280 I, 281 I 1, 282, 283, 284, 311 a II . . .

Beispiele:

„Inspektor I . . . soll prüfen, ob . . . die Stadt S von M die Räumung der Wohnung verlangen kann."[9] oder: „Muss M ausziehen?"[10] bzw. „Hat V gegenüber M einen Anspruch auf Rückgabe der Wohnung . . .?"[11]

Der vertragliche Rückgabeanspruch gem. § 546 I ist hier einschlägig.

Beispiel:

„Steht K gegen V, der zum Empfang der Leistung nicht berechtigt war, ein gesetzlicher Anspruch auf Herausgabe der erhaltenen Miete zu?"[12]

Die Studierenden müssen hier im Recht der ungerechtfertigten Bereicherung (§§ 812 ff.) die einschlägige Anspruchsgrundlage (§ 816 II) finden.

Beispiel:

„Hat K gegen V einen gesetzlichen Anspruch auf Schadensersatz?"[13]

In diesem Fall kommt meist ein Anspruch aus der Anspruchsgruppe „deliktische Ansprüche" (d. h. § 823 I) in Betracht.

Auch die **vor** der Falllösung zu erstellende Skizze[14] ist hilfreich für die Suche nach der Anspruchsgrundlage:

554 Besteht zwischen dem Anspruchsteller und dem Anspruchsgegner **kein Vertrag,** so kommen selbstverständlich auch **keine vertraglichen Ansprüche** in Betracht. Verlangt in einem entsprechenden Fall der Anspruchsteller vom Anspruchsgegner die **Herausgabe** der Sache, so sind nur §§ 985 f. (dingliche Ansprüche), evtl. auch §§ 812 ff., einschlägig.[15]

Beim Auffinden der Anspruchsgrundlage können auch das Sachregister und das Inhaltsverzeichnis der benutzten Gesetzessammlung hilfreich sein.

---

7 Siehe Fall 5, Aufgabe 1.
8 Siehe Fall 12, Aufgabe 4 b).
9 Siehe Fall 7, Aufgaben 1 a) und 3.
10 Siehe Fall 8, Aufgabe 1.
11 Siehe Fall 8, Aufgabe 3 a).
12 Siehe Fall 12, Aufgabe 3 b).
13 Siehe Fall 11, Aufgaben 1 und 2.
14 Siehe die „Allgemeine Anleitung zur Lösung eines Zivilrechtsfalles", I. 2 (Rn. 3).
15 Beispiele hierfür in Fall 11, Aufgabe 1 und Fall 12, Aufgabe 2.

Die Studierenden sollten immer nur **einen** Anspruch und nicht mehrere nebeneinander prüfen. Dabei ist nach dem Schema

Wer z. B.: V	will von wem will von K	was Kaufpreiszahlung	warum[16]	woraus? § 433 II

vorzugehen.

Lösung der Übung unter Rn. 6:

1. Aufgabe: 555

Hat V gegen K einen Anspruch auf Kaufpreiszahlung in Höhe von 1 000,– €?

Anspruchsteller: V
Anspruchsgegner: K
Anspruchsziel: Zahlung von 1 000,– € aus dem Kaufvertrag
Anspruchsgrundlage: § 433 II

V ——→ K Kaufpreiszahlung von 1 000 € gem. § 433 II

2. Aufgabe: 556

Hat V gegen K einen Anspruch auf Zahlung von 1 000,– €?

Anspruchsteller: V
Anspruchsgegner: K
Anspruchsziel: Zahlung von 1 000,– €
Anspruchsgrundlage: Hier müssen alle in Betracht kommenden Anspruchsgrundlagen selbst gesucht werden.

V ——→ K Zahlung von 1 000 € gem. § 433 II oder § 535 II oder § 611 oder § 823 I oder …

3. Aufgabe: 557

Welche Ansprüche hat K gegen V?

Anspruchsteller K
Anspruchsgegner: V
Anspruchsziele: Müssen anhand der wirtschaftlichen Interessenlage selbst herausgearbeitet werden
Anspruchsgrundlagen: für jedes Anspruchsziel müssen alle in Betracht kommenden Anspruchsgrundlagen selbst gesucht werden.

K ——→ V Zahlung von 1 000,– € gem. § 433 II oder Schadensersatz in Höhe von 1 000,– € gem. § 280 I oder § 823 I oder…

---

16 Dieser Zwischenschritt ist für die gutachtliche Prüfung nicht zwingend erforderlich.

558 4. Aufgabe:

Welche Ansprüche hat M?

Anspruchsteller: M
Anspruchsgegner: sämtliche sonst im Sachverhalt genannten Personen
(evtl. B, U, V)
Anspruchsziele: müssen für jedes **Zweipersonenverhältnis** herausgearbeitet werden
Anspruchsgrundlagen: es muss für jedes **Zweipersonenverhältnis** und innerhalb dessen für jedes Anspruchsziel die Anspruchsgrundlage gesucht werden

M ───→ B / M ───→ U / M ───→ V

559 5. Aufgabe:

Im Sachverhalt kommen A, B und C vor.
Die Fragestellung lautet: Wie ist die Rechtslage?

Es sind alle denkbaren Anspruchsziele und Anspruchsgrundlagen in folgenden Rechtsverhältnissen zu untersuchen:

A ───→ B
B ───→ A
B ───→ C
C ───→ B
C ───→ A
A ───→ C

Lösung der Übung zur Struktur einer Anspruchsgrundlage unter Rn. 9:

560 1. § 433 I 1
Tatbestandsvoraussetzung: Kaufvertrag
Rechtsfolge: Verpflichtung des Verkäufers zur Übergabe und Übereignung der Kaufsache

2. § 823 I
Tatbestandsvoraussetzungen: Tatbestandsmäßigkeit (Rechtsgutsverletzung, Handlung, Kausalität), Rechtswidrigkeit, Verschulden, Schaden
Rechtsfolge: Schadensersatz

3. § 631 I
Tatbestandsvoraussetzung: Werkvertrag
Rechtsfolge 1: Herstellung des versprochenen Werkes durch den Werkunternehmer
Rechtsfolge 2: Entrichtung der vereinbarten Vergütung durch den Besteller

4. § 812 I 1, 1. Alt
Tatbestandsvoraussetzungen: Etwas erlangt/durch Leistung eines anderen/ohne rechtlichen Grund
Rechtsfolge: Herausgabe des Erlangten

5. § 985
Tatbestandsvoraussetzungen: Besitzer, Eigentümer
Rechtsfolge: Herausgabeanspruch

Paragraphenregister

Die Zahlen beziehen sich auf die Randnummern

Sachregister

Die Zahlen beziehen sich auf die Randnummern

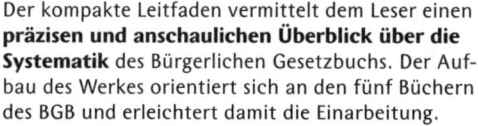